普通高等教育“十三五”规划教材

导航概论

卞鸿巍　李　安　王荣颖　马　恒　编著

科学出版社
北　京

内 容 简 介

本书主要介绍导航专业知识体系、核心概念、主要原理、导航技术及其军事应用等内容。全书共十二章，分别介绍导航基本概念、导航坐标系、定位导航时间参数、直接定位、直接航姿测量、速度测量、推算导航、时间统一、组合导航等原理、主要导航技术以及综合导航与综合舰桥系统等。通过对导航知识的系统性阐述，便于读者快速理解和掌握导航专业的主要知识。

本书是在海军重点教材《导航概论》的基础上，为了更好地适应读者需求，根据近年来导航技术的最新发展，进一步优化编著而成。本书内容简明清晰，叙述深入浅出，具有较强的系统性，可作为国内导航专业本科学历教育教材，也可作为武器、探测、作战、通信、航海、测绘等相关专业学生以及从事导航相关工作技术人员了解导航专业的自学参考用书。

图书在版编目(CIP)数据

导航概论/卞鸿巍等编著. —北京：科学出版社，2018.7

普通高等教育“十三五”规划教材

ISBN 978-7-03-058215-7

Ⅰ.①导… Ⅱ.①卞… Ⅲ.①导航-高等学校-教材 Ⅳ.①TN96

中国版本图书馆 CIP 数据核字(2018)第 141311 号

责任编辑：吉正霞 曾 莉/责任校对：董艳辉

责任印制：张 伟/封面设计：苏 波

科学出版社出版

北京东黄城根北街16号

邮政编码：100717

http://www.sciencep.com

北京凌奇印刷有限责任公司印刷

科学出版社发行 各地新华书店经销

*

开本：787×1092 1/16

2018年7月第 一 版 印张：17 1/4

2021年 1 月第三次印刷 字数：440 000

定价：69.00 元

(如有印装质量问题，我社负责调换)

前　　言

导航能力是生物的基本能力。对于人类而言，导航技术决定着人类精确运动感知、路径决策和控制自身和载体运动的能力。由于是人类生存和社会发展的基本需求，导航技术作为人类最古老的科学技术之一，不仅有着悠久的历史，从古至今还有着持续不断、十分活跃的技术发展动力。从近年来人们身边大量出现的移动终端定位服务到国家重大工程北斗卫星导航系统的建设，从民用无人装置的智能驾驶到太空宇宙飞船和深海水下潜器在复杂环境下的高精度定位，导航技术的丰富多样、迅猛发展和巨大影响无处不见。在军事领域，精确制导和导航定位技术对现代战争的影响早已从战术层面上升至影响战争形态的全局。精确的导航、定位和授时(PNT)能力已经成为现代战争中最重要的基础技术保障之一，而基于定位服务(LBS)也已成为当今民用领域活跃的物流运输、仓储管理、消防救援、共享移动等各种室内、户外物联网新产业的核心基础之一。导航能力已经成为国家实力的综合体现，在多个方面深刻地影响着社会生活和军事变革。

正是导航技术有着广泛的应用需求，因而日益受到人们的极大关注。从导航的基本功能来看，为了实现引导载体到达指定时空目标的目的，导航需要解决三个不同层面的问题：第一是确定载体或人自身的运动参数；第二是确定载体或人所处的环境信息；第三是进行航路决策并引导控制到达时空目标。三类技术既相对独立又密切相关，涉及测绘、探测、仪表、控制、通信、水文、气象等多个领域。谈及针对载体的导航，实际上需要综合考虑三个层面才能获得基本的技术体系轮廓。

除了从引导载体运动的角度认识导航外，我们还需要从体系建设角度认识导航。多种导航技术需要大量相应的导航基础设施建设，例如，人们熟悉的北斗、GPS、GLONASS、Galileo等卫星导航，长河二号、塔康等无线电导航以及近年来飞速发展的长、短基线的水声导航系统等，都需要复杂的太空星座、陆地基站、水中信标以及监测、计算和控制体系的支撑。这些独特的专业特点决定了导航的内涵十分丰富，涉及领域极广。同时，不同的学者对于导航的认识界定是多种多样的，技术和装备体系的划分形式也多有不同且各有特色。

如何确定载体的运动参数，即如何确定运动载体的时空基准，是导航的核心问题。这是绝大部分导航专业书籍所关注的焦点。导航技术多样且跨度极广，光电、水声、雷达、通信等多种不同专业都与导航密切相关。根据所采取的技术手段不同，导航技术可以分为惯性导航、无线电导航、卫星导航、水声导航、光学导航以及环境特征匹配导航等。这些导航技术就从属的技术领域而言，彼此之间差异较大。例如，天文导航、视觉导航基于光电技术；回声测深仪、多普勒计程仪以及水声定位系统基于与声呐系统相同的水声技术；导航雷达是雷达技术的应用；卫星导航、无线电导航基于无线通信技术和时统技术等；而惯性导航则涉及精密机械、光学、材料、机电、控制等多种复杂技术。如果再考虑多种基于环境特征的匹配导航、味道导航、组合导航、全源导航等技术方式，涉及的技术领域则更加广泛。

通过多年的教学和工作实践，我们发现，导航具备的鲜明的学科交叉特点给专业发展带来了广阔的发展空间和创新的勃勃生机,但同时也给专业学习的初学者带来困难。不同层次的学生和从事导航工作的技术人员在专业学习的过程中往往感到导航技术种类繁多、头绪繁杂,难以形成宏观系统的知识体系和专业整体概念。导航专业的学生,更希望在深入某一具体导航技术学习之前,能够建立起导航的整体技术脉络体系。正是这些原因促使我们决定编著本教材,以尽可能地满足上述需求。

这部教材是在海军重点教材《导航概论》的基础上,为了更好地适应读者需求,根据近年来导航技术的最新发展和认识,进一步优化编著而成。全书共十二章,分为导航基础、导航原理、主要导航技术和舰艇综合导航系统 4 个部分。

第一至第三章为导航基础部分。重点介绍导航的概念和作用、导航坐标系以及定位导航时间(PNT)参数的概念。这一部分是各种导航技术的基础,所以注重基本概念的准确性,语言不吝篇幅,尽量深入浅出。

第四至第十章为导航原理部分。从导航参数测算原理的角度,将多种不同的导航系统划分为直接定位、直接航姿测量、速度测量、推算导航、时间统一、组合导航 7 类。强调数学原理的共通性,通过共性和差异的比较,便于读者快捷理解和掌握多种不同导航系统原理,这是教材的主要内容。

第十一章为主要导航技术部分。从专业技术领域的角度,选取无线电导航、水声导航、光学导航以及惯性导航 4 类最为广泛的导航技术,对上述典型导航技术的基础知识、典型装备和特点进行介绍。这一部分主要突出面向多领域多种导航技术的装备技术体系,从广度上体现内容的丰富性和体系性。

第十二章为综合导航系统与综合舰桥。从综合导航系统与综合舰桥介绍舰船导航装备体系。涉及电子海图、组导设备、海洋水文气象装备、自动操舵仪等舰船导航装备。更多侧重舰船导航体系,体现海军导航的特点和使命需求。

总的来说,本教材并不侧重单一导航技术细节,主要强调原理的理解和知识体系的相对完整,内容组织上注重知识的前后联系和多种视角,并力图把握好广度和深度的关系。本教材可作为国内导航专业本科学历教育教材,还可作为武器、探测、作战、通信、航海、测绘等相关专业学生以及从事导航相关工作技术人员了解导航专业的自学参考用书。

本教材的第 1～3 章由李安教授编著,第 7、第 9 章由王荣颖讲师编著,第 6、第 8 章由马恒讲师编著,卞鸿巍教授撰写其他章节并完成全书的统稿工作。本教材在编写过程中,还得到海军工程大学许江宁、边少峰、陈永冰、朱涛、周岗、吴苗、李豹等多位教员的帮助。温朝江、刘文超、戴海发等多位博士研究生在过去五年为本书做了大量资料收集和整理工作。本教材也参考借鉴了近年来国内外导航领域多位著名学者的优秀教材与专著,在此对原海军装备部关劲高工、海军研究院袁书明高工以及所有提供过帮助的同志表示真诚的感谢。

导航技术发展迅猛,领域宽、跨度大。本教材是对建立统一导航知识体系的探索。由于作者水平所限,书中必然存在不足之处,敬请广大读者和同行提出宝贵意见,以便我们不断完善提高,不胜感激。

作　者

2018 年 1 月

目　录

第一章　绪　论

在陌生的地方,人们需要知道自己的位置。我在哪里？去哪里？该往哪里走？这些都是导航(navigation)问题。导航技术的发展来源于人类的本能需要,是人类社会的基本需求。

导航是人类最古老的科学技术之一。早在远古时期,人类便需要在丛林、山峦、沙漠和海洋之间穿梭,完成生存所必要的各种活动,必须创造并使用各种古老的导航方法。他们或采取特征明显的山峰和大河作为标志,或标记各种神秘奇异的人工符号作为参照,或利用周而复始运行的日月和有着神话色彩的星斗,或发明地磁罗盘和指南车等古代机械,等等。随着人类的发展、生存空间的拓展以及运输方式的改变,不仅人自身需要导航,人类发明的各种运载体也需要导航。导航技术的发展从古至今都有着持续不断的社会需求发展的原动力。如果人们细心观察,就会发现近年来身边出现了移动终端的测向定位技术、迅速发展的打车软件、手机导航地图以及共享单车定位等各种导航技术的应用服务,就会真切感觉到导航技术的进步不仅决定着人类精确控制自身活动的能力,而且还深刻影响着人类的社会生活。

随着科学技术的发展和军民用领域不断产生的大量需求,导航技术创新层出不穷,发展空间十分广阔。导航渐渐发展成为一门专门研究导航原理方法和导航技术装置的学科。在当今军用技术领域,导航技术业已成为军事指挥(command)、控制(control)、通信(communication)、计算(compute)、情报(intelligence)、监视(surveillance)、侦察(reconnaissance)和杀伤(kill) C^4ISRK系统重要的组成部分。在舰船、飞机、导弹、宇宙飞行器、战车等运载体上,导航系统都是必不可少的重要设备。

第一节　导航的历史

初接触导航,需要简要了解导航的基本情况。本节从生物导航入手,进而介绍古今中外导航技术的发展历史,以讲解导航技术的梗概和重要作用。

一、生物导航

实际上,与人类相同,绝大部分生物都需要解决导航问题。在漫长的进化过程中,几乎所有动物都进化出必要的导航能力,所以生物大都具有神秘的经过长距离回到原先位置,或者能按照某个规律多次回到同一地点的导航能力。

关于鸟类、哺乳类、鱼类、昆虫等各种动物导航能力的报道非常之多,例如,北极狐可以在数月时间内从太平洋沿岸长途迁徙到大西洋沿岸,这个行程约等同于横跨了加拿大东西侧。有一种叫斑尾塍鹬的滨鸟能够从其繁殖地阿拉斯加飞越近半个地球到达新西兰。还有一种北美黑顶白颊林莺能以极快的速度借助信风,经过100个小时的海上飞行从美国东北部飞至南美过冬。鱼类也具备出色的导航能力。体形修长的欧洲鳗鱼成熟后从生活的欧洲河流顺流而下,经过数千英里(1英里＝1.609 3千米)直达马尾藻海产卵。鳗鱼幼苗出生后,又重新向欧洲迁徙。导航能力不仅可以帮助生物完成不可思议的长距离迁徙壮举,也可以帮助生物实现日常捕食活动。例如,美国得克萨斯州的犬吻蝠,能离开洞穴飞行超过 70 公里寻找食物。相对其体形而言,撒哈拉沙漠蚂蚁从其巢穴出去觅食最远可达 500 米。它们能依靠步数计算,并根据阳光的不同照射模式和气味线索,准确地找到回家路径。这种能力对它们十分关键,因为暴露在阳光下时间过长,它们将可能因曝晒而丧命。

为什么生物会具有这些令人惊异的导航能力?人们对生物导航(bio-navigation)进行了长年的研究。大量的实例表明,在生物体内有着尚不为人所知的复杂的导航机制。生物导航的方法包括以下几种:一是靠感觉器官综合分析识别路线。许多动物会综合运用多种导航手段,从空气、水流、温度变化、可视标记、气味等多种途径获得有关的环境导航信息,综合判断而不致迷路。例如,夜间迁徙的鸟类,会利用落日余晖判定西向;夜晚通过辨别星空进行导航。信鸽利用太阳作为罗盘确定自己飞往何处;依靠太阳每日的运行规律和体内的生物钟,计算出飞行距离。二是拥有头部独特的地磁感应罗盘。许多动物都拥有人类所没有的地磁感应系统。动物体内的地球磁场感应系统其实只是动物体内庞大、复杂导航系统中的一部分。研究发现,诸如海龟、鲸、某些鸟类、某些鱼类和鼹鼠等动物的头部都有含有磁性物质的特殊细胞,这些磁性物质受磁场的影响会按磁力线的方向排列,并将排列信息传到大脑进行分析和处理,发出控制动物行进方向的指令。三是动物具有可视化地球磁场的视觉感应能力。除依靠磁性细胞感应地磁场外,某些鸟类还能用特有的 X 线视觉系统将磁场可视化。一些鸟类的眼中含有能检测磁场的光感接收器,也许在它们眼中,南方和北方会呈现出不同的色彩。四是通过敏感光的偏振实现定位测向。天空中任何一点偏振光的方向都垂直于由太阳、观察者和这一点所组成的平面。因此,根据天空偏振光的图形,就可以确定太阳的位置。蜜蜂的复眼对偏振光很敏感,能够测出天空中不同方位的亮度,具有特殊的定向功能,即使是乌云蔽日,也能根据太阳的方位变化,进行时间校正。蜣螂等许多夜行动物则能够利用月光来进行导航和定位。所以,生物能够靠山脉、河流、海岸或其他一些可见的路标识别路线,也能够采用嗅觉、磁场、星光等多种方法判断方位。

事实上,导航能力是生物的基本生存能力之一。没有导航能力的生物难以生存。这可以帮助我们比较直观地理解导航能力的重要性。另外,不断深入地研究并揭示生物导航的内在机制,可以帮助人们研究、改进新的导航技术,如偏振光天文罗盘的发明就是从蜜蜂等动物利用偏振光定向的本领中得到启发的。特别是人工智能技术不断发展的今天,生物导航研究的重要性更加凸显,也成为导航技术研究的热点。

二、古代导航技术

现代人类是七万年前智人进化而来的。作为高等生物的人类,导航技术是一种基本需求。所以探索人类导航的历史可以追溯到早期人类历史,导航的方法和技术的悠久历史也就十分易于理解。实际上,世界各古老文明都有导航技术的记载。在这里主要对中西方古代导航技术的发展以及对于人类历史发展的影响作简单介绍。

(一)中国古代导航技术

我国对导航技术的研究有着悠久的历史。史书记载,我国最早的导航器械是 4000 多年前的指南车(southward pointing cart)(图 1-1)。从今天的技术角度来看,指南车是一种方位精度保持的导航装置,也是中国古代机械的代表性发明之一。相传它是由黄帝发明的,黄帝在与蚩尤作战于涿鹿时,遇到大雾,正是采用指南车辨别方向,得以重创蚩尤。从这个传说中还可以看到,作为导航器械的指南车在古时发明之初,就与军事应用密切相连。实际上,这也反映出导航技术的内在军事属性。

4000 多年前的夏朝,我国先民就已经懂得利用天然目标指引航行的地文导航,驶抵预定地点。《尚书·禹贡》篇记载:"……岛夷皮服,夹右碣石入于河。"这指的便是夏朝辽东一带少数民族,泛舟渤海,将碣石山置于右方通过,进入黄河口到中原都城去敬献贡物。史料记载,公元前 4 世纪时,我们的祖先就已经能够在所有周边邻海自由航行。

我国关于指南针(compass)最初的记载见于春秋战国时期。大约在公元前 1 世纪,中国巫师用一个北斗七星形状的磁铁矿做成的勺子,置于光滑的铜天盘上指示北极,称为司南(图 1-2)。至少在 1500 年前,指南针已用于航海,使人们能够远离海岸涉足大洋。北宋时期的宋括在《梦溪笔谈》中首次描述了磁偏角的发现。到约公元 1090 年,中国的领航员,已采用漂在水上的指南针在阴天指示方向。宣和年间已有记载"舟师识地理,夜则观星,昼则观日,阴晦则观指南针"等各种使用指南针的方法。宋元两代,我国航海事业已十分发达,海上交通极其繁荣。后来指南针传到了阿拉伯和欧洲,对人类有巨大贡献。所以,李约瑟将中世纪中国人发明的磁罗盘称为伟大发明。

图 1-1 指南车

图 1-2 汉代发明的司南

我国是世界上天文学发展最早、贡献最大的国家之一。古代的中国人很早就认识了北极星,也称北辰,并用以辨别方向。早在 2000 多年前,就有船舶载运各种货物漂洋过海,与东南亚等国进行贸易。当时航渡海洋已使用了天文方法。东晋僧人法显在访问印度乘船回国时曾记述:"大海弥漫无边,不识东西,唯望日、月、星宿而进。"到宋代,天文方法导航又有了进一步的发展。元、明时期天文定位技术有很大发展。不过,如果在海上航行只知道南、北方向,而不知道具体位置,仍会迷失航向,难以顺利抵达目的地。随着航海事业的发展,我国创造出一种称为"牵星术"的天文航海导航技术,利用牵星板测定船舶在海中的方位。它是根据牵星板测定的垂向高度和牵绳的长度,换算北极星高度角,近似确定当地地理纬度。

早在公元 13 世纪初,我国已有最早的南海诸岛海图。但流传至今的最早海图是公元 1430 年明朝郑和的航海图(图 1-3)。中国明代著名航海家郑和率船队七下西洋,其采用的航海技术以海洋科学知识和航海图为依据,运用了航海罗盘、计程仪、测深仪等航海仪器,按照海图、针路簿记载来保证船舶的航行路线，是当时最先进的航海导航技术。根据记载，郑和船队已越过赤道，前后共经过、到达 30 多个国家和地区。白天用 24/48 方位指南针导航，夜间则用天文导航的牵星术观看星斗和水罗盘相结合的方法进行测向。这些综合应用的航海技术使中国古代航海技术领先世界。

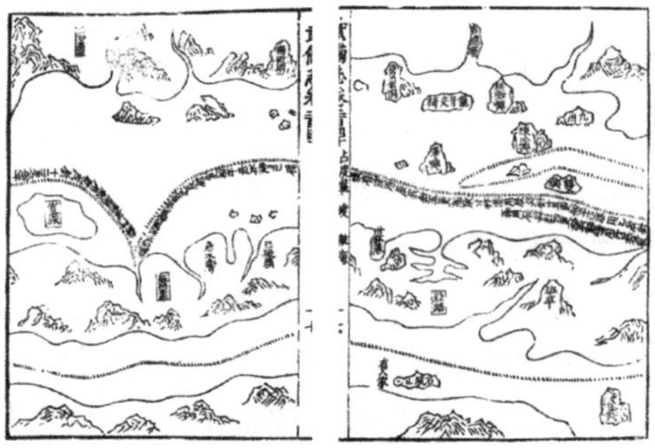

图 1-3　古代中国海图

（二）西方古近代导航技术

西方古代导航技术的记载最早可以追溯到公元前的腓尼基、希腊时期。他们很早就掌握了通过观测北极星高度角在地中海实现东西等纬度航行的方法。古代的欧洲航海者曾经将“风向”认作“方向”。早期的北欧海盗在欧洲北部的北海和波罗的海水域航行时，更多地利用地文导航。当时的船长十分熟悉海面和海中自然物，也会借助如鸟类、鱼类、水流、浮木、海草、水色、冰原反光、云层、风势等各类信息进行导航。公元 9 世纪时，北欧著名航海家弗勒基，甚至通过在船上放出一头渡鸦来引导抵达冰岛。

海图与航海需要密切相关。古埃及、古希腊和阿拉伯人都对海图的发展做出了贡献，提出了一些基本理论和绘制方法，并绘制了相应的早期海图，其中著名的代表人物是古希腊的克罗狄斯·托勒密（公元 90～168 年），他在 1800 多年前的天文测量和大地测量的研究基础上，发表了重要著作《地理学指南》。采用喜帕恰斯所建立的纬度和经度网，把圆周分为 360 等份，每个地点都注明经纬度坐标，并列有欧、亚、非三大洲 8100 处地点位置的一览表，他所绘制的 27 幅世界地图和 26 幅局部区域图，统称为《托勒密地图》。公元 13 世纪，随着波特兰海图的出现，海图从地图中分离出来，形成了地图的一个重要独立分支，为航海大发展和地理大发现准备了条件，并促进了文艺复兴，开创了中世纪后期整个地图学复兴的道路。这种海图将海洋作为主要表示对象，而对陆地只表示沿海狭长地区，所有对航海有作用的地物都显著表示，港湾图上保持着目标的正确相互位置和方位，海岸和岛屿轮廓类似于那些相应比例尺的现代海图，在符号和色彩的设计和应用上，具有开创性意义。公元 15～16 世纪，文艺复兴运动催生了地理大发现，为满足航海探险事业的需要，频繁的航海活动要求航海图包含更多内容，覆盖更广区域，具有更高精度和更便于航海使用，墨卡托海图产生了，这是海图学史上继波特兰海图之后的又一个里程碑，并且它一直沿用至今。

地磁导航方面，阿拉伯帝国在其鼎盛时代从中国唐朝学会使用指南针，极大地刺激了阿拉伯航海业的巨大发展。公元 12 世纪，磁针由阿拉伯传入欧洲。公元 1190 年，意大利领航员已开始用一碗水漂起铁针，用磁铁矿或天然磁石使铁针磁化，根据铁针偏转的方向来检查方向估计是否正确。到约公元 1250 年，在此基础上磁针已发展成为航海磁罗盘（magnetic compass）。公元 14 世纪初，意大利人乔亚用纸做成方向刻度盘和磁针连接在一起转动。这是磁罗经发展过程中的一次飞跃。公元 16 世纪，意大利人卡尔登设计了平衡环，这一框架架构早在汉朝时期已被中国人发明和使用，但卡尔登将其用于控制磁罗经在船舶摇晃中保持水平。随后欧洲人将原始的指南针改制成简单的船用罗经，并绘制出地中海的地图。航海磁罗盘被普遍应用到航海事业上，为进入航海时代的探险船只指引航向，保驾护航。公元 18 世纪，蒸汽机发明，船舶上出现钢铁，大量钢铁的使用产生强烈的磁场，传统的指南针出现了巨大而且有规律的误差，这一问题的产生，引起了包括法国科学家泊松、英国天文学家爱利、俄国航海家伊夫克鲁兹杰尔等人的关注，他们对航海磁罗盘进行了不断的研究和改进，最终使历史上曾发挥了巨大作用的简易罗盘形成了今天仍在使用的拥有完备的指示、校正、照明、观测系统的磁罗经。

天文导航方面，公元 1637 年，法国科学家勒内·笛卡儿（Descartes）发表了《几何学》，创立了平面直角坐标系，用坐标描述空间上的点，成功地创立了解析几何，为现代导航定位理论奠定了数学基础。公元 1730 年，人类发明了航海用六分仪（sextant），并通过对北极星高度的观测测定观测点的纬度。公元 1767 年，人类发明了天文钟（chronometer），通过与六分仪的结合使用，实现了观测点经度的测定。公元 1837 年，美国的一位船长发明等高线法，并用它来测定载体位置的经纬度。公元 1875 年，法国人在前人的基础上提出了高度差法原理，为天文导航奠定了理论和实践的基础。

大约到 19 世纪中叶，六分仪、天文钟、磁罗经、测深水砣和计程仪等技术已经在航海领域广泛应用，带动了海洋测量、制图技术的发展，世界上大部分海岸线也已经被测量完毕，人类据此绘制了具有航海功能的海图，船舶海上航行安全基本得到了保障。

三、现代导航技术

进入 20 世纪以来，导航领域取得了众多重大的技术突破，出现了惯性导航技术、无线电导航技术、天文导航技术等一系列新型导航系统，在航天、航空、航海和水下探测等多个领域都产生了巨大进步。

惯性导航技术方面。最早出现的惯性导航系统是 1908 年的用于指向的陀螺罗经（gyrocompass），之后是 20 世纪 20 年代研制的陀螺垂直仪等。1942 年，德国人发明了 V-1 火箭、V-2 火箭。V-2 惯性制导系统被认为是惯性导航系统的雏形。惯性导航系统能在全球范围内和任何介质环境中全天候、自主、隐蔽、连续地进行三维空间定位和定向，因此从其诞生之日起一直受到世界各国的重视。目前，惯性导航系统已扩大到航天和民用航空、航海领域，而且还进一步用于矿藏勘探、石油开采、大地测绘、海洋调查、地震预报、海底救生、海下铺设电缆、海底石油勘探定位等领域。

无线电导航技术方面。无线电导航系统的运作过程实际上就是通过利用无线电信号有效资源，接收、处理并转换成接收点对于该导航台站坐标导航的几何参量，再利用无线电导航信号的电参量特性测量出运动体相对于导航台的方向、距离、距离差等导航参量。它种类繁多，如无线电测向仪、罗兰、台卡、塔康，以及当今人们熟悉的 GPS、GLONASS、北斗等卫星导航系统。除此之外，还有许多以无线电技术为基础的常用的导航设备，如导航雷达、气象传真机、AIS 系统等。

天文导航技术方面。第二次世界大战前，天文导航是主要的远洋导航手段。几乎所有船舶都配备用于天文导航的各种用表、天文钟和手持式航海六分仪。它们作为普航设备，至今仍在沿用。第二次世界大战后，出现了六分仪与潜望镜相结合的天文导航潜望镜装备。随着技术发展，惯性稳定平台成为天文导航系统的组成部分，为天文导航提供了较高精度的水平基准。天文导航凭借其自身的特点，已广泛应用于航天、航空、航海等多个领域。

水声导航技术方面。最早的水声导航技术可追溯到1917年声呐的诞生。1925年，美国研制成功世界上第一台声学测深仪，从此回声测深法代替了传统的锤测法。声学测速设备主要包括多普勒计程仪(Doppler velocity log，DVL)和声相关计程仪(correlation velocity log，CVL)。水声导航系统还包括水声定位技术和水下地形匹配导航。水声定位系统根据基元间基线长度的不同，可分为长基线系统(long baseline，LBL)、短基线系统(short baseline，SBL)和超短基线系统(ultra short baseline，USBL)。水声导航技术已经成为当前世界各国研究的热点。

除上述导航技术外，基于环境特征的匹配导航、路标导航、视觉导航、味道导航、声音导航、组合导航、全源导航等技术也得到了充分的发展和应用。从导航的发展历程中可以看到，导航技术深刻地影响着社会发展，既是人类的基本需求，也是国家力量的综合体现。同时，导航系统种类多样，技术领域跨度极大，综合性、应用性突出，有着强劲的发展动力。

第二节　导航的概念及相关技术领域

一、导航的概念

导航的概念最初源于航海。对于这一概念，人们普遍的理解是：把载体从一个地方引导到目的地的过程。随着科学技术的发展，各种标志着近代、现代科学技术的众多的运载工具，诸如飞机、导弹、火箭、核潜艇、海洋地球物理资源调查船、巨型油轮、人造卫星、宇宙飞船等的相继出现，大大地扩展了“导航”的概念。现代导航对导航仪器和设备提出了更高的要求。现代导航仪器的用途不再是简单的能保证载体的航行安全，还要能够进一步提供众多的载体基准导航信息，如载体的航行速度、航向、水深信息、航行姿态(纵摇、横摇)、航行时间、位置信息(经度、纬度)等，并进一步实现对舰船的航向、航迹的控制，甚至可以实现舰船的动力定位。

而“把载体从一个地方引导到目的地的过程”的传统定义也和电力技术、网络技术、动力技术、光电技术等技术不同，它描述的是一个过程，一种用途，而不是某一种相对固定的技术形态。实际上，导航对于技术的限定少，只要能够完成上述目的的技术均可以采用。所以导航技术差异很大，存在很多不同的导航技术。传统导航定义更多的是描述和强调这一技术所实现的功能。

那么究竟“导航”概念的内涵是什么？其技术核心要素是什么？近年来，人们开始倾向于将导航技术分为多个不同的层次，在此我们将导航技术按为人类解决的主要问题分为三个不同的种类，即：

(1) 确定载体自身的运动参数；

(2) 确定载体所处的物理环境信息；

(3) 准确的路径决策并控制载体到达时空目标。

三个方面的导航技术既相对独立又密切相关,可基本梳理出导航技术的整体轮廓。

(一) 确定载体自身的运动参数

这是导航系统的核心功能,也是大多数情况下,人们理解的导航的功能。通俗地说,是知“己”。所谓确定载体运动参数一般是指确定载体自身在四维物理时空中准确的坐标基准。这些运动参数可以分为三类:载体的平动参数、转动参数以及时间。

(1) 载体的平动参数:将载体视为一个质点,则导航系统应能够提供载体质点在三维空间中的位置、速度和加速度等信息。

(2) 载体的转动参数:将载体视为一个刚体,则导航系统应能够提供载体刚体在三维空间中的航姿角度以及这些角度的角速度变化率等信息。

(3) 时间:提供精确的时间与频率基准。

一般而言,当需要确定载体的上述全部信息或某一部分信息时,人们便可以诉诸导航技术来解决。

导航系统和设备种类繁多。由于用户坐标基准的需求差别较大,根据提供信息的不同,就产生了定位、测向、测速、测姿、时统、稳定等多种不同的导航系统和设备,系统种类多样。同时,导航技术多样且技术跨度极广。根据完成导航系统确定载体自身的运动参数技术手段的不同,可以派生出惯性导航技术、无线电导航技术、卫星导航技术、水声导航技术、光学导航技术以及数据库匹配导航技术等不同的技术手段。这些技术彼此之间相差较大,所以只要能够提供载体在时空的运动参数的技术都是导航技术的研究范围。

(二) 确定载体所处的环境信息

各种载体导航仅仅确定载体自身的运动信息是不够的,还需要确定载体所处物理环境的相关信息,否则将会导致各种事故,如车辆的交通事故,船舶的碰撞和搁浅等。通俗地说,是知“彼”。

根据载体所处物理环境的不同,导航系统被划分为航海、陆地、航空、航天等不同的地理环境应用领域,产生了导航技术特有的海、陆、空、天四种不同的应用领域。例如,舰艇等船舶载体的导航属于航海导航,战车等车辆载体的导航属于陆地导航,飞机导弹等空中载体的导航属于航空导航,火箭、卫星等空间载体的导航属于航天导航。

与导航相关的物理环境信息众多,通常包括以下几种。

(1) 气象(meteorology):包括气温、气压、湿度、风向、风速、气流、云、雾、雨、雪、能见度、天气等。

(2) 水文(hydrology):包括水深、温度、盐度、密度、涌浪、洋流、潮汐、海况等。

(3) 地理信息(geographic information):包括地形、岛屿、暗礁、障碍等。

(4) 动态环境信息(dynamic environment information):包括船只、空中飞行物、水中载体等对航行安全有影响的外部载体信息。

上述信息均会影响载体运动控制和航行安全,涉及多种不同功能类型、不同工作原理、不同技术领域的仪器和设备,包括气象仪(meteorograph)、气象传真机、风向风速仪(anemometer)、气象云图(meteorological map)、测深仪等各类水文气象装置,导航雷达、AIS

系统等无线电导航装置，还有电子海图等地理信息系统。上述设备有时会明确归为导航设备，如航海导航（nautical navigation）设备、航空导航（airborne navigation）设备等，有时也被归为专门气象设备、水文设备、航空电子设备等范畴。

（三）准确的路径决策并控制载体到达时空目标

导航系统还需要根据各种环境因素和控制意图，分析确定载体的运动控制方案并引导实施。之前的两个层次的导航功能实际上解决了“载体自身在哪里”“周围环境的情况如何”，但没有解决如何机动、如何驾驶、以何种路径和方式按照控制意图达到目标。这一问题是各类导航问题的最终诉求之一，它包含决策（decision-making）、判断（judge）、监测（monitor）和载体实际控制（control）等多个部分。通俗地说，即为“决策与控制”。也可以将其分为独立的两类。在本书中，考虑到两者均面向载体实际控制，相互之间存在紧密的联系，故将其同归为一个层次。

（1）决策：包含航路规划、安全避碰、航迹控制、态势监控和机动绘算等。以船舶导航为例，是航海部门确保负责安全航行最主要的工作。

（2）载体控制：包含对载体实际的航向、航迹、航速、姿态的具体控制，如船舶航行控制、飞机飞行控制等，它与整个载体的总体运动特性、控制特性密切相关。载体控制根据控制载体的不同，可以划分为平台导航和武器制导。在载体运动控制领域，既有如何操控舰艇、飞机等载体到达理想目的地的导航问题，也有如何控制导弹、炮弹、鱼雷等武器击中目标的制导问题。

决策功能赋予了现代导航装备鲜明的信息化（informatization）、智能化（intelligentialization）、网络化（networking）的技术属性，具备信息化设备的典型特征。它涉及的航海设备包括航海工作台（VMS）、船舶航行记录仪（VDR）、电子海图（ECDIS）等。载体控制功能体现了导航中载体操纵的控制技术特点，是十分典型的控制系统。它主要包括自动操舵仪（autopilot）、减摇鳍（fin stabilizer）、动力定位系统（dynamic positioning system，DPS）等。

二、导航相关技术领域

导航技术具有交叉学科的基本特征。不同的导航技术往往从属于不同的专业领域，因此导航也与许多相关学科和技术有着密切的联系。本小节对与导航关系密切的概念和研究领域进行简要的介绍说明，可以从这些比较中加深对导航概念外延和专业特点的认识。

（一）导航与制导

导航与制导（guidance）之间联系紧密。由于导弹、制导炸弹均无人监控，习惯上把无人操纵和监控的运载体导航系统称为制导系统。从国家 2009 年颁布的学科分类上看，两者均属于一级学科控制科学与工程下的二级学科导航制导与控制。

导航与制导之间的差别主要体现在以下三个方面：第一，工作方式的不同。导航是由人工操纵并引导载体按预定航线到达目的地，系统可以视为导航参数测量装置，输出导航参数信息后即完成主要任务。制导则是根据测得的导航参数，通过控制系统解算，直接操纵载体按预定航线到达目的地。制导为无人操纵，工作在自动导航状态，与自动驾驶仪紧密相关。第二，惯性制导系统的器件精度通常低于惯性导航系统。这是由于导弹、火箭运行时间很短，可以在短时间内保证系统实现设计精度。第三，导弹、火箭发射时的冲击振动载荷比飞机、舰船大得多，所以相对于导航系统，制导系统的强度、抗震及可靠性要求更加苛刻。

（二）导航与测绘

测地学(geodesy)，也称大地测量学或测绘学，是研究测定和推算地面几何位置、地球形状及地球重力场，据此测量地球表面自然物体和人工设施的几何分布，编制各种比例尺地图的理论和技术的学科。测地学的研究对象是地球的形态、位置、重力分布等地理空间信息，因而测地学可认为是地球科学的一个分支学科。近年来，测绘的研究对象还从地球表面扩大到了地外空间及地球内部构造等领域。

导航与测绘之间联系密切。最直接的联系例子为导航所使用的地图、海图和大量的地球物理场信息均依赖于测绘获得。导航用于载体运动参数的动态测量，测绘用于背景场信息的长时间静态测量。在地球的各种坐标系描述、地图投影等多个方面两者有共同的数学基础。测绘可以采用静态测量和事后处理的方式，所采取的测量手段、测量设备和数据处理方式往往能够提供更高精度的基准，这些信息往往也可应用于动态测量的载体导航设备，如基准标校等。

（三）导航与探测

探测系统(detection)包括雷达、声呐等目标探测系统。导航与探测之间联系密切。两者在运动参数目标计算上有着相近的理论。导航系统与探测系统都需要解算载体运动参数，不同的是探测系统主要用于解算目标的运动参数，而导航系统主要用于解算自身载体的运动参数。在两类系统中均采用了载体运动参数，解算中有相近的理论和计算方法。

部分导航系统与探测系统的技术手段相近。基于外部测量的导航技术与探测技术的关系十分密切。探测系统往往针对未知的目标进行探测，而导航系统则主要针对已知目标进行探测。例如，基于导航雷达的定位方法，实际上就是通过雷达对固定目标的距离和方位要素探测，实现对载体自身的定位。在技术手段上，导航与探测都是采取相同的雷达技术，所以技术上十分相近。同样，也可以利用声呐对已知的水声信标进行测量，实现水中载体的自身定位。

实际应用中两者经常协同使用。探测目标的运动参数时，是探测技术；当探测自身载体的运动参数时，便归为导航技术。探测源可以置于载体外部，也可以置于载体内部。例如，航天器本身有独立的导航系统，同时地面还有很多探测系统跟踪监测航天器的运动状态。当外部探测系统可以获取更高精度的载体运动参数时，就可以作为载体自身导航系统的外部基准，对载体导航系统和运动控制系统进行测试和评估。例如，卫星导航系统，正是利用了地面监测站对卫星运动的监测，实现对卫星轨道运动的调控。舰载机在着舰过程中，通常也采取舰面的探测助航系统和机载导航系统共同协同完成。舰船机动过程中，进行目标绘算和机动控制，需要将探测系统信息和导航系统信息综合使用。

（四）导航与通信

通信(communication)系统是用以完成信息传输过程的技术系统的总称。现代通信系统主要是借助电磁波在自由空间的传播或在导引媒体中的传输机理来实现的，前者称为无线通信系统，后者称为有线通信系统。导航与通信之间联系密切。

导航采用了大量的通信技术。通信本身的技术领域很宽，按照传输的方式，涉及无线通信、有线通信；按照技术分类，涉及光电通信、水声通信、无线电通信、雷达通信等。通信系统主要解决信息的传输，导航系统则在信息的传输过程中，提取其中有关空间距离和方位等与导航相关的信息。

导航采用了大量的通信技术。导航系统需要借助于通信技术传输相应的导航信息，不同的导航基准站（或卫星）需要借助于通信编码技术来进行区别和相互确认。例如，卫星导航系统中，卫星星历便需要借助微波通信技术进行传输，罗兰C无线电导航系统实现台链信息传输等。同样，水声导航系统也需要对发射的声学信号进行一定的编码设计，其基本设备的组成与许多水声通信系统也有许多相似之处。所以导航系统与通信系统的共性为：都需要发送者和接收者，都是借助空间波完成信息传输。两者差异为：通信系统的目的是信息传输，其实现功能更全，应用更广；导航系统的目的是获取载体的位置、速度及航向等基本运动要素。

在某些应用领域，导航与通信也出现直接相互融合。例如，编队相对导航系统采取舰队的通信链路实现导航信息的解算与共享，可辅助增强各作战单元的导航能力。北斗系统短信功能是一种通信功能，可借助于通信功能实现对多个用户的监控。

（五）导航与航海

导航与航海之间关系密切。两者的英文单词在很多情况下都称为“navigation”。在导航技术的发展过程中，很长一段历史时期，都是航海需求带动、牵引导航技术的发展。这主要是由于与陆地导航相比，航海导航可借助的外部信息更少，也因此更加困难。在航海导航之后，20世纪，随着人类科技的进步，逐渐发展出了航空导航和航天导航。

航海的技术范畴十分广泛。按照航海的定义，航海是研究指导船舶在海上安全而迅速地从一地驶抵另一地的一门技术科学。它涉及海洋学、水文、气象、造船技术、动力技术、材料技术等，因此有着更加广阔的专业领域。“航海”往往与“航空”和“航天”相对应。按照定义，航空是应用各种科学和工程理论实现大气层内飞行和指导航空工程实践的综合性技术学科。而航天是指研究和探索与外层空间有关的领域，以太空飞行器来进入外太空的太空科技。导航技术不仅仅应用于航海，同时也应用于航空、航天以及陆地运载等领域。所以两者之间有交叉。导航与航海的概念有很大的不同，需要注意区分。

（六）导航与测控

测控（measure & control）技术与仪器（instrument）是研究信息的获取和处理，以及对相关要素进行控制的理论与技术；是电子、光学、精密机械、计算机、信息与控制技术多学科互相渗透而形成的一门高新技术密集型综合学科。

导航与测控之间关系密切。获取载体运动导航信息和环境信息的导航系统中采用了大量的传感器技术和测量控制技术。例如，计程仪、测深仪、测风测向仪等大量的导航设备本身就是典型的测控系统，在系统的技术形态上遵循着测控设备的设计结构。不仅导航系统内的各设备使用了大量的传感器技术，导航系统作为一个整体也可以被上级系统视为一个传感器系统，感知导航运动参数和各类环境信息。与此同时，在载体的航行控制和惯性稳定平台控制等方面，又牵涉大量的控制技术。所以说，在国内外，许多大学和研究机构的自动化专业和测控技术专业从事导航技术的研究。导航实际上是测控技术的典型应用。

第三节 导航的作用

这里主要针对导航在军事领域的作用，从四个方面来认识导航的作用和重要性。

一、导航对于航行安全的重要作用

导航系统或导航仪表是影响船舶、飞机、火箭等载体正常运动控制的关键。以舰船导航为例，舰船导航系统的首要任务是保障舰船海上航行的安全，导航仪表的精度及工作的可靠性直接关系到舰船安危，严重时将造成船沉人亡。有关因导航仪器给出的载体位置误差过大而引起的搁浅(ground)、坐滩(aground)、撞礁(hit the reef)等一般事故不胜枚举。

二、导航对于制导武器的重要作用

早在以舰炮(shipborne gun)为主要武器的海军年代，舰炮在对敌方目标(target)进行攻击之时，需要及时、准确修正舰炮方位和姿态，以克服舰船甲板摇摆给炮管(barrel)带来的误差，如果不能精确修正，将无法保证舰炮精确命中目标，所以在舰炮时期的海军，导航系统便承担了为舰炮火控系统(fire control system)提供精确的舰船航姿信息的任务，以保证舰炮系统的作战性能。

在以精确制导武器(precision guidance)为主要作战武器(precision weapon)的今天，导航系统的重要性显得更加突出和重要。对于海军各型主战舰艇，精确的导航技术不仅可以增强舰艇的航行机动能力，保障舰艇航行安全，同时还直接影响武器的投放命中精度(hit accuracy)，成为作战武器系统重要的组成部分。现代战争特别强调精确打击，精确打击的核心是提高导弹、鱼雷、炮弹等武器对目标的毁伤能力。这些武器的命中精度是它们最重要的性能指标。

为了了解命中精度对制导武器毁伤性能的影响，我们以导弹为例进行说明。对于点目标而言，一般导弹杀伤力K(杀伤概率)与命中精度CEP(圆概率误差)、弹头威力Y(当量)及发射导弹发数n之间的关系为

$$K\propto\frac{nY^{2/3}}{\mathrm{CEP}^2} \tag{1-1}$$

显然，若精度不变，发射同样发数的导弹，弹头当量增加10倍，杀伤概率可以增加4.64倍；而当弹头当量不变，同样数量的导弹发数，精度提高10倍，导弹杀伤力则提高100倍。另外，通过分析还表明，对于同一目标，相同导弹威力情况下，提高导弹射击精度可相应大幅度减少为摧毁目标所需发射的导弹发数。因此各国始终致力于提高导弹的射击精度。

因为导弹主要使用惯性导航方式或者以惯性导航为主、其他导航方法为辅的制导控制方式，所以以惯性导航为代表的导航技术的重要性显而易见。根据分析，惯性导航系统位置精度与导弹命中精度的关系为1:1，而航向精度对导弹的命中精度的关系为正切关系，因此惯性导航系统必须具备极高的定位测向能力。一般来说，惯性制导的中远程导弹命中精度的70%左右取决于惯性导航系统的精度。

三、导航对武器系统平台的重要作用

了解了制导武器对于导航的需求之后，我们以核潜艇和航空母舰（carrier）为例来说明武器系统平台对导航系统的需求。

核潜艇的主要进攻武器是艇载导弹，无论是洲际导弹，还是巡航导弹、反舰导弹，无论其制导精度如何，都必须依赖于发射前的制导系统的对准和初始导航参数的装订。在地面上，战略部队进行导弹攻击时，由于发射井和发射车的位置已知，所以可以给导弹进行精确的装订，使导弹能够高精度地发射攻击。而在潜艇上，这种高精度的初始位置就来源于潜艇自身的导航系统，通常是计程仪辅助之下的惯性导航系统。当前美军还使用惯性、地磁、海底地形匹配、重力等多种组合导航信息融合方式来获取高精度的导航信息。正是由于潜艇具备在长时间的水下活动过程中保持高精度定位的能力，才使潜艇的作战武器系统具备强大的作战性能。

航空母舰与其他海军舰艇作战平台最大的不同就是，其作战兵器为舰载机。舰载机有着其他海军兵器难以企及的快速作战范围。其配备的强大的对空、对海、对地精确制导攻击能力，极大地提升了海军陆海空控制打击能力。海军舰艇中由舰艇导航系统与舰艇武器系统构成的导航信息传递链是以精确制导武器为主的军用导航系统特有的应用需求，同样的导航信息链在航空母舰上将变得更加复杂。机载武器的制导系统的初始导航参数装订主要来源于机载导航系统，尽管机载导航系统在飞机升空之后，可以采取多种技术手段修订机载导航系统误差，但是其导航系统的精度还是十分依赖于飞机从母舰上起飞前的导航系统初始装订和对准精度。而这些导航基本信息的来源则主要是航空母舰自身携带的导航系统。所以这种由舰船导航系统到机载导航系统以及机载导弹武器系统之间的导航信息链形成了一个多层次、复杂的大型综合导航系统。

四、导航对网络中心战的重要作用

精确制导和导航定位技术对于美军的影响已经从战术层面上升至影响整个战争进程的战略全局。在第一次海湾战争、科索沃战争、阿富汗战争和伊拉克战争中，美军精确打击能力更强、战场信息化控制能力更高、人员伤亡更低，战争时间大大缩短，而精确的导航、定位、制导和同步能力是美军新军事理论在战争应用中得以实现的最重要的技术基础之一。总结外军舰艇组合导航技术发展特点，主要体现出技术手段更新、系统功能更强和精度要求更高等多个趋势。

大量新型导航技术的采用使外军导航精度得到了显著的提高，与此同时，美军提出的网络中心战（network-centric warfare）的作战新概念使导航系统的功能日益复杂。以往的平台中心战是各平台依靠自身的探测器和武器进行作战，平台之间的信息共享非常有限。而当今网络中心战则利用计算机网络对部队实施作战统一指挥，其核心是利用网络把地理上分散的部队、探测器和武器系统联系在一起，实现信息共享；通过实时掌握战场态势，提高指挥速度和协同作战能力。网络中心战中的各平台必须精确知道自身的运动和时间信息，所以导航的地位更加突出，功能日益复杂。

网络中心战对于导航的要求体现出智能化、信息化、网络化三个发展特点。所谓智能化，就是将导航技术三个方面结合起来，即可实现单一载体的完整的机动控制；将各个环节智能化之后即可实现载体的智能决策和驾驶，如无人驾驶飞机、智能船、灵巧炸弹等。所谓信息化，就是导航系统向外部用户统一提供一系列的信息产品：载体导航运动参数、GIS系统、海图数据库、水文气象数据库、卫星星历以及载体工作状态信息记录等。所谓网络化，是对整个区域内多个载体导航信息通过网络集中管理，即可形成区域导航信息平台，这一信息平台是民用大型物流管理系统的基础，也是当前美军网络中心战全系统控制、信息融合、智能决策、指挥管理重要的信息基础平台。所以，当前以智能化、信息化、网络化为新技术与导航应用技术相结合，可以产生极大的应用空间。

思 考 题

1. 通过资料检索，归纳生物导航的不同种类；思考并简要阐述生物导航对现代导航技术发展的启发和影响。

2. 通过资料检索，简要整理和归纳古代中国导航技术的突出发明和成就。

3. 简述导航技术在人类历史发展进程中所发挥的作用和影响。

4. 联系身边导航技术的应用实例，思考和分析导航对人类现代社会生活的影响。

5. 采取普遍和联系的观点来分析导航概念的内涵和外延。(替换原问题5)

6. 为什么说导航是现代信息化战争中重要的基础信息?

7. 通过查阅《1421年中国发现世界》([英]加文·孟席斯著)、《沧海云帆——明代海洋事业专题研究》([中]陈晓珊著)等与中国古代航海相关的著作，简述对中国古代航海技术的认识。

8. 从导航技术的发展与人类社会进步之前的相互影响，思考理解“科学技术是第一生产力”的科学论述。

第二章　导航坐标系

导航为什么要研究坐标系？我们知道，描述物体运动是相对某个参考系而言的。导航系统的任务是确定载体的运动参数，即确定载体在某坐标系中的位置、姿态及其变化率等一系列导航运动参数。研究导航问题时，首先要确定坐标系，它是定义导航参数和导航解算的数学基础，是所有导航技术和系统都需要面对的问题，对于描述导航参数和解决导航问题十分重要。本章将重点介绍有关导航坐标系的相关知识。

第一节　主要坐标系

导航研究如何建立载体的时空基准，提供载体在四维时空中相对基准的运动参数。这些参数包括坐标、位置、速度、加速度、角度、角速度等。很显然，这些参数都需要明确指明所定义的坐标系种类。

一、坐标系的类型

（一）三维空间直角坐标系

坐标系最早由笛卡儿在 1637 年提出，即笛卡儿直角坐标系（rectangular coordination system），常见的有二维平面直角坐标系和三维空间直角坐标系，分别描述二维平面和三维空间立体的解析几何关系，是解析几何学创立的基础。

坐标系有坐标原点、坐标轴方向、坐标系中点位置参数表示形式三个基本要素。选取和确定一个坐标系，通常要确定：①两个极，即基极和第二极；②两个面，即基面和第二面；③三个轴，即基轴、第二轴和第三轴。基极（线）是坐标系统的对称轴，如地球的自转轴。基面是与基极垂直的平面，即赤道平面。第二面是包含基极且与基面互相垂直的平面，如格林尼治子午面。第二轴就是基面与第二面的交线上。第三轴则正交于基轴和第二轴，构成右手（或左手）直角坐标系。一旦上述要素确定，一个坐标系便基本确定。

空间中所有的点都可以向三个坐标轴进行投影，得到其坐标(x,y,z)（图 2-1）。三维空间直角坐标系在导航领域中应用广泛，常用的惯性坐标系、地理坐标系、载体坐标系、导航坐标系等均为三维空间直角坐标系。

（二）球面坐标系

描述二维平面中的点可以用直角坐标系(x,y)来表示，也可以用极坐标系(ρ,θ)来表示。与平面坐标系中可以采用平面直角坐标系和极坐标系两种方式来表示类似，空间坐标系除采用三维空间直角坐标系之外，还可以采用球面坐标系等其他坐标系来进行描述。三维空间的点可以用直角坐标系(x,y,z)来表示，也可以用球面坐标系(r,φ,θ)来表示（图 2-2）。其中，点 M 的球坐标为(r,φ,θ)，r 为矢径长(OM)，φ 为经度，θ 为纬度（或极距角）。这里，$0\leqslant r<\infty$，$0\leqslant\varphi<2\pi$，$0\leqslant\theta\leqslant\pi$。

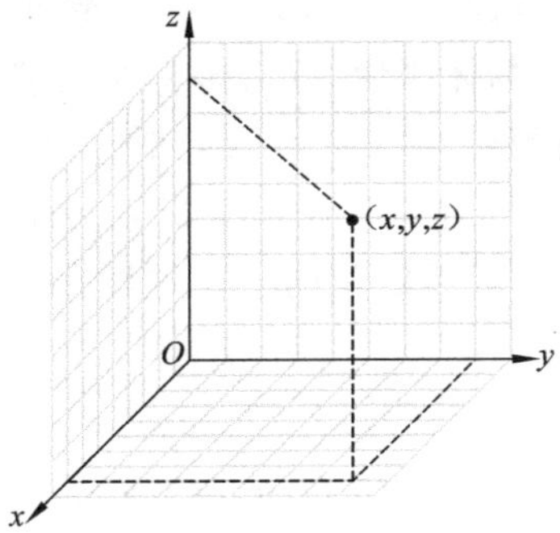

图 2-1　笛卡儿直角坐标系

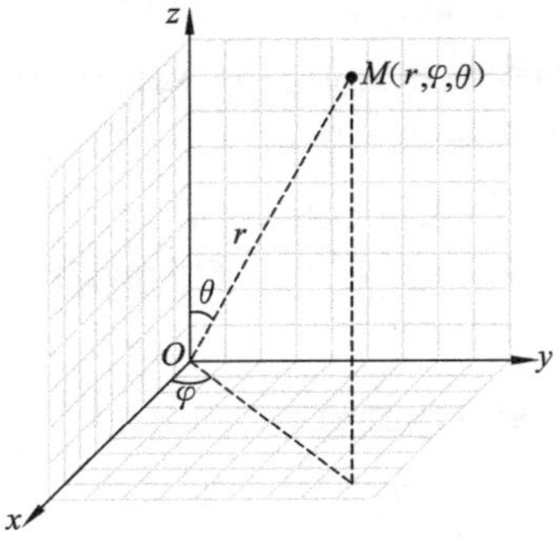

图 2-2　球面坐标系

本章第二节将介绍球面坐标系与三维空间直角坐标系之间有对应的数学转换关系。球面坐标系在导航领域应用极广，通常的导航定位是在地球表面，地球表面可近似为球面。因为地球不是规则的球体，所以在实际中还经常使用椭球坐标系。椭球坐标系可以视为球面坐标系的一般性推广。导航中常用的大地坐标系、天球坐标系等都是球面坐标系。常用的经纬度即是在球面坐标系下的定义，其常用符号为(λ,θ,L)。

(三) 其他坐标系

导航中还用到圆柱面坐标系(cylindrical coordinate system)和圆锥坐标系(conical surface coordinate system)等。其中圆柱面坐标系在导航制图中经常使用，航海上常用的墨卡托投影、高斯投影就是采用圆柱面坐标系(图 2-3)。

这些坐标系都有一定的适用范围。下面介绍导航常用坐标系。

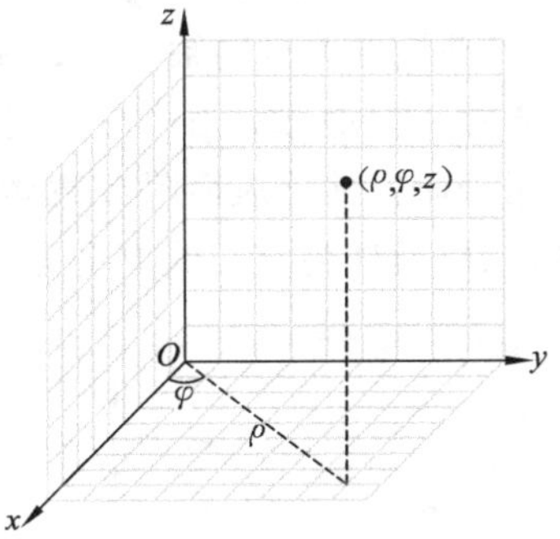

图 2-3　圆柱面坐标系

二、常用导航坐标系

(一) 惯性坐标系

惯性坐标系(inertial coordinate system，i 系)是描述惯性空间的坐标系。所谓惯性空间是指物体不受力或受力为零时能在其中保持静止或匀速直线运动的空间。以惯性空间中静止或匀速直线运动的物体为参照物定义的参照系就是惯性参照系。

惯性坐标系是力学中非常重要的概念。在惯性坐标系中，牛顿定律所描述的力与运动之间的关系是完全成立的。随着物理学的发展，20 世纪爱因斯坦创立了新的时空理论，创新发展了牛顿惯性系的概念。

本书沿用牛顿的惯性系思想。要建立惯性坐标系，必须找到相对惯性空间静止或匀速运动的参照物，也就是说该参照物不受力的作用或所受合力为零。然而，一方面，根据万有引力定律可知，在宇宙中绝对不受力的物体并不存在，因此绝对的惯性参考系也就找不到其具体的物理实现。另一方面，在实际的工程应用中，也无必要寻找绝对准确的惯性参考系，而只需寻找某种近似的惯性参考系即可，近似的程度根据问题的需要而定。

根据不同的近似程度，可以得到许多不同的惯性坐标系，它们只对一定范围内的研究对象，表现得与惯性系近似。对太阳系内除了太阳以外的物体来说，日心坐标系与惯性坐标系十分近似；对地月系内的物体来说，地月系质心坐标系与惯性坐标系十分近似；对地月系内除了地球以外的物体来说，地球质心坐标系与惯性坐标系十分近似。惯性坐标系对于导航特别重要，以下是几种导航常用的惯性坐标系，这些不同惯性坐标系定位的主要差异在于原点的选取和轴向的定义。

1. 日心惯性坐标系

日心惯性坐标系(sun-center inertial coordinate system，SCI 系)的原点在太阳的球心。Z_s 轴垂直于地球公转的轨道平面，X_s 和 Y_s 轴在黄道面成右手坐标系(图 2-4)。日心惯性坐标系适用于星际间运载体的导航定位。太阳绕银河系中心的旋转角速度约为 10^{-15} rad/s，太阳绕银河系中心运动的向心加速度约为 2.4×10^{-10} m/s^2。太阳绕银河系运动的角速度和加速度都远小于目前人类仪表所能测量的最小值，因此使用日心惯性参考系忽略太阳在银河系内的运动，具备足够的精度。

2. 地心惯性坐标系

地心惯性坐标系(earth center inertial coordinate system，ECI 系)的坐标原点取在地球质心，Z_i 轴沿地球自转轴，而 X_i 轴、Y_i 轴在地球赤道平面内，X_i 轴、Y_i 轴、Z_i 轴组成右手坐标系。X_i 轴通常指向地球赤道面与太阳黄道面的交线，不随地球旋转变化(图 2-5)。地心惯性坐标系适用于研究地球表面附近载体的导航定位问题。近地面导航多采用此坐标系作为惯性坐标系，如以地球为核心的卫星运动等都可以用地心惯性坐标系来计算。

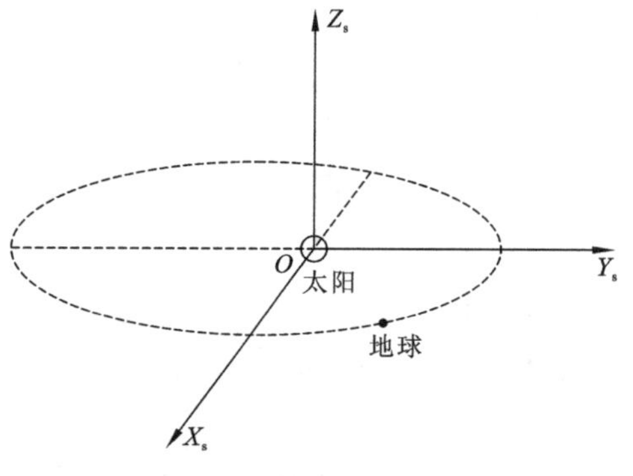

图 2-4 日心惯性坐标系

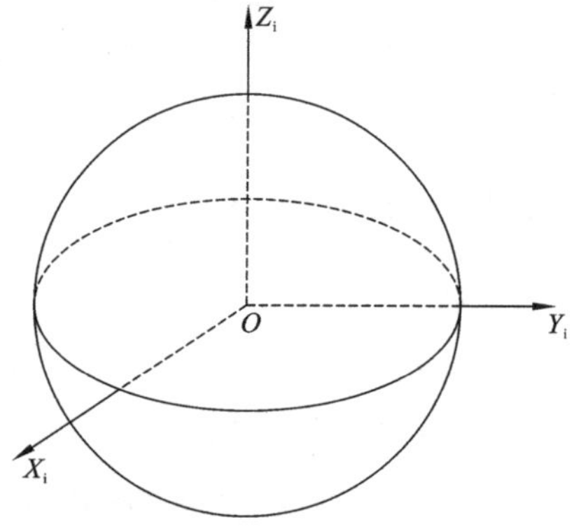

图 2-5 地心惯性坐标系

此近似惯性参考系忽略了由太阳、月亮以及其他星体对地球的引力而引起的加速度。其中由太阳引力带来的地球公转向心加速度约为 6.05×10^{-3} m/s^2，月亮对地球引力引起的地心平移加速度约为 3.4×10^{-5} m/s^2，其他星体引力引起的加速度都比两者小两个数量级以上，因此地心惯性坐标系原点的加速度约为 6×10^{-3} m/s^2，此量级可以被当前加速度计敏感，所以在某些惯性技术应用场合，地心惯性坐标系是不够精确的。然而在地球表面附近导航时，如果我们只关心物体相对地球的运动，由于太阳等星体对地球有引力，同时对地球表面附近物体也有引力，两者引起的加速度基本相同，其差异在 10^{-6} m/s^2 量级，可以忽略。

3. 天球坐标系

天球坐标系(celestial coordination system,c 系)是以一对球面坐标来描绘天体(恒星、行星)位置的坐标系,也是一类惯性坐标系。天球坐标系中的天体位置,只表示天体的方向,不考虑天体的距离。天球的可见部分和不可见部分的分界线称为地平。观测者头顶和脚下的两个点,分别称为天顶 Z 和天底 Z'。天球自东向西绕着地球的自转轴旋转,自转轴与天球交点在北(南)半球称为北(南)天极 $P_N(P_S)$。通过北、南天极的直线,即为地球的自转轴。

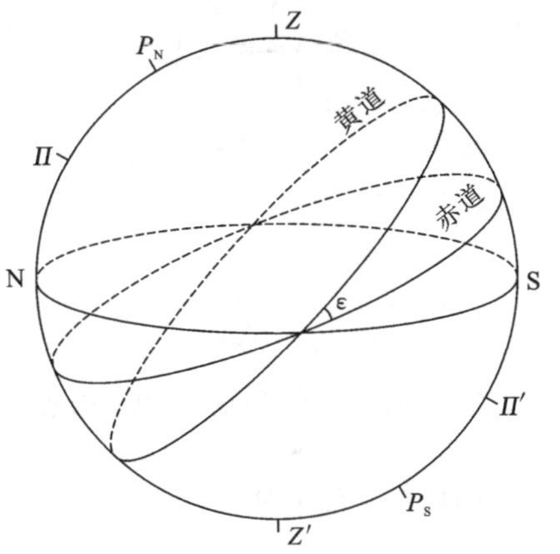

图 2-6　天球上的点、圆

地球绕太阳公转所成平面在天球上所截得的大圆为黄道,此平面为黄道面,其两极分别定义为北(南)黄极 $\Pi(\Pi')$。黄道面与天赤道面的夹角称为黄赤交角 ε,黄赤交角为一变值,其平均值约为 23.5°。黄道与天赤道的两个交点通常称为二分点(春分、秋分)。地平、天赤道和黄道每一个都是天球坐标系统的基本参考圆(图 2-6)。

(1) 地平坐标系。

通过观测者的与地方重力场相一致的直线称为天文垂线。所谓地平,即一个大圆,其中心为观测者,其轴为天文垂线,地平坐标系取天顶 Z 为基本轴,取真地平为基本圆(图 2-7)。

(2) 黄道坐标系。

黄道坐标系(图 2-8)是以黄道为基圈,以经过春分点的黄经圈为始圈,以春分点为原点组成的天球坐标系,它的经度叫黄经 λ,是天体所在的黄经圈的角距离,以春分点为起点,在黄道上逆时针度量;它的纬度叫黄纬 β,是天体相对于黄道的方向和角距离。

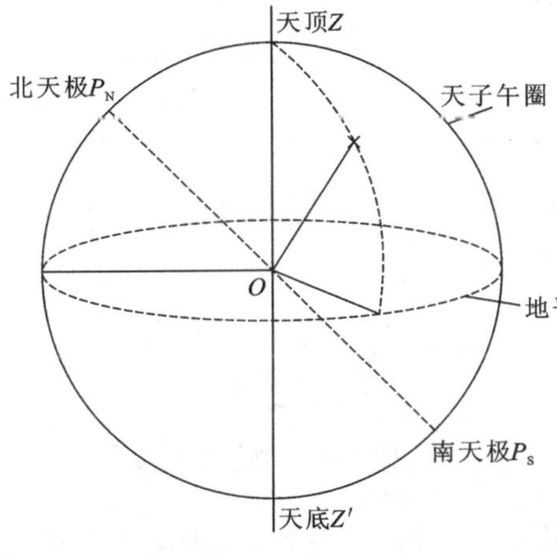

图 2-7　地平坐标系

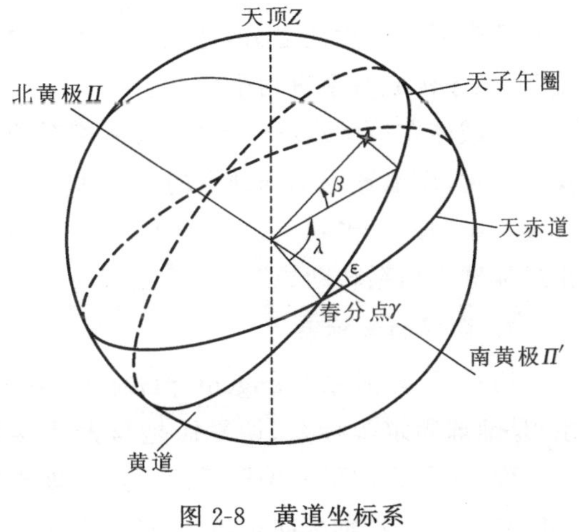

图 2-8　黄道坐标系

(二) 地球坐标系

地心地固坐标系(earth centered earth fixed,ECEF,e 系)又称为地球坐标系、地心坐标系,该坐标系原点在地心,由于地球始终在旋转,地球坐标系与地球固连,随地球一起转动。Z_e

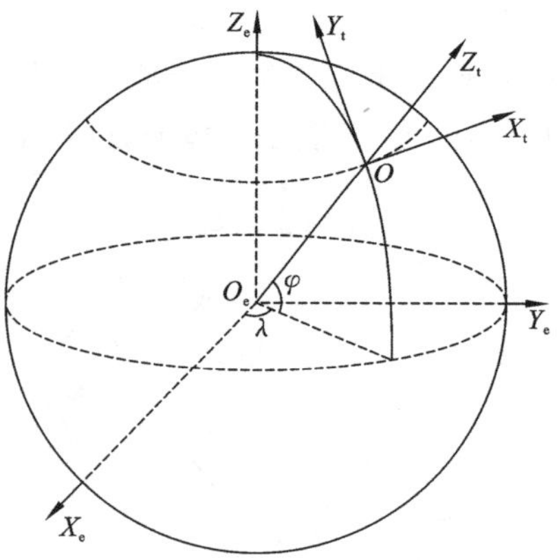

图 2-9 地球坐标系与切平面坐标系

轴沿极轴方向，X_e 轴在赤道平面与本初子午面的交线上，Y_e 轴也在赤道平面内并与 X_e、Z_e 轴构成右手直角坐标（图 2-9）。

地球绕极轴作自转运动，并且沿椭圆轨道绕太阳作公转运动。一年中地球相对于太阳公转了一周，实际上相对于恒星自转了近似 $365\frac{1}{4}$ 周。因此，地球相对于恒星自转一周所需的时间，略短于地球相对于太阳自转一周所需的时间。地球相对于太阳自转一周所需的时间（太阳日）是 24 h。地球相对于恒星自转一周所需的时间（恒星日）约为 23 h 56 min 4.09 s。太阳日和恒星日是时间的度量单位（在第三章中将详细介绍）。

地球坐标系相对惯性参考系的转动角速度（rotational angular velocity）为

$$\omega_{ie}=15.0411\ ^\circ/\text{h}=7.2921\times10^{-5}\ \text{rad/s} \tag{2-1}$$

（三）地表坐标系

1. 地理坐标系

地理坐标系（geographic coordinate system，g 系）是人们最常使用的坐标系。如图 2-10 所示，地理坐标系的原点就是载体质心，X_g 轴在当地水平面内沿当地纬线指向正东，Y_g 轴沿当地子午线指向正北，Z_g 轴沿当地参考椭球的法线指向天顶，X_g 轴、Y_g 轴与 Z_g 轴构成右手直角坐标系。我国传统的"天圆地方"和"东南西北上下"的六合观念就是地理坐标系。

地理坐标系的三根轴可以有不同的选取方法。如图 2-10 所示，地理坐标系是按"东、北、天"为顺序构成的右手直角坐标系。除此之外，还有按"北、西、天"或"东、北、地"为顺序构成右手直角坐标系。

当载体在地球表面运动时，载体相对地球的位置不断发生变化，而地球上不同地点的地理坐标系相对地球的角位置是不同的。也就是说，载体的运动将引起地理坐标系相对地球坐标系转动。

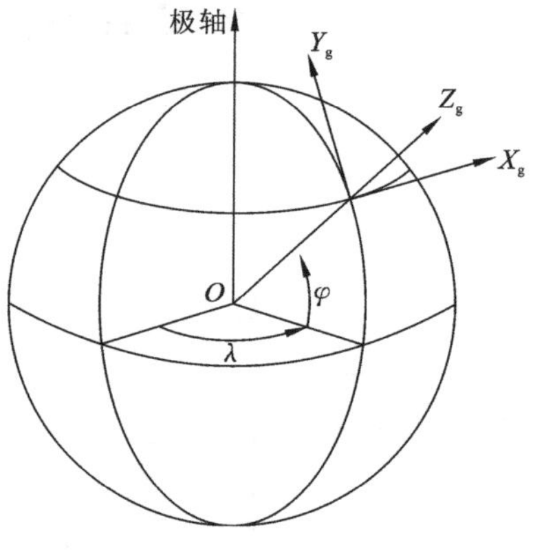

图 2-10 地理坐标系

2. 切平面坐标系

切平面坐标系（tangent plane coordinate system，t 系）是地球固定坐标系，切平面是与大地参考椭球面相切的平面，切点为切平面坐标系的原点。该点一般选为着陆地点、导航雷达站，或者某个其他方便的参考点。X_t 轴指向东，Y_t 轴指向真北，Z_t 轴完成右手直角坐标系，指向天顶并垂直于参考椭球面。

对于静止的载体，地理坐标系和切平面坐标系是一致的。当载体运动时，切平面原点固定，而地理坐标系原点是载体原点在大地水准面上的投影。切平面坐标系常用于本地导航，如相对飞行路径的导航。

4. 游移方位坐标系

游移方位坐标系（wander azimuth coordinate system，w 系）是在地理坐标系基础上定义的。如图 2-11 所示，游移方位坐标系原点在载体中心（质心）；X_w轴垂直于Y_w轴和Z_w轴，并构成右手笛卡儿坐标系。Y_w轴在当地水平面内与子午圈北构成α角（称为游移方位角，逆时针为正），Z_w轴沿椭球面外法线方向指向天顶。α满足

$$\alpha = -\lambda \sin\varphi \tag{2-2}$$

其中，λ、φ分别是载体中心的经度、纬度。

游移方位坐标系的使用避免了地理坐标系在极区的奇异问题，因此它普遍用于惯性导航算法的机械编排。

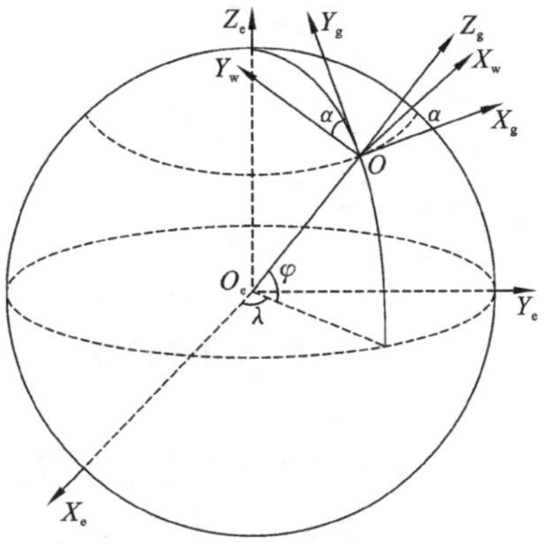

图 2-11　游移坐标系

5. 格网坐标系

如图 2-12 所示，格林尼治格网坐标系（grid coordinate system，G 系）的定义是以载体所在地 P 点处平行于格林尼治子午面的平面作为格网平面，以载体所在地的水平面作为切平面，格网平面与切平面的交线定义为格网北向 G_N，格网北向同真北方向的夹角为σ，格网天向 G_U 同地理天向重合，格网东向 G_E 在切平面内且与格网北向垂直构成右手直角坐标系。格网方位角σ为格网北向与真北向的夹角。

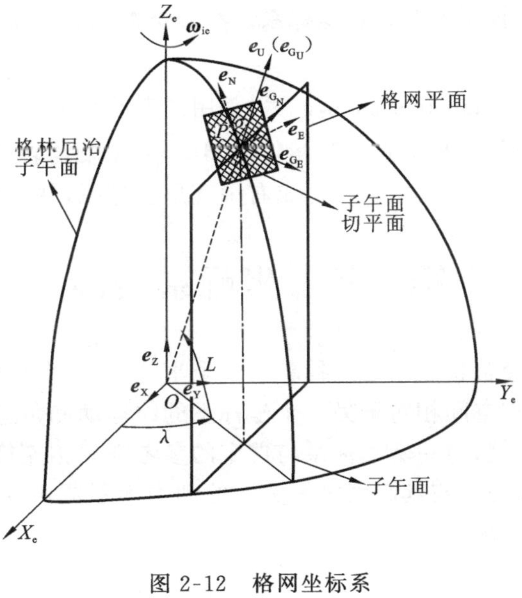

图 2-12　格网坐标系

（四）载体坐标系

载体坐标系（body coordinate system，b 系）是机体坐标系（飞机）、船体坐标系（舰船）、弹体坐标系（导弹）和星体坐标系（卫星）等的统称（图 2-13）。以舰船载体坐标系为例，船体坐标系是固连在舰船本体上的坐标系，其坐标系原点为舰船质心，X_b轴沿载体横轴指向右舷，Y_b轴沿载体纵轴指向舰艏，Z_b轴垂直于甲板平面指向载体上方。除此之外，还要按"前、左、下"顺序构成的右手直角坐标系。

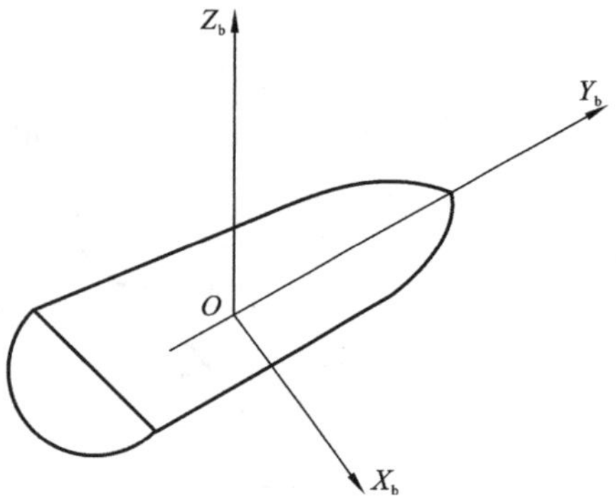

图 2-13　船体坐标系

（四）其他坐标系

除了上述坐标系之外，导航中还使用了其他坐标系，这些坐标系在相关导航领域都十分重要。

1. 导航坐标系

导航坐标系（navigation coordinate system，n 系）是在求解导航参数时根据工作需要而选取的坐标系。

2. 平台坐标系

对于平台式惯性导航系统，平台坐标系（platform coordinate system，p 系）是与平台台体固连，描述平台指向的坐标系，其坐标原点位于平台的质心处；对于捷联惯性导航系统，平台坐标系则是通过存储在计算机中的方向余弦矩阵实现的，因此又称为"数学平台"。

3. 计算坐标系

计算坐标系（computed coordinate system，c 系）是指由计算机输出结果确定的导航坐标系。理想的导航坐标系是由所在位置的真实导航参数确定的，而由计算机解算得到的惯性导航导航参数确定的导航坐标系称为计算坐标系。在分析惯性导航误差时要用到这种坐标系。

4. 陀螺仪坐标系

陀螺仪坐标系（gyro coordinate system，g_r 系）是用来表示陀螺仪转子主轴在空间方位的坐标系，固定于陀螺仪内框架上。坐标原点为陀螺仪支架中心，X 轴与转子轴重合，但不参与转子自转；Y 轴与内环轴重合；Z 轴与 X 轴、Y 轴构成右手直角坐标系，并始终垂直于 XOY 平面。

第二节　坐标系变换

在导航系统研究中，经常将一个物体抽象为一个坐标系，一个物体相对于另一个物体的运动，就相当于一个坐标系在空间相对于另一个坐标系的线运动和角运动。在导航系统中，一套坐标系与被研究对象相连接，另一套坐标系与选定的参考空间相连接，后者构成了前者运动的参考坐标系。与研究物体运动与其起因之间关系的动力学形成不同，运动学仅研究物体本身运动，不考虑导致运动的起因。

一、坐标系的表示

像位置、速度、加速度和角速度等大多数的运动学参数，均涉及三种坐标系：

（1）载体坐标系（object frame），符号 b，反应载体运动；

（2）参考坐标系（reference frame），符号 β，载体运动所参照的坐标系；

（3）投影坐标系（resolving frame），符号 γ，运动投影到测量或等效测量的坐标轴。

载体坐标系 b 与参考坐标系 β 不能相同，否则将不存在运动。投影坐标系可能是载体坐标系、参考坐标系，也可能是其他坐标系。只需定义投影坐标系的轴系方向，不需要定义其原点。另外，投影坐标系的选择不影响矢量的幅度。

要完整地描述这些运动参量，这三个坐标系必须明确定义。这里采用以下符号表示笛卡儿位置、速度、加速度和角速度：

$$x_{\beta b}^{\gamma} \tag{2-3}$$

矢量 x 描述了坐标系 b 相对于坐标系 β 的运动学特性，在坐标系 γ 中投影表示。在描述姿态时，只用到载体坐标系 b 和参考坐标系 β，没有用到投影坐标系 γ。

两空间直角坐标系之间的差异包括两个方面：一是原点不同，即一坐标系的原点相对另一坐标系的原点有位移；二是坐标轴的指向不同，即一坐标系相对另一坐标系有旋转。例如，地球表面某点的地理坐标系 $OX_tY_tZ_t$ 与地球坐标系 $OX_eY_eZ_e$ 之间的关系就是这种情况，原点不同，指向也不同。

导航涉及大量坐标系变换，这些变换包含不同类型坐标系间点的转换，如直角坐标系与球面坐标系之间的变换，两空间直角坐标系之间的各种角度转换。

二、坐标系位置参数变换

导航系统经常进行位置参数在球面坐标系与直角坐标系之间的变换，其变换关系如下（图 2-14）。

（1）球面坐标到直角坐标的变换关系：

$$\begin{bmatrix} x \\ y \\ z \end{bmatrix} = r\begin{bmatrix} \cos\delta\cos\alpha \\ \cos\delta\sin\alpha \\ \sin\delta \end{bmatrix} \tag{2-4}$$

（2）直角坐标到球面坐标的变换关系：

$$\begin{aligned} r &= \sqrt{x^2+y^2+z^2} \\ \alpha &= \arctan\frac{y}{x} \\ \delta &= \arctan\frac{z}{\sqrt{x^2+y^2}} \end{aligned} \tag{2-5}$$

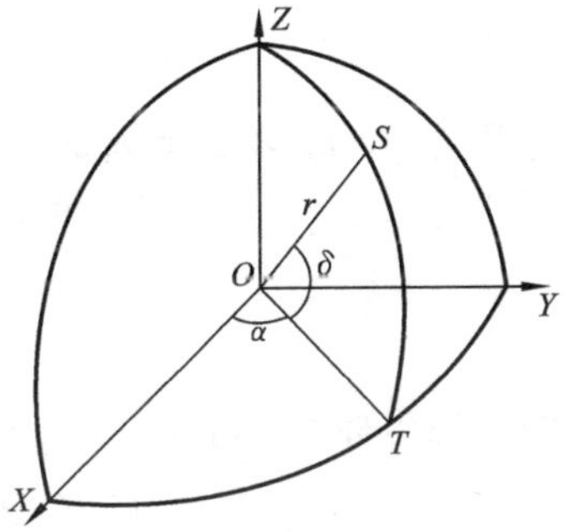

图 2-14 球面坐标示意图

设地球表面某一点 S 在地球直角坐标系中的坐标为 $\boldsymbol{r}_S=(x_S, y_S, z_S)$，经纬度坐标为 $P(\lambda, L)$，该点到地球中心距离称为地心半径，即 $\boldsymbol{r}_S=|\boldsymbol{r}_S|$，地球直角坐标与经纬度坐标的互换公式如下：

经纬度坐标到地球直角坐标的变换为

$$\begin{cases} x_S = R_N\cos L\cos\lambda \\ y_S = R_N\cos L\sin\lambda \\ z_S = R_N(1-e)^2\sin L \end{cases} \tag{2-6}$$

其中，R_N 为卯酉圈半径。

地球直角坐标到经纬度坐标的变换为

$$\begin{cases}\lambda=\arctan\dfrac{y}{x}\\ L=\arctan\left[\dfrac{1}{(1-e^2)}\dfrac{z}{\sqrt{x^2+y^2}}\right]\end{cases}\tag{2-7}$$

(2-6)、(2-7)两式中,e 为参考椭球的偏心率。

三、坐标系间角度关系表示

两组不同坐标系之间的角位置关系,是各类导航坐标系分析中最基础的问题。导航中使用的多种坐标系(如地理坐标系、载体坐标系、平台坐标系、计算坐标系等)在多种情况下,它们的原点相同,没有原点位移,主要表现在不同坐标系间的角度变化。在原点不同的坐标系转换中,原点的位移也可通过坐标系之间的角位置关系反映出来。例如,地球坐标系与地理坐标系之间的角度关系可由角度 λ、φ 决定,λ、φ 同时又决定了地理坐标系原点在地球坐标系中的位置。所以,弄清两坐标系的角度关系是分析坐标系相互转换的关键。描述坐标系的角位置的方法主要有方向余弦(direction cosine)法、欧拉角(Euler angle)法、旋转矢量法、四元数(quaternion)法等。

(一) 方向余弦法

方向余弦法是用矢量的方向余弦表示坐标转换矩阵的方法。

从坐标系 a 到坐标系 b 的坐标变换矩阵可用一个 3×3 的方位余弦矩阵表示,即

$$\boldsymbol{C}=\begin{bmatrix}C_{11} & C_{12} & C_{13}\\ C_{21} & C_{22} & C_{23}\\ C_{31} & C_{32} & C_{33}\end{bmatrix}\tag{2-8}$$

用 $\boldsymbol{i}_a$、$\boldsymbol{j}_a$、$\boldsymbol{k}_a$ 表示坐标系 $x_ay_az_a$ 的轴向单位矢量,用 $\boldsymbol{i}_b$、$\boldsymbol{j}_b$、$\boldsymbol{k}_b$ 表示与坐标系 $x_ay_az_a$ 原点相同的坐标系 $x_by_bz_b$ 的轴向单位矢量,设任意矢量 $\boldsymbol{r}$ 用 $\boldsymbol{i}_a$、$\boldsymbol{j}_a$、$\boldsymbol{k}_a$ 和 $\boldsymbol{i}_b$、$\boldsymbol{j}_b$、$\boldsymbol{k}_b$ 可分别表示为

$$\begin{aligned}\boldsymbol{r}&=x_a\boldsymbol{i}_a+y_a\boldsymbol{j}_a+z_a\boldsymbol{k}_a\\ \boldsymbol{r}&=x_b\boldsymbol{i}_b+y_b\boldsymbol{j}_b+z_b\boldsymbol{k}_b\end{aligned}\tag{2-9}$$

矢量 $\boldsymbol{r}$ 在坐标系 $x_by_bz_b$ 的三个轴向矢量上的投影分别为

$$\begin{aligned}x_b&=\boldsymbol{r}\cdot\boldsymbol{i}_b=(\boldsymbol{i}_a\cdot\boldsymbol{i}_b)x_a+(\boldsymbol{j}_a\cdot\boldsymbol{i}_b)y_a+(\boldsymbol{k}_a\cdot\boldsymbol{i}_b)z_a\\ y_b&=\boldsymbol{r}\cdot\boldsymbol{j}_b=(\boldsymbol{i}_a\cdot\boldsymbol{j}_b)x_a+(\boldsymbol{j}_a\cdot\boldsymbol{j}_b)y_a+(\boldsymbol{k}_a\cdot\boldsymbol{j}_b)z_a\\ z_b&=\boldsymbol{r}\cdot\boldsymbol{k}_b=(\boldsymbol{i}_a\cdot\boldsymbol{k}_b)x_a+(\boldsymbol{j}_a\cdot\boldsymbol{k}_b)y_a+(\boldsymbol{k}_a\cdot\boldsymbol{k}_b)z_a\end{aligned}\tag{2-10}$$

同理可得矢量 $\boldsymbol{r}$ 在坐标系 $x_ay_az_a$ 的三个轴向矢量上的投影分别为

$$\begin{aligned}x_a&=\boldsymbol{r}\cdot\boldsymbol{i}_a=(\boldsymbol{i}_b\cdot\boldsymbol{i}_a)x_b+(\boldsymbol{j}_b\cdot\boldsymbol{i}_a)y_b+(\boldsymbol{k}_b\cdot\boldsymbol{i}_a)z_b\\ y_a&=\boldsymbol{r}\cdot\boldsymbol{j}_a=(\boldsymbol{i}_b\cdot\boldsymbol{j}_a)x_b+(\boldsymbol{j}_b\cdot\boldsymbol{j}_a)y_b+(\boldsymbol{k}_b\cdot\boldsymbol{j}_a)z_b\\ z_a&=\boldsymbol{r}\cdot\boldsymbol{k}_a=(\boldsymbol{i}_b\cdot\boldsymbol{k}_a)x_b+(\boldsymbol{j}_b\cdot\boldsymbol{k}_a)y_b+(\boldsymbol{k}_b\cdot\boldsymbol{k}_a)z_b\end{aligned}\tag{2-11}$$

(2-10)、(2-11)的 6 个方程中,点积$(\boldsymbol{i}_b\cdot\boldsymbol{i}_a)$、$(\boldsymbol{i}_b\cdot\boldsymbol{j}_a)$等位变换系数是方向余弦,这是因为,例如

$$\boldsymbol{i}_a\cdot\boldsymbol{i}_b=|\boldsymbol{i}_a||\boldsymbol{i}_b|\cos\theta_{i_bi_a}=\cos\theta_{i_bi_a}\tag{2-12}$$

其中 $\cos\theta_{i_b i_a}$ 为 $\boldsymbol{i}_a$ 和 $\boldsymbol{i}_b$ 两个单位矢量的余弦。

上述变换方程可进一步写成矩阵形式，即

$$\begin{bmatrix} x_b \\ y_b \\ z_b \end{bmatrix} = \begin{bmatrix} \boldsymbol{i}_a \cdot \boldsymbol{i}_b & \boldsymbol{j}_a \cdot \boldsymbol{i}_b & \boldsymbol{k}_a \cdot \boldsymbol{i}_b \\ \boldsymbol{i}_a \cdot \boldsymbol{j}_b & \boldsymbol{j}_a \cdot \boldsymbol{j}_b & \boldsymbol{k}_a \cdot \boldsymbol{j}_b \\ \boldsymbol{i}_a \cdot \boldsymbol{k}_b & \boldsymbol{j}_a \cdot \boldsymbol{k}_b & \boldsymbol{k}_a \cdot \boldsymbol{k}_b \end{bmatrix} \begin{bmatrix} x_a \\ y_a \\ z_a \end{bmatrix} \tag{2-13}$$

和

$$\begin{bmatrix} x_a \\ y_a \\ z_a \end{bmatrix} = \begin{bmatrix} \boldsymbol{i}_b \cdot \boldsymbol{i}_a & \boldsymbol{j}_b \cdot \boldsymbol{i}_a & \boldsymbol{k}_b \cdot \boldsymbol{i}_a \\ \boldsymbol{i}_b \cdot \boldsymbol{j}_a & \boldsymbol{j}_b \cdot \boldsymbol{j}_a & \boldsymbol{k}_b \cdot \boldsymbol{j}_a \\ \boldsymbol{i}_b \cdot \boldsymbol{k}_a & \boldsymbol{j}_b \cdot \boldsymbol{k}_a & \boldsymbol{k}_b \cdot \boldsymbol{k}_a \end{bmatrix} \begin{bmatrix} x_b \\ y_b \\ z_b \end{bmatrix} \tag{2-14}$$

令

$$\boldsymbol{C}_a^b = \begin{bmatrix} \boldsymbol{i}_b \cdot \boldsymbol{i}_a & \boldsymbol{i}_b \cdot \boldsymbol{j}_a & \boldsymbol{i}_b \cdot \boldsymbol{k}_a \\ \boldsymbol{j}_b \cdot \boldsymbol{i}_a & \boldsymbol{j}_b \cdot \boldsymbol{j}_a & \boldsymbol{j}_b \cdot \boldsymbol{k}_a \\ \boldsymbol{k}_b \cdot \boldsymbol{i}_a & \boldsymbol{k}_b \cdot \boldsymbol{j}_a & \boldsymbol{k}_b \cdot \boldsymbol{k}_a \end{bmatrix}, \quad \boldsymbol{C}_b^a = \begin{bmatrix} \boldsymbol{i}_b \cdot \boldsymbol{i}_a & \boldsymbol{j}_b \cdot \boldsymbol{i}_a & \boldsymbol{k}_b \cdot \boldsymbol{i}_a \\ \boldsymbol{i}_b \cdot \boldsymbol{j}_a & \boldsymbol{j}_b \cdot \boldsymbol{j}_a & \boldsymbol{k}_b \cdot \boldsymbol{j}_a \\ \boldsymbol{i}_b \cdot \boldsymbol{k}_a & \boldsymbol{j}_b \cdot \boldsymbol{k}_a & \boldsymbol{k}_b \cdot \boldsymbol{k}_a \end{bmatrix} \tag{2-15}$$

$\boldsymbol{C}_a^b$和 $\boldsymbol{C}_b^a$中的 9 个元素均为两个坐标系坐标轴之间的方向余弦，它反映了两坐标系之间的角位置关系，称 $\boldsymbol{C}_a^b$为从坐标系 $x_a y_a z_a$ 到坐标系 $x_b y_b z_b$ 的方向余弦矩阵，称 $\boldsymbol{C}_b^a$为从坐标系 $x_b y_b z_b$ 到坐标系 $x_a y_a z_a$ 的方向余弦矩阵。

比较式(2-13)和(2-14)可得

$$\boldsymbol{C}_a^b \boldsymbol{C}_b^a = \boldsymbol{I} \tag{2-16}$$

其中，$\boldsymbol{I}$ 为单位矩阵。

由式(2-13)和(2-14)可得

$$(\boldsymbol{C}_a^b)^{-1} = \boldsymbol{C}_b^a = (\boldsymbol{C}_a^b)^{\mathrm{T}} \tag{2-17}$$

因此，方向余弦矩阵是正交矩阵，根据正交矩阵的性质，方向余弦矩阵的每一行或每一列 3 个元素的平方和是 1，这样方向余弦矩阵中的 9 个元素实际上有 6 个约束条件，也就是说一个方向余弦矩阵中只有 3 个元素是独立的。

利用方向余弦矩阵，可以方便地实现多个坐标系之间的变换，在前述问题中，如果再有第三个坐标系 $x_c y_c z_c$，坐标系 $x_b y_b z_b$ 到坐标系 $x_c y_c z_c$ 的方向余弦矩阵为 $\boldsymbol{C}_b^c$，则坐标系 $x_a y_a z_a$ 到坐标系 $x_c y_c z_c$ 的方向余弦矩阵可表示为

$$\boldsymbol{C}_a^c = \boldsymbol{C}_b^c \boldsymbol{C}_a^b \tag{2-18}$$

这说明方向余弦矩阵具有传递性。

（二）欧拉角法

两个三维直角坐标系之间的方向余弦矩阵有 9 个元素，由于有 6 个约束条件，只有 3 个元素是独立的，这说明任意两个三维直角坐标系之间的角度关系完全可以由 3 个独立的旋转角来描述，我们称这 3 个旋转角为欧拉角。

通过参考坐标系的平面旋转，可用旋转角（即欧拉角）定义正交坐标系之间的变换矩阵——方向余弦矩阵。换句话说，第一参考坐标系 $x_a y_a z_a$ 连续旋转 3 次便可产生第二参考坐标系 $x_b y_b z_b$：第一次绕 x_a 轴旋转 α_1 角，第二次绕旋转后的 y 轴旋转 α_2 角，第三次绕第二次旋转后的 z''轴旋转 α_3 角，最后产生第二参考坐标系 $x_b y_b z_b$（图 2-15）。

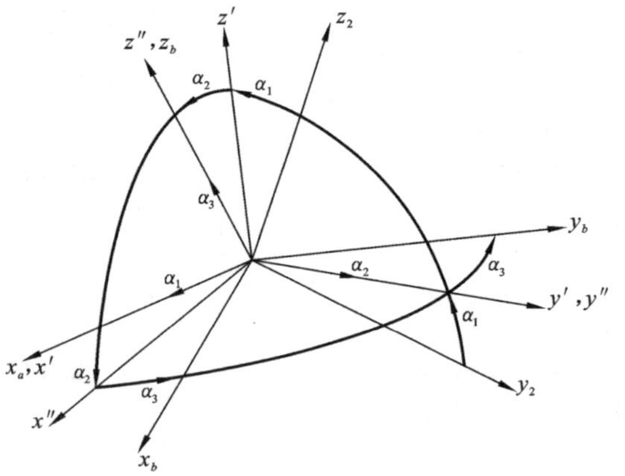

图 2-15 坐标系空间角位置关系

(三）四元数法

1. 四元数定义

四元数是由 4 个元构成的数：

$$Q(q_0,q_1,q_2,q_3)=q_0+q_1\boldsymbol{i}+q_2\boldsymbol{j}+q_3\boldsymbol{k} \tag{2-19}$$

其中，q_0、q_1、q_2、q_3 是实数；$\boldsymbol{i}$、$\boldsymbol{j}$、$\boldsymbol{k}$ 既是互相正交的单位向量，又是虚单位 $\sqrt{-1}$，具体规定体现在如下四元数乘法关系中：

$$\left.\begin{array}{lll} \boldsymbol{i}\otimes\boldsymbol{i}=-1, & \boldsymbol{j}\otimes\boldsymbol{j}=-1, & \boldsymbol{k}\otimes\boldsymbol{k}=-1 \\ \boldsymbol{i}\otimes\boldsymbol{j}=\boldsymbol{k}, & \boldsymbol{j}\otimes\boldsymbol{k}=\boldsymbol{i}, & \boldsymbol{k}\otimes\boldsymbol{i}=\boldsymbol{j} \\ \boldsymbol{j}\otimes\boldsymbol{i}=-\boldsymbol{k}, & \boldsymbol{k}\otimes\boldsymbol{j}=-\boldsymbol{i}, & \boldsymbol{i}\otimes\boldsymbol{k}=-\boldsymbol{j} \end{array}\right\} \tag{2-20}$$

其中，⊗表示四元数乘法。

上述关系可叙述为：相同单位向量作四元数乘时呈虚单位特性；相异单位向量作四元数乘时呈大内向量叉乘特性。所以四元数既可视为四维空间中的一个向量，又可视为一个超复数。

2. 四元数与姿态阵间的关系

设有参考坐标系 R，坐标轴为 x_0、y_0、z_0，坐标轴方向的单位向量为 $\boldsymbol{i}_0$、$\boldsymbol{j}_0$、$\boldsymbol{k}_0$。刚体相对 R 系作定点转动，定点为 O。取坐标系 b 与刚体固联，b 系的坐标轴为 x、y、z，坐标轴方向的单位向量为 $\boldsymbol{i}$、$\boldsymbol{j}$、$\boldsymbol{k}$。假设初始时刻 b 系与 R 系重合。为了便于分析刚体的空间角位置，在刚体上取一点 A，转动点 O 至该点引位置向量 OA（图 2-16），则该位置向量的空间位置实际上描述了刚体的空间角位置。

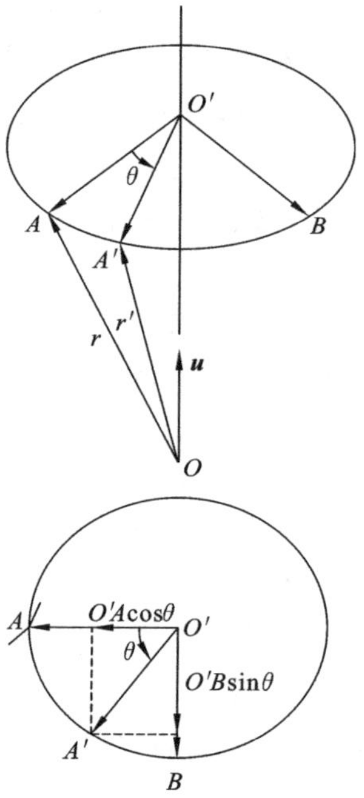

图 2-16 刚体的等效旋转

设刚体以 $\boldsymbol{\omega}=\omega_x\boldsymbol{i}+\omega_y\boldsymbol{j}+\omega_z\boldsymbol{k}$ 相对 R 系旋转，初始时刻位置向量处于 $OA=\boldsymbol{r}$，经过时间 t 后位置向量处于 $OA'=\boldsymbol{r}'$。根据欧拉定理，仅考虑刚体在 0 时刻和 t 时刻的角位置，刚体从 A 位置转到 A' 位置的转动可等效成绕瞬轴 $\boldsymbol{u}$（单位向量）转过 θ 角一次完成。这样，位置向量作圆锥运动，A 和 A' 位于同一圆上，$\boldsymbol{r}$ 和 $\boldsymbol{r}'$ 位于同一圆锥面上。

令

$$\begin{cases} q_0=\cos\dfrac{\theta}{2} \\ q_1=l\sin\dfrac{\theta}{2} \\ q_2=m\sin\dfrac{\theta}{2} \\ q_3=n\sin\dfrac{\theta}{2} \end{cases} \tag{2-21}$$

并以 q_0、q_1、q_2、q_3 构造四元数

$$\begin{aligned} \boldsymbol{Q} &= q_0 + q_1 \boldsymbol{i}_0 + q_2 \boldsymbol{j}_0 + q_3 \boldsymbol{k}_0 = \cos\frac{\theta}{2} + (l\boldsymbol{i}_0 + m\boldsymbol{j}_0 + n\boldsymbol{k}_0)\sin\frac{\theta}{2} \\ &= \cos\frac{\theta}{2} + \boldsymbol{u}^{\mathrm{R}}\sin\frac{\theta}{2} \end{aligned} \tag{2-22}$$

其中，$\boldsymbol{u}^{\mathrm{R}}$ 为旋转瞬轴和旋转方向；θ 为转过的角度。则可得如下结论：

(1) 四元数 Q 描述了刚体的定点转动，即当只关心 b 系相对 R 系的角位置时，可认为 b 系是由 R 系经过无中间过程的一次性等效旋转形成的，Q 包含了这种等效旋转的全部信息。

(2) 四元数可确定出 b 系至 R 系的坐标变换矩阵。将式(2-21)代入式(2-22)，得

$$\boldsymbol{C}_{\mathrm{b}}^{\mathrm{R}} = \begin{bmatrix} 1-2(q_2^2+q_3^2) & 2(q_1q_2-q_0q_3) & 2(q_1q_3+q_0q_2) \\ 2(q_1q_2+q_0q_3) & 1-2(q_1^2+q_3^2) & 2(q_2q_3-q_0q_1) \\ 2(q_1q_3-q_0q_2) & 2(q_2q_3+q_0q_1) & 1-2(q_1^2+q_2^2) \end{bmatrix} \tag{2-23}$$

四、常用坐标系变换

(一) 惯性坐标系—地球坐标系

由惯性坐标系 $X_iY_iZ_i$ 到地球坐标系 $X_eY_eZ_e$，只需要经过一次平面旋转：

$$\boldsymbol{C}_{\mathrm{i}}^{\mathrm{e}} = \begin{bmatrix} \cos\omega_{\mathrm{ie}}t & \sin\omega_{\mathrm{ie}}t & 0 \\ -\sin\omega_{\mathrm{ie}}t & \cos\omega_{\mathrm{ie}}t & 0 \\ 0 & 0 & 1 \end{bmatrix} \tag{2-24}$$

反之，

$$\boldsymbol{C}_{\mathrm{e}}^{\mathrm{i}} = \begin{bmatrix} \cos\omega_{\mathrm{ie}}t & -\sin\omega_{\mathrm{ie}}t & 0 \\ \sin\omega_{\mathrm{ie}}t & \cos\omega_{\mathrm{ie}}t & 0 \\ 0 & 0 & 1 \end{bmatrix} \tag{2-25}$$

(二) 惯性坐标系—地理坐标系

由惯性坐标系 $X_iY_iZ_i$ 到地理坐标系 $X_gY_gZ_g$，必须经过连续两次平面旋转。

第一次：

$$[\lambda']_{Z_i} = \begin{bmatrix} \cos\lambda' & \sin\lambda' & 0 \\ -\sin\lambda' & \cos\lambda' & 0 \\ 0 & 0 & 1 \end{bmatrix} \tag{2-26}$$

第二次：

$$\left[-\left(\frac{\pi}{2}+L\right)\right]_{Y_i'} = \begin{bmatrix} \cos\left(\frac{\pi}{2}+L\right) & 0 & \sin\left(\frac{\pi}{2}+L\right) \\ 0 & 1 & 0 \\ -\sin\left(\frac{\pi}{2}+L\right) & 0 & \cos\left(\frac{\pi}{2}+L\right) \end{bmatrix} = \begin{bmatrix} -\sin L & 0 & \cos L \\ 0 & 1 & 0 \\ \cos L & 0 & -\sin L \end{bmatrix} \tag{2-27}$$

于是，由惯性坐标系到地理坐标系的坐标变换矩阵为

$$\boldsymbol{C}_{\mathrm{i}}^{\mathrm{g}}=\left[-\left(\frac{\pi}{2}+L\right)\right]_{Y_{\mathrm{i}}'}[\lambda']_{Z_{\mathrm{i}}}$$

$$=\begin{bmatrix}-\sin L & 0 & \cos L\\ 0 & 1 & 0\\ -\cos L & 0 & -\sin L\end{bmatrix}\begin{bmatrix}\cos\lambda' & \sin\lambda' & 0\\ -\sin\lambda' & \cos\lambda' & 0\\ 0 & 0 & 1\end{bmatrix} \tag{2-28}$$

$$=\begin{bmatrix}-\cos\lambda'\sin L & -\sin\lambda'\sin L & \cos L\\ -\sin\lambda' & \cos\lambda' & 0\\ -\cos\lambda'\cos L & -\sin\lambda'\cos L & -\sin L\end{bmatrix}$$

其中，L 为地理纬度；$\lambda'=L-L_0+\omega_{\mathrm{ie}}t$ 为黄经。

反之，由地理坐标系到地心惯性坐标系的变换矩阵为

$$\boldsymbol{C}_{\mathrm{g}}^{\mathrm{i}}=\begin{bmatrix}-\cos\lambda'\sin L & -\sin\lambda' & -\cos\lambda'\cos L\\ -\sin\lambda'\sin L & \cos\lambda' & -\sin\lambda'\cos L\\ \cos L & 0 & -\sin L\end{bmatrix} \tag{2-29}$$

(三) 地球坐标系—地理坐标系

参考几何关系，由地球坐标系到地理坐标系，必须经过连续两次平面旋转，可得到“北、东、地”地理坐标系。

第一次：

$$[\lambda]_{Z_{\mathrm{e}}}=\begin{bmatrix}\cos\lambda & \sin\lambda & 0\\ -\sin\lambda & \cos\lambda & 0\\ 0 & 0 & 1\end{bmatrix} \tag{2-30}$$

第二次：

$$\left[-\left(\frac{\pi}{2}+L\right)\right]_{Y'_{\mathrm{e}}}=\begin{bmatrix}\cos\left(\frac{\pi}{2}+L\right) & 0 & \sin\left(\frac{\pi}{2}+L\right)\\ 0 & 1 & 0\\ -\sin\left(\frac{\pi}{2}+L\right) & 0 & \cos\left(\frac{\pi}{2}+L\right)\end{bmatrix} \tag{2-31}$$

$$=\begin{bmatrix}-\sin L & 0 & \cos L\\ 0 & 1 & 0\\ -\cos L & 0 & -\sin L\end{bmatrix}$$

于是，由地球坐标系到地理坐标系的坐标变换矩阵为

$$\boldsymbol{C}_{\mathrm{e}}^{\mathrm{g}}=\begin{bmatrix}-\sin L & 0 & \cos L\\ 0 & 1 & 0\\ \cos L & 0 & -\sin L\end{bmatrix}\begin{bmatrix}\cos\lambda & \sin\lambda & 0\\ -\sin\lambda & \cos\lambda & 0\\ 0 & 0 & 1\end{bmatrix}$$

$$=\begin{bmatrix}-\cos\lambda\sin L & -\sin\lambda\sin L & \cos L\\ -\sin\lambda & \cos\lambda & 0\\ -\cos\lambda\cos L & -\sin\lambda\cos L & -\sin L\end{bmatrix} \tag{2-32}$$

其中，$\lambda=L-L_0=\lambda'-\omega_{\mathrm{ie}}t$，为本地地理经度与原点地理经度之差(当 $L_0=0$ 时，λ 就是地理经度)。

反之，由地理坐标系到地球坐标系的坐标变换矩阵为

$$C_g^e=\begin{bmatrix}-\cos\lambda\sin L & -\sin\lambda & -\cos\lambda\cos L\\ -\sin\lambda\sin L & \cos\lambda & -\sin\lambda\cos L\\ \cos L & 0 & -\sin L\end{bmatrix}\tag{2-33}$$

比较式(2-29)和式(2-33)，不难发现，由 i 系到 g 系与由 e 系到 g 系的坐标变换矩阵在形式上是完全相同的，只是将黄经 λ' 改为地理经度变化量 λ。当然，它们的逆（转置）矩阵式和式在形式上也是相同的。

进一步，我们可以将坐标变换矩阵 C_e^g 分解为 $C_e^g=C_i^gC_e^i$，并利用式(2-25)和式(2-28)经过矩阵相乘运算，也可以推导出坐标变换矩阵 C_e^g，其结果与式(2-32)完全相同。

（四）地理坐标系—载体坐标系

姿态角是运载体坐标系 $x_by_bz_b$ 和地理坐标系之间的三个夹角，它们的定义如下。

(1) 航向角(ψ)：运载体纵轴 x_b 与北向轴(N)之间的夹角，在水平面测量，顺时针为正；

(2) 俯仰角(θ)：运载体纵轴 x_b 与水平面之间的夹角，在垂直面中测量，抬头为正；

(3) 横滚角(ϕ)：运载体纵轴 y_b 与水平面之间的夹角，在横截面测量，左边抬起为正。

注意：航向角、俯仰角及横滚角是航空领域对飞机姿态角的定义。在航海领域，舰船的姿态角定义与飞机相同，但按习惯称呼不同，分别称为航向角、纵摇角及横摇角。根据姿态角的这些定义，可以画出运载体坐标系 $x_by_bz_b$ 与地理坐标系之间的几何关系图(图 2-17)。根据图示坐标系的欧拉角几何关系，地理坐标系通过连续旋转航向角(ψ)、俯仰角(θ)以及横滚角(ϕ)，便可得到运载体坐标系 $x_by_bz_b$。

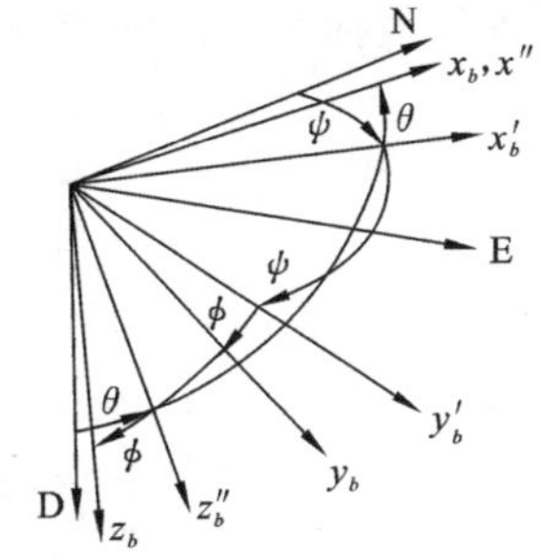

图 2-17　运载体姿态角定义

第一次旋转：

$$[\psi]_D=\begin{bmatrix}\cos\psi & \sin\psi & 0\\ -\sin\psi & \cos\psi & 0\\ 0 & 0 & 1\end{bmatrix}\tag{2-34}$$

第二次旋转：

$$[\theta]_{y_b'}=\begin{bmatrix}\cos\theta & 0 & -\sin\theta\\ 0 & 1 & 0\\ \sin\theta & 0 & \cos\theta\end{bmatrix}\tag{2-35}$$

第三次旋转：

$$[\phi]_{x_b''}=\begin{bmatrix}1 & 0 & 0\\ 0 & \cos\phi & \sin\phi\\ 0 & -\sin\phi & \cos\phi\end{bmatrix}\tag{2-36}$$

因此，由地理坐标系到运载体坐标系的坐标变换矩阵为

$$\begin{aligned}C_g^b&=[\phi]_{x_b''}[\theta]_{y_b'}[\psi]_D\\&=\begin{bmatrix}1 & 0 & 0\\ 0 & \cos\phi & \sin\phi\\ 0 & -\sin\phi & \cos\phi\end{bmatrix}\begin{bmatrix}\cos\theta & 0 & -\sin\theta\\ 0 & 1 & 0\\ \sin\theta & 0 & \cos\theta\end{bmatrix}\begin{bmatrix}\cos\psi & \sin\psi & 0\\ -\sin\psi & \cos\psi & 0\\ 0 & 0 & 1\end{bmatrix}\end{aligned}\tag{2-37}$$

$$
=\begin{bmatrix} \cos\psi\cos\theta & \sin\psi\sin\theta & -\sin\theta \\ -\sin\psi\cos\phi+\cos\psi\sin\theta\sin\phi & \cos\psi\cos\phi+\sin\psi\sin\theta\sin\phi & \cos\theta\sin\phi \\ \sin\psi\sin\phi+\cos\psi\sin\theta\cos\phi & -\cos\psi\sin\phi+\sin\psi\sin\theta\cos\phi & \cos\theta\cos\phi \end{bmatrix}
$$

反之，由运载体坐标系到地理坐标系的坐标变换矩阵为

$$
\boldsymbol{C}_{\mathrm{b}}^{\mathrm{g}}=\begin{bmatrix} \cos\psi\cos\theta & -\sin\psi\cos\phi+\cos\psi\sin\theta\sin\phi & \sin\psi\sin\phi+\cos\psi\sin\theta\cos\phi \\ \sin\psi\cos\theta & \cos\psi\cos\phi+\sin\psi\sin\theta\sin\phi & -\cos\psi\sin\phi+\sin\psi\sin\theta\cos\phi \\ -\sin\theta & \cos\theta\sin\phi & \cos\theta\cos\phi \end{bmatrix} \tag{2-38}
$$

由方位余弦矩阵 $\boldsymbol{C}_{\mathrm{g}}^{\mathrm{b}}$ 中的元素可以计算出欧拉角为

$$
\tan\phi=\frac{C_{23}}{C_{33}}\frac{\sin\phi\cos\theta}{\cos\phi\cos\theta}=\frac{\sin\phi}{\cos\phi},\qquad \phi=\tan^{-1}\left(\frac{C_{23}}{C_{33}}\right) \tag{2-39}
$$

$$
\tan\psi=\frac{C_{12}}{C_{11}}=\frac{\sin\psi\cos\theta}{\cos\psi\cos\theta}=\frac{\sin\psi}{\cos\psi},\qquad \psi=\tan^{-1}\left(\frac{C_{12}}{C_{11}}\right) \tag{2-40}
$$

$$
-\tan\theta=\frac{C_{13}}{\sqrt{1-C_{13}^{2}}}=\frac{-\sin\theta}{\sqrt{1-\sin^{2}\theta}}=\frac{-\sin\theta}{\cos\theta},\quad \theta=\tan^{-1}\left(\frac{-C_{13}}{\sqrt{1-C_{13}^{2}}}\right) \tag{2-41}
$$

可见，从坐标变换矩阵 $\boldsymbol{C}_{\mathrm{g}}^{\mathrm{b}}$ 可以计算出载体的航姿信息。

各种坐标系之间的变换关系如图 2-18 所示。

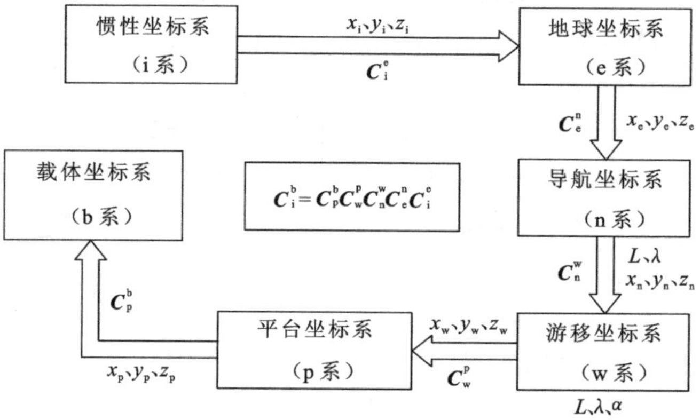

图 2-18　惯性导航系统中常用坐标系之间的变换关系

第三节　大地坐标系

一、地球形体数学描述

目前人类活动和导航技术应用的载体大都是在地球表面上进行的，如何用数学坐标系来尽量准确地描述地球呢？

地球是一个具有复杂形状的近似球体，不是标准球体。它的表面有陆地、海洋、高山、峡谷，而且高低起伏不平，是一个非常复杂而又不规则的曲面。陆地上有高山、深谷和平地；海洋里有岛礁和海沟。因此，地球的自然表面不是数学曲面，不能直接进行运算。

为了科学研究的方便，可采用某种能以数学方法表达的形体来代替地球不规则的自然形

体。假设海洋中的海水处于完全静止、平衡的状态，即没有洋流、潮汐、风浪等影响，则这时的平静海面称为大地水准面(geoid surface)。大地水准面是与假想的、完全均衡状态的海平面相一致的水准面，它与各地的铅垂线互相垂直。若将其向大陆延伸，形成一个连续的、无叠痕的、无棱角的闭合水准面(图 2-19)，则将延伸到地球的全部表面。由大地水准面包围的几何体，称为大地球体(geoid ellipsoid)。在大地测量和导航中，研究地球的形状和大小，就是研究大地球体的形状和大小。

图 2-19　大地水准面示意图

(一) 地球圆球体

在一般工程技术应用中，把地球形状视为半径为 R 的一个圆球体，称为地球圆球体(terrestrial sphere)——第一近似体。1964 年，国际天文学会通过的数据：地球圆球体的平均半径为 $R=6371.02\pm0.05$ km；地球自转角速度(rotational angular velocity)为 $\omega=7.29\times10^{-5}$ rad/s 。

(二) 地球椭球体

在较为准确的航海计算中，需要将大地球体视为两极略扁的地球椭球体(ellipsoid of the earth)——第二近似体。如图 2-20 所示，地球椭球体是由椭圆 $\overline{P_NQP_SQ'}$ 绕其短轴 $\overline{P_NP_S}$ 旋转一周而成的几何体。

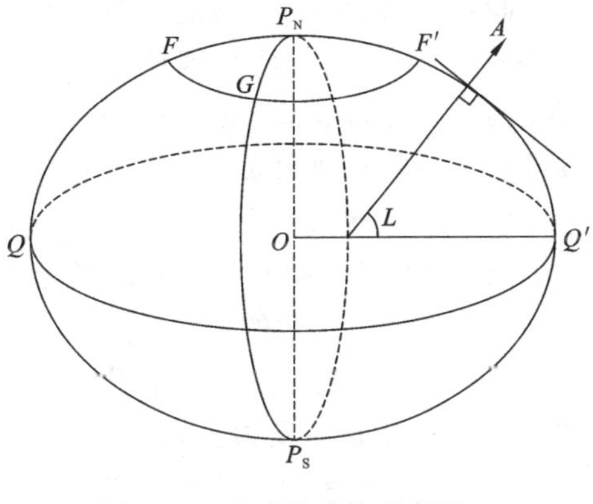

图 2-20　地球椭球体示意图

表示地球椭球体的形状和大小的重要参数有：长半轴 a、短半轴 b、扁率 f 和偏心率 e，它们之间的关系为

$$f=\frac{a-b}{a},\quad e=\frac{\sqrt{a^2-b^2}}{a},\quad e^2\approx 2c \qquad (2\text{-}42)$$

在不同的历史时期，依据的测量结果不同，因而所推算出的地球椭球体的参数也不相同。表 2-1 列出了世界各国常用的地球椭球体主要参数。

表 2-1　地球椭球体参数

椭球体名称	年份	长半轴 a/m	扁率 f	主要使用地及说明
白塞尔(Bessel)	1841	6 377 397.155	299.152 8	德国、瑞士、日本
克拉克(Clarke)	1866	6 378 206.4	294.978	美国、加拿大、墨西哥
海福特(Hayford)	1910	6 378 388	297.0	美国、法国等西欧国家
克拉索夫斯基(Krasovsky)	1940	6 378 245	298.3	苏联、东欧、中国
WGS-84	1984	6 378 137	298.257 223 563	美国 GPS 卫星导航系统

二、常用大地坐标系

大地坐标系是采用大地经纬度和大地高程来描述空间位置的，一般用(B,L,H)表示。大地坐标系的定义包括坐标系的原点、3个坐标轴的指向、尺度以及地球椭球体的4个基本参数(长半轴a、地球重力场二阶带球谐系数J_2、地心引力常数GM和地球自转角速度ω)。由于历史和技术的原因，我国在不同时期曾建立和使用过多种不同的大地坐标系，经历了从参心坐标系到地心坐标系的发展过程。在此对我国常用的大地坐标系作简要介绍。

(一) 1954年北京坐标系

1954年北京坐标系是我国曾广泛采用的第一个全国统一的大地测量坐标系(简称54坐标系)。54坐标系通过我国东北呼玛、吉拉林、东宁三个基线网与苏联远东大地控制网相连接，将苏联1942年普尔科沃(Pukovo)坐标系延伸至我国的一个坐标系。该坐标系属于参心坐标系，采用的参考椭球为克拉索夫斯基椭球，其椭球参数如下：

长半轴　　$a=6\,378\,245$ m

扁率　　$f=1/298.3$

由于当时的条件限制，54坐标系存在很多问题：

(1) 采用的克拉索夫斯基椭球与现代椭球相比，长半轴长了108 m，扁率倒数大了0.04。

(2) 椭球定位、定向有较大偏差，与我国大地水准面存在着自西向东明显的系统性倾斜，最大倾斜量达65 m，全国范围平均为25 m；椭球短轴的指向既不是国际上采用较普遍的国际协议原点CIO，也不是我国地极原点JYD1968.0；起始大地子午面不是平行于国际时间局(Bureau International de I'Heure，BIH)所定义的格林尼治平均天文台子午面，从而给坐标换算带来了一些不便和误差。

(3) 54坐标系的大地原点不在北京，而在苏联的普尔科沃。

(4) 只涉及两个几何性质的椭球参数(a,f)，满足不了理论研究和实际工作中所需的描述地球的4个基本参数的要求。

(5) 大地测量几何计算中采用克拉索夫斯基椭球，而处理重力数据时采用的是赫尔默特1901～1909年正常重力公式：

$$\gamma_0=978\,030(1+0.005\,302\sin^2 B-0.000\,007\sin^2 2B)\times10^{-5}\ \mathrm{m/s^2} \tag{2-43}$$

与该公式相对应的赫尔默特扁球不是旋转椭球，几何大地测量与物理大地测量采用的椭球不统一，给实际使用带来不便。

(6) 由于采用了分区局部平差法，系统误差累积明显，导致大地网产生扭曲和变形，区与区之间产生裂隙。

(7) 坐标精度偏低，相对精度为5×10^{-6}左右。较低精度的二维大地测量成果与高精度的三维卫星大地测量成果不相匹配，引起使用上的麻烦。

(二) 1980西安坐标系

1980西安坐标系的大地坐标原点在陕西省泾和县永乐镇，是我国针对1954年北京坐标系存在的问题，通过对全国天文大地网进行整体平差所建立的新的参心坐标系，简称西安坐标系(图2-21)。

该坐标系统所采用的地球椭球参数的4个几何物理参数采用了IAG 1975年的推荐值，椭球的短轴平行于地球的自转轴，起始子午面平行于格林尼治平均天文子午面，椭球面的大地水准面在我国境内符合最好。

该坐标系采用既含几何参数又含物理参数的4个椭球基本参数，数值采用IUGG 1975年第16届大会的推荐值：

长半轴 $a=6\,378\,140$ m

地心引力常数 $GM=3.986\,005\times10^{14}$ m^3/s^2

动力形状因子 $J_2=1.082\,63\times10^{-3}$

地球自转角速度 $\omega=7.292\,115\times10^{-5}$ rad/s

其中 J_2 是地球重力场二阶主球函数系数，是扁率的函数。高程系统以1956年黄海平均海水面为高程起算基准。其他坐标系常数可由上述4个基本常数导出。

图 2-21 西安坐标系大地原点

与1954年北京坐标系相比，1980年西安坐标系有如下优点：

(1) 理论严密，定义明确，坐标原点位于我国境内，推算坐标的精度比较均匀；

(2) 采用的参考椭球比较合适，椭球短半轴指向地极原点JYD1968.0，指向明确；

(3) 椭球面与我国大地水准面吻合较好，全国范围内的平均差值为10 m；

(4) 严格地按投影法进行观测数据归算，全国统一整体平差，消除了分区局部平差不合理的控制影响，提高了平差结果精度。

因此，用1980年西安坐标系后，通过不同类型数学模型及其转换参数转换得到的地心坐标精度均有提高。

但是，1980年西安坐标系仍然存在以下几个问题：

(1) 是一个二维坐标系统，不能提供高精度三维坐标；

(2) 采用的椭球比现在国际上公认的，或是卫星定位技术中所采用的相应值要大3 m左右，而这可能引起地表长度误差达10^{-7}量级；

(3) 椭球短轴指向地极原点JYD1968.0，与国际上通用的地面坐标系统如ITRS，或与GPS定位中采用的WGS-84等椭球短轴的指向(BIH1984.0)不同。

(三) WGS-84 国际坐标系

WGS-84坐标系统的全称是世界大地坐标系1984(World Geodetic System-1984)，是目前GPS所采用的坐标系统，GPS星历参数就是基于此坐标系统，是在导航和测量领域中应用得最为广泛的全球大地参考系。

WGS-84坐标系统是一个地心地固坐标系统。坐标原点位于地球的质心，Z 轴指向BIH1984.0定义的协议地球极方向，X 轴指向BIH1984.0的起始子午面和赤道的交点，Y 轴与 X 轴、Z 轴构成右手系。

旋转参考椭球采用的4个基本椭球参数如下：

长半轴 $a = 6\ 378\ 137$ m

动力形状因子 $J_2 = 1.082\ 63 \times 10^{-3}$

地心引力常数 $GM = 3.986\ 004\ 418 \times 10^{14}\ m^3/s^2$

自转角速度 $\omega = 7.292\ 115 \times 10^{-5}$ rad/s

WGS-84坐标系是由美国国家影像制图局（National Imagery and Mapping Agency，NIMA）和其前身美国国防部测绘局（Defence Mapping Agency，DMA）从初始的世界大地坐标系WGS-60开始发展，并在随后的WGS-66、WGS-72基础上不断改进形成的。通过使用全球定位系统，WGS-84参考框架的实现获得重大进展，WGS-84坐标系是通过精确计算全球定位系统跟踪站来实现的，这些跟踪站的坐标绝对精度为±5 cm。WGS-84坐标系参考椭球为一旋转椭球，其几何中心与坐标系原点重合，其旋转轴与坐标系的Z轴一致(图2-22)。

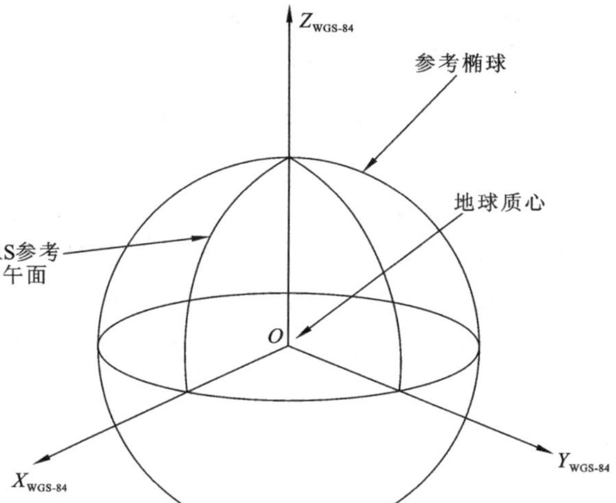

图2-22 WGS-84坐标系定义

(四) PZ-90坐标系

PZ-90坐标系是俄罗斯全球导航卫星系统GLONASS在1993年采用的坐标系，它与GPS所用的WGS-84同属地心地固坐标系。它的原点位于地球质心；Z轴指向国际地球自转服务局（International Earth Rotation Service，IERS）推荐的协议地极原点（conventional terrestrial pole），即1900～1905年的平均北极；X轴指向赤道与国际时间局定义的零子午线的交点；Y轴按右手法则构成。

GLONASS系统的坐标参考框架是由一系列跟踪站坐标实现的。1993年以前，GLONASS采用苏联1985年地心坐标系（1985 Soviet Geodetic System，SGS-85）。1991年以后，GLONASS系统控制中心接受俄罗斯地图局建议，对SGS-85在经度定向和Z轴原点位置方面进行了改进，建立了PZ-90（俄译：Parametry Zelmy 1990；英译：Parameters of the Eath）坐标系。PZ-90坐标系基于多普勒观测值、卫星激光测距（SLR）、GEO-IK测高卫星和GLONASS

卫星的雷达测距等大量数据，是通过地面网和空间网联合平差后计算出来的。1993 年开始，GLONASS 改用 PZ-90 坐标系。

GLONASS 所采用的 PZ-90 坐标系定义如下：

PZ-90 坐标系采用的参考椭球参数和其他的一些参数如下：

长半轴	$a=6\ 378\ 136$ m
地心引力常数	$\mathrm{GM}=3.986\ 004\ 4\times10^{14}\ \mathrm{m^3/s^2}$
动力形状因子	$J_2=1.082\ 525\ 7\times10^{-3}$
自转角速度	$\omega=7.292\ 115\times10^{-5}$ rad/s

虽然 PZ-90 坐标系为地心地固坐标系，其坐标框架的定义也与国际地球参考坐标系(International Terrestrial Reference Frame，ITRF)相同，但是，由于不可避免地存在跟踪站站址坐标误差和测量误差，定义的坐标系和实际使用的坐标系存在一定的差异。实际上，PZ-90 坐标系、WGS-84 坐标系与 ITRF 在坐标原点、坐标轴指向及尺度上均存在差异。它们之间存在着原点的平移和绕 Z 轴的旋转。PZ-90 坐标系与 WGS-84 坐标系在地球表面的坐标差异可达 20 m。

(五) 国家大地坐标系 2000

随着技术的提高，我国迫切需要建立高精度、地心、动态、实用、统一的大地坐标系作为各项社会经济活动的基础性保障。自 2008 年 7 月 1 日起，我国启用国家大地坐标系 2000(China Geodetic Coordinate System 2000，CGCS 2000)，并利用 10 年时间完成与之前所使用的大地坐标系的转换衔接。我国北斗系统采用 CGCS 2000 国家大地坐标系。

CGCS 2000 坐标系的原点为包括海洋和大气的整个地球的质量中心；坐标系 Z 轴由原点指向历元 2000.0 的地球参考极的方向，该历元的指向由国际时间局给定的历元为 1984.0 的初始指向推算，定向的时间演化保证相对于地壳不产生残余的全球旋转；X 轴由原点指向格林尼治参考子午线与地球赤道面(历元 2000.0)的交点；Y 轴与 Z 轴、X 轴构成右手正交坐标系；采用广义相对论意义下的尺度。

CGCS 2000 坐标系采用的地球椭球参数如下：

长半轴	$a=6\ 378\ 137$ m
扁率	$f=1/298.257\ 222\ 101$
地心引力常数	$\mathrm{GM}=3.986\ 004\ 418\times1\ 014\ \mathrm{m^3/s^2}$
动力形状因子	$J_2=1.082\ 629\ 832\ 258\times10^{-3}$
自转角速度	$\omega=7.292\ 115\times10^{-5}$ rad/s

CGCS 2000 坐标系基本与世界大地参考坐标系(world geodetic reference frame，WGRF)一致。ITRF 世界大地参考坐标系比 WGS-84 坐标系更加精确。此外，伽利略卫星导航系统使用的大地坐标系为伽利略大地参考坐标系(Galileo geodetic reference frame，GGRF)，也充分借鉴于 ITRF 坐标系。

(六) 地心坐标系与参心坐标系的比较

WGS-84 坐标系、PZ-90 坐标系、CGCS 2000 坐标系、GGRF 坐标系和 ITRF 坐标系都是地心坐标系，与我国以往的 1954 北京坐标系、1980 西安坐标系等参心坐标系有很大的不同，两者差异主要体现在以下 5 个方面：

(1) 椭球定位方式不同。参心坐标系是为了研究局部球面形状，在使地面测量数据归算至椭球的各项改正数最小的原则下，选择和局部区域的大地水准面最为吻合的椭球所建立的坐标系。参心坐标系由于未与地心发生联系，因而不利于研究全球形状和板块运动等，也无法建立全球统一的大地坐标系。WGS-84 国际坐标系，PZ-90 坐标系和 CGCS 2000 国家大地坐标系为地心坐标系，它所定义的椭球中心与地球质心重合，且椭球定位与全球大地水准面最为密和。

(2) 实现技术不同。我国现行参心坐标系是采用传统的大地测量手段，即测量标志点之间的距离、方向，通过平差的方法得到各点相对于起始点的位置，由此确定各点在参心坐标系下的坐标。WGS-84 坐标系、PZ-90 坐标系和 CGCS 2000 坐标系是通过空间大地测量观测技术，获取各测站在国际地球参考框架下的地心坐标。

(3) 维数不同。现行参心坐标系为二维坐标系，地心坐标系为三维坐标系。

(4) 原点不同。现行参心坐标系原点与地球质量中心有较大偏差，地心坐标系原点位于地球质量中心。

(5) 精度不同。参心坐标系由于当时客观条件的限制，缺乏高精度的外部控制，长距离精度较低，在空间技术广泛应用的今天，难以满足用户的需求。CGCS 2000 坐标系精度比现行参心坐标系精度高 10 倍，相对精度可达 10^{-7}～10^{-8}。

总之，地心坐标系有利于采用现代空间技术对坐标系进行维护和快速更新，有利于测定高精度大地控制点三维坐标，提高测图工作效率；可以更好地阐明地球上各种地理和物理现象，特别是空间物体的运动。采用地心坐标系已经是国际测量界的总趋势。

思 考 题

1. 导航系统常用的坐标系有哪些？它们各有哪些特点？

2. 如何理解惯性系？为什么导航系统中会有多种不同的惯性坐标系定义？

3. 有哪些常用的坐标变换方法？

4. 请简要说明导航中常用的大地坐标系及各自特点。

5. 请检索中国古代僧一行、郭守敬的科学探索，将他们的工作与今天的大地测量等工作相联系，加深对古人在当时历史环境下所做伟大事业的认识，加深对我国古代科学技术发展的认识。

6. 查阅资料，了解牛顿时空观与爱因斯坦时空观之间的区别，结合本章所学的多种坐标系，思考两种不同时空观对于所学坐标系的影响，在对比中加深对所学坐标系的理解。

7. 为了加深对绝对惯性坐标系的思考和认识，请分别以你本人，以载体、以地球、以太阳、以银河系中心……等为坐标系原心，不断向宏观推及，思考上述不同坐标系之间的差异和联系。

第三章　定位导航时间参数

定位、导航和授时(positioning navigation timing)参数，简称 PNT 参数，是舰船、飞机、战车等载体运动状态的基础性信息。探讨导航技术首先应当明确导航涉及的 PNT 信息的确切定义，但目前仍有一些概念术语没有取得共识和明确、清晰的定义。导航信息种类繁多，不同的导航信息涉及不同的导航应用。1988 年颁布的 GB9390-88《导航术语》共有条目 480 项。其中关于微机械陀螺、伽利略卫星导航系统、导航信息对抗等概念和术语均未收录。随着技术的发展，导航信息概念的内涵和外延也悄然发生改变，导航信息的用户和使用方式也有了深刻变化。概念的一致性是研究的前提，本章对主要 PNT 参数的定义、作用和差异进行介绍。

第一节　定 位 参 数

定位即确定载体的空间位置坐标。从传统导航的角度来看，定位是导航的一种功能；从另一方面来看，导航是定位众多应用中的一种。定位的其他应用还包括勘测、绘图、跟踪、监视、机械控制、建筑工程、运载体测试、地球科学、智能交通系统以及基于位置的服务等。所以定位和导航在概念上存在交叉，尤其在描述 PNT 问题时需要加以区分。

位置信息可以说是最重要的信息之一。在军事上，战场上舰艇、飞机、战车、人员等各种作战单元均需要有准确的定位信息，这对战局起着关键的作用；在日常生活中，位置信息也有着重要的作用。位置信息不仅仅是空间信息，它包括三大因素：所在的地理位置、处在该地理位置的时间、处在地理位置的对象(人或设备)。

准确的定位信息包括经纬度和高度等多种参数。这些参数究竟如何准确定义？第二章已介绍地球表面某点的位置可用直角坐标或球面坐标表示，两者之间有着明确的转换公式。在舰船、飞机等近地面导航系统中，主要用球面坐标(经纬度坐标)表述载体位置，也称为球面位置或椭球位置，包括纬度、经度和高度(height)(或者高程 altitude)。本节主要讨论定位的球面坐标参数。

一、纬度

在地理坐标中，以赤道和格林经线为基准圆，以赤道和格林经线的交点为坐标原点，辅助圆是纬线和经线，和地轴垂直的平面与地球表面相截的交线称为纬度平行圈，简称纬圈(parallel of latitude)——平行于赤道的小圆。纬圈的一段弧称为纬线(latitude line)。而其中最大的纬圈是大圆，即赤道(图 3-1)。

地球上某点纬度的定义是，该点垂线与赤道平面的夹角。但是因为地球可以近似认为是一个旋转椭球体，所以具体的垂线定义有多种形式，相应的纬度也有多种不同的种类和定义。

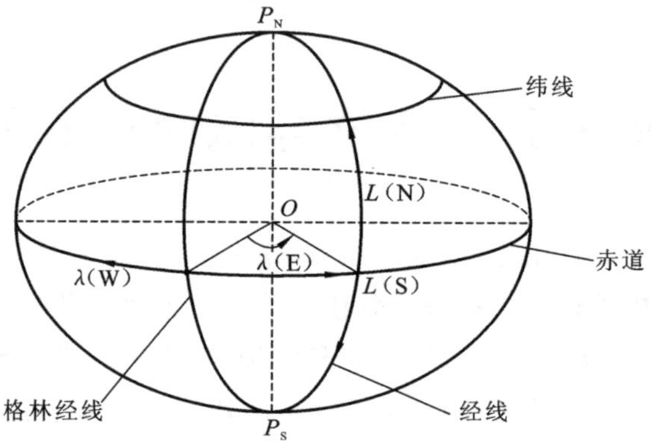

图 3-1 地理坐标示意图

1. 地心纬度

地球椭球面上某点 O 至地心的连线称为地心垂线。地球椭球面上某点 O 的向径 OO_e 与赤道面的夹角称为该点的地心纬度(geocentric latitude),用符号 L' 表示。

根据三角测量法可得,地球表面任一点 S 的地心纬度为

$$\tan L'=\frac{z_S}{\sqrt{x_S^2+y_S^2}}=\frac{z_S}{\beta_S}\Big/\sin L'=\frac{z_S}{r_S} \tag{3-1}$$

其中,β_S 为 r_S 在赤道平面上的投影的幅值。

2. 天文纬度

地球椭球面上某点重力矢量称为天文垂线。地球椭球面上某点的重力矢量与赤道平面之间的夹角,称为天文纬度(astronomical latitude)。某点传统的纬度测量主要依靠由铅锤方向确定当地垂线,这样测得的纬度就是天文纬度。

天文纬度测量有两个缺陷:①由于局部重力异常的存在,在同一条子午线上有多点具备相同的天文纬度;②地球极点的移动会导致地球上任何一点的纬度均会随着时间推移发生微小变动。

3. 地理纬度

地球椭球面上某点法线称为地理垂线。如图 3-2 所示,地球椭球面上某点法线与赤道面的夹角,称为地理纬度(geographic latitude),记符号 L。地理纬度,是大地测量工作中的重要参数,故也称为测地纬度(geodetic latitude)或大地纬度。惯性导航系统解算的纬度是地理纬度。纬度的获取,可以直接通过天文观测,也可以通过惯性测量的方法进行计算。

度量方法是从赤道起,向北或向南计量,范围是 0°~90°。从赤道向北计算的叫北纬,用"N"表示;向南计算的叫南纬,用"S"表示。计算时,北纬为"+",南纬为"-",如某点的纬度为 $L=18°4.7'$N。

地理纬度是根据表面法线定义的,因此可以通过计算椭球体表面梯度得

$$\tan L_S=-\frac{\partial\beta_S}{\partial Z_S} \tag{3-2}$$

$$\tan L_S=\frac{Z_S}{(1-e^2)\beta_S}=\frac{z_S}{(1-e^2)\sqrt{x_S^2+y_S^2}} \tag{3-3}$$

不在参考椭球体表面上的载体 b 的地理纬度，由经过该点法线与参考椭球体表面交点 $S(b)$ 的纬度给出。因此有

$$
\begin{cases}
\tan L_b = \dfrac{z_{S(b)}}{(1-e^2)\sqrt{x_{S(b)}^2 + y_{S(b)}^2}} \\
\tan L_b \neq \dfrac{z_b}{(1-e^2)\sqrt{x_b^2 + y_b^2}}
\end{cases}
\tag{3-4}
$$

地理纬度与天文纬度、地心纬度之间的关系如下。

(1) 地理纬度与天文纬度之间的关系：地理纬度是天文纬度的合理化表示，它在坚持天文纬度基本原则的前提下，消除了天文纬度不明确的部分。地理垂线和天文垂线之间的偏差一般不超过 30″，因此在大多数应用中，地理纬度和天文纬度可以不加区别。在陆地导航中，地理纬度常作为纬度的标准表示法。所以，通常所说的纬度是地理纬度的简称。

(2) 地理纬度与地心纬度之间的关系：若把地球看成圆球体，则法线将通过地心 O_E，此时地理纬度与地心纬度一致。若把地球看成椭球体，地心纬度不等于地理纬度，当纬度为 0°或 90°时，$L'=L$；当纬度为 45°时，其最大误差为 11.5′(图 3-2)。所以，用地心垂线代替地理垂线，在纬度方向上位置偏差的最大值约为 11 nmile(1 nmile=1.852 km)。这就是把地球近似为圆球体，导航中会产生纬度转换的最大误差。由于导航通常采用地理纬度定位，所以两者之间需要进行必要的换算。

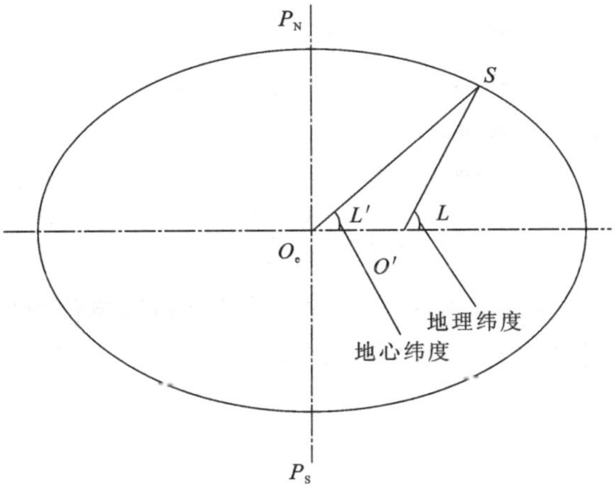

图 3-2　地理纬度与地心纬度

二、经度

1. 地理经度

地理经度(geographic longitude)简称经度，定义如下：格林经线与某点经线在赤道上所夹的短弧长或该短弧所对的球心角(或极角)称为经度，记符号 λ。度量方法是从格林经线起，在赤道上向东或向西量到通过该点的经线止，范围是 0°～180°。从格林经线向东计算的叫东经，用“E”表示；向西计算的叫西经，用“W”表示。计算时，东经为“＋”，西经为“－”，单位为度(°)、分(′)、秒(″)。如某点的地理经度为 $\lambda=75°28.2'$E。

在地理极点经度没有定义。当试图计算非常接近北极或南极点位置的经度时，会出现显

著的数值计算误差。

2. 子午圈曲率半径

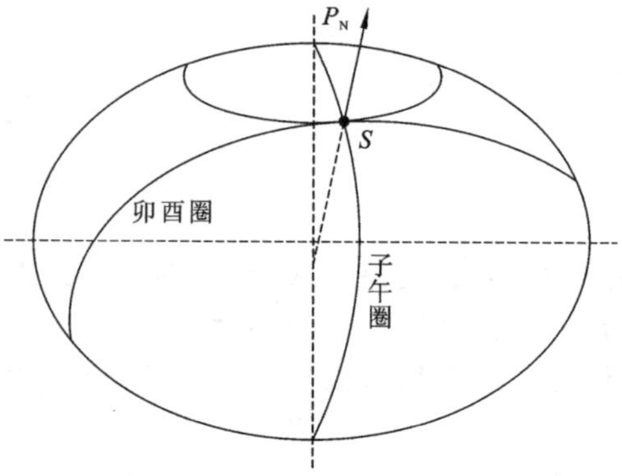

图 3-3 地球主曲率半径

定义参考椭球体的曲率半径是有意义的。沿南北向运动的曲率半径为子午面曲率半径 R_M，它决定了一条子午线上地理纬度的变化率，是过所关注点的北向和向下方向的参考椭球体横截面的曲率半径(图 3-3)。子午圈是一个椭圆，长半轴是 a，短半轴是 b。子午圈上各点的曲率都不同。在极点处，曲率最小，在赤道处曲率最大。子午圈曲率半径 R_M 由下式给出：

$$R_M(L)=\frac{R_0(1-e^2)}{(1-e^2\sin^2 L)^{3/2}} \tag{3-5}$$

其中，R_0 为赤道半径；e 为偏心率。一个物体沿子午圈以单位速度运动，其地理纬度的变化率为 $1/R_M$。

3. 卯酉圈曲率半径

地球表面点法线且与该点子午面垂直的平面，与地球椭球体表面的交线，也是一个椭圆，称这个椭圆为该点的卯酉圈(prime vertical)。卯酉圈的曲率半径用 R_N 表示。显然，地球表面某点 A 的子午圈曲率半径和卯酉圈曲率半径不相等。当点 A 的纬度为 0°时，卯酉圈即为赤道，此时的 R_N 即为椭圈的长半轴 a，而子午圈曲率半径 R_M 最小。只有当点 A 在极点 $L=90°$ 时，R_N 与 R_M 才相等，曲率半径最大。

卯酉圈曲率半径 R_N 由下式给出：

$$R_N(L)=\frac{R_0}{\sqrt{1-e^2\sin^2 L}} \tag{3-6}$$

一个物体在地球表面沿子午线的法平面(不是纬度圈)以单位速度运动，其相对于旋转轴的角度变化率为 $1/R_N$。地球上某点的子午圈曲率半径 R_M 与卯酉圈曲率半径 R_N，总称为该点的主曲率半径。

三、高度

1. 大地高度

大地高度(geodetic height)也称为参考椭球体高度，指载体沿着椭球表面法线到参考椭球体表面的距离，记符号 h。规定载体在椭球外时，高度为正。由三角测量法可知，载体 b 的高度为

$$h_b=\frac{z_b-z_{S(b)}}{\sin L_b} \tag{3-7}$$

推导可得

$$h_b=\frac{z_b}{\sin L_b}-(1-e^2)R_M(L_b) \tag{3-8}$$

载体 b 的位置可以用 $P_b=(L,\lambda,h)$ 表示。这里需要注意的是，在位置定义中，参考坐标系

是地球系(e 系),投影坐标系是当地导航系(图 3-4)。

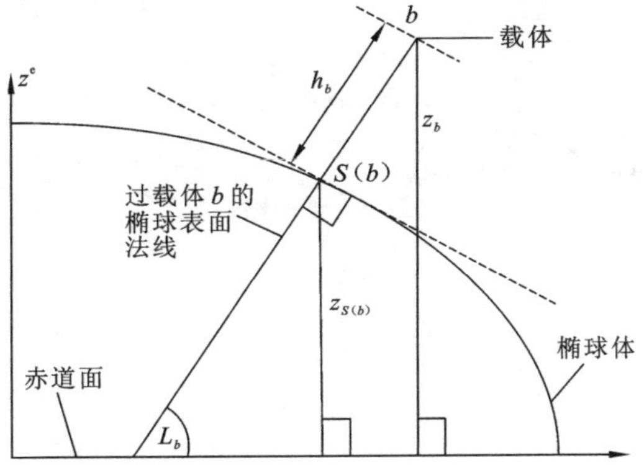

图 3-4 大地高度示意图

在椭球外高度为 h 处的子午圈和卯酉圈半径分别为 $R_M(L_b)+h_b$ 和 $R_N(L_b)+h_b$。同理可知,纬度圈曲率半径为 $(R_N(L_b)+h_b)\cos L_b$。

沿曲线的速度除以曲线的曲率半径等于曲线所对应角度的时间倒数。曲线位置的时间微分是地球参考速度在当地导航坐标系中的线性函数:

$$\begin{cases}\dot{L}_b=\dfrac{v_{b,N}}{R_M(L_b)+h_b}\\ \dot{\lambda}_b=\dfrac{v_{b,E}}{(R_N(L_b)+h_b)\cos L_b}\\ \dot{h}_b=-v_{b,D}\end{cases} \tag{3-9}$$

2. 垂线高度

下面是几个与高度相关的概念定义。

(1) 平均海平面:整个潮汐周期的平均值,维持一个大致等重力势能的表面。

(2) 大地水准面:大地水准面是有恒定重力势能的地球表面模型,是等势面的一种。它也被称为垂直基准面。大地水准面通常在平均海平面上下 1 m 范围内。

(3) 大地水准面高度:大地水准面相对于椭球体的高度,也称为大地水准面—椭球间距。由于地球重力场随区域的变化而变化,大地水准面与参考椭球面的差距最大可达到 100 m。

(4) 地形:陆地上地球的物理表面,称为地形。

(5) 垂线高度(orthometric height/altitude):物体在大地水准面以上的高度或者是物体高于平均海平面的高度称为垂线高度,也称为高于平均海平面。地形的垂线高度称为海拔(elevation)。

这些与高度相关的概念与重力有密切关系。在地球表面,任一点的重力矢量总是垂直于大地水准面,而不是垂直于椭球面或地表,尽管两者之间实际差异很小。

3. 垂线高度和大地高度之间的关系

(1) 垂线高度和大地高度的关系为

$$H_b \approx h_b - N(L_b,\lambda_b) \tag{3-10}$$

大地高度是沿椭球体的法线测量得到的,垂线高度是沿大地水准面的法线测量得到的(图 3-5)。

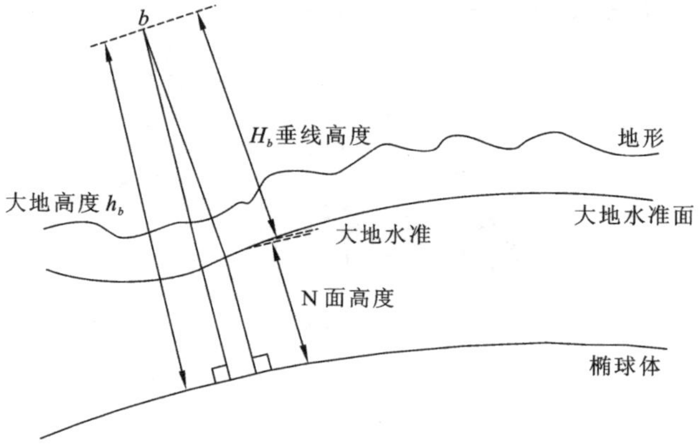

图 3-5　大地水准面、地形、椭球体的高度

（2）在实际应用中，垂线高度比大地高度更有应用价值。地图多用于表示相对于大地水准面的地形特征和高度。垂线高度在航空器进场、着陆和低空飞行中的应用更准确。导航系统常常需要大地水准面模型来实现地理高度和垂线高度之间的转换。

高度经常采取高度表、深度计、气压高度表、雷达高度表、测潜仪、测深仪等仪器进行测量。

第二节　导航参数

导航参数（navigation parameters）的种类众多，包括速度、距离、航向、方位、姿态参数等。这些参数根据度量时间、参照系、被描述物质实体的差异，会产生较多不同种类，需要仔细加以区分。

一、速度

速度是常见的物理量，在实际测量中却有多种不同的含义。这些不同的速度有的是合速度在不同坐标系下的投影，如载体东向、北向速度和载体纵向、横向速度；有的是选择的速度参考不同，如对地速度和对水速度；有的是根据速度基于平均计算时间常数不同，如平均速度和即时速度等。

（一）对地速度与对水速度

由于参照物不同，航速（sailing speed）分为如下两种。

1. 对地速度

对地速度（speed over the ground，SOG）是指运载体沿其航迹的速度，即相对地球表面运动速度的水平分量。以舰船为例，指舰船在风、流和波浪的影响下相对于海底的航行速度，又称实际航速（speed made good）。对地速度常用于航迹推算，作为航迹推算的推算航速（estimated speed made good）；航行计划中的计划航速（speed of advance）也是对地速度。对地速度可以通过多种手段获取，如卫星导航接收机输出的航迹速度、多普勒计程仪等绝对计程仪输出的对地速度、惯性导航系统输出的对地速度等。

2. 对水速度

对水速度(speed through water,STW)是指舰船相对于海水运动速度的水平分量。在航空领域,飞机相对于气流的速度称为空速。这两种速度都是指运载体相对于环境背景流场的速度,不是相对地球表面的速度,以往的导航术语中也称为相对速度,目前已经较少使用。

舰船在无风无流的静水中的航行速度称为船速(ship speed)。能够测出有风影响下舰船相对于水的速度的计程仪称为相对计程仪,主要包括水压计程仪、电磁计程仪和多普勒计程仪等。由相对计程仪测定的舰船对水速度称为计程仪航速(velocity by log,VL)。通过对水速度计算对地速度,需要得到载体所在环境背景流场介质的运动速度,主要包括流速(current velocity)即海流的速度、风速(wind speed)即空气相对地球表面的运动速度。舰船对地航速应等于舰船相对于水的速度与水流速度的向量和。

(二) 速度分量

将载体运动速度相对不同坐标系进行投影,可以得到不同种类的速度分量参数。常见速度分量参数有以下三种。

1. 相对于地理坐标系的速度分量

(1) 东向速度(east velocity):载体对地速度在当地地理坐标系东向投影分量。

(2) 北向速度(north velocity):载体对地速度在当地地理坐标系北向投影分量。

东、北向速度可以通过惯性导航系统直接计算获取,也可以通过卫星导航等系统输出的对地速度进行真航向角度换算获取。

2. 相对于载体坐标系的速度分量

(1) 载体纵向速度(longitudinal velocity):相对载体坐标系纵轴向上的速度投影分量。

(2) 载体横向速度(transverse velocity):相对载体坐标系正横向上的速度投影分量。

纵、横向速度可以通过多普勒计程仪直接输出,也可以通过换算获得。

3. 相对于格网坐标系的速度分量

在地球两极导航时,需要采取极区格网坐标系,速度在格网坐标系上可以表示为以下两种。

(1) 格网东向速度(grid east velocity):载体速度在格网东向上的投影分量。

(2) 格网北向速度(grid north velocity):载体速度在格网北向上的投影分量。

(三) 时间相关速度参数

速度参数的计算与时间相关,根据计算方法不同,可分为平均速度和瞬时速度等。

1. 平均速度

平均速度(average velocity)是一个描述物体运动平均快慢程度的量,它粗略地表示为物体在一段时间内运动快慢的情况。平均速度常用于载体的航路规划、里程计算和航迹解算等。

2. 瞬时速度

瞬时速度(instantaneous velocity)表示物体在某一瞬间的速度,即该瞬间的位移与通过这段位移所用的时间的比值。瞬时速度还可以分解为相对载体坐标系的三维分量,进一步得到以下三种速度。

(1) 升沉速度(heave velocity):与运动姿态无关的运载体垂直下降,也称沉降速度。

(2) 横荡速度(sway velocity):与运动姿态无关的运载体横向运动。

(3) 纵荡速度(surge velocity):与运动姿态无关的运载体纵向运动。

瞬时速度常用于武器的传递对准、舰载机起降等领域,通常由惯性导航系统和惯性航姿测量系统提供。

(四) 速度的单位

常用的速度单位有以下三种。

(1) 节(Knot,kn):国际通用航海速度单位,用海里/时来表示。1 kn 为每小时航行 1 nmile,即 1 kn=1 nmile/h。

(2) 米每秒(m/s):国际单位制中最基本的速度单位,米每秒,在近似换算时,1 kn≈0.5 m/s,通常用于载体垂向运动。

(3) 马赫(Mach,Ma):流场中某点的速度与该点的当地声速之比,即该处声音的倍速,通常用于飞机、火箭等航空航天飞行器。由于声音在空气中的传播速度随着条件不同而不同,马赫也只是一个相对单位。在低温下声音的传播速度慢些,1 马赫对应的速度也就慢一些。通常马赫的速度换算大致为 1 Ma≈340.3 m/s,为声音在 15 ℃的空气中传播的速度。

二、距离

(一) 航程

航程:载体在某一时间间隔内航行的距离,海上以海里(nmile)为单位。与航速一样,航程分为以下两种。

(1) 对地航程(distance over the ground,DOG):载体在风、流和波浪影响下相对海底的航行距离,又称实际航程(distance made good)。

(2) 对水航程(distance through water,DTW):载体相对于海水的航行距离。载体在无风、无流影响下相对于海水的航行距离称为积算航程(航迹推算用语);载体在有风影响下相对于海水的航行距离称为计程仪航程(distance by log,DL)。

航速一样,在有水流影响时,实际航程应等于载体对水航程与流程的向量和,即

$$\mathrm{DOG}=\mathrm{DTW}+\mathrm{DW} \tag{3-11}$$

其中,DOG 为对地速度;DTW 为对水航速;DW 为水流速度。

(二) 其他距离参数

(1) 水深(depth of water,WD):海面到海底的深度。

(2) 龙骨下深度(keel depth):船舶龙骨下到海底的深度。

(3) 潜深(diving depth):潜艇相对海面的下潜深度。

(4) 吃水深度(draught):船舶沉入水下部分的船体最深深度。

(5) 偏航率(cross track distance,CTD):单位时间内运载体离开原定轨道的横向距离。

(三) 长度单位

(1) 海里:地球椭圆子午线上纬度 1′所对应的弧长称为 1 nmile。

1 nmile 的长度不固定且随纬度不同而略有差异。当$L=0°$时，长度最短，其值为 1842.94 m；当$L=45°$时，其值为 1852.25 m；当$L=90°$时，长度最长，其值为 1861.56 m。由于各国所采用的地球椭球体参数不同，因此各国的 1 nmile 长度略有差异。为航海使用方便起见，需要选用一个统一标准。目前，世界上大多数国家(包括我国)均采用国际水文地理学会决定、国际海上人命安全会议承认的标准，即 1852 m 为海里的长度，它是$L=44°14.0'$处 1 nmile 的长度。

(2) 链(cable)：海里的十分之一。

计量 1 nmile 以下短距离的一种专用单位，约 182 m。

(3) 米(meter)：国际通用长度单位，航海上常用它作为计量高程和水深的单位。

由于英版海图图书资料没有完全更新，故还可能会遇到下列长度单位：

英尺(foot,ft)：1 ft=0.3048 m；

码(yard,yd)：1 yd=3 ft=0.9144 m；

拓(fathom,fm)：1 fm=6 ft=1.8288 m。

三、航向方位参数

(一) 航向参数

航向角的概念比较宽泛，其通常定义为载体航行的方向，即航向线与某基准方向之间的夹角。但是因为航向线和基准方向有多种定义，所以航向角具体来说也存在多种不同的定义。在航海和航空领域，有些概念还不完全一致。下面首先给出常见的航向线定义。

航向线(course line,CL)：载体艏艉面与当地水平面相交的直线称为载体艏艉线，其中载体艏艉线向载体艏向的延长线称为航向线。

1. 根据航向线的航向定义

由于基准方向的不同，航向角又分为以下三种。

(1) 艏向角(heading,Hdg)：载体艏艉线与真北方向的夹角在水平面内的投影，也称为航向角。艏向角以真北为基准度量航向，不同于采用以磁北和罗北等仪器指示的北向基准度量载体航向，所以在许多场合，艏向角也称为真航向(true course,TC)。

(2) 磁航向(magnetic course,MC)：以磁北为基准度量的航向，称为磁航向。

(3) 罗航向(compass course,CC)：罗经所指示的方向在地平面上的投影称为罗北(compass north)。以罗北为基准度量的航向，称为罗航向或陀螺航向(gyrocompass course,GC)。

2. 根据载体实际运动方向的航向定义

航空航海类载体由于受到风和流的作用，载体艏向与实际运动方向并不一致。根据载体实际运动方向的航向有以下定义。

(1) 真实航向(course over ground,COG)：相对于地面的载体运动方向与真北之间的夹角。

(2) 航迹向(course made good,track direction)：航迹线的前进方向，称为航迹向，是真北线与航迹线之间的夹角，常用于航海领域。

(3) 偏航角(yaw)：在航海领域，偏航角指实际航线与计划航线之间的夹角。在航空领域，偏航角指载体艏艉线(也称纵轴)与当地地面坐标系指定轴向之间的夹角。当指定轴向为北向时，偏航角的定义与艏向角一致；当指定轴向为指向目标方向时（计划航向），偏航角的定义与航海领域近似。

（4）侧偏角（drift angle）：在航空领域，指载体实际运动方向（速度矢量）和载体艏艉线（纵轴）之间的夹角。在航海领域，指载体实际运动方向与载体艏艉线之间的夹角，称为风流压差。

3. 其他航向参数

（1）风向（wind direction）：风来的方向，常用 8 方位、16 方位或圆周法表示。

（2）流向（current direction）：海水流去的方向，用角度表示。

4. 不同航向之间的换算

航向线 CL 与真北 N_t、磁北 N_m、罗北 N_c 和陀螺北 N_g 方向之间的夹角如图 3-6 所示。可直接得到如下几个关系式：

（1）$\psi_t = \psi_m + \mathrm{Var} = \psi_c + \Delta C = \psi_g + \Delta G$；

（2）$\psi_m = \psi_t - \mathrm{Var} = \psi_c + \mathrm{Dev}$；

（3）$\psi_c = \psi_t - \Delta C = \psi_m - \mathrm{Dev}$；

（4）$\psi_g = \psi_t - \Delta G$。

其中，ψ_t、ψ_m、ψ_c 和 ψ_g 分别为真航向、磁航向、罗航向和陀螺航向；ΔC 和 ΔG 为罗经差和陀螺差；Var 和 Dev 为磁差和自差。

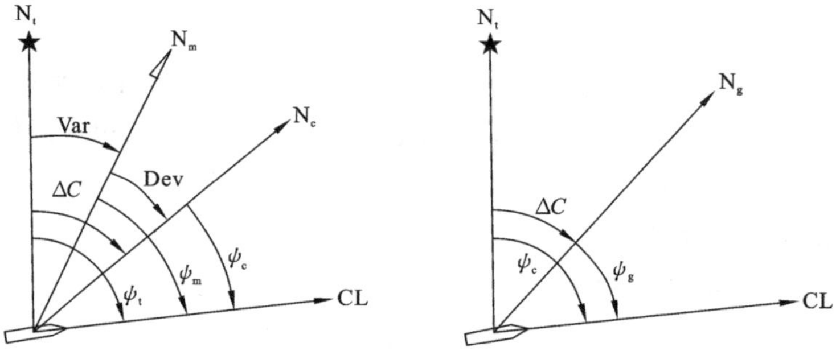

图 3-6 航向及其关系示意

（二）方位参数

方位参数包括以下两种。

（1）方位线（bearing line，BL）：在测者真地平上，测者与物标的连线称为物标方位线。

（2）方位（bearing，B）：物标的所在方向，即物标方位线与其基准方向（真北、磁北、罗北、陀螺北）之间的夹角称为方位。由于基准方向的不同，方位又分为真方位（ture bearing，TB）、磁方位（magnetic bearing，MB）、罗方位（compass bearing，CB）和陀螺方位（gyrocompass bearing，GB），它们分别是物标方位线与真北、磁北、罗北和陀螺北之间的夹角（图 3-7）。方位的度量方法是从各自的北开始，顺时针旋转 0°～360°量到方位线。

（三）角度单位

角度的测量使用三种单位制：角度制、弧度制和密位制。

（1）角度制：角度制主要包括度（degrees，deg，°）、角分（arc minutes，arc min，′）和角秒（arc seconds，arc sec，″）三种。

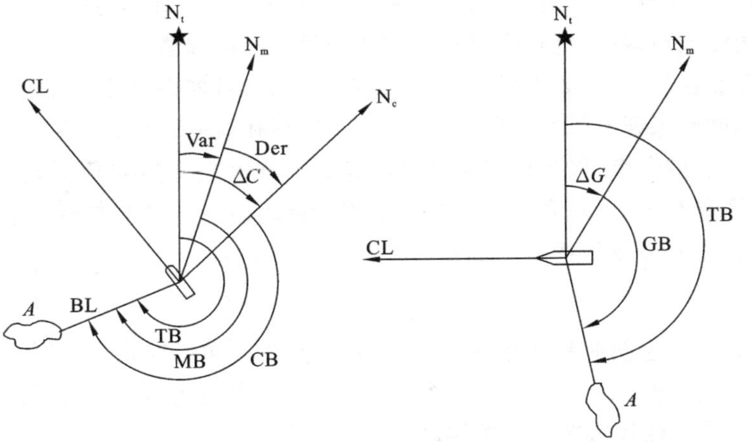

图 3-7　方位及其关系示意

(2) 弧度制：弧度制主要包括弧度(radians，rad)、分弧度(drad)和厘弧度(crad)。三者之间的关系为：1 rad＝10 drad＝100 crad。

(3) 密位(mil)制：军事上经常使用密位作为角度和方位单位。密位是毫弧度的近似取整，但国际上对于密位单位的定义却不一致。1 个圆周约等于 6283 mrad，中俄采用 6000 密位制，欧美采用 6400 密位制。所谓 6000 密位制就是将圆周分为 6000 等份，每个等份即为 1 密位。密位的记法特别，其高位和低两位之间用一条短线隔开，例如，1 密位写为 0－01；312 密位写为 3－12；3000 密位写为 30－00。6000 密位制中 1 密位等于 0.06°。若需把密位换算为度，简单地将角度数值乘以 0.06 即可；相反，若把度换算为密位，则可通过除以 0.06 或者乘以 16.667 得到。

四、姿态参数

在第二章第二节中已经基于地理坐标系和载体坐标系的相互关系给出了航姿角定义。在此对姿态参数作进一步的说明。

(一) 航姿角及航姿角变化率

运载体的俯仰角(纵摇角，pitch)、横滚角(横摇角，roll)称为姿态角(attitude)，姿态角有时包含航向角。本书中姿态角指俯仰角和横滚角；航姿角指俯仰角、横滚角和航向角。

运载体的航姿角是根据运载体坐标系相对地理坐标系或地平坐标系的转角确定的。飞机和舰船等巡航运载体的航姿角是相对地理坐标系确定的。弹道导弹等弹道式运载体的姿态角是相对地平坐标系确定的。

(1) 航向角(ψ)：地理坐标系 Y_g 轴与载体坐标系横滚轴在水平面的投影的夹角，偏东为正。

(2) 横滚角(横摇角，γ)：运载体横轴与水平面的转动夹角，沿纵轴方向顺时针为正，即右倾为正，左倾为负。

(3) 俯仰角(纵摇角，θ)：运载体纵轴与水平面的转动夹角，抬头为正(高于水平面为正)。

(4) 姿态角变化率：姿态角速度包括航向角速度、纵摇角速度、横摇角速度，即单位时间内舰艇航向角、纵摇角、横摇角的变化量。

姿态参数有着十分广泛的应用，典型的应用有：机载光电成像侦察系统的稳定与对准、武器装备火控系统稳瞄与跟踪、机载合成孔径雷达的运动补偿和激光雷达的运动补偿等，这些应用都要求有几百赫兹的带宽，姿态精度一般要求小于 $1'$，且实时性要求非常高。姿态对于载体的运动状态控制和保证航行安全都有重要的意义，如在航空领域，飞行员需要及时了解和掌握飞机的俯仰、倾斜的角度，以实现正确的飞机操纵。在舰艇上航姿角主要由惯性导航系统、平台罗经、航姿测量基准、捷联光学罗经等设备测量提供。在飞机上姿态角主要有航空水平仪提供，航姿角可以由航姿测量基准(AHRS)提供。

（二）甲板变形角

实际上，甲板本身会扭曲和变形，并不是严格的刚体。包括安装在不同位置上的测量仪器都会有坐标统一的问题。载体的三维变形可以用三个方向的变形角来表示。

(1) 纵挠角：绕运载体右舷方向的转动的纵向挠曲角。

(2) 横挠角：绕运载体艏艉线方向的转动的横向挠曲角。

甲板变形角对于武器传递对准和载体不同位置的坐标统一十分重要，如天文导航安装部位的杆臂补偿、舰载机的舰机对准等。甲板变形角可以由惯性传递对准装置和变形测量装置测量。

（三）船舶倾角

横摇和纵摇是船舶在水的作用力下产生的运动，横倾和纵倾表示船舶在静水中的浮态。

(1) 纵倾(trim)：运载体纵向长时间的倾斜。

(2) 横倾(list)：由内力引起的运载体横向长时间的倾斜。

纵倾和横倾对于船舶操纵的影响，对水动力的影响：纵(横)倾与船体结构有关(如双体船、穿浪船体和美军的 DDX1000 驱逐舰采用内倾艏有助于减少纵摇)；纵倾对于潜艇下潜上浮、水下均衡、保持变换深度、航向的操纵控制十分重要，艇内没有专门的浮力调整水舱，通过注入或排出适当的水，可以调整因物资、弹药消耗和海水密度改变而引起的潜艇水下浮力的变化。艇内没有纵倾平衡水舱，通过调整艏艉平衡水舱水量以消除潜艇水下可能产生的纵倾。在舰船上，纵倾可以通过纵倾仪进行测量。

五、航行参数

除上述介绍的导航参数外，导航中还有专门用于航行的多种参数。以舰船为例，以下列举部分常用航行导航参数。

(1) 最小安全会遇距离(the minimum distance of the safe point of approach，DSPA)：考虑周围航行环境和船舶状态，两船安全通过的最小会遇距离。

(2) 最近会遇时间(time to closest point of approach，TCPA)：他船驶抵距本船最近会遇点的时间。

(3) 航路点(waypoint)：计划航线中的各个转向点，包括出发点和到达点。

(4) 转向点(turning point)：在计划航线中航向发生变化的点。

(5) 计划航线(intended track)：开航前，根据航行命令，通过航线拟定过程所确定的，并预画在航行图上的航线。

(6) 计划航向(intended course):航行拟定过程确定的航行方向。

(7) 计划航速(intended speed):航行拟定过程确定的航行速度。

(8) 大圆航线(great circular route):把地球视为一个圆球体,通过地面上任意两点和地心作一平面,平面与地球表面相交看到的圆周就是大圆。两点之间的大圆劣弧线是两点在地面上的最短距离,沿着这一段大圆弧线航行时的航线称为大圆航线。

(9) 等角航线(isometric route):地球表面上与经线相交成相同角度的曲线。

第三节 时间参数

一、时间

时间是物理学的一个基本参量,也是物质存在的基本形式,即所谓时空第四维。时间表示物质运动的连续性和事件发生的次序和长短。"时间"包含两个概念:时间间隔和时刻。前者描述物质运动的久暂,表示时间的长短;后者描述物质运动在某一瞬间对应于绝对时间坐标的读数,也就是描述物质运动在某一瞬间到时间坐标原点(历元)之间的时间间隔。二者既有差别,又相互联系,统称为"时间"。下面介绍主要时间尺度概念。

(一) 天文时

远古时代,人们就形成了模糊的计时概念,即所谓"日出而作,日落而息"。古人根据太阳东升西落的自然规律得到由地球自转形成昼夜交替的周期时间计量单位之一——日。日,即成为人类长期以来计量时间的基本单位。此外,通过观测地球与月球、太阳之间的运动关系形成了月、年的概念。地球自转以及地球与日、月之间的运动关系很复杂。常用的年、月、日、时、分、秒之间的关系如下:

1 回归年=365.242 198 79 日

1 月=29.530 589 天

1 日=23 小时 59 分 39 秒

人们希望能够用整数天来表示年和月,用整数时来表示天。不同的时间度量就是不同国家根据其地理特点、文化习俗和社会生活需要的不同,对上述复杂关系用不同的简化取整方式所产生的古代文明各种不同的历法。历法是人类时间定义和计量的成果,是文明的重要标志之一,也是人类社会生活的基础。对人类影响重大的历法有很多种,如中国历法、埃及太阳历、犹太历法、穆斯林太阴历、玛雅历法、基督教儒略历法和现代历法等。

由于这些时间的计量单位都是人们通过观测天文现象——日月星辰的周期性运动得到的,因此统称为"天文时"。常用的天文时种类包括恒星时、真太阳时、平太阳时(平时)、地方时、世界时(UT)和历书时(ET)等。

1. 恒星时

恒星时是从地球相对于恒星自转得到的时间计量系统。在天文学上把平春分点相对于某一固定子午圈连续两次上中天的时间间隔称为一个平恒星日。一个平恒星日等分为 24 个平恒星时,一个平恒星时等分为 60 个平恒星分,一个平恒星分等分为 60 个平恒星秒。即一个平恒星日的1/86 400称为一个平恒星时的“秒”。

同样把真春分点相对于某一固定子午圈连续两次上中天的时间间隔称为一个真恒星日。继而采取同样等分规则可得真恒星时、真恒星分、真恒星秒。若忽略地球自转速率的快速起伏和极移微小变化的影响，地方恒星时是春分点的时角；地方视（真）恒星时是瞬时真春分点的时角；地方平恒星时是瞬时平春分点的时角。格林尼治地理子午圈上的恒星时称为格林尼治恒星时。地方恒星时与格林尼治恒星时之间的关系可简单的表示为

$$\text{地方恒星时}=\text{格林尼治恒星时}-\lambda \tag{3-12}$$

其中，λ是观测者的经度，向西为正。

2. 太阳时

(1) 真太阳时。

通过直接观测太阳(如利用圭表) 的周日运动直接得到的时间称为真太阳时，也称为真时、视时。由于太阳有很大的视圆面，不便于观测其中心，因此，天文学上根据夜间观测恒星过上中天的时刻，归算得到真太阳时，继而得到真太阳时、真太阳分、真太阳秒。为与人们生活习惯相一致，把真太阳在下中天的时刻（真子夜）作为一日的开始。真太阳时测量系统方便、直观，但由于地球自转的不均匀性，真太阳日长短不一。例如，观测每年9月16日前后和12月12日前后两个真太阳日，日长相差51 s。所以，真太阳时日不能作为时间计量的单位。

(2) 平太阳时。

1820年，法国科学院定义全年中所用真太阳日平均时长（平太阳日）的1/86 400为1 s。当时人们认为这样得到的平太阳日固定不变，故称为“平太阳日系统”。后来纽康提出用一个假想的太阳代替真太阳，不是在太阳黄道上运动，而是假想在赤道上作均匀运动，但速度与真太阳在黄道上的匀速运动一致，并尽量靠近真太阳，进而消除地球公转椭圆轨道运动和黄赤交角对真太阳日长度的影响，从而把平太阳日长度与地球自转联系在一起，并把1962年1月1日平太阳在下中天的时刻（平子夜）作为一日的开始。

3. 地方时与时区划分

真太阳时和平太阳时都是以观测者所在地的子午线进行测量的，分别称为地方真太阳时和地方平太阳时。中央人民广播电台在整点发布的北京时间，就是在国家授时中心（中国科学院陕西天文台）产生并保持的120°E的地方平太阳时。北京经度为116°19′E，真正的北京地方时比法定的120°E的北京时间要迟约15 min。

世界时区的划分以本初子午线为起点，人们将从7.5°W到7.5°E（经度间隔为15°）定义为为零时区。从零时区的两边界线分别向东和向西，每隔15°经度划一个时区，全球共24个时区。各时区均以自己的中央子午线的地方平时（平太阳时）作为本时区的标准时间。相邻两时区的时差一般为1 h（日分界线例外）。

4. 世界时

(1) 世界时(UT)：天文学界规定，在英国格林尼治天文台观测到的由平子夜起算的平太阳时称为世界时，记为UT，格林尼治时间GMT就是指世界时UT。无论是时间频率公报，或是国际上的文献，凡是涉及时刻，大多以世界时标明。

(2) 世界时(UT0)：1956年天文学中规定，把不加任何修正（将恒星时化为平太阳时的修

正除外)、通过观测恒星直接求得的世界时,记为 UT0。

(3) 世界时(UT1):由于太阳风、潮汐等诸多影响,地球的自转并不均匀,地球自转速率变化包含长期变化、季节性变化和不规则性变化。上半年慢,下半年快,地极轴也在不断发生极其轻微的变化。上述影响使得 UT0 系统不够准确,具有一定的误差。若对 UT0 进行极移修正,记为 UT1,则

$$\mathrm{UT1}=\mathrm{UT0}+\Delta\lambda \tag{3-13}$$

其中,$\Delta\lambda$ 是平均极移的修正值。

(4) 世界时(UT2):若再对 UT1 进行地球自转速率周期变化的改正,就得到 UT2,即

$$\mathrm{UT2}=\mathrm{UT1}+\Delta T_{\mathrm{S}}=\mathrm{UT0}+\Delta\lambda+\Delta T_{\mathrm{S}} \tag{3-14}$$

其中,ΔT_{S} 是地球自转速率周期变化的修正值。UT2 系统也存在约 $\pm1\times10^{-8}$ 量级的误差,如果一直沿用世界时,据推算,2000 年后将产生近 2 h 的累积误差。

5. 历书时

为满足对精确时间的需求,1958 年国际天文学联合会决定,从 1960 年开始用历书时(ET)来替代世界时。以地球绕太阳运转一周(一回归年)所需时间的 1/365.242 198 79 定义为一历书时日,而取一历书时日的 1/86 400 定义为一历书时秒。天文学家经过数百年的观测发现,尽管地球公转速度时快时慢,但其公转周期相当稳定,所以用它确定基本时间单位——秒。历书时是由太阳定义的,由于观测太阳比较困难,实际上是通过观测月亮测定历书时与世界时的差值 $\Delta T=\mathrm{ET}-\mathrm{UT}$,再通过换算得到历书时。

(二) 天文时时刻

1. 历元

在与时间计量有关的工作中,常需说明数据或事件所对应的时刻,即历元。按用途不同,历元主要分为以下三种。

(1) 表载历元:天文学中使用星表载出各种天体的天球坐标,由于岁差和章动以及天体的运行,各种天体天球坐标随时都在变化,在自然科学的各个领域中,许多供查阅和参考的数据表中的数据同样有对应某一特定时刻的情况,这种注明历元称为表载历元。

(2) 观测历元:注明观测资料所对应的观测时刻,称为观测历元。

(3) 时间计量的初始历元:在时间计量系统中,除了确定时间单位外,还要确定时间计量的起点,这种起点称为时间计量的初始历元。常用的某些时间计量的初始历元又称为标准历元。目前常用的标准历元是 J2000.0,它的具体时刻为 JD=2 451 545.0,即对应 2000 年 1 月 1 日格林尼治正午。

2. 儒略日期

儒略日数和儒略日期(JD)是一种对从一个基本历元起消逝的日期进行连续计数的简单方法。这个历元选择在过去的历史上足够远,如公元前 4713 年 1 月 1 日 12 时,小时以平太阳时计量,即这个瞬间的儒略日期为 0 日。世界时的基本历元为 1900 年 1 月 1 日 12 时 UT,JD=2 415 020。在现代天文学和时间计量工作中经常出现的 MJD 称为约简儒略日期。

$$\mathrm{MJD}-\mathrm{JD}-2\,400\,000.5 \tag{3-15}$$

约简儒略日期从 1858 年 11 月 17 日 0 时 UT 起算。

（三）原子时

月面形状和边缘的不规则性，加上地球—月球潮汐作用引起的月球减速，都会影响 ΔT 的准确测定，再加上天文观测仪器本身的精度所限，实际能得到的历书时的精度为 10^{-9} 量级。这仍然满足不了现代科学技术发展的需求。原子时（TA）的出现把时间计量系统从天文学的宏观世界“跃迁”到原子物理学的微观世界，时间计量的精度和准确度也得到了数个数量级的提高。

原子物理学和量子物理学研究告诉人们，原子核外围电子会产生能级跃迁。高能级的电子由高能级向低能级跃迁时会释放出一定的能量——辐射出频率稳定的电磁波。跃迁所辐射出的电磁波频率取决于原子本身的物理特性和外界所提供的能量。这种以原子由高能级向低能级跃迁时辐射出的频率称为频率标准，即原子频率标准。以原子频率标准为基准的时间计量系统，称为原子时，记为 TA。

原子时是一种由连续运行的原子钟产生的时间参考坐标。但是，由各台原子钟建立的原子时可以互不相同，因为它们的起始点不尽相同。另外，即使选择了同一起始点，由于各台原子钟的频率准确度和稳定度存在差异，长期累积之后所显示的时刻也会明显不同。为此，在建立原子时的初期，除了采用共同规定的起始点外，还用多台原子钟统计平均的办法导出平均原子时（称为原子时尺度），以得到尽可能准确、均匀的时间坐标。

1. 原子时的秒

20 世纪 60 年代，铯束原子频标研制成功后，人们用历书时秒的秒长去测量铯束原子频标（1955～1958 年），并得到一个历书时秒期间铯束谐振器的振荡次数（铯束谐振器的振荡频率）为

$$f_{Cs}=(9\ 192\ 631\ 770\pm20)\ \text{Hz} \tag{3-16}$$

1967 年第十三届国际计量大会给原子时秒长的定义是：铯原子 Cs^{133} 基态的两个超精细能级间在海平面上零磁场下跃迁辐射振荡 9 192 631 770 周所持续的时间。同时规定，原子时的秒、分、时、日、月、年的换算关系仍与世界时相同。

2. 地方原子时

由一个实验室若干台原子钟或一个地区若干实验室的原子钟组成的钟组导出的原子时，称为地方原子时，记为 TA(k)。根据定义，任何原子钟在确定时间起始值后连续运转，都可以提供原子时。各个实验室可以用连续运转的大铯钟，也可以用大铯钟定期校准连续运转的铷钟、商品小铯钟或氢钟，还可以用多个商品小铯钟组合，来导出各自的地方原子时。

3. 国际原子时

国际原子时（International Atomic Time，IAT）是由国际权度局以在世界各地守时实验室运转的大量的原子钟的数据为基础而建立和保持的时间尺度。国际原子时的起点是 1958 年 1 月 1 日 0 时，这一瞬间的原子时与世界时极为接近，仅差 0.003 9 s。由于地球自转速度的不均匀性，近 20 年来，世界时每年比原子时大约慢 1 秒，在确定原子时的起点后，二者间的差逐年累积，到 2001 年已达 32 s。

（四）协调世界时

具有高稳定度的原子时满足了高精度时间频率用户对时间的均匀性和准确度的需求，但

是大多数用户仍习惯用与人们的生活密切相关的天文时，而且在大地测量、天文导航、宇宙飞行体的跟踪测量等领域中，世界时具有实际应用的价值，时间服务部门不可能发播一套时间信号满足两种不同的需求，于是就产生了原子时和世界时的协调问题。

国际天文学会(IAU)1970 年提出协调世界时(UTC)，从 1972 年 1 月开始它正式成为国际标准时间。它代表了两种时间尺度 TAI 和 UT1 的结合，由下面两个公式来定义：

$$\mathrm{UTC}(t)-\mathrm{TAI}(t)=n\ \mathrm{s} \qquad (n\ 为整数) \tag{3-17}$$

$$|\mathrm{UTC}(t)-\mathrm{UT1}(t)|<x\ \mathrm{s} \quad (x<1) \tag{3-18}$$

在 1974 年以前，$x=0.7$，以后改为 0.9。

UTC 的具体实施办法：使 UTC 秒长严格等于 TAI 秒长，在时刻上使 UTC 接近于 UT1。由地球自转速率不均匀性引起的 UT1 与 TAI 的差值采用在 UTC 时刻中加 1 s 或减 1 s 的闰秒(即跳秒)措施来补偿。闰秒的时间定在 6 月 30 日或 12 月 31 日，即 UTC 在 6 月 30 日或 12 月31 日这两个日期的最后一分钟为 61 s 或 59 s。

从 1972 年至今共闰秒 27 次，最近一次闰秒在北京时间 2017 年 1 月 1 日 7 时 59 分 59 秒。闰秒每过几年就会有一次，虽然没有规律，不能预测，但会提前至少 6 个月公布。闰秒对普通人生活没有太多影响，但对时间连续精度有严格要求的航天、通信、金融、军事等领域有很大影响，需要进行专门的人工操作以防止其负面影响。

值得注意的是，由于地球自转的不均匀性，特别是它的长期减慢，使 UT1 与 TAI 的差值越来越大，估计 4000 年之后 UT1 将比 TAI 落后半天。如果一直沿用 UTC，到那时可能会达到每个月闰秒两次。

二、频率

(一) 频率的定义

在物理学中，单位时间内完成的全振动的次数，称为振动的频率。频率和周期都是表示振动快慢的物理量，而且互为倒数。

(二) 频率的度量

国际电信联合委员会(International Telecommunications Union，ITU)第 7 研究组 2001 年推荐了一份时间频率专业词汇表。在此仅列出三个用于描述时间频率标准系统或时间尺度性能的常用词汇。

(1) 准确度：一个被测量的物理量的测量结果对它的真值的逼近程度。

(2) 精度：一系列的个别测量值之间的相互符合程度，常以测量值的标准偏离来表示。设一组测量值$\{x_1,x_2,\cdots,x_i,\cdots,x_N\}$的平均值为 X，这些测量值的 x 标准偏离 σ_x 的计算公式为

$$\sigma_x=\frac{\sum(x_i-X)^2}{(N-1)^{1/2}} \tag{3-19}$$

(3) 频率稳定度：由于时间频率设备或系统自身的原因以及(或者)环境因素引起的信号在给定的时间间隔中的频率变化。

思 考 题

1. 有多少种纬度定义？惯性导航系统中常用的是什么纬度？

2. 简述速度的种类以及不同速度的含义及应用场合。

3. 导航中有时会使用“东西经”的概念，请检索它的含义，并指出经差、纬差与米的关系。

4. 什么是协调世界时？

5. 中国传统经典中对于概念有许多精彩表述。其中最为著名的有：《道德经》中“道可道，非常道；名可名，非常名”，《金刚经》中的“所谓世界，即非世界，故名世界”，都在描述概念稳定的相对性和变化的绝对性，结合 PNT 参数中的一些参数定义，来理解一下这些概念中的确定与变化，以此加深对这些概念的理解。

6. 请列举中国、印度、玛雅等古老文明中都有哪些时间单位，从这些单位的差异中理解古人对时间的不同认识。

7. 课后思考中国历法、伊斯兰历法、埃及历法、儒略历法等世界上使用过的不同历法，加深对古人研究与运用时间的认识。

第四章　直 接 定 位

导航通过多种技术来实现定位测向等功能，其原理存在较大差异。能否用简单的方式来概括和描述导航的基本数学原理呢？

我们首先来看一个日常生活中的例子。在城市中，人们步行到目的地，会很自然地先辨认目的地的方位，然后行走一段时间和距离，之后再进行地标性建筑等标志物的辨认，确认下一步的方位和大致距离、时间，调整路线。重复上述过程，最终到达目的地。

在这个过程中人们不自觉地应用两种不同的导航方式。一种是依赖外部物标，对自身的位置和目标方位进行判断，对行走路线加以修正的方式；另一种是不依赖外部物标，仅靠估计自身行走速度和时间，判断大致距离的方式。两者之间的差异在于是否依赖外部物标参考。在导航中，我们可以将第一种方式称为基于外部参考的直接定位导航方式，这是应用最为广泛的定位方式。第二种方式称为基于载体（或人）自身信息的推算定位导航方式。本章介绍基于外部参考的直接定位方式。

第一节　直接定位基本原理

一、引例

直接定位是最常见的导航定位方法。它主要通过测量载体与两个以上外部已知基准点的几何关系来确定载体自身位置。位置可以是二维平面坐标，也可以是三维空间坐标。几何关系则主要指测量得到的载体与基准已知点之间的角度和距离等相关的几何位置关系。

下面给出基于角度和距离测量的最简单的定位方法举例。

例 1　基于角度测量定位。

二标方位定位法：根据测定出的载体到两个外部参考点（物标）的方位确定载体位置。过两个外部参考点的两条等方位线的交点即为载体位置（图 4-1）。

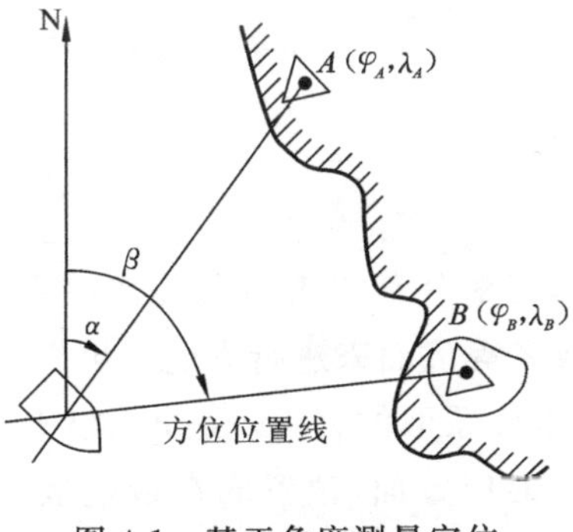

图 4-1　基于角度测量定位

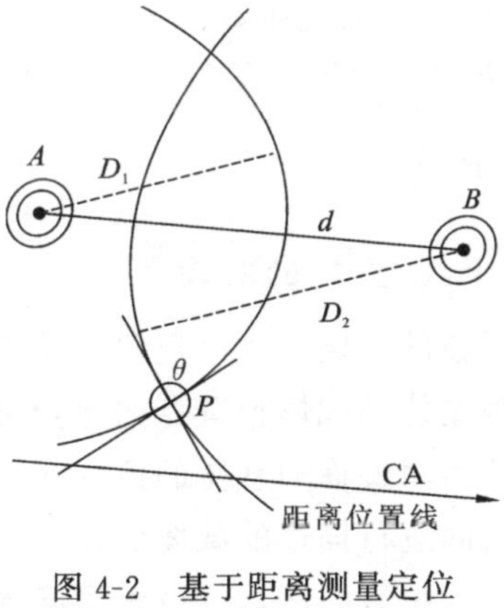

图 4-2　基于距离测量定位

例 2 基于距离测量定位。

二标距离定位法：根据测定出的载体至两个物标的距离确定载体位置，即同时测得视界内两个物标的距离，在图上分别以两个物标为圆心，以所测距离为半径画圆弧，得到两个交点，靠近推算航线 CA 的交点为观测时刻的观测载体位置。交点 P 处两距离位置线的切线之夹角为两距离位置线的夹角(图 4-2)。

以上例子表明，基于至少两组已知角度或距离就可以实现载体的直接定位。

二、直接定位通用公式

直接定位方法本质上是采取多个位置线(或位置面)相交得到交点以确定观测载体位置。常见的地文定位、天文定位、卫星定位、无线电定位、水声定位等本质上都是采取直接定位方式。

假设$\boldsymbol{r}_{\beta b}^{\gamma}=(x_{\beta b}^{\gamma},y_{\beta b}^{\gamma},z_{\beta b}^{\gamma})$为载体坐标系 b 的原点相对于 β 坐标系原点的笛卡儿位置向量在 γ 坐标系的投影，$\boldsymbol{r}_{\beta t_i}^{\gamma}=(x_{\beta t_i}^{\gamma},y_{\beta t_i}^{\gamma},z_{\beta t_i}^{\gamma})$ $(i=1,2,\cdots,N)$为已知的外部参考点 t_i 相对于 β 坐标系原点的位置向量在 γ 坐标系的投影，$h_{pi}(\boldsymbol{r}_{\beta b}^{\gamma},\boldsymbol{r}_{\beta t_i}^{\gamma})$为$\boldsymbol{r}_{\beta t_i}^{\gamma}$与$\boldsymbol{r}_{\beta b}^{\gamma}$之间满足的位置函数，考虑测量误差 w_{pi}，实际观测量 z_{pi} 满足：

$$z_{pi}=h_{pi}(\boldsymbol{r}_{\beta b}^{\gamma},\boldsymbol{r}_{\beta t_i}^{\gamma})+w_{pi}\quad(i=0,1,2\cdots,N)\tag{4-1}$$

当得到多个测量值时，可以得到如下测量方程组：

$$\boldsymbol{z}_p=\boldsymbol{h}_p(\boldsymbol{r}_{\beta b}^{\gamma},\boldsymbol{R}_p)+\boldsymbol{w}_p\tag{4-2}$$

其中，

$$\boldsymbol{z}_p=\begin{bmatrix}z_{p1}\\z_{p2}\\\vdots\\z_{pm}\end{bmatrix},\quad \boldsymbol{h}_p=\begin{bmatrix}h_{p1}\\h_{p2}\\\vdots\\h_{pm}\end{bmatrix},\quad \boldsymbol{R}_p=\begin{bmatrix}\boldsymbol{r}_{\beta t_1}^{\gamma}\\\boldsymbol{r}_{\beta t_2}^{\gamma}\\\vdots\\\boldsymbol{r}_{\beta t_m}^{\gamma}\end{bmatrix},\quad \boldsymbol{w}_p=\begin{bmatrix}w_{p1}\\w_{p2}\\\vdots\\w_{pm}\end{bmatrix}$$

m 为观测量的个数。

通过最小二乘法求解上述方程组可以求得载体的位置解

$$\boldsymbol{r}_{\beta b}^{\gamma}=\boldsymbol{h}_p^{-1}(\boldsymbol{z}_p,\boldsymbol{R}_p,\boldsymbol{w}_p)\tag{4-3}$$

其中，$\boldsymbol{h}_p^{-1}$ 表示$\boldsymbol{h}_p$ 的逆函数。

说明：$\boldsymbol{h}$ 可以是统一的位置函数，也可以是不同的位置函数。

三、位置函数

(一) 位置函数的种类

位置函数的确定是直接定位的关键问题。对载体相对外部参考点的几何关系进行观测，具有相同观测值的载体位置点的集合可以用等值线或者等值面来进行表述。可以用等值线进行描述的几何轨迹称为载体的位置线，位置线在指定坐标系下的解析表达式称为位置线函数。可以用等值面进行描述的载体位置几何曲面称为载体的位置面，位置面在指定坐标系下的解析表达式称为位置面函数。位置线函数和位置面函数统称为位置几何函数，也称为位置函数。

典型的位置几何函数可以分为与角度相关和与距离相关的两类。与角度相关的位置函数又可以进一步分为参考点和观测者共面与不共面两种不同情况；也可以分为有测量基准和无测量基准两种不同情况。有测量基准需要建立方位、水平等基准；无测量基准则主要依赖外部参考点之间的角度关系。与距离相关的位置函数分为测量观测者相对参考点的距离或测量观测者与两个已知参考点的距离差(和)等多种情况。不同的直接定位导航方式需要建立特定的位置函数。

(二) 基于位置函数的定位求解

直接定位通过各种测量手段，可以采取相同的位置函数，也可以采取不同的位置函数，求取载体位置。根据各种位置函数组合的不同，可得到各种不同的定位方法。直接定位实现单一导航定位或者综合导航定位。当用单一方法不能测定载体位置时，可利用各种不同性质的位置线来测定载体位置，如方位和距离定位、方位和水平角定位、方位或距离与等深线定位等。

利用位置函数求解位置的方法变化十分灵活，如联立若干个位置函数的解析方程组进行求解。当出现非线性方程，有冗余方程组时，要考虑误差分析等具体的数学模型，当然也可以通过几何绘算的方式实现舰位的确定。当交点增多之后，相交不是一个点，而是一个区域，通过误差处理分析，可以使定位精度更高。

四、直接定位的特点

相对于推算定位，采取直接定位的导航系统大都具备以下特点。

(1) 能够实现绝对定位。

因为所利用的外部参考点往往在导航坐标系下的精确位置已知(如惯性系或地球系等)，所以能够通过直接定位方式得到在导航坐标系下的绝对定位，如能直接获得在地球系下的地理经、纬、高度等信息。

(2) 能够实现快速定位。

直接定位系统主要通过不同的测量手段实时获取观测点与参考点之间的空间几何信息并进行数据处理解算，得到定位参数。由于目前计算机数据处理的耗时相对可以忽略，因而时间损耗多取决于测量的信号的识别、捕获与跟踪，并主要影响首次定位时间。

(3) 能够实现精确定位，精度无积累误差。

直接定位由于采取实时获取外部参考点信息进行解算，所以其误差没有积累。与推算定位相比，直接定位通常能获取很高的定位精度。

(4) 定位误差与参考点空间几何配置相关。

直接定位往往可选用多组外部参考点，其误差不仅与测角、测距、时间同步精度有关，而且与外部参考点相对于观测点的空间几何配置有关。图 4-3 以最简单的双向测距的二维定位情况为例。图中的弧线表示每一个距离测量值的均值和误差区间，而阴影处表示定位解算的不确定范围，箭头方向表示从用户到信号发射机的视线矢量。给定测距精度，当视线矢量互相垂直时，定位误差最小。位置的不确定性或者误差的标准差，通过精度因子(dilution of precision，DOP)与测量值的不确定性或者误差标准差相关联。

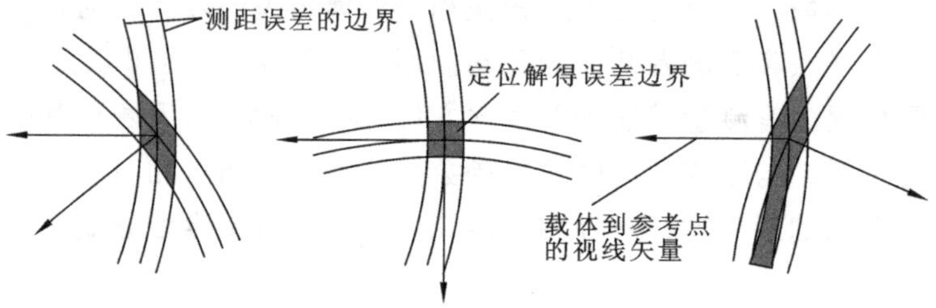

图 4-3　二维测距时卫星信号几何分布对定位精度的影响

第二节　地文定位原理

地文定位是最早应用的直接定位，如古英格兰地区史前的三角定位，航海上应用广泛的灯塔、航标各类地文定位方法。这些方法有很强的通用性，即使是当今最新出现的大部分无线电室内定位，本质上采取也是与地文定位相同的定位原理。

一、基于角度测量的多点定位

（一）平面两方位定位

方位定位，也称方位交叉定位，指同时观测两个或两个以上位置已知的目标的方位来确定载体位置的方法和过程。如图 4-4 所示，方位定位观测作图简单、迅速，是航海常用的定位方法，在航海领域也称为观测载体位置。其位置函数属于与角度相关的函数，且参考点和观测者共面。此类观测通常以北向基准作为观测角度基准，得到的角度观测为参考点相对载体的方位角。在大多数小范围平面导航定位应用中，可视为外部参考点和观测者处在同一个平面内，观测者所在的载体位置线（此时称为方位位置线）为一条射线（图 4-5）。在大部分运载体的近地面导航定位中，参考点和观测者视为处于同一个球面，球面上没有直线，实际上观测者所在的载体位置线为一条弧线。

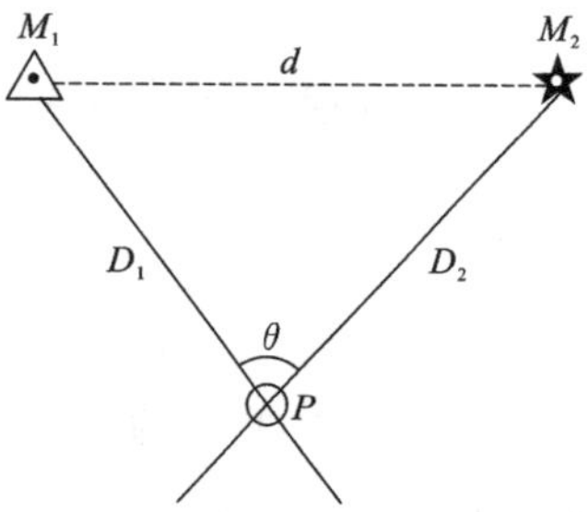

图 4-4　平面两方位定位

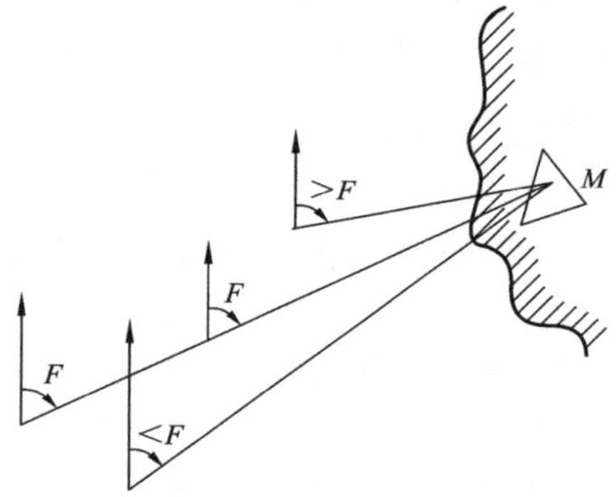

图 4-5　与角度相关的位置线

如果记观测量为载体$\boldsymbol{r}_{\beta b}^{\gamma}$与已知目标$\boldsymbol{r}_{\beta t_i}^{\gamma}$的相对方位 ψ_i，其平面方位位置函数的解析表达式根据式（4-3）可表示为

$$h_{pi}(\boldsymbol{r}_{\beta b}^{\gamma},\boldsymbol{r}_{\beta t_i}^{\gamma})=\psi_i=\arctan\frac{y_{\beta b}^{\gamma}-y_{\beta t_i}^{\gamma}}{x_{\beta b}^{\gamma}-x_{\beta t_i}^{\gamma}}\quad(i=1,2,\cdots,m)\tag{4-4}$$

由于平面两方位定位无法判断观测的差错及载体位置的准确性，实际中更多采用三方位定位方法。三方位定位方法同时观测三个目标方位，可以获得同一时刻的三条方位位置线，其交点即为观测时刻的载体位置。

（二）平面两水平角定位

载体位置同时观测视界内三个目标间的两个水平角来确定载体位置的方法，称为三标两水平角定位，航海领域常用的定位方法有三杆定位仪法、六分仪法、作图法和透明纸法。此类方法的位置函数是另一类与角度相关的位置函数，可以不需要方位基准，直接利用角度测量仪器测得两个外部参考点相对载体观测者的水平夹角。

若外部参考点和观测者处在同一个平面内，其位置线为以水平夹角为圆周角的圆弧（图 4-6）。由几何定理可知，圆弧上的任一点测得两外部参考点（物标）的水平角均相同。水平角位置线是载体与两物标所连的三角形的外接圆圆弧的一部分。

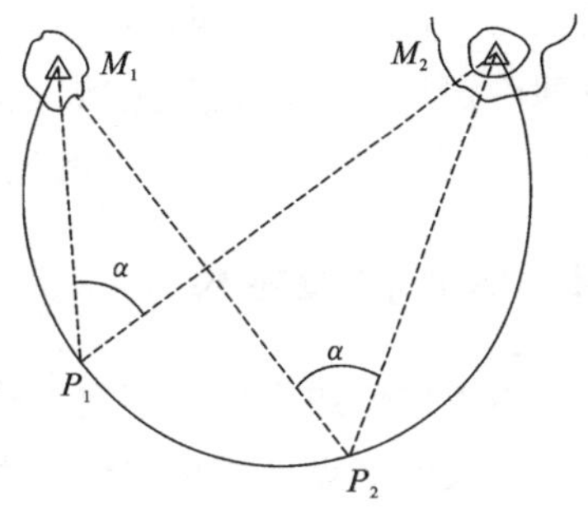

图 4-6 水平角位置线

如果观测量为载体$\boldsymbol{r}_{\beta b}^{\gamma}$与两个已知目标$\boldsymbol{r}_{\beta t_1}^{\gamma}$，$\boldsymbol{r}_{\beta t_2}^{\gamma}$方位线的夹角 α，其位置函数的解析表达式可以表示为

$$h_{pi}(\boldsymbol{r}_{\beta b}^{\gamma},\boldsymbol{r}_{\beta t_1}^{\gamma},\boldsymbol{r}_{\beta t_2}^{\gamma})=\alpha=\arctan\frac{y_{\beta b}^{\gamma}-y_{\beta t_1}^{\gamma}}{x_{\beta b}^{\gamma}-x_{\beta t_1}^{\gamma}}-\arctan\frac{y_{\beta b}^{\gamma}-y_{\beta t_2}^{\gamma}}{x_{\beta b}^{\gamma}-x_{\beta t_2}^{\gamma}}\tag{4-5}$$

二、基于距离测量的多点定位

如图 4-7 所示，同时测得载体到物标 M_1 和 M_2 的距离 D_1 和 D_2，在图上分别以观测物标 M_1 和 M_2 为圆心，以观测距离 D_1 和 D_2 为半径画圆弧，两距离位置线通常有两个交点，其中接近推算载体位置的一点即为当时的观测载体位置 P。上述方法称为平面二距离定位方法。

实际上，不论已知参考点和观测者处于同一个平面，还是球面，其位置线均为一个圆（图 4-8）。如果观测量为载体$\boldsymbol{r}_{\beta b}^{\gamma}$与已知目标$\boldsymbol{r}_{\beta t_i}^{\gamma}$的距离，其二维位置函数的解析表达式可以表示为

$$h_{pi}(\boldsymbol{r}_{\beta b}^{\gamma},\boldsymbol{r}_{\beta t_i}^{\gamma})=d_i=\sqrt{(x_{\beta b}^{\gamma}-x_{\beta t_i}^{\gamma})^2+(y_{\beta b}^{\gamma}-y_{\beta t_i}^{\gamma})^2}\quad(i=1,2,\cdots,m)\tag{4-6}$$

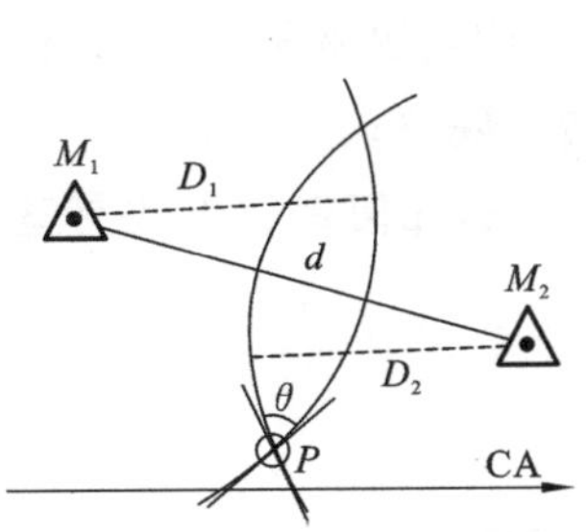

图 4-7 平面二距离定位方法

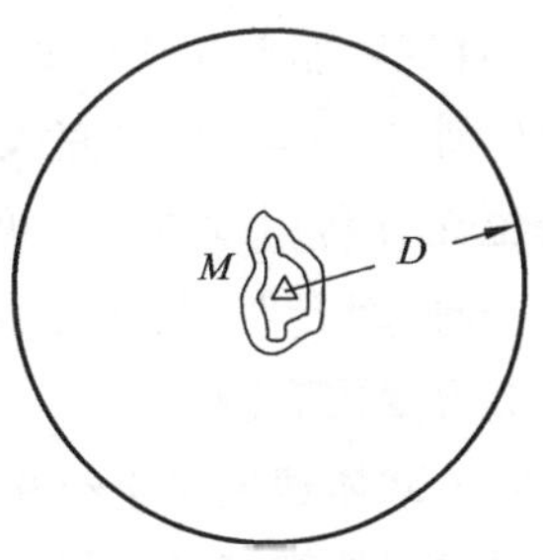

图 4-8 平面距离圆位置线

三、三角定位

在导航与测量的定位中，经常要使用三角定位。三角定位，也称三角测量，它的应用十分普遍。它有多种定义，说法并不统一。简单地说，只要根据三角形原理，已知多个三角形两个顶点位置和相关几何要素，从而确定第三点的方法均称为三角定位法。

根据三角形的特性，只要三角形三边的长度固定，这个三角形的形状、大小就完全确定。这实际上即为共面两距离定位方法。或已知一边的长度和该边与其余两边的夹角就可以求出第三点。例如，利用两台或者两台以上的探测器在不同位置探测目标方位，然后运用三角几何原理确定目标的位置和距离。又如，已知两个参考点的位置，并测得每个参考点到达观测者的角度，也可以估算出观测者的位置。这实际上就是共面两方位定位方法。

四、单点移线定位

多点定位或者单点距离方位定位（见本章第二节）都是通过同一观测时刻两条或两条以上的位置线的交点来实现定位。在很多情况下，角度易于观测，距离却难获取。视界内仅有一个物标可供观测，仅能获得角度（方位）一种观测量，同一时刻只能测得该物标的一条位置线而无法确定载体位置，这种情况下如何实现定位？

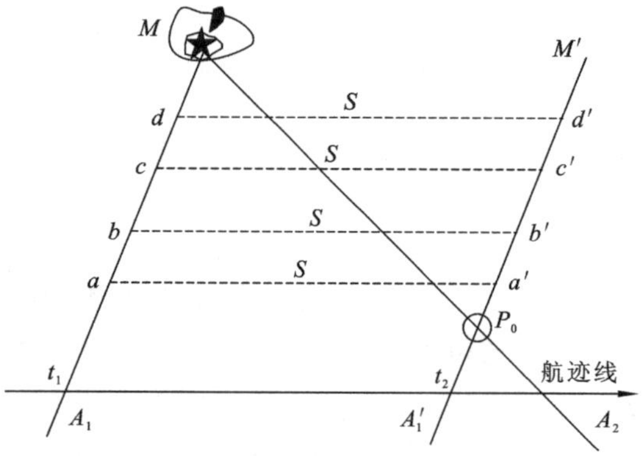

图 4-9　移线定位原理示意图

在航海中，采取把不同时刻测得的两条位置线设法转移到同一时刻，以满足定位原理的要求而求得船位，这种方法称为移线定位(running fix)，是一种重要的航海定位方式。如图 4-9 所示，设舰船沿航迹线航行，在 t_1 时刻测得物标 M 的方位，得到方位线 A_1M，若不考虑误差，t_1 时刻舰船应位于 A_1M 上，且可能位于 a、b、c、d 中的一点。此后舰船沿航迹线继续航行了实际航程 S，则 t_2 时刻舰船相应地位于 a'、b'、c'、d' 各点。也就是将方位线 A_1M 沿航迹线平移了 S 距离，得到的直线 $A_1'M'$ 即为 t_1 时刻转移到 t_2 时刻的舰位线，称为转移舰位线。

显然，t_2 时刻舰船应位于转移舰位线 $A_1'M'$ 上。若 t_2 时刻再测物标 M 的方位得另一方位舰位线 A_2M，则 A_2M 与 $A_1'M'$ 的交点 P_0 即为 t_2 时刻的转移舰位。

移线定位充分利用载体的速度，是一种基于外部参考点的几何定位方式与基于载体自身推算定位的一种“组合”。其特点如下：

(1) 基于角度的观测。

(2) 结合了载体速度来进行推算。

(3) 不同时间的观测量，需要一定的时间间隔后方能定位。

移线定位适用于各种舰位线，陆标定位中的方位舰位线、距离舰位线等均可使用。天文定位中的测太阳定位也是用移线的方法，将不同时刻测得的两条太阳舰位线，转移到同一时刻得出舰位。

第三节 天文定位原理

一、天文定位基本原理

在天文导航中，利用光学仪器观测星体高度角和方位角，可以确定载体的位置。所谓高度角即为星体的方向与当地地平面的夹角(图 4-10)。北极星基本在地球自转轴线上，又距离地球非常遥远，因此地球上任意一点与北极星的连线都视为平行。假设观测点在点 P，从点 P 观测出北极星的高度角为 h，则可以看出，点 P 的地理纬度就等于 h。这样利用高度角可以将载体位置确定在一个等高度圆的圆位置线上。高度角相交就是利用测得两颗恒星体的高度角，确定出两个等高度圆，其交点之一为载体位置。

天文定位，如图 4-11 所示。设 A、B 是天上的两个天体，天体 A、B 和地心 O 的边线与地球表面的交点 a、b 称为天体投影点。如果能知道投影点的地理位置，并且观测者分别测得载体到投影点的距离 z_a、z_b，则以 a、b 为圆心，以 z_a、z_b 为半径，在推算载体位置附近作两段圆弧，其交点 M 就是天文位置点。但是天文定位利用的目标是天体，因此天文定位的难点在于天体在天上，它在地面的投影点是看不见的。因为地球自转使天体存在不停的视运动，其投影点位置随时间不断变化，所以需要解决：天体投影点位置的求取，以确定天文圆的圆心；求出载体到天体投影点的距离，以确定天文载体位置圆的半径；在海图上作图画出载体位置，得到载体所在的经纬度。

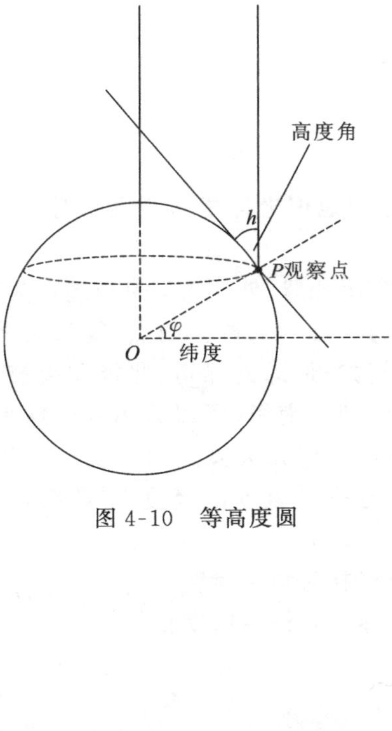

图 4-10 等高度圆

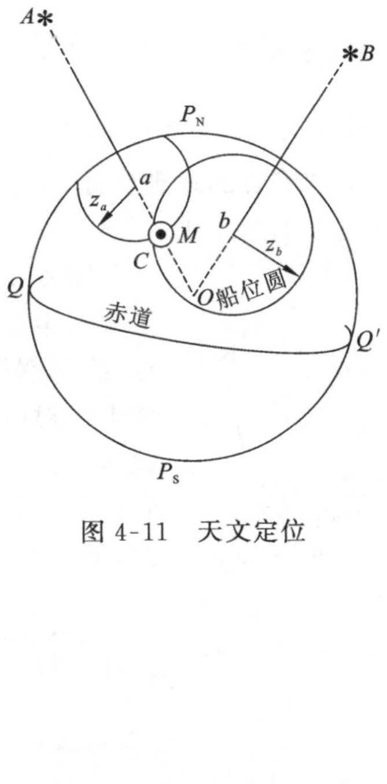

图 4-11 天文定位

二、基于高度角的位置函数

可以将上述简单描述推广到更为一般的情况。天文定位实际上是参考点和观测者不共面条件下的角度测量定位方式，此时需要测量获取外部参考点(如恒星)相对载体的高度角，所以需要提供观测者当地水平作为观测基准。

若外部参考点可视为无穷远处，则观测者所在载体在三维空间中的所有可能位置点的集合为一个圆柱，即其载体位置面为圆柱。若该已知点不能视为无穷远处，只能视为空间一个点，则观测者所在载体的位置面为一个圆锥。无论是圆柱还是圆锥，与平面和球面的相交仍为一个圆，如图 4-10 所示。

同时，载体所在面既可以是平面，也可以是球面。例如，在某些小范围区域导航应用中，可以视为平面导航问题；在大范围区域导航应用中，地球球面不能忽视，则必须视为球面导航，甚至是椭球面导航问题。在平面导航问题中，若外部参考点和载体不在同一个平面内，则观测者所在的载体位置线与所处平面相交为一个圆；在球面导航问题中，若外部参考点和载体不在同一个球面内，则观测者所在的载体位置线与所处球面相交仍旧为一个圆。

在天文导航中，对于太阳以外的恒星观测的情况就是将外部参考点视为无穷远处，其与地球表面的交线所得到的圆称为等高度圆。因此，其基于高度角的位置函数可表述如下：

如果观测量为载体与已知目标$\boldsymbol{r}_{\beta t_i}^{\gamma}$的方位线与某个法线单位向量为$\boldsymbol{n}=(x_n, y_n, z_n)$的平面的夹角，即高度角，其位置函数的解析表达式为

$$h_{pi}(\boldsymbol{r}_{\beta b}^{\gamma}, \boldsymbol{r}_{\beta t_i}^{\gamma}, \boldsymbol{n})=\eta=90^{\circ}-\varphi \quad (i=1,2,\cdots,m) \tag{4-7}$$

其中，φ为方位线$\boldsymbol{l}=\boldsymbol{r}_{\beta b}^{\gamma}-\boldsymbol{r}_{\beta t_i}^{\gamma}$与平面法线$\boldsymbol{n}$的夹角，满足

$$\cos\varphi=\frac{\boldsymbol{l}\cdot\boldsymbol{n}}{|\boldsymbol{l}||\boldsymbol{n}|}=\frac{x_n(x_{\beta b}^{\gamma}-x_{\beta t_i}^{\gamma})+y_n(y_{\beta b}^{\gamma}-y_{\beta t_i}^{\gamma})+z_n(z_{\beta b}^{\gamma}-z_{\beta t_i}^{\gamma})}{\sqrt{(x_{\beta b}^{\gamma}-x_{\beta t_i}^{\gamma})^2+(y_{\beta b}^{\gamma}-y_{\beta t_i}^{\gamma})^2+(z_{\beta b}^{\gamma}-z_{\beta t_i}^{\gamma})^2}}$$

且

$$x_n^2+y_n^2+z_n^2=1$$

三、基于高度差的航海天文定位

(一) 求天体投影点的位置

为了确定观测者的地理坐标，需要研究天体坐标和地理坐标相互联系和对应的关系。地球和天球的关系如图 4-12 所示。

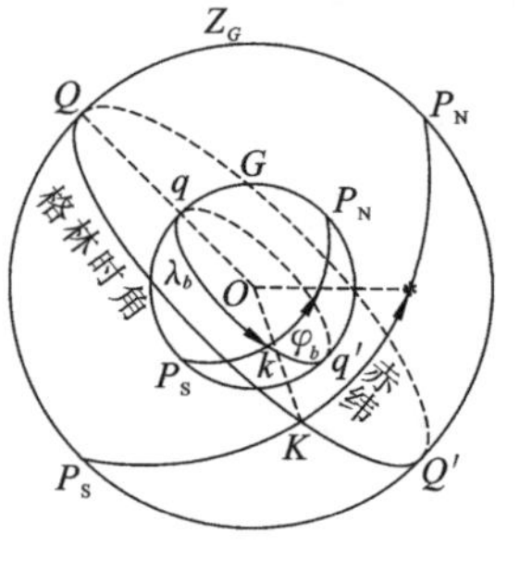

图 4-12　地球和天球的关系

图 4-12 中内部小球表示地球；外部大球是以地球为球心，以无限大为半径想象的球，称为天球。天球上的点、线和圆是地球上的点、线和圆扩展而成的。例如，地球的赤道、北极和南极，扩展到天球上即对应天赤道、天北极和天南极，所以天体的天球坐标与其在地球上投影点坐标相互对应。假如天体点 B 在天球上用格林时角和赤纬表示，它们的数值与投影点 b 的经度 λ_b 和纬度 φ_b 是相等的，即

$$\text{天体点 } B \text{ 的位置}\begin{cases}\text{格林时角}=\text{经度}\\ \text{赤　　纬}=\text{纬度}\end{cases}\text{投影点 } b \text{ 的位置}$$

天体的格林时角值和赤纬值，可根据观测天体时刻的世界时查"航海天文历"得到，因此也可以得到被观测天体的投影点经纬度，便可在海图上标出投影点。

(二) 求舰船到投影点的距离

如图 4-13 所示，B 为天体，b 是天体 B 在地面的投影点，M 为观测者(舰船)，观测者到投影点的距离 $Mb=Zb$。由于天体距地球很远，从天体射到地球表面和地心的光线可视为一束平行光线，即 $Mb=Zb=90°-h$。其中 h 是天体高度，它可用六分仪观测天体与水天线间垂直夹角并经修正得到。

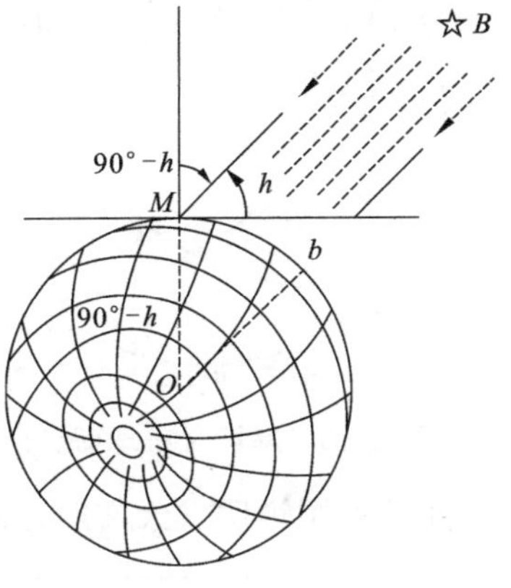

图 4-13 舰船与天体投影点

综上所述，根据观测天体 A、B 时的世界时，查询航海天文历，求出两天体的格林时角和赤纬，得到投影点的经度和纬度，确定出 a、b。以 a、b 为圆心，以距离 z_a、z_b 为半径作两段靠近推算舰位的圆弧，其交点 M 就是天文观测舰位。

由于天文舰位圆半径一般有几千海里(设 $h=50°$，则 $z=90°-h=40°=2400'$)，若要量出准确到 1 nmile 的舰位，显然在海图上作图是很困难的，为此必须另想作图方法。

(三) 用距离差法作图求观测舰位

一般来说，观测舰位总是在推算舰位附近，因此只要画出靠近推算舰位的一小段舰位圆圆弧，就能包含观测舰位点。因为天文舰位圆的半径很大，一小段圆弧可以看成直线，称舰位线。根据上述两点，就可使用推算舰位作为桥梁，画出舰位线。

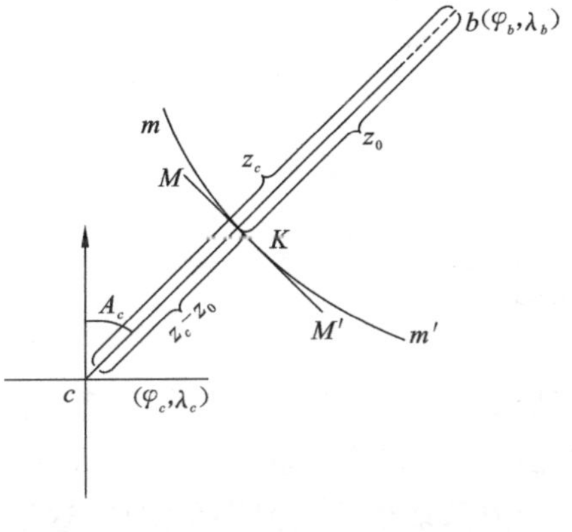

图 4-14 距离差法作图求观测舰位

如图 4-14 所示，b 为投影点，c 为推算舰位，mm' 为舰位圆圆弧，cb 为方位线。由于 c、b 两点的坐标都已知，因此，它们间的方位 A_c 和距离 z_c 可以通过计算求得。

MM' 是舰位圆上通过点 K 的切线，它与方位线 cb 垂直，MM' 就是我们要求的舰位线。由此确定点 K 后，舰位线就得到了。而点 K 的确定是以推算舰位 c 为基准，以方位 A_c 和距离差 z_c-z_0 来确定的。其中 z_0 是通过观测得到的，A_c 和 z_c 是通过解球面三角形得到的。如图 4-15 为一地球，点 c 为推算舰位，b 为投影点，P_N 为北极，连接三点构成一球面三角形 $\triangle cP_Nb$。其中，$cP_N=90°-\varphi_c$，$P_Nb=90°-\delta$ (δ 为天体赤纬，等于投影纬度 φ_b)，$\angle cP_Nb=\Delta\lambda$ (b、c 两点经度差)为已知的三个条件，可以解出 A_c 和 z_c。

同理可以解算出另一天体的 A_c 和 z_c，在海图上做出两条舰位线，其交点 M 就是天文观测舰位(图 4-16)。

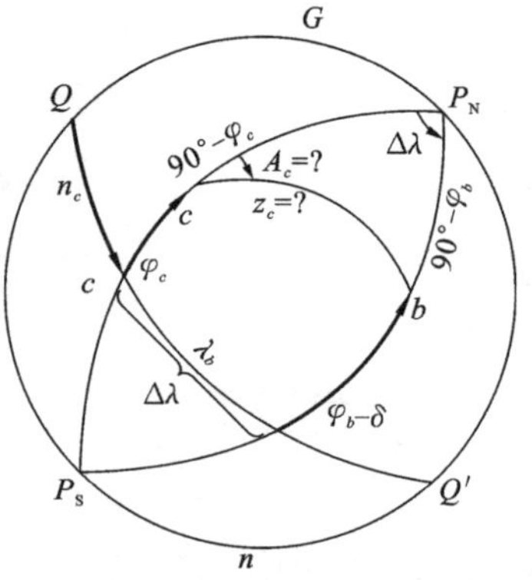

图 14-15　解算 $A_c z_c$ 球面三角形

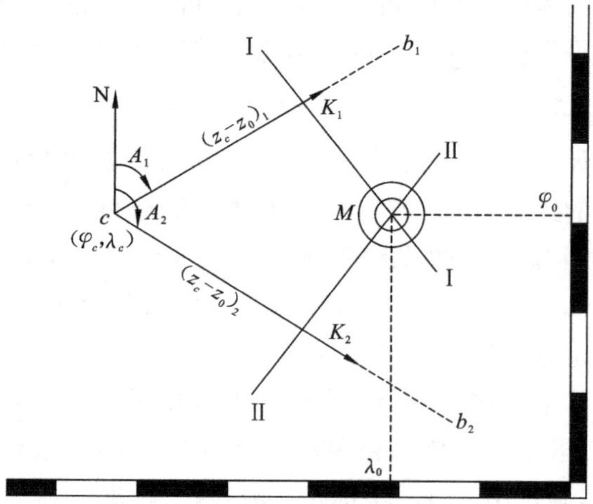

图 4-16　作图求舰位

用流程图说明求天文舰位的过程，如图 4-17 所示。

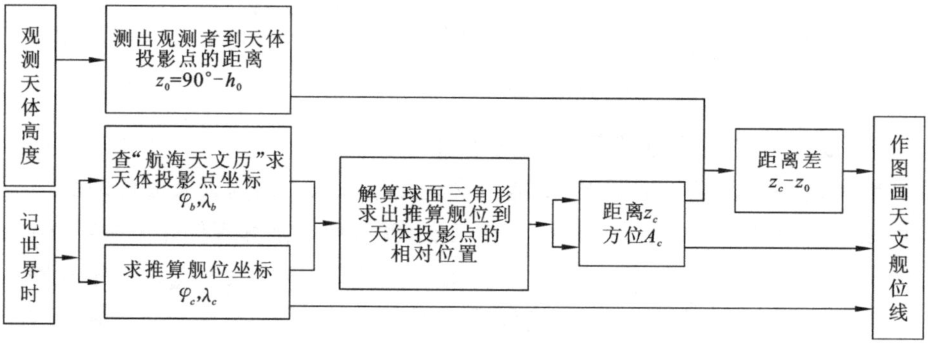

图 4-17　天文舰位求解流程图

第四节　卫星定位原理

卫星导航定位是当今影响最广的现代定位技术，但其历史并不长，只有半个多世纪。卫星导航与天文导航有一定的联系，所不同的是，天文导航选用的外部参考点主要是自然天体；卫星导航选用的外部参考点是人造卫星。定位原理上，天文导航采取的主要是测角定位（这里暂不讨论星图匹配问题）；卫星导航则采取测距等多种不同的定位方式。

一、基于距离测量的 GNSS 卫星定位原理

目前全世界有影响的卫星导航系统有美国的 GPS 全球定位系统、俄罗斯的 GLONASS、欧洲的伽利略以及中国的北斗系统。每个全球 GNSS 系统的星座都设计包含 24 颗或更多的卫星，确保在任何地点至少能收到 4 颗卫星的信号。

（一）三球空间交会定位原理

目前国际上四大卫星导航系统 GPS、GLONASS、伽利略和北斗卫星导航系统的定位原理基本相同，均采用三球交会的几何原理来实现定位。如图 4-18 所示，其简单流程为：首先，用户接收机在某一时刻同时接收三颗以上卫星的信号，测量出用户接收机至三颗卫星的距离，解算出卫星的空间坐标；然后，以卫星为球心，卫星到用户距离为半径，得到用户的球面位置面；再利用距离交会法，求得三个球面位置面相交得两个点，根据常识排除一个不合理点即得用户位置。

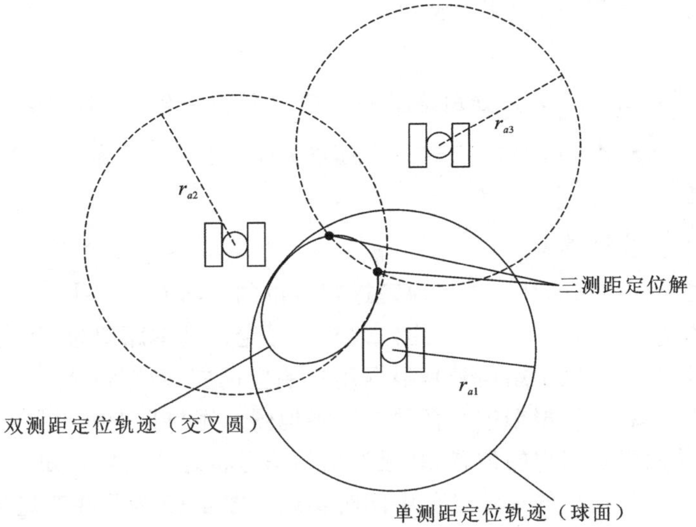

图 4-18　基于单、双和三测距信息定位解得轨迹

在平面或者球面距离已知参考点的位置线为球面圆；在三维立体空间内距离已知参考点的位置面为一个球。三维位置函数的解析表达式可以表示为

$$h_{pk}(\boldsymbol{R}^{\gamma}_{\beta\alpha},\boldsymbol{R}^{\gamma}_{\beta t_k})=d_i=\sqrt{(x^{\gamma}_{\beta\alpha}-x^{\gamma}_{\beta t_k})^2+(y^{\gamma}_{\beta\alpha}-y^{\gamma}_{\beta t_k})^2+(z^{\gamma}_{\beta\alpha}-z^{\gamma}_{\beta t_k})^2}\quad (k=1,2,\cdots,m) \tag{4-8}$$

其中，$\boldsymbol{R}^{\gamma}_{\beta\alpha}=(x^{\gamma}_{\beta\alpha},y^{\gamma}_{\beta\alpha},z^{\gamma}_{\beta\alpha})$，$\boldsymbol{R}^{\gamma}_{\beta t_k}-(x^{\gamma}_{\beta t_k},y^{\gamma}_{\beta t_k},z^{\gamma}_{\beta t_k})$为位置点 $\alpha(t_k)$相对于 β 系在 γ 系上投影的位置矢量。

（二）GNSS 伪距定位原理

GNSS 伪距定位原理指的是当星载时钟和用户时钟同步时，测量卫星和接收机之间具有信号传播时间延时 τ，则卫星和用户之间的距离 r_{as} 为

$$r_{as}=c\tau \tag{4-9}$$

其中，c 为光速。考虑卫星时钟和用户设备有钟差，故测得的距离称为伪距 ρ^s_a，且

$$\rho^s_a=r_{as}+c\Delta t_u \tag{4-10}$$

对第 k 颗卫星，用户设备测得的伪距为

$$r_{as_k}=\sqrt{(x^{e}_{ea}-x^{e}_{es_k})^2+(y^{e}_{ea}-y^{e}_{es_k})^2+(z^{e}_{ea}-z^{e}_{es_k})^2} \tag{4-11}$$

其中，$(x^{e}_{ea},y^{e}_{ea},z^{e}_{ea})$为用户在地球坐标系 e 的位置坐标，$(x^{e}_{es_k},y^{e}_{es_k},z^{e}_{es_k})$为卫星 k 在地球坐标系 e 的位置坐标；Δt_u 为钟差。为计算 $x^{e}_{ea},y^{e}_{ea},z^{e}_{ea},\Delta t_u$ 这 4 个未知量，共需要测量用户到 4 颗卫星的伪距，可得 4 个独立方程，即

$$\rho_a^{s_k}=\sqrt{(x_{ea}^e-x_{es_k}^e)^2+(y_{ea}^e-y_{es_k}^e)^2+(z_{ea}^e-z_{es_k}^e)^2}+c\Delta t_u \quad (k=1,2,3,4) \tag{4-12}$$

卫星的位置通过解算卫星的星历求得，联立求解方程可求得4个未知量，从而可以精确得到用户在地球上的位置。

GPS除了可以提供3个位置坐标及精确时间外，还可以提供3个速度分量，通过测量电波载频的多普勒频移获得伪距变化率，从而建立起另外4个方程，即

$$\dot{\rho}_a^{s_k}=\frac{(x_{ea}^e-x_{es_k}^e)(\dot{x}_{ea}^e-\dot{x}_{es_k}^e)+(y_{ea}^e-y_{es_k}^e)(\dot{y}_{ea}^e-\dot{y}_{es_k}^e)+(z_{ea}^e-z_{es_k}^e)(\dot{z}_{ea}^e-\dot{z}_{es_k}^e)}{\sqrt{(x_{ea}^e-x_{es_k}^e)^2+(y_{ea}^e-y_{es_k}^e)^2+(z_{ea}^e-z_{es_k}^e)^2}}=c\cdot\Delta\dot{t}_u \quad (k=1,2,3,4) \tag{4-13}$$

其中，$\dot{x}_{es_k}^e,\dot{y}_{es_k}^e,\dot{z}_{es_k}^e$和$x_{es_k}^e,y_{es_k}^e,z_{es_k}^e$分别是卫星的速度和位置坐标（地球坐标系中）；$\dot{\rho}_a^{s_k}$由测量的多普勒频移获得；$\dot{x}_{ea}^e,\dot{y}_{ea}^e,\dot{z}_{ea}^e$是用户的三维速度；$\Delta\dot{t}_u$是时钟频漂。联立求解方程，即可得到用户的三维速度。

（三）北斗一号定位原理

“北斗一号”也是采用三球交会测量原理进行定位的。与GPS不同，北斗一号导航定位系统采用双星定位体制和双向通信方式测距。北斗一号定位基本原理为：首先，地面中心通过两颗卫星向用户广播询问信号（出站信号），根据用户响应的应答信号（入站信号）测量并计算出用户到两颗卫星的距离；然后根据中心存储的数字地图或用户自带测高仪测出的高程，算出用户到地心的距离，从而确定用户的位置，并通过出站信号将定位结果告知用户。授时和报文通信功能也在这种出、入站信号的传输过程中同时实现。图4-19为北斗双星导航定位系统工作原理图。

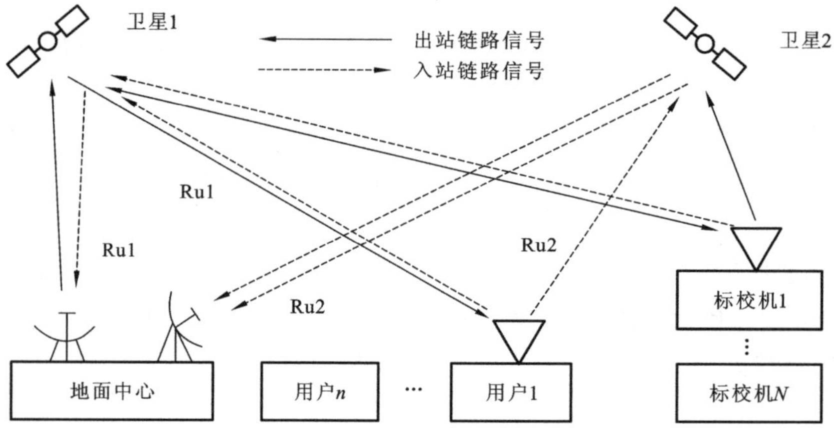

图4-19　北斗一号导航定位系统工作原理图

系统测量的是电波在测控中心、两颗卫星和用户之间往返传播的时间。双星测距示意图4-20中，地面测控中心站$(x_{e0}^e,y_{e0}^e,z_{e0}^e)$、卫星1$(x_{eS_1}^e,t_{eS_1}^e,z_{eS_1}^e)$和卫星2$(x_{eS_2}^e,y_{eS_2}^e,z_{eS_2}^e)$的位置为精确已知量，则有

$$\begin{cases}L_1=2(\rho_1+S_1)\\L_2=\rho_2+S_2+\rho_1+S_1\end{cases} \tag{4-14}$$

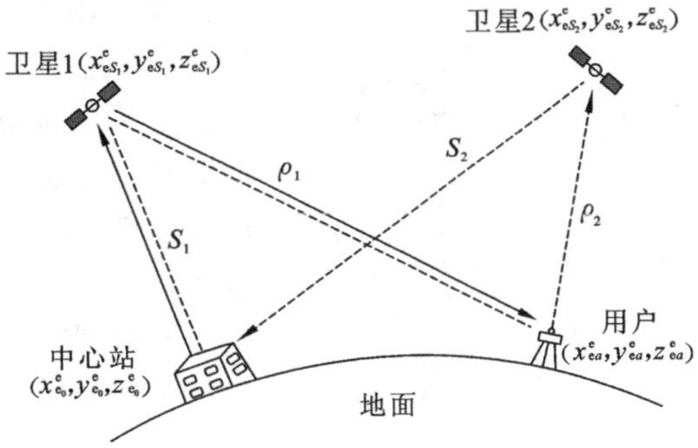

图 4-20 双星测距示意图

其中，ρ_1、ρ_2 分别为用户到卫星 1、卫星 2 的距离；S_1、S_2 分别为测控中心站到卫星 1、卫星 2 的距离；L_1 为地面测控中心站经卫星 1 转发给用户，再由用户经卫星 1 转发给地面中心站的距离和；L_2 为地面测控中心站经卫星 1 转发给用户，再由用户经卫星 2 转发给地面中心站的距离和。

由式(4-14)可得

$$\begin{cases}\rho_1=\dfrac{L_1}{2}-S_1\\ \rho_2=L_2-\dfrac{L_1}{2}-S_2\end{cases} \tag{4-15}$$

由于地面测控中心站和地球同步卫星 1、卫星 2 的位置已知，有

$$S_1=[(x^e_{e0}-x^e_{eS_1})^2+(y^e_{e0}-y^e_{eS_1})^2+(z^e_{e0}-z^e_{eS_1})^2]^{1/2}$$

$$S_2=[(x_0-x^e_{eS_2})^2+(y_0-y^e_{eS_2})^2+(z_0-z^e_{eS_2})^2]^{1/2}$$

将 S_1、S_2 的值代入式(4-15)，并通过测量得到的 L_1 和 L_2，可求得 ρ_1、ρ_2 的值。而 ρ_1、ρ_2 又和用户的位置有以下关系：

$$\begin{cases}\rho_1=[(x^e_{ea}-x^e_{eS_1})^2+(y^e_{ea}-y^e_{eS_1})^2+(z^e_{ea}-z^e_{eS_1})^2]^{1/2}\\ \rho_2=[(x^e_{ea}-x^e_{eS_2})^2+(y^e_{ea}-y^e_{eS_2})^2+(z^e_{ea}-z^e_{eS_2})^2]^{1/2}\end{cases} \tag{4-16}$$

由式(4-16)可以看出，ρ_1、ρ_2 方程是一个分别以卫星 1、卫星 2 为球心，以 ρ_1、ρ_2 为半径的球面方程，联立可得到一个圆的曲线方程，而且该圆的圆心在两星的连线上，圆面垂直于赤道平面；在地球不规则球面的基础上增加用户高程，获得一个“加大”的不规则球面；圆与不规则球面相交，得两个点，分别位于南、北半球，取北半球的点即为用户机的位置。对北斗一号卫星导航系统，还需借助地面中心站储存的数字化地面数字高程库和用户提供的高程数据，才能用三维球面定位法解算出用户的空间直角坐标系分量 $(x^e_{ea},y^e_{ea},z^e_{ea})$，同时还需将直角坐标转化为用户地理经度、纬度等(图 4-21)。

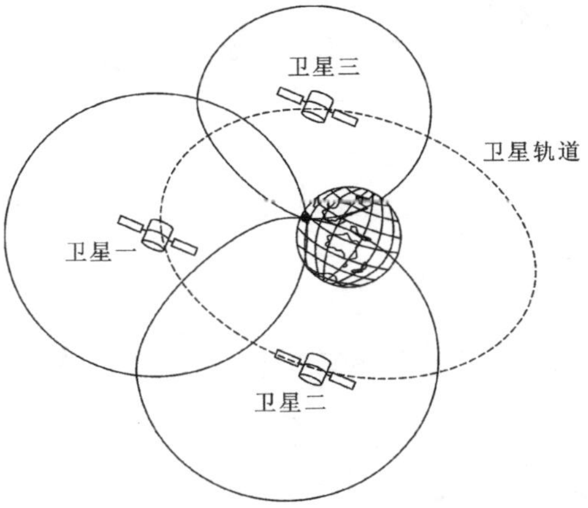

图 4-21 “北斗一号”的“三球交会”定位原理

二、基于距离增量的子午仪卫星定位原理

最早的卫星导航系统是美国的子午仪卫星导航系统(transit)，又称海军卫星导航系统(navy navigation satellite system)。它 1964 年投入使用，采用多普勒测速，可全球覆盖。随着 20 世纪90 年代 GPS 卫星导航技术的逐步成熟，该系统已停止使用。

如图 4-22 所示，子午仪卫星多普勒定位采取基于距离增量的单点定位方式，这一单点定

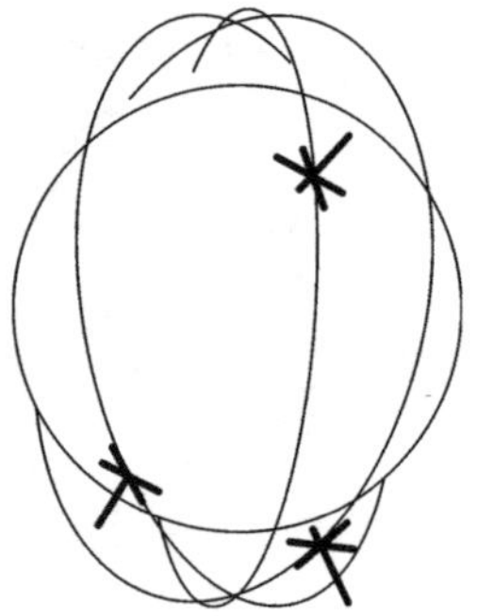

图 4-22 子午仪卫星轨道示意图

位法是利用多普勒接收机观测卫星，根据已知的卫星位置（卫星星历）和观测得到的卫星发射频率的变化值及精确的时间来确定。将围绕地球运动的卫星作为无线电波波源，点 M 为地球表面载体。根据多普勒原理，卫星与用户之间的径向距离变化将产生多普勒效应。如图 4-23 所示，任一时刻卫星 s 的位置在地球坐标系（e 系）的投影 $\boldsymbol{r}_{es}^{e}=(x_{es}^{e},y_{es}^{e},z_{es}^{e})$ 可根据卫星星历求得；而用户 a 的位置在地球坐标系的投影 $\boldsymbol{r}_{ea}^{e}=(x_{ea}^{e},y_{ea}^{e},z_{ea}^{e})$ 未知，记载体坐标的概略值为 $(x_{ea0}^{e},y_{ea0}^{e},z_{ea0}^{e})$，则载体实际坐标可记为

$$\begin{cases}x_{ea}^{e}=x_{ea0}^{e}+\Delta x\\ y_{ea}^{e}=y_{ea0}^{e}+\Delta y\\ z_{ea}^{e}=z_{ea0}^{e}+\Delta z\end{cases} \tag{4-17}$$

其中，Δx、Δy、Δz 是待求的载体坐标的改正数。

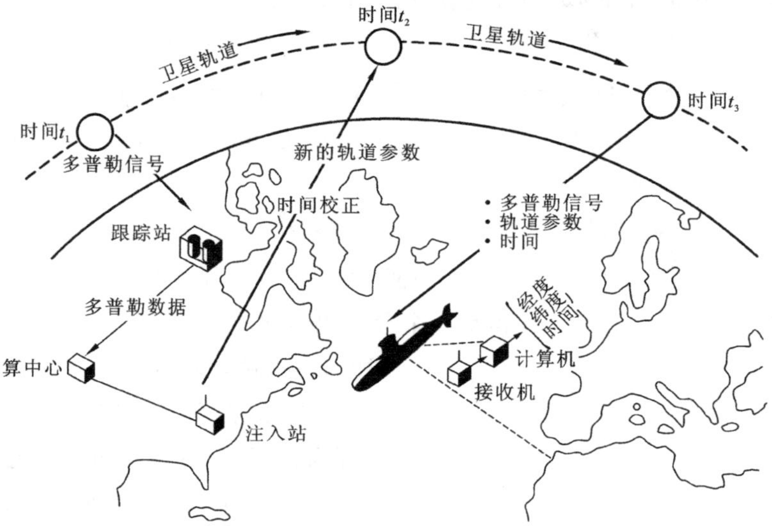

图 4-23 卫星多普勒定位原理

设 i 时刻载体位置与卫星的距离为

$$S_i(x_{ea}^{e},y_{ea}^{e},z_{ea}^{e})=[(x_{eS_i}^{e}-x_{ea}^{e})^2+(y_{eS_i}^{e}-y_{ea}^{e})^2+(z_{eS_i}^{e}-z_{ea}^{e})^2]^{1/2} \tag{4-18}$$

在 $(x_{ea0}^{e},y_{ea0}^{e},z_{ea0}^{e})$ 处一阶泰勒展开得到

$$\begin{aligned}S_i(x_{ea}^{e},y_{ea}^{e},z_{ea}^{e})\approx &S_i(x_{ea0}^{e},y_{ea0}^{e},z_{ea0}^{e})+\left.\frac{\partial S_i(x_{ea}^{e},y_{ea}^{e},z_{ea}^{e})}{\partial x_{ea}^{e}}\right|_{x_{ea}^{e}=x_{ea0}^{e}}\Delta x_{ea}^{e}\\&+\left.\frac{\partial S_i(x_{ea}^{e},y_{ea}^{e},z_{ea}^{e})}{\partial y_{ea}^{e}}\right|_{x_{ea}^{e}=x_{ea0}^{e}}\Delta y_{ea}^{e}+\left.\frac{\partial S_i(x_{ea}^{e},y_{ea}^{e},z_{ea}^{e})}{\partial z_{ea}^{e}}\right|_{x_{ea}^{e}=x_{ea0}^{e}}\Delta z_{ea}^{e}\end{aligned} \tag{4-19}$$

那么，连续两个时刻的距离差为

$$\begin{aligned}\Delta S_{i,i+1}(x_{ea}^{e},y_{ea}^{e},z_{ea}^{e})&=S_{i+1}(x_{ea}^{e},y_{ea}^{e},z_{ea}^{e})-S_i(x_{ea}^{e},y_{ea}^{e},z_{ea}^{e})\\&=S_{i+1}(x_{ea0}^{e},y_{ea0}^{e},z_{ea0}^{e})-S_i(x_{ea0}^{e},y_{ea0}^{e},z_{ea0}^{e})+A\Delta x_{ea}^{e}+B\Delta y_{ea}^{e}+C\Delta z_{ea}^{e}\end{aligned} \tag{4-20}$$

其中

$$A=\frac{x_{ea0}^{e}-x_{eS_{i+1}}^{e}}{S_{i+1}^{\circ}}-\frac{x_{ea0}^{e}-x_{eS_i}^{e}}{S_i^{\circ}}$$

$$B=\frac{y_{ea0}^{e}-y_{eS_{i+1}}^{e}}{S_{i+1}^{\circ}}-\frac{y_{ea0}^{e}-y_{eS_{i}}^{e}}{S_{i}^{\circ}}$$

$$C=\frac{z_{ea0}^{e}-z_{eS_{i+1}}^{e}}{S_{i+1}^{\circ}}-\frac{z_{ea0}^{e}-z_{eS_{i}}^{e}}{S_{i}^{\circ}}$$

其中，S_i°为用户位置与卫星的概略距离。

由多普勒定理得用户与卫星的相对速度为

$$v_{bs}=\frac{c}{f_t}\Delta f_{tr} \tag{4-21}$$

其中，c 为无线电波速度；f_t为电波发射频率；Δf_{tr}为发射机与接收机的多普勒频移。

因此，在连续的两个观测时刻内，用户与卫星的相对位移为

$$\Delta\tilde{S}_{i,i+1}(x_{ea}^{e},y_{ea}^{e},z_{ea}^{e})=v_{bs}\cdot(t_{i+1}-t_i)=\frac{c}{f_t}\Delta f_{tr}\cdot[N-(t_{i+1}-t_i)] \tag{4-22}$$

其中，N 为整周模糊度。

由(4-20)、(4-22)两式得

$$A\Delta x_{ea}^{e}+B\Delta y_{ea}^{e}+C\Delta z_{ea}^{e}=L \tag{4-23}$$

其中

$$L=S_{i+1}(x_{ea0}^{e},y_{ea0}^{e},z_{ea0}^{e})-S_i(x_{ea0}^{e},y_{ea0}^{e},z_{ea0}^{e})-\frac{c}{f_t}\cdot\Delta f_{tr}[N-(t_{i+1}-t_i)] \tag{4-24}$$

式(4-23)即卫星多普勒观测的误差方程。A、B、C 和 L 可由观测值和已知数据计算出来。方程中仅含 Δx_{ea}^{e}、Δy_{ea}^{e}、Δz_{ea}^{e}这三个待定未知数，观测一次卫星通过(即从地平上升起，经过最高点，再落入地平)大约有 18 min。故 30 s 的积分间隔可列出二三十个误差方程，可按最小二乘法求出一组“残差平方和为最小”用户坐标修正量。当观测了若干次卫星通过时，还可按“序贯平差法”求出所有通过次数的联合解。得到坐标修正量后，根据式(4-17)求得载体的估计位置。

以上就是卫星多普勒定位的基本原理。

三、基于圆锥交汇的铱星卫星定位原理

(一) 铱星定位系统

铱星是一个卫星通信系统。其星座包括 66 个低地球轨道(LEO)卫星，分布于相对赤道轨道倾角为 86.4°的 6 个轨道面上，轨道半径为 7158 km。在地球大多数位置，任何时间可以看到 1 颗或 2 颗卫星，在几区可见星更多。轨道周期为 100 min，单颗卫星可见时段约为 9 min。采用 1616～1626.25 MHz，进行用户—卫星间双向通信，混合采用 TDMA 和 FDMA。

铱星在电文信号中增加了波音授时与位置(boeing time and location，BTL)服务。BTL 信号比 GNSS 信号强得多。利用 BTL 信号，采取多普勒定位方法可在 30 s 左右时间内实现 30～100 m 的定位精度。

(二) 圆锥交汇多普勒定位

铱星采取的是圆锥交汇多普勒单点定位方式。当接收机和发射机之间存在明显的运动时，可以从信号的多普勒频移得到定位信息。在实际中，当接收机或者发射机位于卫星上时，可以采用多普勒定位。它在铱星定位系统中得到应用，同样可能应用于计算近似的 GNSS 定位解。

忽略相对论的影响，从多普勒频移 $\Delta f_{ca,a}^{t}$ 获取的距离变化率 $\dot{r}_{at}$ 可以表示为

$$\dot{r}_{at} \approx -\left(\frac{\Delta f_{ca,a}^{t}}{f_{ca}} + \delta\dot{t}_{c}^{a} - \delta\dot{t}_{c}^{t}\right) \tag{4-25}$$

其中，f_{ca} 为载波频率；$\delta\dot{t}_{c}^{a}$ 为接收机时钟漂移；$\delta\dot{t}_{c}^{t}$ 为发射机时钟漂移。

距离变化率同样可以表示如下物理量的函数：接收机天线三维惯性参考位置 $\boldsymbol{r}_{ia}^{i}$、发射机天线的惯性参考位置 $\boldsymbol{r}_{it}^{i}$、接收机天线惯性参考速度 v_{ia}^{i} 和发射机天线的惯性参考速度 v_{it}^{i}，即

$$\dot{r}_{at} = \frac{[\boldsymbol{r}_{it}^{i}(t_{st,a}^{t}) - \boldsymbol{r}_{ia}^{i}(t_{sa,a}^{t})]^{T}[v_{it}^{i}(t_{st,a}^{t}) - v_{ia}^{i}(t_{sa,a}^{t})]}{|\boldsymbol{r}_{it}^{i}(t_{st,a}) - \boldsymbol{r}_{ia}^{i}(t_{sa,a}^{t})|} \tag{4-26}$$

在自身定位中，当发射机的位置和速度、用户对于惯性空间的速度和时钟漂移均已知时，单个多普勒频移测量值给出的用户位置解的轨迹为圆锥面。圆锥的顶点在发射机上，圆锥的对称轴为发射机与接收天线、发射天线的相对速度方向的交线。

通常情况下，如果接收机的位置未知，那么接收机惯性参考速度也未知。但是其地球参考速度 v_{ea}^{e} 可能已知，特别是当用户静止时，v_{ia}^{i} 可以表示为 v_{ea}^{e} 和地球参考位置 $\boldsymbol{r}_{ea}^{e}$ 的函数。在这种情况下，SOP(位置面)是一个变形的圆锥。将式(4-25)代入式(4-26)就可以得到

$$\begin{aligned} &-\frac{\Delta f_{ca,a}^{t} c}{f_{ca}} \\ &= \frac{[\boldsymbol{r}_{it}^{i}(t_{st,a}^{t}) - C_{e}^{i}(t_{sa,a}^{t})\boldsymbol{r}_{ea}^{e}(t_{sa,a}^{t})]^{T}\{v_{it}^{i}(t_{sa,a}^{t}) - C_{e}^{i}(t_{sa,a}^{t})[v_{ea}^{e}(t_{sa,a}^{t}) + \boldsymbol{\Omega}_{ie}^{e}\boldsymbol{r}_{ea}^{e}(t_{sa,a}^{t})]\}}{|\boldsymbol{r}_{it}^{i}(t_{st,a}^{t}) - C_{e}^{i}(t_{sa,a}^{t})\boldsymbol{r}_{ea}^{e}(t_{sa,a}^{t})|} + (\delta\mathrm{i}_{c}^{a} - \delta\mathrm{i}_{c}^{t})c \end{aligned} \tag{4-27}$$

使用式(4-27)，至少需要 4 个多普勒频移测量值，才能获得用户的位置 $\boldsymbol{r}_{ea}^{e}$、接收机的时钟漂移 $\delta\mathrm{i}_{c}^{a}$。三个圆锥面(跟四维空间等价)相交点个数可达 8 个，为了解决定位解的模糊性，需要根据信号几何分布和定位解的限制条件，增加测量值的个数。当用户速度未知时，用户的速度可以当成导航结构的一部分一起求解，但是至少需要增加 3 个多普勒频移的测量值。

当发射机或接收机移动时，信号的几何分布发生变化。因此，当没有充足的信号可用来进行单历元位置求解，且时钟漂移稳定及用户的运动已知时，可以采用多历元方法求解用户的位置。在式(4-27)中，可用下式替代：

$$\boldsymbol{r}_{ea}^{e}(t_{sa,a}^{t}) = \boldsymbol{r}_{ea}^{e}(t_{0}) + \Delta\boldsymbol{r}_{ea}^{e}(t_{0} + t_{sa,a}^{t}) \tag{4-28}$$

其中，$\Delta\boldsymbol{r}_{ea}^{e}(t_{0}, t_{sa,a}^{t})$ 为 t_0 和 $t_{sa,a}^{t}$ 时间内的用户位置变化矢量，且假定已知；$\boldsymbol{r}_{ea}^{e}(t_{0})$ 为 t_0 时刻的位置，可以采用多普勒定位确定。

使用该方法，基于单颗卫星，经过一段时间后，可以获取多普勒定位解。

第五节　无线电定位原理

除卫星定位外，其他无线电定位方式应用也十分广泛。

一、基于测距差的双曲线定位系统

(一) 测量观测者与两个参考点的距离差(和)

几何上，若观测者和两个已知参考点在同一个面(平面或球面)内，能够测量得到与两个已

知参考点的距离差。由解析几何可知，与定点距离差为常数的点的轨迹为两条双曲线，两个已知参考点为双曲线的焦点。如果考虑观测者和两个已知参考点在三维空间，那么观测者的位置线为一个双曲面，如图 4-24 所示。同样地，如果能够测量得到与两个已知参考点的距离和，由解析几何可知，与两定点距离和为常数的点的轨迹为椭圆，两个已知参考点为椭圆的焦点。如果考虑观测者和两个已知参考点在三维空间，则观测者的位置线为一个椭球面，如图 4-25 所示。

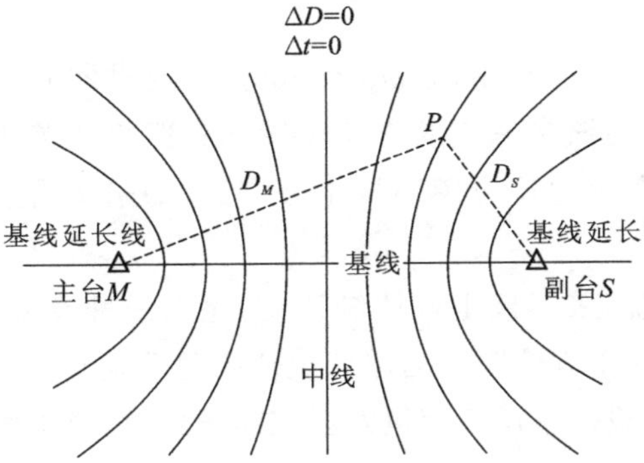

图 4-24 双曲面位置线

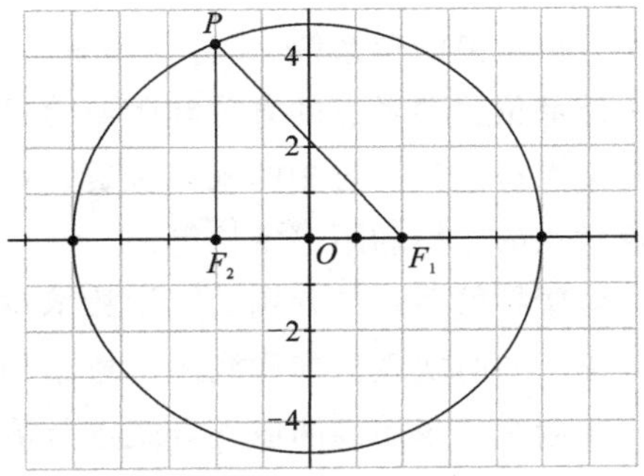

图 4-25 椭球位置线

如果观测量为载体$\boldsymbol{r}_{\beta b}^{\gamma}$与两个已知目标$\boldsymbol{r}_{\beta t_1}^{\gamma}$、$\boldsymbol{r}_{\beta t_2}^{\gamma}$的距离差为 Δd，那么其位置函数的解析表达式可以表示为

$$
\begin{aligned}
& h_{pi}(\boldsymbol{r}_{\beta b}^{\gamma},\boldsymbol{r}_{\beta t_1}^{\gamma},\boldsymbol{r}_{\beta t_2}^{\gamma}) \\
&=\Delta d_i \\
&=\sqrt{(x_{\beta b}^{\gamma}-x_{\beta t_1}^{\gamma})^2+(y_{\beta b}^{\gamma}-y_{\beta t_1}^{\gamma})^2+(z_{\beta b}^{\gamma}-z_{\beta t_1}^{\gamma})^2}-\sqrt{(x_{\beta b}^{\gamma}-x_{\beta t_2}^{\gamma})^2+(y_{\beta b}^{\gamma}-y_{\beta t_2}^{\gamma})^2+(z_{\beta b}^{\gamma}-z_{\beta t_2}^{\gamma})^2}
\end{aligned}
\tag{4-29}
$$

(二) 罗兰系统

如图 4-26 所示，双曲线定位系统又称为测距差系统，比较有代表性的有罗兰 A(Loran-A)系统、台卡系统、罗兰 C(Loran-C)系统等。

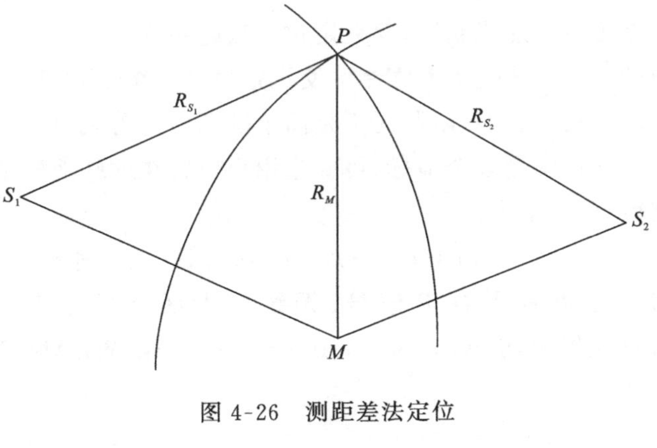

图 4-26 测距差法定位

利用无线电导航接收机测定导航台主台 M 和副台 S 发射的无线电波到达接收点的时差 Δt 或相位差 ϕ。根据无线电波的传播速度 c 和波长 λ，可将时差 Δt、相位差 ϕ 转换为观测点到两个导航台的距离差。由几何原理可知，到两定点的距离差为常数的点的轨迹是以这两定点为焦点的双曲线。由距离差定出的位置线是以两导航台 M 和 S 为焦点的双曲线，若能测得两个距离差，则可得到两条双曲线位置线，其交点之一为载体位置。

二、单点方位距离定位系统

方位距离定位系统，又称极坐标定位系统(polar coordinate positioning)，通过同时观测单一外部位置参考点的方位和距离，采取同一时刻的该参考点的方位位置线和距离位置线的唯一交点得到观测时刻的载体位置。单物标方位距离定位应用同样十分广泛，如采用雷达观测参考点的方位和距离定位等。

塔康导航系统是常用的军用战术空中导航系统，采用极坐标体制定位，能在一种设备、一个频道上同时实现测向和测距。塔康导航系统是基于方位距离的单点定位原理系统。

塔康系统采用询问应答方式进行测距，即由机载塔康设备随机发射询问脉冲对，经地面塔康设备接收后，再以脉冲对的形式发出应答脉冲，机载塔康设备根据发出询问脉冲至收到应答脉冲所经历的时间和无线电波的传播速度，即可推算出飞机至塔康地面台的距离。塔康系统测角是借助测量基准脉冲信号和脉冲包络信号之间的相位关系来实现的。当飞机位于塔康地面台的不同方位时，其机载塔康设备所接收到的基准脉冲信号和脉冲包络信号之间就存在着不同的相位关系，借此就可以确定出飞机相对于塔康地面台的方位角。

单点方位距离定位的最大优点是：位置线的交角 θ 始终等于 90°，观测视界内仅有一个可观测物标的方位和距离确定载体位置方法和过程，定位方法简单、迅速，不需要进行移线定位。

三、基于邻近定位的室内无线电定位系统

邻近定位是最简单的直接定位方式，主要应用于短距离无线电定位。如果用户接收机收到了外部参考点(发射机)的无线电信号，即可将外部参考点位置视为用户位置。使用多个外部参考点(发射机)能够提高临近定位的精度，最简单的方法是将定位解设置为外部参考点的平均位置。用户距离参考点发射机越近，邻近定位方法越精确。

邻近定位更高级的处理方式是采取限制区交汇定位。每个发射机覆盖的区域可确定一个限制区。由于地形和障碍物的影响，限制区不是简单的圆形。若观测到地标，则用户位置限制在该地标的限制区内。通过观测多个地标，可确定用户位置在这些地标限制区的交汇区内，交汇区的中心可作为定位点(图 4-27)。

邻近定位可应用于蓝牙(bluetooth low energy，BLE)、射频识别(radio frequency identification，RFID)、甚近程无线电信号、无线个人区域网络(wireless personel area network，WPAN)、无线电局域网(wireless local area network，WLAN)等。定位精度可达几米到几十米。

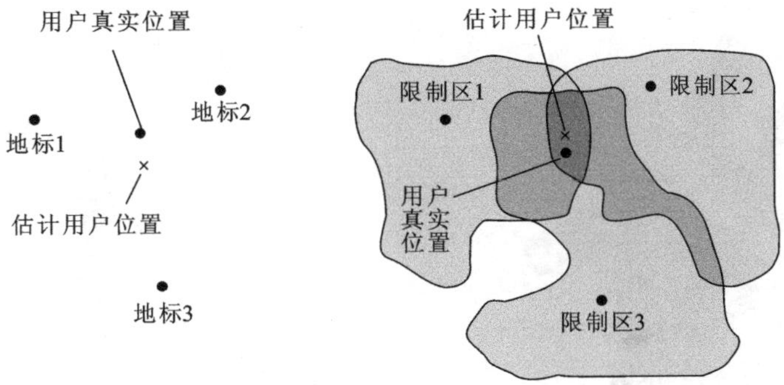

基本的邻近定位结果取平均　　　　限制区交会法

图 4-27　采用多地标的基本模式和高端模式的邻近定位

第六节　测角与测距方法

测角和测距是直接定位的技术基础，且方法种类十分多样。本节对此作简要介绍。

一、测角方法

导航中经常使用的测角方法有以下几种。

（一）基于机械转动的测向

基于机械转动的测向有人工读取和光电码盘直接数字输出两种方式。方位仪、六分仪是采用人工读取角度的最基本的航海测角工具。在此简要介绍六分仪。

六分仪的原理由牛顿首先提出。1731 年，哈德利发明了反射象限仪，并很快发展成了六分仪。六分仪是精密的测角仪器，由架体、光学系统和测角读数装置三部分组成(图 4-28)。光学系统包括望远镜、动镜、固定镜和滤光片等部件；测角读数装置包括分度弧、指标杆、鼓形轮和游标尺等部件。上述部件均安装于架体上，由指标杆将光学系统和测角读数装置组合为一个整体。

六分仪是可以用来测量远方两个目标之间夹角的光学仪器，通常用它测量某一时刻太阳或其他天体与海平线或地平线的夹角，以便迅速得知海船或飞机所在位置的经纬度。如图 4-29 所示，六分仪具有扇状外形，其组成部分包括一架小望远镜，一个半透明半反射的固定平面镜，即地平镜，一个与指标相连的活动反射镜，即指标镜。六分仪的刻度弧为圆周的 1/6。使用时，观测者手持六分仪，转动指标镜，使在视场里同时出现的天体与海平线重合。根据指标镜的转角可以读出天体的高度角，其误差约为±1°～±2°。现代航海中仍然在使用六分仪。

（二）基于信号来向测向

声波、电磁波来向测定主要利用天线或换能器的方向性来测量感应信号强度，并根据其大小来确定信号来向。以无线电测向为例，有最小值法(环形天线)、最大值法、比较测量法等。

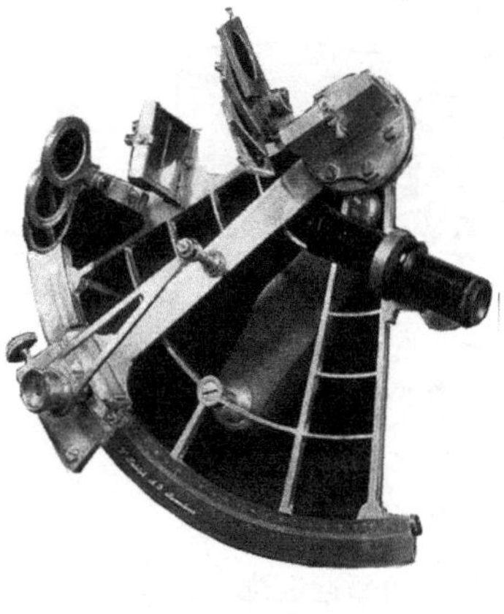

图 4-28 六分仪照片

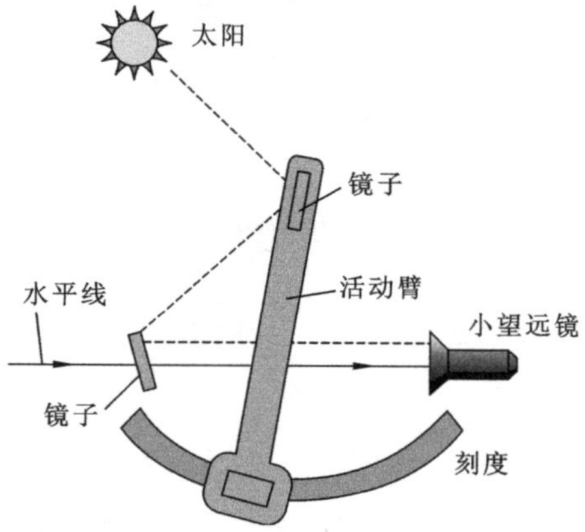

图 4-29 六分仪原理

1. 最小值测向

最小值测向是利用接收设备的环形天线的方向性图的特点，以信号电平的最小值来确定无线电波发射来的方向(图 4-30)。

当电波来向与环形天线平面垂直时，接收到的信号最小且具有一定的角度范围，在此角度内辨别不出信号变化，该角称为静寂角或哑点。

2. 最大值测向

最大值测向是利用天线方向性图的最大值以确定电波的方向。方向性图要尖，最大值变化才明显。若最大值附近变化缓慢，则测向精度就低(图 4-31)。

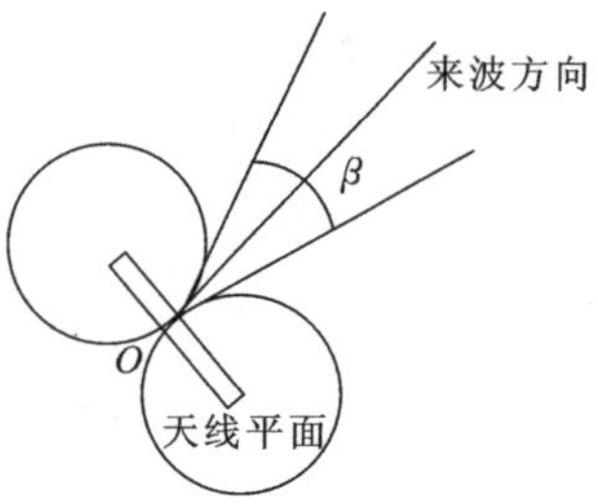

图 4-30 最小值测向法

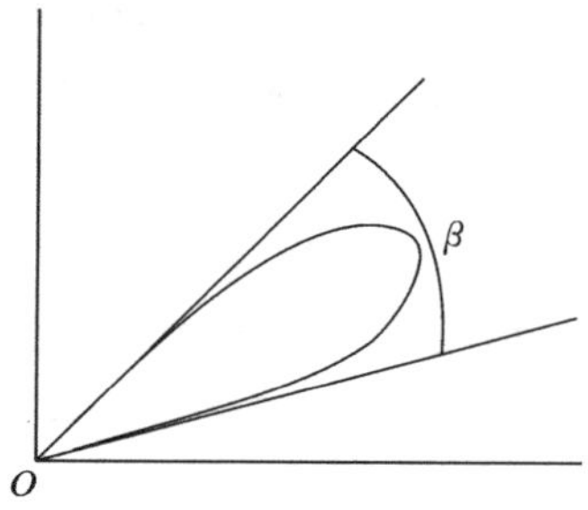

图 4-31 最大值测向法

3. 比较测向法

比较测向法是利用两个相同特性的方向性图，比较接收信号强度以确定来波的方向，主要有振幅比较测向法和等强信号比较测向法。

(1) 振幅比较测向法。

如图 4-32 所示，有两个相同特性的方向性图，且垂直，则

$$E_1 = E \cdot \cos\theta$$

$$E_2 = E \cdot \sin\theta$$

其中，θ 是来波方向与一个天线平面的夹角，角 θ 取决于 $\tan\theta = E_2/E_1$。

(2) 等强信号比较测法。

如图 4-33 所示,有两个相同特性的方向性图,且相互重叠,当天线对准来波天线方向时,接收到的两个信号强度相等,若偏离任何一方时,则信号强度不等,这样即可利用等强信号来确定来波方向。

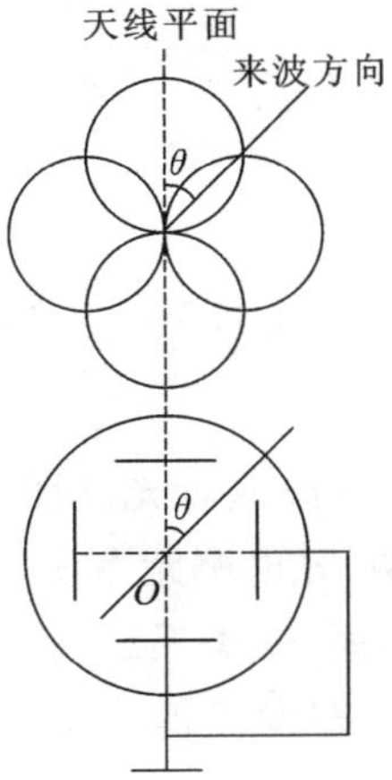

图 4-32 振幅比较测向法

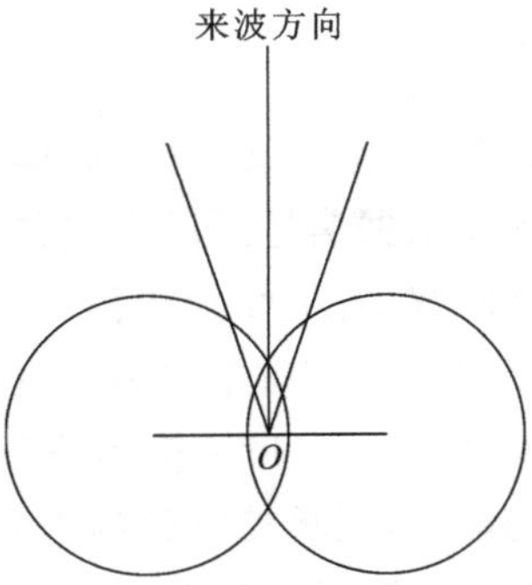

图 4-33 等强信号比较测向法

(三) 专用测角元件

专用测角元件有感应同步器、旋转变压器、光电码盘等,第六章中将具体介绍。

二、测距方法

测距技术在导航中十分重要。测距方法有多种,且差异较大。例如,利用观测物标的高度估算距离,利用雷达测定载体与物标间的距离,利用波的传播时间差进行测量,还可以利用信号强度来测量距离等。

(一) 目视测距

最简单的测距是由视距中已知物标(如高山、灯塔)的高度,来确定舰船距离物标的距离。这种方法通常需要长期的经验总结,且误差很大。现在经常应用于工程当中的视距测量(利用光学测量仪器内的分划装置和目标点上的标尺测定距离的测量方法)所使用的经纬仪的误差要小得多。如图 4-34 所示,D 越小,α 角越大,也就是人眼观测到 H 的高度越高。常用的测量仪器有经纬仪(度量水平角和竖直角的仪器)、带有水准仪的望远镜等。

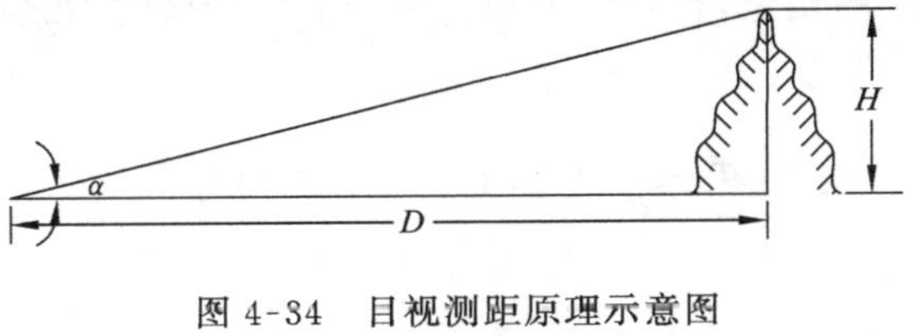

图 4-34 目视测距原理示意图

（二）同源双向测距

同源双向测距是指采取有源主动探测方式，通过信号源发射电磁波、声波、光波等媒介到达目标参考点再折返回信号源，根据传播时间差计算得到信号源相对目标距离的一种测距方法。

根据波在均匀媒介中等速直线传播的特点，两点间距离正比于两点间电波传播的时间。基于波的来回传播时间 t 和载体的速度 v，有

$$r=\frac{t}{2}(v+u) \tag{4-30}$$

其中，u 为已知波速。

当采用激光测距、红外测距时，载体速度可忽略；当采用水声测距时，载体速度不可忽略。同源双向测距可以根据信号折返方式分为以下两类。

(1) 目标反射方式：主要是指信号源产生辐射电磁波、声波或者光波照射目标，经目标直接无源反射后得到传播时间差测距。典型系统有雷达、声呐、光电测距系统等。

(2) 目标转发方式：与目标使用信号的无源反射方式不同，这类系统的外部目标参考点具备信号的转发功能，可以将接收到的信号源发射的信号有源转发回信号源。这种方式的测距系统实际上由信号源和目标参考点两部分设备构成。转发方式工作，可以提高测距系统的作用距离，改善信号的选择能力，并可用测距通道来传递其他信息。它的一个重要特点是，在具有较高测量精度的同时，可以用比较简单的方法得到单值读数。

采取询问—应答的无线电转发系统，当载体需要定位时，向导航台发出询问信号，导航台接收信号后，随即发出应答信号；载体接收到应答信号后，与询问信号相比较，测出信号所经过的时间间隔(中间还得考虑信号转发所耗的时间)。北斗一号也是采取这种方式。

（三）异源单向测距

异源单向测距是指由信号源直接发射电磁波、声波等媒介到达目标参考点，不需要折返信号，根据单向传播时间直接测得信号源相对目标距离的测距方法。为了测出波的传播时间，要求载体时钟与信号源时钟长时间内保持精确同步。可以采取通过测量波的传播时间差、相位差等方式实现测距。

1. 时间差测距

时间差测距是指通过测量两个具有脉冲包络的射频信号之间的时间间隔，如脉冲无线电测距导航系统；也可以通过伪距测距法来测量，如卫星定位系统：

$$R=c\cdot t \tag{4-31}$$

2. 相位测距法

用测量接收到的电波的相位，也可以测距。由于电波传播时，相位的变化和传播时间 t 有关，即

$$\Phi=\omega\cdot t=2\pi\frac{c}{\lambda}\cdot\frac{r}{c}=2\pi\frac{r}{\lambda} \tag{4-32}$$

则有

$$r=\frac{\lambda}{2\pi}\cdot\Phi$$

其中，Φ 为信号传播产生的总相位延迟；λ 为调制信号波长；ω 为调制信号角频率，$\omega=2\pi f=2\pi\frac{c}{\lambda}$。

当接收信号的波长(频率)不变时，测出其相位差即可得到距离。为了测出相位差 Φ，同样需要相位读数的起始值与发射电波起始的相位同步，因此需要一个频率非常稳定的信号源。同时，由于相位是周期性函数，在相位测量中存在多值性问题，需要用其他办法予以消除。不同的设备消除方法有所不同，虽然相位测距法存在一些问题，但由于其测量精度较高，测量方便，所以得到了广泛应用。

(四) 多源测距差

应用测距差工作方式时，需在两个地面点上安装发射机，辐射在时间上协调一致的信号，安装在运动载体上接收机接收到地面台信号，通过其指示设备测量出两信号传播时间之差，从而得到距离差。

(五) 无源测距

无源测距是被动接收目标的辐射，从而得到目标位置的一种技术。利用信号在不同的信道传播过程中的衰减规律测定距离的方法称为信号衰减测距法。如果已知信号的原始强度，那么可以根据载体接收到的衰减信号的强度(received signal strength，RSS)判断载体与信号发射源的距离，从而确定载体自身的位置。一般衰减的倍数可以为 $1/r^2$(r 为载体与信号源的距离)。

思 考 题

1. 解释天文导航高度差法的基本原理。
2. 分析马航失联事件中运用的单点定位技术。
3. 通过资料检索说明手机基站定位的定位原理。
4. 什么是移线定位？通常使用的条件是什么？
5. 简述室内定位的工作原理。
6. 导航中常用的测角方法有哪些？
7. 对于本章提出的直接定位通用公式，能否把你知道的各种直接定位方式都包含其中，如果可以，能否再举出几个实际应用的例子；如果不可以，公式存在什么问题，应该如何进行修订？

第五章　基于矢量观测的直接航姿测量

指向是人类的基本需求，人们在日常生活中都需要辨别方向。方向是载体运动控制的基础，辨别方向需要确立方向基准。如何建立方向基准是很基本的问题。姿态参数有着十分广泛的作用，如火炮炮管初射角度测量、雷达车辆平台检测、船舶航行姿态测量、工程车辆的基座调平、定向卫通天线俯仰角的测量、大坝检测等。姿态测量首先需要确立水平基准。

航姿测量的方法种类很多，最简单的方法就是寻找一个参照基准，如使用天上自然天体，或是地面明显的标志物。天上的自然天体可以用日月星辰等各种易于观测的天体，这种方法称为天文测向。地面标志物，则用灯塔、山峰或海岛作为基准，称为地文测向。但是这两种方法在使用上都有一定的限制。天文测向在天气不好、能见度较低的条件下由于无法看到星体而不能使用；地文测向在有的地理环境无法找到明显的标志物，如远洋或者沙漠。所以建立或者寻找可作为航向方位基准的物标，是测向的关键。这一思想一直沿用至今。随着无线电、光学、水声等测量技术的发展，这些物标可以是无线电信标、水声信标等其他形式，相应地产生了多种不同的基于外部参考点的航向测量手段。

最早也是最简单的水平获取方式就是借助水天交界线，或者利用重力性质，采用与铅垂线(plumb line)垂直的平面来表示水平，以此进行姿态测量。船舶纵倾可以通过看吃水差等方法来实现。随着技术的发展，出现了多种不同种类的姿态测量设备和仪器，如用于静态测量的水平仪、经纬仪，用于动态倾度测量的倾度仪(longitudinal clinometer)，以及用于作为载体动态测量的惯性测姿设备、天文(光学)测姿设备和卫星导航测姿设备等。

与定位原理类似，航姿测量也可以分为直接航姿测量和推算航姿测量。其中，直接航姿测量可分为基于矢量观测的直接航姿测量和基于平台的直接航姿测量。本章将介绍基于矢量观测的直接航姿测量原理，基于平台的直接航姿测量和推算航姿测量将分别在第六章和第八章中进行介绍。

第一节　矢量测姿原理

获取载体航向姿态信息的本质是确定载体坐标系在导航坐标系中的角度关系。矢量测姿通过比较矢量在载体坐标系下的角度测量值与在导航坐标系中的已知角度值之间的关系，直接确定载体航向姿态信息。矢量选取的方式多样，既可以是地球物理场矢量，如地磁矢量、重力矢量、地球自转角速度矢量；也可以是人为构建矢量，如视线矢量、基线矢量等。根据采取的矢量数量，矢量测姿方法可以分为单参考矢量法、双参考矢量法和多参考矢量法。

一、双矢量直接定姿原理

（一）基于双矢量的姿态矩阵求解

航向姿态描述的是载体坐标系相对于地理坐标系的角度关系。双参考矢量法是指每一时刻利用所观测得到的两个不共线的参考矢量进行载体的姿态确定方法。该方法可完全确定载体在导航坐标系中的姿态。

假设 $\boldsymbol{\Phi}_{\beta b}=(\varphi_{\beta b},\theta_{\beta b},\psi_{\beta b})$ 为载体坐标系 b 相对于参考坐标系 β 的姿态角。如果已知两个不共线的参考矢量 $\boldsymbol{s}_1$ 和 $\boldsymbol{s}_2$ 在 β 坐标系(参考坐标系)的投影为 $\boldsymbol{s}_1^{\beta}$、$\boldsymbol{s}_2^{\beta}$，通过观测该矢量在 b 坐标系(载体坐标系)的投影 $\boldsymbol{s}_1^{b}$、$\boldsymbol{s}_2^{b}$(主要由测量获得)，当得到两个矢量的观测值时，就可以构造出第三个矢量。记 $\boldsymbol{s}_3^{b}=\boldsymbol{s}_1^{b}\times\boldsymbol{s}_2^{b}$，$\boldsymbol{s}_3^{\beta}=\boldsymbol{s}_1^{\beta}\times\boldsymbol{s}_2^{\beta}$。设从载体系到参考坐标系的姿态矩阵为 $\boldsymbol{C}_b^{\beta}$，则有

$$\boldsymbol{s}_i^{\beta}=\boldsymbol{C}_b^{\beta}\boldsymbol{s}_i^{b}\quad(i=1,2,3)\tag{5-1}$$

联立方程组解出余弦矩阵：

$$\boldsymbol{C}_{\beta}^{b}=(\boldsymbol{s}_1^{\alpha},\boldsymbol{s}_2^{\alpha},\boldsymbol{s}_3^{\alpha})(\boldsymbol{s}_1^{\beta},\boldsymbol{s}_2^{\beta},\boldsymbol{s}_3^{\beta})^{-1}\tag{5-2}$$

由于参考矢量不共线，姿态矩阵 $\boldsymbol{C}_b^{\beta}$ 可唯一确定。

(二) 基于姿态矩阵的航姿角计算

记 $h_i(\boldsymbol{\Phi}_{\beta\alpha})$ 为姿态 $\boldsymbol{\Phi}_{\beta\alpha}$ 的测量函数，可以表示为

$$h_{\Phi i}(\boldsymbol{\Phi}_{\alpha\beta})=\boldsymbol{C}_{\beta}^{\alpha}\tag{5-3}$$

根据式(2-41)、(2-42)、(2-43)、(2-44)、(2-45)，有

$$\boldsymbol{C}_{\beta}^{\alpha}=\begin{bmatrix}\cos\theta_{\beta\alpha}\cos\psi_{\beta\alpha} & \cos\theta_{\beta\alpha}\sin\psi_{\beta\alpha} & -\sin\theta_{\beta\alpha}\\ \begin{pmatrix}-\cos\phi_{\beta\alpha}\sin\psi_{\beta\alpha}\\+\sin\phi_{\beta\alpha}\sin\theta_{\beta\alpha}\cos\psi_{\beta\alpha}\end{pmatrix} & \begin{pmatrix}\cos\phi_{\beta\alpha}\cos\psi_{\beta\alpha}\\+\sin\phi_{\beta\alpha}\sin\theta_{\beta\alpha}\sin\psi_{\beta\alpha}\end{pmatrix} & \sin\phi_{\beta\alpha}\cos\theta_{\beta\alpha}\\ \begin{pmatrix}\sin\phi_{\beta\alpha}\sin\psi_{\beta\alpha}\\+\cos\phi_{\beta\alpha}\sin\theta_{\beta\alpha}\cos\psi_{\beta\alpha}\end{pmatrix} & \begin{pmatrix}-\sin\phi_{\beta\alpha}\cos\psi_{\beta\alpha}\\+\cos\phi_{\beta\alpha}\sin\theta_{\beta\alpha}\sin\psi_{\beta\alpha}\end{pmatrix} & \cos\phi_{\beta\alpha}\cos\theta_{\beta\alpha}\end{bmatrix}\tag{5-4}$$

然后根据下式求解姿态角：

$$\begin{cases}\phi_{\beta\alpha}=\arctan(\boldsymbol{C}_{\beta,2,3}^{\alpha}/\boldsymbol{C}_{\beta,3,3}^{\alpha})\\ \theta_{\beta\alpha}=\arctan\boldsymbol{C}_{\beta,1,3}^{\alpha}\\ \psi_{\beta\alpha}=\arctan(\boldsymbol{C}_{\beta,1,2}^{\alpha}/\boldsymbol{C}_{\beta,1,1}^{\alpha})\end{cases}\tag{5-5}$$

其中，arctan 表示反正切函数；$\boldsymbol{C}_{\beta,i,j}^{\alpha}$ 表示余弦矩阵 $\boldsymbol{C}_{\beta}^{\alpha}$ 第 i 行第 j 列元素。

这种利用矩阵间的转换关系求得 α、β 坐标系的相对姿态的方法，就是矢量定姿的原理。

二、多矢量直接定姿原理

多导航矢量法是指每一时刻利用所观测得到的两个以上不共线的导航矢量进行载体的姿态确定方法。该方法不仅可完全确定载体在导航坐标系中的姿态，而且还可有效解决因测量误差引起的姿态矩阵精度低的问题。

设载体上姿态敏感器获得了多个不共线的导航矢量，这时可利用某些量测量的组合确定姿态矩阵。但由于导航矢量测量有误差，不同的量测量组合将会得到不同的姿态矩阵。因此，在测量有冗余时，存在如何得到姿态矩阵最佳估计值的问题。最小二乘法是解决该问题的常用方法。

由式(5-1)得

$$(\boldsymbol{s}_i^{n})^{T}=(\boldsymbol{C}_b^{n}\boldsymbol{s}_i^{b})^{T}=(\boldsymbol{s}_i^{b})^{T}(\boldsymbol{C}_b^{n})^{T}=(\boldsymbol{s}_i^{b})^{T}\boldsymbol{C}_n^{b}\tag{5-6}$$

其中，T 表示矩阵转置。

考虑测量误差 w_{s_i}，实际观测量 $z_{s_i}=(s_i^{\mathrm{n}})^{\mathrm{T}}$ 满足：

$$z_{s_i}=(s_i^{\mathrm{b}})^{\mathrm{T}}\cdot C_{\mathrm{n}}^{\mathrm{b}}+w_{s_i}\quad (i=0,1,2\cdots,m) \tag{5-7}$$

当得到多个测量值时，可以得到如下测量方程组：

$$z_s=C_{\mathrm{b}}^{\mathrm{n}}\cdot s^{\mathrm{b}}+C_{\mathrm{b}}^{\mathrm{n}}\cdot w_s \tag{5-8}$$

其中

$$z_s=\begin{bmatrix} z_{s_1} \\ z_{s_2} \\ \vdots \\ z_{s_m} \end{bmatrix},\quad s^{\mathrm{b}}=\begin{bmatrix} (s_1^{\mathrm{b}})^{\mathrm{T}} \\ (s_2^{\mathrm{b}})^{\mathrm{T}} \\ \vdots \\ (s_m^{\mathrm{b}})^{\mathrm{T}} \end{bmatrix},\quad w_s=\begin{bmatrix} w_{s_1} \\ w_{s_2} \\ \vdots \\ w_{s_m} \end{bmatrix}$$

m 为观测量的个数。

通过最小二乘法求解上述方程组可以得到载体的姿态矩阵：

$$C_{\mathrm{n}}^{\mathrm{b}}=[(s^{\mathrm{b}})^{\mathrm{T}}s^{\mathrm{b}}]^{-1}(s^{\mathrm{b}})^{\mathrm{T}}z_s \tag{5-9}$$

然后根据式(5-5)求出姿态角。

三、直接航姿测量的特点

相对于推算定姿，采取直接定姿的导航系统大都具备以下特点：

(1) 能够实现相对定姿。

由于所利用的矢量能够在导航坐标系和载体坐标系直接测量得到，所以能够通过直接定姿方式得到载体坐标系相对导航坐标系的姿态，即横摇、纵摇和航向等信息。

(2) 能够实现快速定姿。

直接定姿系统主要通过不同的测量手段实时获取矢量在载体坐标系和导航坐标系下的投影量。相较于推算定姿，直接定姿可实现实时快速定姿。

(3) 能够实现精确定姿，精度无积累误差。

(4) 定姿误差与矢量选择和测量误差有关。

直接定姿往往可选用多组矢量，其误差主要与选取的矢量及其测量误差有关。

(5) 定姿可用性受运动状态与环境影响较大。

直接定姿方法一般要求载体具有良好的稳定性和水平基准，对于需要外部参考的定姿系统还要求具有较好的气象和观测条件。

第二节　地磁航姿测量原理

地磁场是矢量场(北向分量、东向分量、垂直分量及其合成总场矢量)，在全球近地空间连续分布。地磁场强是关于地理位置和时间的函数，主要由不同变化规律的磁场成分叠加而成。为航天、航空、航海提供天然的坐标参照系，广泛应用于航天器和海上舰船的定位、定向及姿态控制。

地磁定向测姿(geomagnetic navigation)是一种准确、可靠、高效的定向技术，具有重要的应用价值。磁航向测量仪器也称为磁罗盘，是利用地球磁场进行方向测量的装置。电子磁罗盘是由磁传感器、电子线路和微处理器组成的，是可以输出电信号的罗盘，它广泛应用于飞机、坦克、舰船和其他运载工具的自动化系统中。

需要特别指出的是，由于地球自转轴与地磁轴并不重合，地磁航向与地理方向之间存在地磁偏角。地磁偏角是地球磁场的一个重要参量，是军用地图和海图加载的传统空间地理要素。利用地磁传感器测量的磁航向或磁方位角须经磁偏角改正后才能得到载体的地理航向或地理方位角。地磁偏角导航技术具有简便、可靠、抗干扰、廉价等诸多优点，准确计算地磁偏角必须以高精度的地磁场观测数据为基础。海洋地磁偏角图是潜艇水下航行的重要依据，布雷海区磁偏角资料也是走航式水雷导航系统磁偏角导航技术的重要支持。

一、地磁测向测姿的基本原理

下面介绍地磁矢量测姿原理。

（一）当地地磁场磁通密度

用下标 E 表示地球磁场磁通密度，其在当地导航坐标系下可表示为

$$\boldsymbol{m}_E^{\mathrm{n}}(p_{\mathrm{b}},t)=\begin{pmatrix}\cos\alpha_{\mathrm{n}E}(p_{\mathrm{b}},t)\sin\gamma_{\mathrm{n}E}(p_{\mathrm{b}},t)\\ \sin\alpha_{\mathrm{n}E}(p_{\mathrm{b}},t)\cos\gamma_{\mathrm{n}E}(p_{\mathrm{b}},t)\\ \sin\gamma_{\mathrm{n}E}(p_{\mathrm{b}},t)\end{pmatrix}\boldsymbol{B}_E(p_{\mathrm{b}},t) \tag{5-10}$$

其中，$\boldsymbol{B}_E$ 为磁通密度的幅值；$\alpha_{\mathrm{n}E}$ 为磁偏角或磁变；$\gamma_{\mathrm{n}E}$ 为地磁场的磁倾角。这三个参数都是位置和时间的函数。

磁通倾角本质上是地磁纬度，故在大地纬度 L_{b} 的 10°以内。磁偏角给出了地磁场相对真北的方向，是三个参数中唯一用于地磁场定向的参数。磁偏角可以视为位置和时间的函数，它能利用 275 系数国际地磁场参考场（international geomagnetic reference field，IGRF）或 336 系数美/英世界磁场模型（world magnetic model，WMM）等全球模型计算得到。

（二）磁力计测量总磁通密度

磁力计测量总磁通密度，用下标 m 表示。若磁力计敏感轴与惯性传感器敏感轴对齐，载体坐标系用 b 表示，磁力计的测量值分解到载体坐标系可表示为

$$\boldsymbol{m}_m^{\mathrm{b}}=\boldsymbol{C}_{\mathrm{n}}^{\mathrm{b}}\begin{pmatrix}\cos\alpha_{\mathrm{n}m}\cos\gamma_{\mathrm{n}m}\\ \sin\alpha_{\mathrm{n}m}\cos\gamma_{\mathrm{n}m}\\ \sin\gamma_{\mathrm{n}m}\end{pmatrix}\boldsymbol{B}_m \tag{5-11}$$

其中，$\boldsymbol{B}_m$、$\alpha_{\mathrm{n}m}$ 和 $\gamma_{\mathrm{n}m}$ 分别为总磁通密度的幅值、偏角和倾角。

（三）双矢量地磁测姿原理

由矢量测姿原理式(5-2)可得

$$\boldsymbol{m}_m^{\mathrm{b}}=\begin{pmatrix}\cos\theta_{\mathrm{nb}} & 0 & -\sin\theta_{\mathrm{nb}}\\ \sin\phi_{\mathrm{nb}}\sin\theta_{\mathrm{nb}} & -\cos\phi_{\mathrm{nb}} & \sin\phi_{\mathrm{nb}}\cos\theta_{\mathrm{nb}}\\ \cos\phi_{\mathrm{nb}}\sin\theta_{\mathrm{nb}} & \sin\phi_{\mathrm{nb}} & \cos\phi_{\mathrm{nb}}\cos\theta_{\mathrm{nb}}\end{pmatrix}\begin{pmatrix}\cos\Psi_{m\mathrm{b}}\cos\gamma_{\mathrm{n}m}\\ \sin\Psi_{m\mathrm{b}}\cos\gamma_{\mathrm{n}m}\\ \sin\gamma_{\mathrm{n}m}\end{pmatrix}\boldsymbol{B}_m \tag{5-12}$$

其中，ϕ_{nb} 为滚动角；θ_{nb} 为俯仰角；$\Psi_{m\mathrm{b}}$ 为磁航向角，由下式给出：

$$\Psi_{m\mathrm{b}}=\Psi_{\mathrm{nb}}-\alpha_{\mathrm{n}m} \tag{5-13}$$

（四）地磁测向测姿系统的种类

根据是否采取水平稳定装置，可以将地磁测向测姿系统划分为有稳定装置和无稳定装置两类。

有稳定装置时，滚动角和俯仰角可近似为零，磁航向测量值可以由磁力计测量值通过下式得出：

$$\tilde{\Psi}(\tilde{m}_m^{\mathrm{b}}\tilde{m}_m^{\mathrm{b}})\tilde{\Psi}_{m\mathrm{b}}=\arctan(-\tilde{m}_{m,y}^{\mathrm{b}}/\tilde{m}_{m,x}^{\mathrm{b}}) \tag{5-14}$$

无稳定装置时，滚动角和俯仰角为非零值，需要通过 MEMS 等惯性测量方式测得。磁航向测量值为

$$\tilde{\Psi}_{m\mathrm{b}}=\arctan\left(\frac{-\tilde{m}_{m,y}^{\mathrm{b}}\cos\hat{\phi}_{\mathrm{nb}}+\tilde{m}_{m,z}^{\mathrm{b}}\sin\hat{\phi}_{\mathrm{nb}}}{\tilde{m}_{m,x}^{\mathrm{b}}\cos\hat{\theta}_{\mathrm{nb}}+\tilde{m}_{m,y}^{\mathrm{b}}\sin\hat{\phi}_{\mathrm{nb}}\sin\hat{\theta}_{\mathrm{nb}}+\tilde{m}_{m,z}^{\mathrm{b}}\cos\hat{\phi}_{\mathrm{nb}}\sin\hat{\theta}_{\mathrm{nb}}}\right) \tag{5-15}$$

二、地磁测向的环境磁场影响

与其他航姿指示技术不同，地磁测向测姿的困难在于：磁力不仅测量地磁场和局部异常，而且测量导航系统自身、载体和任何所带设备的磁场。设备磁场性可分为硬铁磁性和软铁磁性。硬铁磁性是由永磁铁和电子设备产生的，而软铁磁性是由材料引起基础磁场的扭曲而产生的。软铁磁性在舰船上影响较大，在飞行器和陆地车辆上影响相对较小。

磁力计组件测量的总磁通密度为

$$\boldsymbol{m}_m^{\mathrm{b}}=\boldsymbol{b}_m+(\boldsymbol{I}_3+\boldsymbol{M}_m)\boldsymbol{C}_{\mathrm{n}}^{\mathrm{b}}(\boldsymbol{m}_E^{\mathrm{n}}+\boldsymbol{m}_A^{\mathrm{n}})+\boldsymbol{w}_m \tag{5-16}$$

其中，$\boldsymbol{I}_3$ 为单位阵，$\boldsymbol{m}_E^{\mathrm{n}}$ 与前面一样；为地磁场磁通密度；$\boldsymbol{m}_A^{\mathrm{n}}$ 为局部磁场异常磁通密度；$\boldsymbol{b}_m$ 为硬铁磁通密度在载体坐标系下的分量；$\boldsymbol{M}_m$ 为软铁标度因数和交叉耦合矩阵；$\boldsymbol{w}_m$ 为磁力计随机磁测量噪声。

硬铁和软铁磁性呈现的零偏、标度因数和交叉耦合误差与惯性传感器类似。磁力计自身也有零偏、标度和交叉耦合误差，设备的磁性是相对载体坐标系的，而环境磁性是相对地球的，由此可以区分设备和环境的磁通密度。考虑到摇摆（swinging）过程中磁罗盘的方位角、滚动角和俯仰角都会变化，可以通过摇摆过程中一系列测量值来标校 $\boldsymbol{b}_m$ 和 $\boldsymbol{M}_m$。因为摇摆过程位置固定不动，所以假设环境磁通密度为常量。由此可以利用磁罗盘中内置的非线性估计算法估计标校参数和环境磁通密度。然后，用下式对磁力计测量进行补偿：

$$\hat{\boldsymbol{m}}_m^{\mathrm{b}}=(\boldsymbol{I}_3+\hat{\boldsymbol{M}}_m)^{-1}\tilde{\boldsymbol{m}}_m^{\mathrm{b}}-\hat{\boldsymbol{b}}_m \tag{5-17}$$

其中，$\hat{\boldsymbol{b}}_m$ 和 $\hat{\boldsymbol{M}}_m$ 为估计的硬铁和软铁磁性。

当磁罗盘安装在一个大型载体上时，用于磁力计参数标校的物理摇摆过程难以实现，一些磁罗盘利用自激磁场产生的电摇摆来替代实现。

三、磁罗经

磁罗经是基本的航海仪器。磁罗经的灵敏元件是磁针。地磁水平力 $\boldsymbol{H}$ 在水平磁北方向，它使磁针水平指北，称为磁北力。磁北力在磁赤道处最强，随着纬度的增加而逐渐减弱，到达磁南、北极处为零。所以舰艇航行到高纬度海区时磁罗经指向能力变弱，准确性较差，在地磁极附近磁罗经不能正常工作。

磁罗经是有稳定装置的地磁测向设备（图 5-1）。为提高磁罗经的灵敏度，需要减少磁针转动的摩擦力，如图 5-2 所示，在罗经盆中注入液体，使罗经盆悬浮在轴针上，从而抵消重力的影响，使摩擦力降至最低。

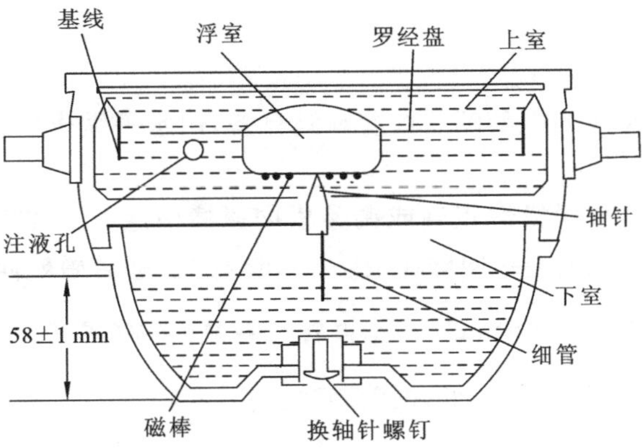

图 5-1　磁罗经的结构

图 5-2　罗经盆

(一) 自差的原理

由于舰艇采用钢铁材料,因而在地球这个大磁场的影响下,会产生感应磁场,显然这会使磁罗经的磁针不仅仅受到地球磁场的作用,还受到舰艇自身磁场的影响,从而导致磁罗经的指向出现偏差。如图 5-3 所示,地球的磁北(N_m)与真北(N_t)不在同一方向,磁北与真北之间的夹角称为磁差(Var)。罗经北 N_c 与磁北 N_m 之间的夹角称为罗经自差,用 δ 或 Dev 表示。罗经北偏东自差为正,偏西为负。

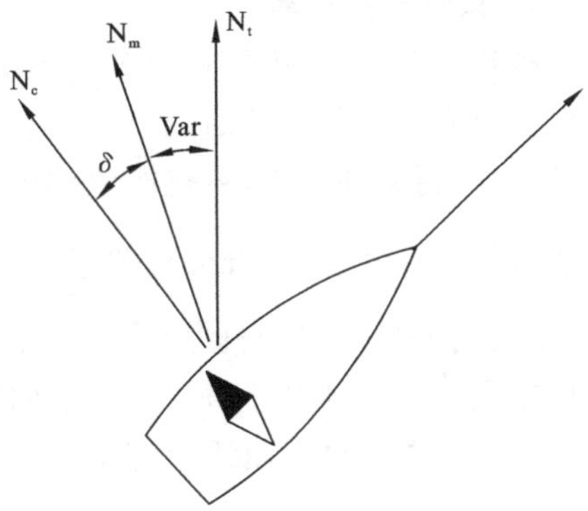

图 5-3　磁差与自差

舰船硬铁磁场产生于舰船在建造时,由于长期固定在某一方向,在地球磁场的作用下,舰船硬铁被磁化,磁性的大小和极性相对舰船是固定的。软铁磁场则在外磁场的影响下产生感应磁场,其大小和方向随着外磁场的大小和方向的改变而改变。所以实际上磁针受到地磁、硬铁磁力、软铁磁力的共同作用。

对近似保持水平的磁罗盘,仅仅通过罗盘绕航向轴的摇摆,即可实现一种简单的四系数校准。利用下式可实现航向修正:

$$\hat{\psi}_{mb}=\psi_{mb}+\delta\hat{\psi}_{mb} \tag{5-18}$$

注意:仅当磁罗盘水平时,这种校准才有效。

自差公式:

$$\delta\hat{\psi}_{mb}=\hat{C}_0+\delta\hat{C}_{b1}+\delta\hat{C}_{b2}+\delta\hat{C}_{s1}+\delta\hat{C}_{s2} \tag{5-19}$$

其中

$$\delta\hat{C}_{b1}=\hat{C}_{b1}\sin\tilde{\psi}_{\mathrm{nb}}\quad \delta\hat{C}_{b2}=\hat{C}_{b2}\cos\tilde{\psi}_{mb}\quad \delta\hat{C}_{s1}=\hat{C}_{s1}\sin 2\tilde{\psi}_{mb}\quad \delta\hat{C}_{s2}=\hat{C}_{s2}\cos 2\tilde{\psi}_{mb}$$

其中,$\hat{C}_{b1}$ 和 $\hat{C}_{b2}$ 为硬铁磁性校正系数;$\hat{C}_{s1}$ 和 $\hat{C}_{s2}$ 为软铁校正系数。$\hat{C}_0$ 不随航向 MC 变化,称为恒定自差;$\delta\hat{C}_{b1}$、$\delta\hat{C}_{b2}$ 一周变化 2 次,称为半圆自差;$\delta\hat{C}_{s1}$、$\delta\hat{C}_{s2}$,一周变化 4 次,称为象限自差。

(二) 自差的消除方法

自差消除的原则:用大小相等、方向相反、性质相同的磁力来抵消船磁力。硬铁磁力用磁棒消除；软铁磁力用软铁条消除。

1. 半圆自差

通常用爱利法，即在 4 个基点航向 0°、90°、180°、270°上直接观测自差，用水平纵横校正磁铁来抵消半圆自差。

校正步骤：①若磁航向 N 开始，测出 δ_N，放置极性正确或调整横向磁棒消除 δ_N。②转磁航向 E(或 W)，测出 δ_E(或 δ_W)放置极性正确或调整纵向磁棒消除 δ_E(或 δ_W)。③转磁航向 S，测出 δ_S，调整横向磁棒将 δ_S 消除一半，保留一半；抵消 $\delta\hat{C}_{b2}$。④再转至磁航向 W(或 E)，测出 δ_W(或 δ_E)，调整纵向磁棒将 δ_W(或 δ_E)消除一半，保留一半；抵消 $\delta\hat{C}_{b1}$。

2. 象限自差

一般情况下，δ_E 很小，可以忽略，对于 $\delta\hat{C}_{s1}$：①走航向 NW，测出 δ_{NW}，移动软铁球，消除 δ_{NW}；②走航向 SW，测出 δ_{SW}，移动软铁球，消除一半 δ_{SW}；抵消 $\delta\hat{C}_{s1}$。

3. 自差系数计算

校正自差时，不可能把自差消除为零，总还存在剩余自差。需要求出磁罗经的自差公式或制出自差表或绘制自差曲线以供船舶在航行中使用。①测量 8 个航向 N、NE、E、SE、S、SW、W、NW 的剩余自差 $\delta°$，将航向值和剩余自差值代入自差公式(5-18)。②得出 8 个含有近似自差系数的关系式，求出近似自差系数 $\hat{C}_0$、$\delta\hat{C}_{b1}$、$\delta\hat{C}_{b2}$、$\delta\hat{C}_{s1}$、$\delta\hat{C}_{s2}$，再代入自差公式后，得出以航向值 $\hat{\varphi}_{mb}$ 为自变量的船用自差公式。③根据自差公式按每隔 10°或 15°航向值计算出自差，填制成自差表格。绘制自差值与罗经航向值之间的关系曲线。自差值为纵坐标，罗航向值为横坐标。在使用中通过在曲线中直接查出某个罗航向上的自差值修正磁罗经指示达到消除自差的目的(图 5-4、图 5-5)。

0°	2.0	180°	2.0
10°	1.9	190°	1.9
20°	1.5	200°	1.5
30°	1.0	210°	1.0
40°	0.3	220°	0.3
45°	0.0	225°	0.0
50°	-0.3	230°	-0.3
60°	-1.0	240°	-1.0
70°	-1.5	250°	-1.5
80°	-1.9	260°	-1.9
90°	-2.0	270°	-2.0
100°	-1.9	280°	-1.9
110°	-1.5	290°	-1.5
120°	-1.0	300°	-1.0
130°	-0.3	310°	-0.3
135°	0.0	315°	0.0
140°	0.3	320°	0.3
150°	1.0	330°	1.0
160°	1.5	340°	1.5
170°	1.9	350°	1.9

图 5-4　自差表

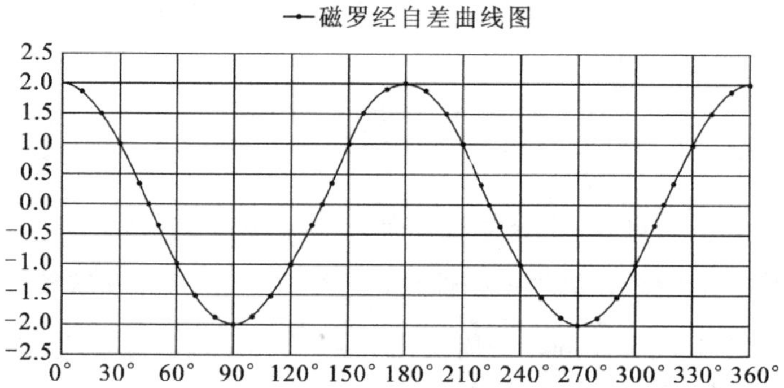

图 5-5　自差与航向关系曲线

第三节　天文航姿测量原理

通过自然星体识别航向方位是最传统、简捷的测向方式。天文航姿测量就是通过天体敏感器测量天体直接获得高精度的姿态信息，目前在高空长航时航空器、弹道导弹、舰船、飞机和航天器等载体的高精度导航中已作为姿态观测的重要辅助手段，为载体提供高精度的姿态信息，估计和修正载体的姿态误差。同时，天文测姿还是天文导航定位的基础。

一、星敏感器测量原理

天文测姿的基本原理是通过星敏感器测得载体相对于地心惯性坐标系的姿态。要获取载体姿态信息，其本质是要确定载体坐标系在导航坐标系中的姿态参数。星敏感器是迄今为止航天器中姿态测量精度最高的敏感器，在高精度测绘、遥感、编队飞行中发挥着不可替代的作用。无论是地球轨道卫星还是深空探测器，无论是大型空间结构还是小卫星，高精度的姿态确定几乎都采用星敏感器。相对于其他姿态敏感器而言，星敏感器能够提供角秒级甚至亚角秒级的指向精度，可实现空间飞行器的三轴绝对姿态测量；星敏感器坐标参考的导航恒星相对均匀地布满整个天球，因此一个具有合适灵敏度和视场的星敏感器，几乎在指向任何方位时都能够探测到导航恒星，进而提供三轴的姿态信息，这也是其他姿态敏感器所无法比拟的。

星敏感器主要包括敏感系统和数据处理系统两部分。敏感系统由遮光罩、光学镜头和敏感面阵组成，主要实现对天空导航星星图数据的获取；数据处理系统则实现对所获取导航星星图数据的处理和姿态的确定，包括星图预处理、星图匹配识别、星体质心提取和姿态确定 4 个处理过程。星敏感器组成如图 5-6 所示。

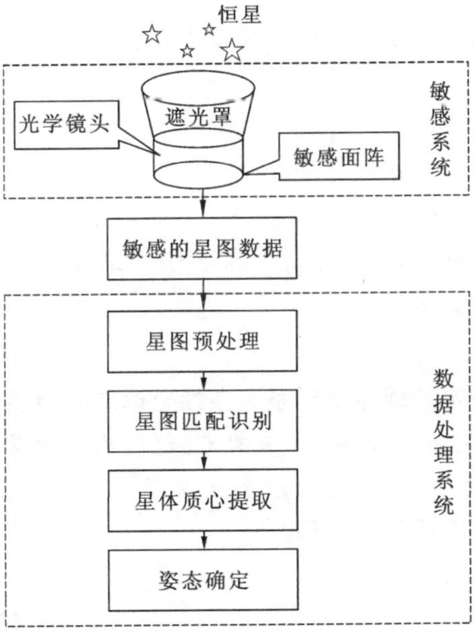

图 5-6　星敏感器组成

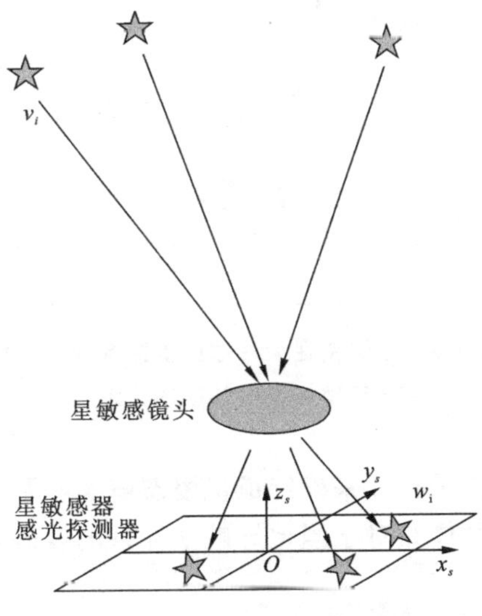

图 5-7　星敏感器成像原理图

如图 5-7 所示，星敏感器利用小孔成像原理，测量得到一个导航星的星体特征 f 相对于载体坐标系 b 的视线向量为

$$\boldsymbol{u}_{\mathrm{b}f}^{\mathrm{b}}=\frac{1}{\sqrt{x_{\mathrm{c}f}^{\mathrm{c}2}+\gamma_{\mathrm{c}f}^{\mathrm{c}2}+F^{2}}}\boldsymbol{C}_{\mathrm{c}}^{\mathrm{b}}\begin{pmatrix}-x_{\mathrm{c}f}^{\mathrm{c}}\\-\gamma_{\mathrm{c}f}^{\mathrm{c}}\\F\end{pmatrix}\tag{5-20}$$

其中，$(x_{cf}^{\mathrm{c}},\gamma_{cf}^{\mathrm{c}})$为星敏感器主轴中心在探测器上的位置坐标；$F$ 为星敏感器的焦距；$\boldsymbol{C}_{\mathrm{c}}^{\mathrm{b}}$为已知的星敏感器到载体坐标系的转换矩阵。

实际上，需要一个更加精确的模型来考虑星敏感器镜头的光学变形及其他系统误差。视线向量与方位角 $\psi_{\mathrm{b}u}^{\mathrm{b}f}$和仰角 $\theta_{\mathrm{b}u}^{\mathrm{b}f}$有关，即

$$\begin{gathered}\boldsymbol{u}_{\mathrm{b}f}^{\mathrm{b}}=\begin{pmatrix}\cos\theta_{\mathrm{b}u}^{\mathrm{b}f}\cos\psi_{\mathrm{b}u}^{\mathrm{b}f}\\\cos\theta_{\mathrm{b}u}^{\mathrm{b}f}\sin\psi_{\mathrm{b}u}^{\mathrm{b}f}\\-\sin\theta_{\mathrm{b}u}^{\mathrm{b}f}\end{pmatrix}\\\theta_{\mathrm{b}u}^{\mathrm{b}f}=-\arcsin(u_{\mathrm{b}f,z}^{\mathrm{b}})\\\psi_{\mathrm{b}u}^{\mathrm{b}f}=\arctan_{2}(u_{\mathrm{b}f,y}^{\mathrm{b}},u_{\mathrm{b}f,x}^{\mathrm{b}})\end{gathered}\tag{5-21}$$

二、多矢量天文测姿原理

目前，星表中导航星的角位置精度一般在 20 毫角秒的量级，相对于星敏感器的其他误差，其精度可认为足够高。从星库中选出满足星敏感器成像条件的恒星组成导航星，构成导航星表。导航星表在地面上一次性地固化在星敏感器的存储器中。

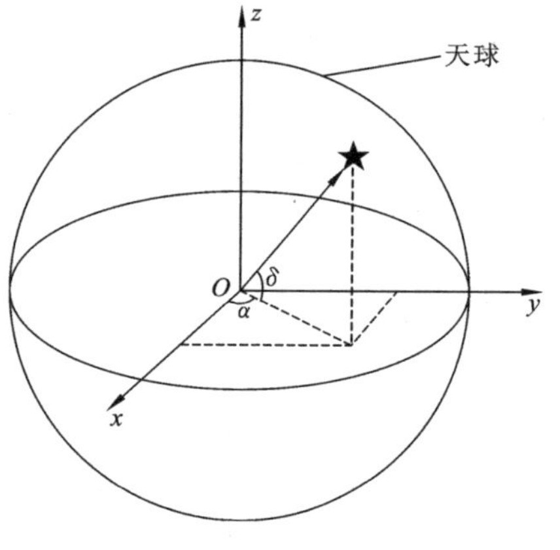

图 5-8 导航星在天球球面坐标系和直角坐标系中的描述关系

经过多年大量的天文观测，每颗恒星的星体特征 f 在天球中位置相对固定（图 5-8），一般以天球球面坐标的赤经 $\alpha_{\mathrm{i}f}$和赤纬 $\delta_{\mathrm{i}f}$来表示，则投影在惯性坐标系的视线向量为

$$\boldsymbol{u}_{\mathrm{i}f}^{\mathrm{i}}=\begin{pmatrix}\cos\delta_{\mathrm{i}f}\cos\alpha_{\mathrm{i}f}\\\cos\delta_{\mathrm{i}f}\sin\alpha_{\mathrm{i}f}\\\sin\delta_{\mathrm{i}f}\end{pmatrix}\tag{5-22}$$

$\boldsymbol{u}_{\mathrm{i}f}^{\mathrm{i}}$与星敏感器观测到星体图像中心的视线向量 $\boldsymbol{u}_{\mathrm{b}f}^{\mathrm{b}}$存在如下关系：

$$\boldsymbol{u}_{\mathrm{i}f}^{\mathrm{i}}=\boldsymbol{C}_{\mathrm{b}}^{\mathrm{i}}\boldsymbol{u}_{\mathrm{b}f}^{\mathrm{b}}\quad(f\in1,2,\cdots)\tag{5-23}$$

其中，$\boldsymbol{C}_{\mathrm{b}}^{\mathrm{i}}$为待定的载体坐标系到惯性坐标系的转换矩阵。

根据双矢量测姿原理，求取 $\boldsymbol{C}_{\mathrm{b}}^{\mathrm{i}}$至少需要 2 颗星的视线矢量测量值。当观测量多于 2 颗星时，可以采用最小二乘估计来确定最优姿态解。实际应用中通常使用约 10 颗星。

载体相对于当地导航坐标系的姿态矩阵可表示为

$$\boldsymbol{C}_{\mathrm{b}}^{\mathrm{n}}=\boldsymbol{C}_{\mathrm{e}}^{\mathrm{n}}\boldsymbol{C}_{\mathrm{i}}^{\mathrm{e}}\boldsymbol{C}_{\mathrm{b}}^{\mathrm{i}}\tag{5-24}$$

若时间和载体经纬度已知，有

$$C_{\mathrm{i}}^{\mathrm{e}}=\begin{bmatrix} \cos(\omega_{\mathrm{ie}}t) & \sin(\omega_{\mathrm{ie}}t) & 0 \\ -\sin(\omega_{\mathrm{ie}}t) & \cos(\omega_{\mathrm{ie}}t) & 0 \\ 0 & 0 & 1 \end{bmatrix} \tag{5-25}$$

$$C_{\mathrm{e}}^{\mathrm{n}}=\begin{bmatrix} -\sin\lambda_{\mathrm{b}} & \cos\lambda_{\mathrm{b}} & 0 \\ -\sin\lambda_{\mathrm{b}}\cos\lambda_{\mathrm{b}} & -\sin L_{\mathrm{b}}\sin\lambda_{\mathrm{b}} & \cos L_{\mathrm{b}} \\ \cos L_{\mathrm{b}}\cos\lambda_{\mathrm{b}} & \cos L_{\mathrm{b}}\sin\lambda_{\mathrm{b}} & \sin\lambda_{\mathrm{b}} \end{bmatrix} \tag{5-26}$$

三、天文定位原理

当天文导航系统得到由惯性导航、倾斜传感器等提供的滚动角和俯仰角时，也可以计算得到载体的位置。从地球坐标系到导航坐标系的转换矩阵由下式给出：

$$C_{\mathrm{e}}^{\mathrm{n}}=C_{\mathrm{b}}^{\mathrm{n}}C_{\mathrm{i}}^{\mathrm{b}}C_{\mathrm{e}}^{\mathrm{i}} \tag{5-27}$$

其中

$$C_{\mathrm{b}}^{\mathrm{n}}=\begin{bmatrix} \cos\theta_{\mathrm{nb}}\cos\psi_{\mathrm{nb}} & \begin{pmatrix} -\cos\phi_{\mathrm{nb}}\sin\psi_{\mathrm{nb}} \\ +\sin\phi_{\mathrm{nb}}\sin\theta_{\mathrm{nb}}\cos\psi_{\mathrm{nb}} \end{pmatrix} & \begin{pmatrix} \sin\phi_{\mathrm{nb}}\sin\psi_{\mathrm{nb}} \\ +\cos\phi_{\mathrm{nb}}\sin\theta_{\mathrm{nb}}\cos\psi_{\mathrm{nb}} \end{pmatrix} \\ \cos\theta_{\mathrm{nb}}\sin\psi_{\mathrm{nb}} & \begin{pmatrix} \cos\phi_{\mathrm{nb}}\cos\psi_{\mathrm{nb}} \\ +\sin\phi_{\mathrm{nb}}\sin\theta_{\mathrm{nb}}\sin\psi_{\mathrm{nb}} \end{pmatrix} & \begin{pmatrix} -\sin\phi_{\mathrm{nb}}\cos\psi_{\mathrm{nb}} \\ +\cos\phi_{\mathrm{nb}}\sin\theta_{\mathrm{nb}}\sin\psi_{\mathrm{nb}} \end{pmatrix} \\ -\sin\theta_{\mathrm{nb}} & \sin\phi_{\mathrm{nb}}\cos\theta_{\mathrm{nb}} & \cos\phi_{\mathrm{nb}}\cos\theta_{\mathrm{nb}} \end{bmatrix}$$

经纬度表达式为

$$\begin{aligned} L_{\mathrm{b}} &= -\arcsin(C_{\mathrm{e},3,3}^{\mathrm{n}}) \\ \lambda_{\mathrm{b}} &= -\arctan_2(-C_{\mathrm{e},3,2}^{\mathrm{n}}\ -C_{\mathrm{e},3,1}^{\mathrm{n}}) \end{aligned} \tag{5-28}$$

第四节　卫星航姿测量原理

一、基本情况

全球卫星导航系统(GNSS)的姿态测量技术具有精度高、成本低、误差不随时间积累等优势，能够提供高精度且不随时间发散的姿态信息。GNSS 载波相位测量通过测量载波相位变化实现测距的目的，其精度大大高于码伪距测量精度，且不受精码(P 码或 Y 码)保密的限制，因而成为 GNSS 高精度定位的主要方法。

二、载波相位测量原理

GNSS 接收机卫星之间的距离 ρ 既可以用信号的传输时间 τ 乘以光速 c（即 $\rho=c\cdot\tau$）表示，也可以用载波信号的相位差来表示：

$$\rho=\lambda(\varphi_S-\varphi_R) \tag{5-29}$$

其中，φ_S 为载波信号在卫星 S 处的相位；φ_R 为载波信号在接收机 R 处的相位；λ 为载波信号的波长。

这种方法实际上并不可行，因为接收机处于无源工作状态，无法测量到卫星处的信号相位 φ_S。可以通过模拟载波信号的方式来解决这个问题，当用户接收机的载波环路锁定卫星载波信号后，令接收机的振荡器产生一个频率和初相都与卫星载波信号完全相同的信号，称为基准信号。因此，式(5-29)中的 $\varphi_S-\varphi_R$ 就等于接收机产生的基准信号相位和接收到的来自卫星的载波信号在接收机 R 处相位的相位差，即

$$\varphi_S-\varphi_R=\varphi(\tau_b)-\varphi(\tau_a) \tag{5-30}$$

其中，$\varphi(\tau_b)$ 为接收机接收到信号的 τ_R 时刻的基准信号相位；$\varphi(\tau_a)$ 为接收机测量的卫星载波信号在发送时刻 τ_S 的相位。

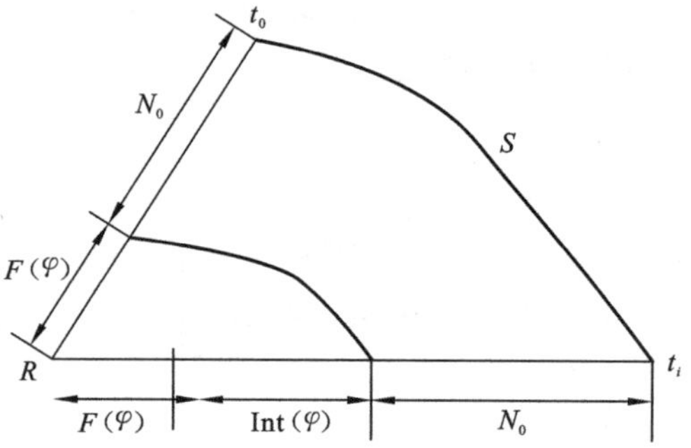

图 5-9　载波相位观测

上述是载波相位测量原理，实际的载波相位观测值(用 $\tilde{\varphi}$ 表示)由整周数部分 Int(φ)和不足整周的小数部分 $F(\varphi)$ 组成，如图 5-9 所示。首次观测的 Int(φ)为零，其后连续观测(t_i 时刻)的 Int(φ)由多普勒连续计数得到，它可以为正整数，也可以为负整数。因为载波只是一种单纯的余弦波，不带有任何识别标记，所以，在每次观测值 φ 与 $\varphi(\tau_b)-\varphi(\tau_a)$之间存在一整周末未知数 N_0，称为初始整周模糊度。

三、卫星导航测姿基本原理

卫星导航测姿采用的是连续使用多矢量测姿方式。首先是借助多颗卫星的矢量，计算基线矢量的姿态。固定在同一个运动载体上的一对天线，当对其进行 GNSS 载波相位相对定位时，其结果可用于获取载体的姿态信息。由于天线之间的基线远远小于其到卫星之间的距离，因而从一对天线到给定卫星之间的视线矢量可视为平行的。因此，基线与视线矢量之间的夹角 θ 可由 $\cos\theta=(\boldsymbol{r}_{l_1S}-\boldsymbol{r}_{l_2S})/\boldsymbol{r}_{l_1l_2}$ 给出，其中 $\boldsymbol{r}_{l_1S}$、$\boldsymbol{r}_{l_2S}$ 分别为卫星 S 与天线 l_1、l_2 之间的距离，$\boldsymbol{r}_{l_1l_2}$ 是两个天线之间的已知间距，如图 5-10 所示。当已知接收机位置时，卫星到天线的视线矢量是已知的，可以得到运动载体相对地球的姿态信息。这种技术被称为干涉定姿或 GNSS 罗盘。

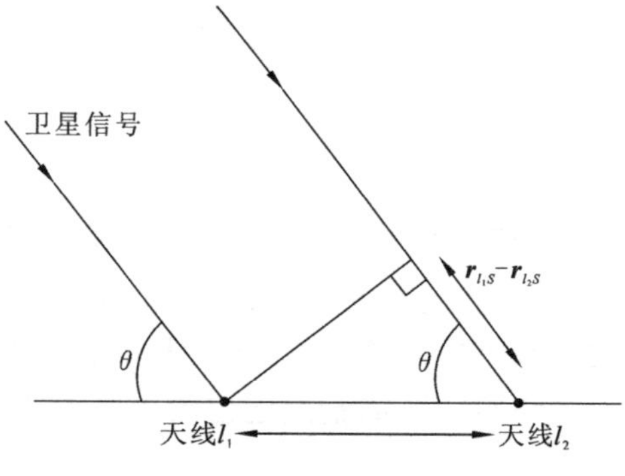

图 5-10　GNSS 定姿示意图

利用 GNSS 载波相位，可得到基线在当地导航坐标系中的测量信息 $\tilde{\boldsymbol{r}}^{\mathrm{n}}_{l_1l_2}$，利用下式与已知的载体坐标系基线矢量 $\boldsymbol{r}^{\mathrm{b}}_{l_1l_2}$ 关联：

$$\boldsymbol{r}^{\mathrm{n}}_{l_1l_2}=\widetilde{\boldsymbol{C}}{}^{\mathrm{n}}_{\mathrm{b}}\boldsymbol{r}^{\mathrm{b}}_{l_1l_2} \tag{5-31}$$

$$\tilde{\boldsymbol{r}}^{\mathrm{n}}_{l_1l_2}=\boldsymbol{C}^{\mathrm{n}}_{\mathrm{e}}\boldsymbol{r}^{\mathrm{e}}_{l_1l_2} \tag{5-32}$$

其次，得到单矢量并不能给出姿态 C_b^n 的唯一解，因为基线分量是不确定的。从单个基线测量中仅能得到 2 个元素。为了解决上述问题，必须引入与另 2 个天线非共线的第 3 个天线（以 l_3 表示），以提供第 2 根基线。组合两个观测量，有

$$(\tilde{r}^{n}_{l_1 l_2},\tilde{r}^{n}_{l_2 l_3})=\tilde{C}^{n}_{b}(r^{b}_{l_2 l_1},r^{b}_{l_2 l_3}) \tag{5-33}$$

可通过附加一个矢量积列向量并重新排列，得到姿态结果：

$$\tilde{C}^{n}_{b}=(\tilde{r}^{n}_{l_2 l_1},\tilde{r}^{n}_{l_2 l_3},\tilde{r}^{n}_{l_2 l_1}\wedge\tilde{r}^{n}_{l_2 l_3})(r^{b}_{l_2 l_1},r^{b}_{l_2 l_3},r^{b}_{l_2 l_1}\wedge r^{b}_{l_2 l_3})^{-1} \tag{5-34}$$

利用 4 个或更多的天线，若其共面，则姿态解为

$$\tilde{C}^{n}_{b}=(\tilde{r}^{n}_{l_2 l_1},\tilde{r}^{n}_{l_2 l_4},\tilde{r}^{n}_{l_2 l_4},\cdots)(r^{b}_{l_2 l_1},r^{b}_{l_2 l_3},r^{b}_{l_2 l_1}\wedge r^{b}_{l_2 l_3},\cdots)^{\mathrm{T}}\times[(r^{b}_{l_2 l_1},r^{b}_{l_2 l_3},r^{b}_{l_2 l_1}\wedge r^{b}_{l_2 l_3},\cdots)(r^{b}_{l_2 l_1},r^{b}_{l_2 l_4},r^{b}_{l_2 l_1}\wedge r^{b}_{l_2 l_4},\cdots)^{\mathrm{T}}]^{-1} \tag{5-35}$$

否则为

$$\tilde{C}^{n}_{b}=(\tilde{r}^{n}_{l_2 l_1},\tilde{r}^{n}_{l_2 l_3},\tilde{r}^{n}_{l_2 l_4},\cdots)(r^{b}_{l_2 l_1},r^{b}_{l_2 l_3},r^{b}_{l_2 l_4},\cdots)^{\mathrm{T}}=[(r^{b}_{l_2 l_1},r^{b}_{l_2 l_3},r^{b}_{l_2 l_4},\cdots)(r^{b}_{l_2 l_1},r^{b}_{l_2 l_3},r^{b}_{l_2 l_4},\cdots)^{\mathrm{T}}]^{-1} \tag{5-36}$$

当整周模糊度得到确定，有可能仅利用 2 颗 GNSS 卫星信号就可以得到姿态解算，这是由于已知的基线长度从基线测量中剔除了一个自由度。而采用相同的接收机设计，且所有天线共用接收机时钟时，可去除相对相位偏移，只有天线电缆延迟已得到标校。同时注意，已知的基线长度可用来对模糊度进行约束。

四、卫星测姿精度分析

姿态测量精度可由基线的载波相位测量精度与基线长度之间的比值给出。因此，对于 1 m的刚性基线，如果测量精度为 1 cm，则姿态测量的标准偏差为 10 mrad（约 0.6°）。基线越长，则提供的姿态测量精度就越高，只要基线是刚性的。基线的弹性变形会降低测量精度，不过，短基线的好处是要搜索的整周模糊度组合更少。

通过将单个精密标定天线所接收的各路信号测量的信噪比 C/N_0 与天线增益模式进行对比，也可以实现单天线定姿。这在空间应用中较为典型，因为天线标定成本不成问题，空间单个 GNSS 星座的定姿精度约为 200 mrad，而利用两个星座时可达 14 mrad，显然比干涉方法差得多。

第五节　惯性航姿测量原理

双矢量测姿原理也可应用捷联惯性设备的静态快速测姿，实现惯性系统的静态对准，具体方法如下。

利用安装在载体上的惯性元件可测得载体坐标系内重力加速度向量 $\boldsymbol{g}^b$ 和地球自转角速率向量 $\boldsymbol{\omega}^b_{ie}$；上述向量与当地地理坐标系下的重力加速度向量 $\boldsymbol{g}^n$ 和地球自转角速率向量 $\boldsymbol{\omega}^n_{ie}$ 存在以下关系：

$$\boldsymbol{g}^b=\boldsymbol{C}^b_n\boldsymbol{g}^n \tag{5-37}$$

$$\boldsymbol{\omega}_{ie}^{b}=\boldsymbol{C}_{n}^{b}\boldsymbol{\omega}_{ie}^{n} \tag{5-38}$$

其中，$\boldsymbol{g}^{n}=(0,0,-g)$；$\boldsymbol{\omega}_{ie}^{n}=(\Omega\cos L,0,-\Omega\sin L)$，$\Omega$ 和 L 分别表示地球自转角速度和当地纬度；$\boldsymbol{g}^{b}=(g_x,g_y,g_z)^{\mathrm{T}}$ 和 $\boldsymbol{\omega}_{ie}^{b}=(\omega_x,\omega_y,\omega_z)^{\mathrm{T}}$ 分别为重力加速度和地球自转角速度的测量值。

为了求解姿态矩阵 $\boldsymbol{C}_{b}^{n}$ 中所有的元素，需要构造新的矢量来增加方程的数目。采用不同的方法构造辅助方程，其对准精度也不同。

直接法 利用 $\boldsymbol{g}$、$\boldsymbol{\omega}$ 构造第三个矢量 $\boldsymbol{v}=\boldsymbol{g}\times\boldsymbol{\omega}$，则有

$$\boldsymbol{v}^{b}=\boldsymbol{C}_{n}^{b}\boldsymbol{v}^{n} \tag{5-39}$$

上述三个矢量构成观测方程：

$$\begin{bmatrix}\boldsymbol{g}^{b}\\ \boldsymbol{\omega}_{ie}^{b}\\ \boldsymbol{v}^{b}\end{bmatrix}=\boldsymbol{C}_{n}^{b}\begin{bmatrix}\boldsymbol{g}^{n}\\ \boldsymbol{\omega}_{ie}^{n}\\ \boldsymbol{v}^{n}\end{bmatrix} \tag{5-40}$$

可求解得到

$$\boldsymbol{C}_{n}^{b}=\begin{bmatrix}\boldsymbol{g}^{b}\\ \boldsymbol{\omega}_{ie}^{b}\\ \boldsymbol{v}^{b}\end{bmatrix}\begin{bmatrix}\boldsymbol{g}^{n}\\ \boldsymbol{\omega}_{ie}^{n}\\ \boldsymbol{v}^{n}\end{bmatrix}^{-1} \tag{5-41}$$

利用余弦矩阵与姿态角的关系可求出三个姿态失准角近似值，这样就完成了惯性导航在静基座条件下的粗对准。

因为惯性器件的输出信息中包含误差，通过推导可得在静基座下这种方案的对准误差为

$$\begin{cases}\phi_x=\dfrac{1}{2}\left(\dfrac{\nabla_{\mathrm{N}}}{g}+\dfrac{\nabla_{\mathrm{u}}}{g}+\dfrac{\varepsilon_{\mathrm{U}}}{\Omega\cos\varphi}\right)\\ \phi_y=-\dfrac{\nabla_{\mathrm{E}}}{g}\\ \phi_z=-\dfrac{\nabla_{\mathrm{E}}}{g}\tan\varphi-\dfrac{\varepsilon_{\mathrm{E}}}{\Omega\cos\varphi}\end{cases} \tag{5-42}$$

其中，∇_{E}、∇_{N}、∇_{U} 分别为东、北、天方向加速度计的零偏；ε_{E}、ε_{N}、ε_{U} 分别为东、北、天方向陀螺的零偏。

间接法 利用 $\boldsymbol{g}$、构造的 $\boldsymbol{v}$ 和 $\boldsymbol{v}\times\boldsymbol{g}$ 计算姿态矩阵，计算公式为

$$\boldsymbol{C}_{n}^{b}=\begin{bmatrix}\boldsymbol{g}^{b}\\ \boldsymbol{v}^{b}\\ \boldsymbol{v}^{b}\times\boldsymbol{g}^{b}\end{bmatrix}\begin{bmatrix}\boldsymbol{g}^{n}\\ \boldsymbol{v}^{n}\\ \boldsymbol{v}^{n}\times\boldsymbol{g}^{n}\end{bmatrix}^{-1} \tag{5-43}$$

同理，可以推得这种方案的误差为

$$\begin{cases}\phi_x=\dfrac{\nabla_{\mathrm{N}}}{g}\\ \phi_y=-\dfrac{\nabla_{\mathrm{E}}}{g}\\ \phi_z=-\dfrac{\nabla_{\mathrm{E}}}{g}\tan\varphi-\dfrac{\varepsilon_{\mathrm{E}}}{\Omega\cos\varphi}\end{cases} \tag{5-44}$$

对比两个方案的误差可知，两者的北向水平精度和方位对准精度相同，由于直接法的东向水平对准精度与东向、北向加速度计零偏及天向陀螺零偏有关，而间接法的东向水平精度只与北向加速度计零偏有关。因此，在静基座下，后者有更高的精度。以上两个方案所选取的参考

矢量都是立足于地理坐标系的，均局限于载体静态环境下的应用。当载体处于系泊状态或运动状态时，常采用其他对准方案。

思　考　题

1. 简述地磁航姿测量的基本原理。
2. 描述一下基于矢量测量的直接航姿测量的特点。
3. 通过资料收集了解多天线卫星姿态测量的基本原理和方法。
4. 通过资料收集了解基于图像处理的姿态估计方法。
5. 简述磁罗经消差的基本原理。

第六章 基于平台的直接航姿测量

上一章介绍了采用多种矢量观测实现直接航姿测量的方法。如果所采用的矢量的建立需要观测外部参考点，就会受到观测条件的限制。为了能够在各种条件下实现精确、稳定测姿，需要采取更加自主的航姿测量方法。

平台式航姿测量是最主要的自主航姿测量方法。所谓平台，是指采取框架结构的惯性稳定部件。框架上的一对轴可以实现一个方向的稳定控制，多对轴即可实现多轴稳定。通过这些稳定轴可以进而实现对基准坐标系的复示和控制。当应用于航空摄影、重力测量等领域时，稳定平台还需要能够承载一定的平台载荷；但当应用于航姿测量时，平台负载能力要求并不突出，平台坐标系实现基准坐标系的跟踪复示精度更加重要。系统通过角度测量器件直接测量出平台坐标系与载体坐标系之间的角度关系，便可获取航姿信息。此类系统的平台实体形式灵活多样，不一定都有直观的平台结构。所以，国际上将这类系统称为框架式(gimbal)系统，我国由于专业传统习惯，统一译为平台式系统。本书仍旧沿用平台式的概念。由于稳定平台和平台式航姿测量的关系紧密，本章对两者统一进行介绍。

第一节 惯性稳定平台

陀螺稳定平台(gyro-stabilizer)简称陀螺平台、惯性稳定平台或惯性平台、陀螺稳定器，是利用陀螺对稳定平台进行控制，从而控制平台的轴向指向预设坐标系的机械伺服系统。陀螺之所以能够用于对稳定平台进行控制，是因为其具备的独特特性。

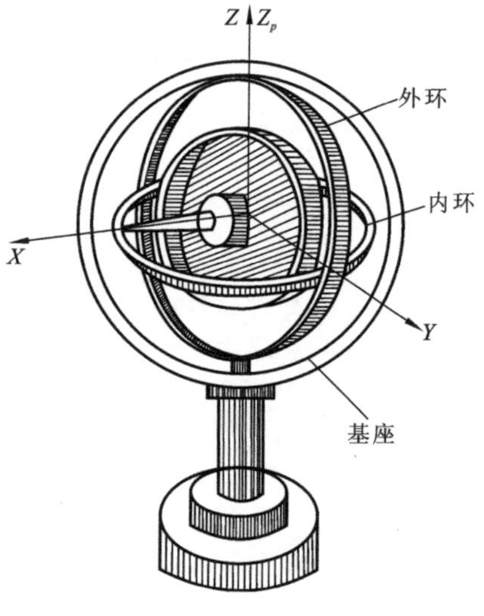

图 6-1 双自由度机械转子陀螺仪

一、陀螺基本特性

从广义上讲，凡是能够测量载体相对惯性空间旋转的装置都可以称为陀螺仪。而传统的转子陀螺则定义为：凡是绕回转体对称轴高速旋转的物体都可以称为转子陀螺。常见的转子陀螺是一个可以高速旋转的回转体，回转体的对称轴称为主轴，又称极轴。回转体绕主轴的旋转称为陀螺的自转。

把高速旋转的陀螺安装在一个悬挂装置上，使陀螺主轴在空间具有一个或两个转动自由度，就构成了陀螺仪。陀螺及其悬挂装置的总体称为陀螺仪。尽管实现悬挂装置的方式很多，但是可将双自由度机械转子陀螺仪抽象为如图 6-1 所示的结构。这种悬挂装置由内环、外环和基座(包括固定环)所组成，主轴和内环固联，内环与外环之间通过一个内环轴支撑，外环和基座之间通过一个外环轴支撑，转子可以绕着内环轴作上下转动，也可以绕着外环轴作左右转动。因为具备两个自由度，它也被称为双自由度机械转子陀螺仪（俄罗斯称之为三自由度陀螺仪）。这个结构可使主轴指向空间任意方位，这个支架结构称为万向支架，也可称为卡尔丹环。

为了方便研究，定义陀螺仪的主轴、内环轴为 X 轴、Y 轴，以转子的中心为原点 O，建立陀螺坐标系 $OXYZ$。当且仅当外环轴 OZ_p 垂直于 OXY 平面时，外环轴 OZ_p 与 OZ 重合。下面介绍陀螺仪三特性。

(一) 定轴性

定轴性也称稳定性。当转子绕其主轴高速旋转时，陀螺主轴 OX 将在惯性空间保持初始方位不变。当转子高速旋转，且在陀螺仪上有瞬时脉冲力矩作用时，陀螺主轴 OX 将在原来位置附近作高频微幅振荡，主轴相对初始位置只有微小的偏离。也就是说，一旦把陀螺主轴指向某一个方向之后，若没有外力矩作用，它会一直保持在最初的指向方位上。这个特性可以被用来建立一个稳定的方向基准。

(二) 进动性

当转子高速旋转时，如沿陀螺仪主轴 OX 上作用一个常值外力（图 6-2），欲使陀螺仪绕 OY 轴转动，实际上将发现陀螺并不会绕 OY 轴转动，而是以角速度 $\boldsymbol{\omega}_z$ 绕与 OY 轴垂直的陀螺仪外环轴 OZ 转动，即主轴 OX 以最短的途径向外力矩向量 $\boldsymbol{M}_f$ 靠拢。可以用下式来表述力矩、角动量和角速度之间的关系：

$$\overline{\boldsymbol{M}}_f = \overline{\boldsymbol{\omega}}_z \times \overline{\boldsymbol{H}} \tag{6-1}$$

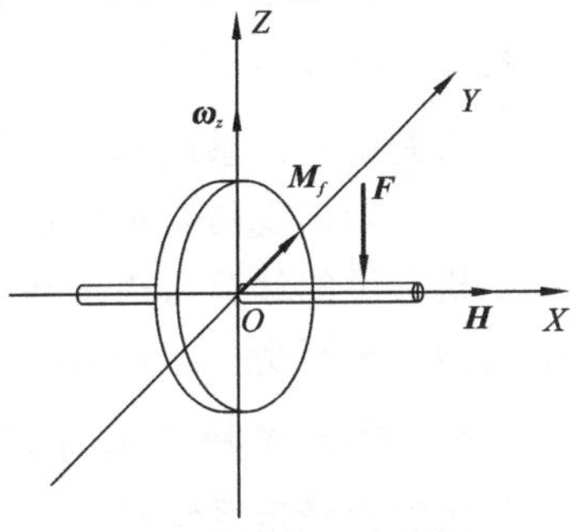

图 6-2　陀螺仪的进动性

通俗地说，进动性就是当外界给陀螺仪主轴施加一个力矩时，陀螺转子并没有像人们的直觉一样沿着力矩的方向转动，而是以最短路径向外力矩矢量方向靠拢。显然，通过进动性，可以精确控制外力矩的方向和大小，从而控制陀螺主轴按照指定的角速度和方向运动，实现对陀螺的实时控制。

(三) 陀螺(反)力矩

陀螺的第三个特性是陀螺反力矩。由牛顿第三定律可知，当物体受到一个外力作用而运动时，这个物体要产生一个与作用力大小相等、方向相反的反作用力，并作用在施加外力的那个物体上。同样，当陀螺仪受到一个外力矩作用而进动时，陀螺仪本身要产生一个反作用力矩，这个力矩称为陀螺力矩。陀螺力矩 $\boldsymbol{M}_G$ 与外力矩 $\boldsymbol{M}$ 大小相等、方向相反。

二、陀螺稳定系统的种类

陀螺稳定系统的种类很多，可分为直接陀螺稳定系统、动力陀螺稳定系统和间接陀螺稳定系统。

(一) 直接陀螺稳定系统

直接陀螺稳定系统直接利用陀螺力矩本身来平衡干扰力矩。早期的直接陀螺稳定系统曾

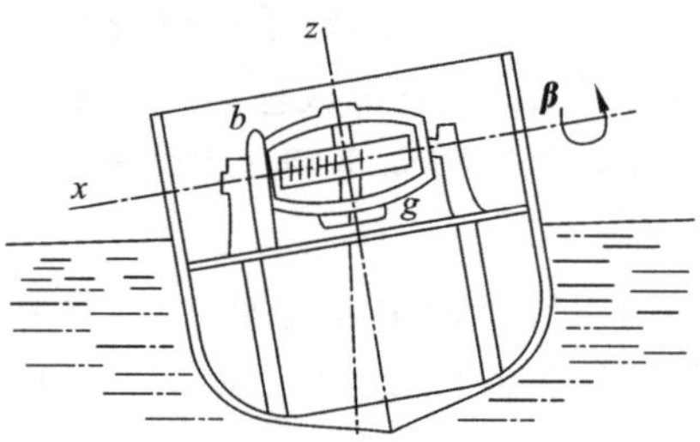

图 6-3 船用稳定器

用来设计过一种船舶横摇稳定器(如 1904 年德国雪里克)(图 6-3)和飞机稳定器(如美国斯佩里)。以船舶横摇稳定器为例,其设计思想是将一个动量矩很大的单自由度陀螺装在船体内,陀螺的框架轴与船体的横向轴一致。陀螺主轴与甲板平面垂直。可以把船体看成是单自由度陀螺"外环",船体的纵轴就是"外环轴",这样船体连同陀螺一起可当成是一个巨大的双自由度陀螺仪。当沿船体纵轴方向有波浪扰动力矩,企图使船体横摇时,陀螺仪会绕框架轴进动,进动时产生的陀螺力矩与波浪扰动力矩相平衡,使船体并不产生横摇。因为干扰力矩全靠陀螺力矩来抵消,所以要求陀螺仪有比较大的动量矩,即陀螺仪有很大的体积和重量。但是直接陀螺稳定系统只能克服方向交替变化的干扰力矩,若干扰力矩的方向恒定不变的话,陀螺会一直朝一个方向进动,进动到 90°时,陀螺主轴与干扰力矩作用轴重合,此时便失去了稳定作用。直接陀螺稳定系统只能用于被稳定对象小、精度要求低的场合,现已基本不用。

(二) 动力陀螺稳定系统

动力陀螺稳定系统利用陀螺力矩和外加机械力矩来共同平衡干扰力矩。动力陀螺稳定系统也是较早期出现的陀螺稳定系统,它有稳定回路,当有干扰力矩时,依靠陀螺力矩和稳定回路中电机产生的卸荷力矩来共同平衡,陀螺力矩在开始阶段起主要作用,稳定时主要依靠电机产生的力矩来平衡。这种系统的稳定回路比较简单,精度不是很高。

(三) 间接陀螺稳定系统

间接陀螺稳定系统只利用外加机械力矩来抵消干扰力矩。随着电子技术、自动化技术和计算机技术的飞速发展,间接陀螺稳定系统成为稳定平台的主流技术。它主要由高精度陀螺仪配以高精度快速随动系统组成,可以实现更高的精度。这种系统中使用的陀螺仪体积一般很小,陀螺力矩对干扰力矩的抵消作用微不足道,但系统有很快的反应速度,当有干扰力矩时,系统中的力矩电机可迅速产生卸荷力矩来平衡干扰力矩。

三、单轴陀螺稳定平台

(一) 原理

按照稳定系统稳定轴的数目来分,稳定系统可以分为单轴、双轴、三轴、四轴等稳定系统。单轴陀螺稳定系统即能使稳定对象在空间绕某一根轴保持稳定。图 6-4 所示的单轴陀螺稳定平台是一种动力陀螺稳定器。动力陀螺稳定器是在外干扰力矩作用初始瞬间,以陀螺力矩抗干扰,随后在外力干扰继续作用下,利用稳定电动机产生的力矩平衡外干扰力矩的一种陀螺稳定装置。图中,平台 P 为稳定平台,需要保持水平。当 Y 轴有外力 $\boldsymbol{F}$ 干扰

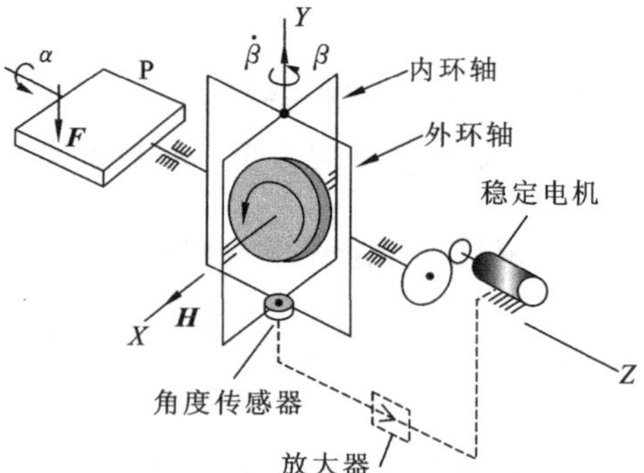

图 6-4 陀螺稳定平台示意图

时，产生沿 Z 轴的干扰力矩 $\boldsymbol{M}_f$，根据陀螺进动性，陀螺主轴将沿着 Z 轴产生进动角速度 $\boldsymbol{\omega}_Z$，在 $\boldsymbol{\omega}_Z$作用下，陀螺转子将转动 β 角。由式(6-1)可知，$\boldsymbol{F}$ 决定 $\boldsymbol{\omega}_Z$的大小和方向，$\boldsymbol{\omega}_Z$决定单位时间内 β 角的转向和大小，因此通过传感器对 β 角进行测量，即可将其作为控制信号，控制稳定电机产生稳定力矩 $\boldsymbol{M}_m$，使 $\boldsymbol{M}_m$ 与干扰力矩 $\boldsymbol{M}_f$ 平衡，保持平台水平。

（二）特点

在对陀螺本身和稳定回路的技术要求不高的情况下，动力陀螺稳定器仍具有良好的性能。这也是从 20 世纪 30 年代起各种动力陀螺稳定装置仍被沿用至今的原因。陀螺的角动量 $\boldsymbol{H}$ 可以小一些，系统的过渡过程可以长一点，进动角 β 一般在几十角分到几度范围内。在有些结构中，特别是在一些小型稳定器中，不采用电机，而用力矩器。在坦克火炮稳定器等大型装置中采用的是液压传动装置。

上述动力陀螺稳定器只能绕外框轴 OZ 实现稳定，因此为单轴稳定平台。若进一步通过施加力矩控制陀螺主轴的运动，还可以控制单轴稳定平台的稳定指向在任何需要的方向，实现如武器瞄准、定向摄影等应用(图 6-5)。

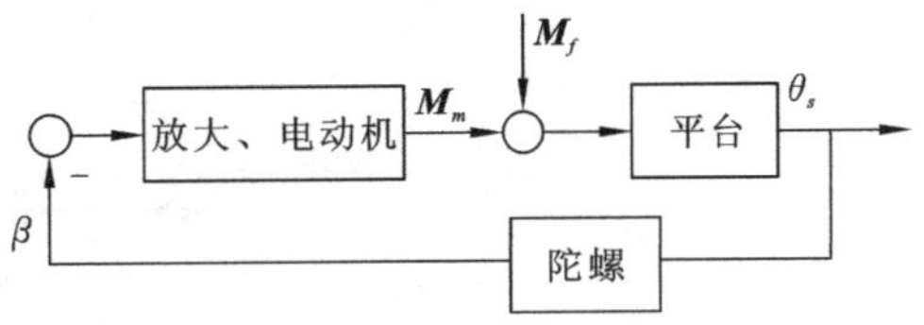

图 6-5　单轴动力陀螺稳定器稳定回路

在单轴稳定平台的基础上，在正交轴上继续增加一个陀螺、一套稳定回路和一套控制回路就可以建立双轴陀螺稳定平台。再继续增加，就可以建立三轴陀螺稳定平台，实现三维稳定保持，构成三维基准。所以单轴稳定系统被广泛地应用在多轴稳定平台和惯性导航系统中。

（三）稳定系统主要指标

力矩刚度和稳态刚度是陀螺稳定系统的重要设计指标。

系统的常值干扰力矩与稳定角误差的比值称为力矩刚度。力矩刚度越大，则同样的常值干扰力矩作用于稳定轴时，系统达到稳定时的稳态角误差越小；反之则越大。力矩刚度就像弹性扭杆的刚度一样，刚度越大，则用同样的力矩扭动扭杆时，能扭动的角度越小。

将常值干扰力矩作用于系统稳定轴且系统达到稳态时，陀螺仪的进动角与引起误差的常值干扰力矩的比值称为稳态刚度，稳态刚度表明，在同样大小的干扰力矩作用下，陀螺仪需要产生多大的进动角，才能产生相应的稳定力矩以平衡干扰力矩。稳态刚度就是从陀螺仪进动角到形成稳定力矩的放大倍数。要提高系统的稳态刚度就需要增大放大倍数。

第二节　水平仪与陀螺罗经

双轴陀螺稳定系统主要是使稳定对象在空间绕两根不平行的轴保持稳定。两根不平行的稳定轴可以形成一个稳定的平面，故双轴陀螺稳定系统又称双轴稳定平台或双轴平台。双轴陀螺稳定系统常用于船舶和飞机等运动载体，如航空陀螺地平仪和船舶水平仪；所采取的双轴稳定系统能够复示当地地理水平面，因此可以用来保持和指示载体姿态。船舶用的陀螺罗经也是一种双轴稳定系统，可以稳定地跟踪和保持在当地子午面。

一、陀螺地平仪

（一）基本组成

陀螺地平仪是一种利用陀螺仪特性测量载体俯仰和倾侧姿态角的飞行仪表。为了测量载体姿态，必须在载体上建立一个地垂线或地平面基准。可以利用陀螺仪的定轴性，使转子轴稳定在地垂线上得到这一基准。但是由于陀螺仪转子轴不能自动找到并稳定在地垂线，同时内、外环轴上存在摩擦力矩，这会使陀螺仪转子轴产生漂移。摆具有敏感的垂线特性，但受到加速度干扰时会产生很大的误差。所以，惯性测姿设备大都将陀螺仪与摆式敏感元件结合在一起，解决上述问题，实现姿态测量。图 6-6 为飞机上陀螺地平仪的结构原理图。它由双自由度陀螺仪、摆式敏感元件、力矩器和指针刻度盘等组成。

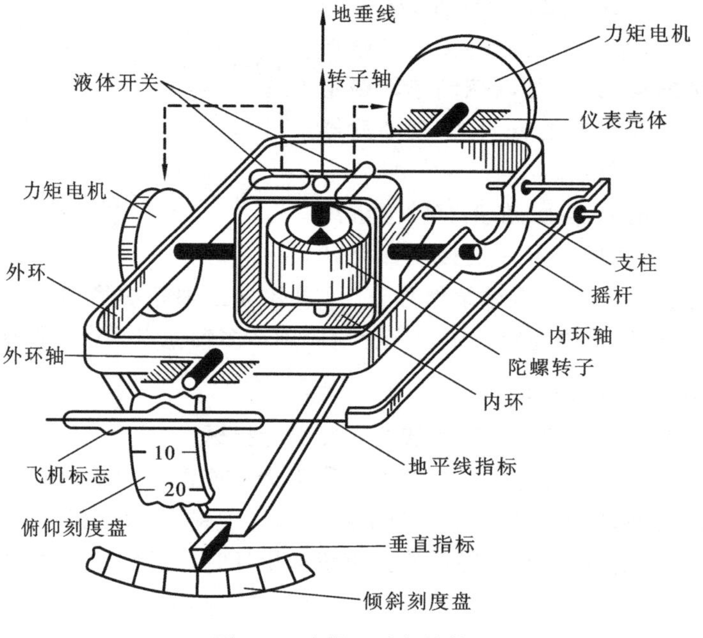

图 6-6　陀螺地平仪结构

（二）基本工作原理

陀螺外环轴平行于飞机纵轴安装。飞机俯仰或倾侧时，仪表壳体随之转动，而陀螺主轴在定轴性的作用下仍然保持原指向不变，即指示地垂线方向。通过指示机构中飞机标志相对地平线的位置，即可直观而形象地显示出飞机的姿态。装在陀螺仪内环轴上的液体开关是一种摆式敏感元件，是具有摆的特性和电路开关特性的气泡水准仪。密封容器内装有特殊导电液体并留有气泡，还装有相互绝缘的电极。当受到外力矩干扰，使陀螺主轴指向变化时（干扰力矩作用下产生进动），液体开关感受陀螺转子轴相对地垂线的偏差，并将它变成电信号，经放大器放大后分别送给装在内、外环轴上的力矩器，产生修正力矩，平衡干扰力矩，使陀螺主轴始终指向地垂线方向。修正系统采用交差修正方式：主轴相对地垂线绕内环轴有偏角时，在外环轴施加修正力矩；反之亦然。

由于修正速度缓慢，一般小于 10°/m，当飞机加速度干扰引起液体开关的液面倾斜时，在短时间内错误修正仅引起自转轴偏离地垂线一个很小的角度。而且，当飞机线加速度或盘旋角速度超过一定值时，会自动切断相应的修正电路，以消除错误修正，提高抗干扰能力。仪表启动前陀螺自转轴处于随意位置，为使自转轴快速重现地垂线，启动时可加大修正力矩或靠锁定装置把自转轴锁在地垂线方向上。

为了防止俯仰角为 90°时外环轴与自转轴重合而使陀螺仪表失去正常工作条件，歼击机地平仪中增设了随动环，将陀螺转子和内、外环都安装在随动环上，而随动环轴平行于飞机的纵轴安装。飞机作任何姿态的机动飞行，随动环都能保证自动轴、内环轴和外环轴三者正交，从而使俯仰角和倾侧角的显示范围均可达到 360°。

陀螺地平仪分为直读式与远读式两种。直读式陀螺地平仪直接通过表的指示机构表示飞机姿态；远读式陀螺地平仪通过装在陀螺仪上的传感元件输出飞机姿态信号，由远距传输系统送到地平指示器进行显示。这种带有信号传感元件的陀螺仪称为垂直陀螺，它作为姿态传感器可向各机载系统提供飞机俯仰和倾侧角信号。歼击机用直读式地平仪，在飞机爬升时，飞机标志移到地平线下方，俯冲时则相反，不符合直观感觉，远读式地平仪能克服这一缺点。

二、陀螺罗经

（一）基本情况

随着航海事业和造船技术的发展，钢铁用于建造舰艇，特别是大中型船舶和潜水艇的出现，使得磁罗经的可靠性和精确度远不能满足要求，人类追求更高精度、更稳定的指向设备的愿望更加迫切。这促使一种新的指向仪器——陀螺罗经(gyrocompass)的问世。1908 年，世界上第一种有实用价值的陀螺罗经由德国安修斯(Antheus)制成(图 6-7)。1909 年，美国斯佩里(Sperry)研制成世界上第二种实用的陀螺罗经(图 6-8)。陀螺测向技术可以说是整个人类测向技术的里程碑，是一个划时代的发明。它显著提升了人类的指向能力，已成为舰船必备的导航装备。

图 6-7　安修斯和安修斯陀螺罗经

图 6-8　MK-14 斯佩里陀螺罗经

陀螺罗经是利用陀螺仪的定轴性测量地球自转矢量，利用摆式器件敏感当地重力矢量，通过控制机构和阻尼机构制成的提供北向基准的设备。与天文等多矢量测姿系统类似，陀螺罗经利用了地球自转矢量和重力矢量两类矢量。但是与天文等多矢量测姿系统通过解算得到航姿信息不同，陀螺罗经是通过控制，直接建立起北向基准并指示航向。下面介绍陀螺罗经的找北原理，这是各种惯性航姿系统的核心原理。

（二）陀螺罗经找北原理

1. 陀螺视运动

地球自转角速度影响当地地理坐标系的运动。为了便于分析，可把地球自转角速度 $\boldsymbol{\omega}_e$ 投影至当地地理坐标系，分解为垂向分量 $\boldsymbol{\omega}_1$ 和水平分量 $\boldsymbol{\omega}_2$。在北半球，水平分量指北，也称北向分量。如图 6-9 所示，$\boldsymbol{\omega}_1$ 沿 ON 方向，$\boldsymbol{\omega}_2$ 沿 OT 方向，且

$$\begin{cases}\boldsymbol{\omega}_1=\boldsymbol{\omega}_e\cos\varphi \\ \boldsymbol{\omega}_2=\boldsymbol{\omega}_e\sin\varphi\end{cases} \tag{6-2}$$

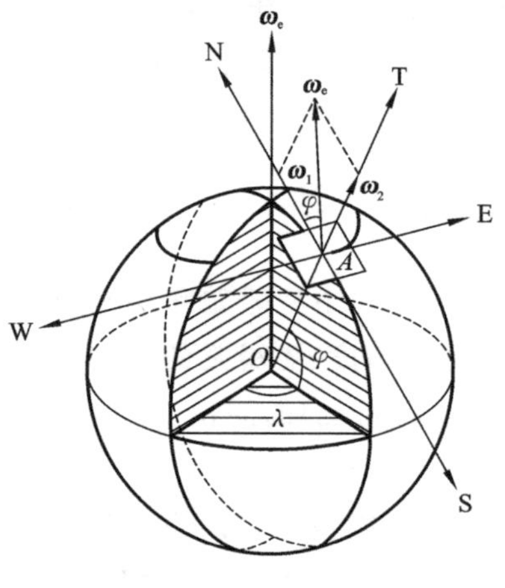

图 6-9　地球自转的分解

在北半球，$\boldsymbol{\omega}_1$ 的物理意义为地平面 ONW 绕 ON 轴以 $\boldsymbol{\omega}_1$ 做东降西升的转动；$\boldsymbol{\omega}_2$ 的物理意义为子午面 ONT 绕天顶轴（OT 轴）以 $\boldsymbol{\omega}_2$ 向西转动。因为陀螺仪的定轴性，在无外力矩的作用下，陀螺主轴将相对惯性空间保持指向不变。所以，地球相对陀螺主轴会有相对运动。由于人们站在地球上，所以会观测到陀螺主轴相对地球的运动，称该运动为视运动。

当陀螺主轴在地平面上的投影位于 ON 轴以东时，由于地平面绕 ON 轴以角速度 $\boldsymbol{\omega}_1$ 做东将西升的转动，而陀螺主轴在定轴性作用下指向不变，因而在我们眼中，主轴高度角会逐渐变大；同理，当陀螺主轴在地平面上的投影位于 ON 轴以西时，主轴高度角会逐渐变小。如果陀螺主轴在地平面上的投影位于 ON 轴上，则由于 ON 轴即为地平面的旋转轴，角速度 $\boldsymbol{\omega}_1$ 不会对陀螺主轴的高度角产生影响，主轴不再发生抬高和降低的视运动。换言之，只有在主轴不在真北的位置上时（偏东或者偏西），主轴才会出现抬高或降低。这个独特的陀螺特性可以帮助获得解决找北问题的方法。

2. 陀螺找北原理

直接测量主轴是否偏离北是困难的，但是利用陀螺主轴不指北就必然会抬高或者降低的独特性，可以将这个困难的找北问题转变为一个较为容易的检测主轴高度角是否抬高或降低的判断问题。可采取以下控制方案加以处理：①主轴偏东时，主轴抬高，并逐渐高于地平面，可以施加力矩控制陀螺向西进动；②主轴偏西时，主轴降低，并逐渐低于地平面，可以施加力矩控制陀螺向东进动；③主轴指北时，主轴高度角不变，不需要施加进动控制力矩。

只要使寻北力矩与抬高角 θ 成正比，就能够实现寻北。通常的方法可以借助于单摆来判断主轴高度角。一旦发现主轴抬高，向陀螺主轴施加一个向西的进动力矩，就可以把偏东的主轴拉向北边；如果看到主轴降低，就向陀螺施加一个向东的进动力矩控制陀螺主轴向北运动。

当主轴向上抬起时使主轴向西进动，当主轴降低时使主轴向东进动。经过一个完整的循环，主轴将描绘出一个以水平面内的南北轴为中心的椭圆轨迹（图 6-10）。这就是陀螺罗经寻北的基本思想。其中，$\boldsymbol{v}_1$是由于 $\boldsymbol{\omega}_1$ 引起的视运动；$\boldsymbol{v}_2$是由于 $\boldsymbol{\omega}_2$ 引起的视运动；$\boldsymbol{v}_3$是寻北力矩引起的主轴进动。

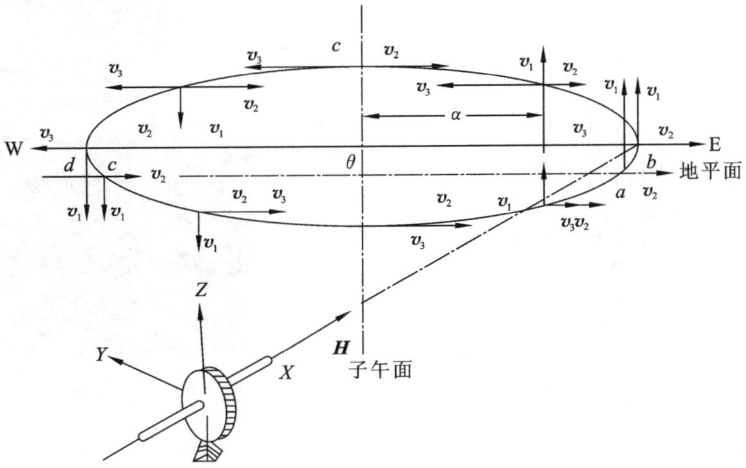

图 6-10　无阻尼情况下主轴的运动轨迹

常用阻尼来保持陀螺主轴维持在南北轴线上，阻尼一般采用方位力矩的形式，力矩与主轴偏离水平面的位置成正比。阻尼间接地减少了方位角进动的幅度。典型的阻尼时间常数是 60～90 min。在重力和阻尼力矩的作用下，陀螺主轴能够逐渐稳定到真北的稳态位置，实现找北的目的。

由上述原理，陀螺罗经是自对准的，需要初始对准过程，并可确保陀螺罗经误差不会引起航向误差随时间增长。典型的陀螺罗经在启动和正常使用之间有约 1 h 稳定时间。

（三）陀螺罗经的种类与特点

1. 陀螺罗经的种类

(1) 摆式罗经。

陀螺罗经依据控制力矩的施加方式可分为重力力矩控制和电磁力矩控制两类，分别称为摆式罗经和电控罗经。摆式罗经是通过将陀螺球的重心下移，对陀螺施加水平力矩，实现自动找北和稳定跟踪的。图 6-11 为安修斯设计的下摆式陀螺仪，其运动控制过程如下：当主轴抬高，说明主轴偏东，重心下移，主轴向北略微抬高，下摆因此产生一个力矩，称之为摆力矩。通过右手定则，力矩方向指西，控制主轴向西进动。当主轴偏西时，主轴下降并低于地平面，摆力矩产生向东进动力矩，控制主轴向东进动。下摆式陀螺仪因此具备了找北能力。如果希望主轴能稳定指北并跟踪地球真北转动，下摆式陀螺仪需要保持微小的抬高角，以使产生西向进动力矩的大小正好等于陀螺仪主轴沿地球真北旋转的角速度。这个状态为稳定态，可以实现航向稳定跟踪。

安修斯罗经设计精巧，影响深远。我国广泛使用的航海型陀螺罗经就是安修斯系列陀螺罗经。航海型陀螺罗经的指向精度高、负载能力强，但全套设备比较庞大。陀螺罗经自问世以来，迄今虽已有近百个型号，但按结构特征划分主要有安修斯、斯佩里、阿玛-布朗三大系列。除上述三大罗经系列外，还有挠性陀螺罗经（如图 6-12 所示挪威的 SKR-80 型和乌克兰的巡航型等）和磁悬浮陀螺罗经（如俄罗斯的海盗型等），但销量均有限。

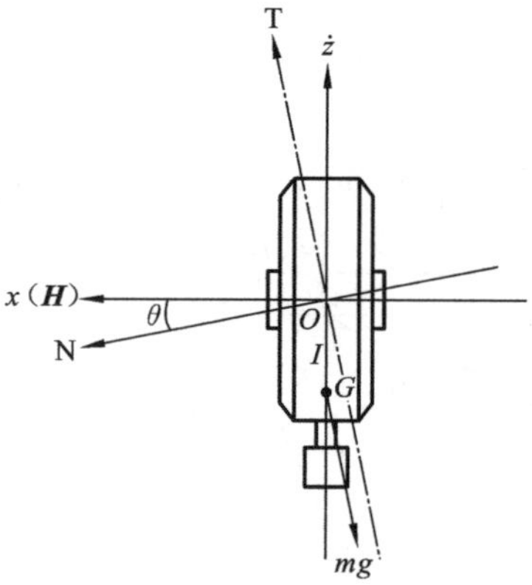

图 6-11　安修斯下摆式陀螺仪

图 6-12　80 型挠性陀螺罗经

(2) 电控罗经。

电控罗经，全称为电磁控制式陀螺罗经，是 20 世纪 50 年代后期逐步发展起来的陀螺罗经。与摆式罗经不同，电控陀螺罗经通过对垂直和水平力矩线圈施加合适的电磁控制力矩，完成自动找北和稳定跟踪。

与陀螺罗经不同，电控陀螺罗经启动时可改变电路参数，调节陀螺罗经水平找北力矩和阻尼力矩系数，缩短罗经稳定时间；电控陀螺罗经在制造时，从结构和电路上采取了改进措施，第二类惯性误差大大减小，基本可忽略不计；电控陀螺罗经一般有两种工作状态，即“方位仪”和“罗经”状态。在高纬度地区，可以采用“方位仪”工作状态。所以，电控陀螺罗经也称为双态罗经。

2. 陀螺罗经的误差

(1) 纬度误差。

地球自转将使陀螺主轴以正比于纬度正弦的速率偏离南北方向，尽管重力和阻尼控制回路将抵消这种偏离，但这种校正仍有滞后，导致罗经产生与纬度相关的航向偏差。这种纬度偏差可以通过施加与纬度相关的补偿力矩来消除其影响，从而消除纬度误差。因此，陀螺罗经需要纬度信息支持。

(2) 速度误差。

船舶相对于惯性空间绕其俯仰轴缓慢转动，从而保持它的 XY 平面平行于海平面。当船以南北方向航行时，船体的俯仰轴与陀螺罗经的不随船转动的转子俯仰轴一致。因此，罗经转子主轴相对于船体绕船的俯仰轴缓慢转动。陀螺罗经的重力控制环路由此会产生一个航向扰动，扰动量正比于 $v_{\mathrm{eb,N}}^{\mathrm{n}}/\cos\varphi$。在中纬度地区，$20\ \mathrm{m\cdot s^{-1}}$ 的南北向速度引入约 $1°$ 的偏移。这种“激增式误差”也可以通过对陀螺罗经输出校正，或者用恢复力矩重对准陀螺主轴的方法校正。因此，陀螺罗经也需要北向速度的信息输入。当船航行在东西方向时，俯仰轴与陀螺罗经转子的主轴一致，所以船的转动不会影响陀螺罗经的控制环路。以飞机的速度，激增式误差不能被有效补偿，所以陀螺罗经不适用于飞机。激增式误差也使陀螺罗经不能在地球的极点工作。

3. 陀螺罗经的特点

与磁罗经相比，陀螺罗经具有指向精度高、工作稳定可靠、可连接多个复示器、可长时间连续工作不需要校正、有利于船舶自动化、不受磁干扰影响、指向误差小等优点。陀螺罗经直接给出真北基准航向，其航向测量数据可以被武器系统、雷达系统、声呐系统、操纵系统等多个系统使用。但它也存在结构复杂、启动时间较长、高纬度精度差等缺点。

第三节　平台罗经

具有测姿能力的惯性设备有很多，如惯性航姿基准、平台罗经等。平台罗经是在陀螺罗经基础上设计的通过建立可以指示地理坐标系的物理平台以实现航姿测量的舰艇导航装备。它不仅为舰艇航行提供可靠航向信息，而且为雷达、武器发射提供航向、水平基准信息，国外称之为稳定式罗经。随着技术发展，捷联航姿系统也已得到广泛应用。捷联航姿系统将在第八章中的捷联惯性导航部分予以介绍，在此简要介绍平台罗经。

第一台平台罗经是1949年由美国斯佩里公司研制成功的，之后各国海军均花费大量的人力、物力研究新一代的平台罗经，先后出现了美国的MK29型平台罗经、AM/WSN-2型平台罗经，法国的MCV-3型平台罗经和德国的PL-41/MK3型平台罗经等。我国从1965年开始平台罗经的研制，多种型号平台罗经已经装备了多型军用及民用船舶。与磁罗经和陀螺罗经相比，平台罗经可以提供较高的姿态精度，系统具有较强的闭环特征，对惯性器件要求没有惯性导航系统苛刻。

一、三轴稳定平台

平台罗经采用三轴稳定平台实现载体航姿测量。三轴稳定平台的三轴由平台台体方位轴、内环轴和外环轴三者组成。按其平台模拟坐标系的不同，三轴稳定平台可以分为空间稳定平台和跟踪平台（第八章将详细介绍）。前者模拟惯性坐标系，不受载体运动和干扰力矩的影响；而后者模拟所需的任一导航坐标系，多数是模拟当地地理坐标系。为使平台坐标系跟踪当地地理坐标系，后者必须在陀螺仪的力矩器中施加修正电流。平台罗经采用跟踪当地地理坐标系的三轴稳定平台。

模拟地理坐标系的三轴稳定平台可以使用单自由度陀螺仪或二自由度陀螺仪。建立一个三轴稳定平台需要三个单自由度陀螺仪或两个二自由度陀螺仪，同时需要采用电磁摆或者加速度计作为重力敏感元件。早期的平台罗经一般都采用电磁摆作为重力敏感元件，电磁摆具有结构简单、体积小、质量轻、成本低的优点，但由于结构上的限制，其性能难以提高。高精度加速度计的出现，克服了电磁摆的缺点，逐步取代了电磁摆。

每一个陀螺仪能够敏感平台绕两个方向的角运动，两个敏感方向相互垂直。平台罗经稳定平台的设计中，只把陀螺仪作为干扰力矩的敏感元件，不直接利用陀螺力矩来补偿干扰力矩，因此不再使用角动量矩大、体积大的框架式陀螺仪，使得陀螺平台的体积和质量得以缩减。两个二自由度陀螺仪相互垂直的三个敏感轴各敏感平台上一个坐标轴方向的干扰力矩，通过相应的稳定电机产生相应控制力矩去抵消干扰力矩。多余的一个敏感轴，可考虑用于修正或监控用。

图 6-13 为简化的平台罗经基本构成，安装陀螺仪和加速度计的三轴惯性平台由外环（横摇环）、中环（纵摇环）和内环（方位环）组成。惯性平台上安装两个相互垂直的东向加速度计和北向加速度计，以及两个双轴陀螺仪。目前陀螺平台的质量由几十千克发展到仅 0.8 kg，外廓尺寸由 0.5 m 以上发展到仅为 0.08 m 的小型陀螺平台。陀螺稳定平台向高精度、高可靠性、低成本、小型化，并对陀螺平台误差进行补偿的方向发展。

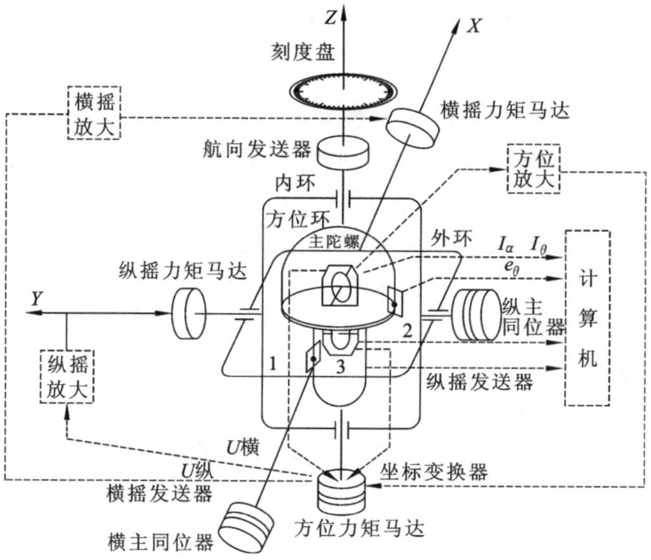

图 6-13　三轴稳定平台

1. 东向加速度计 A_E；2. 北向加速度计 A_N；3. 副陀螺

在存在大机动翻滚的载体上，三轴稳定系统存在闭锁现象。图 6-14(a)给出了一个三轴系统在导弹上安装的情况，其外环轴安装于导弹的俯仰轴方向。这样安装的平台，允许载体在方位轴和俯仰轴方向作±360°的转动，而在滚动轴方向只允许作小于±90°的转动。当滚动角为 90°时，如图 6-14(b)所示，弹体将带动外环转动 90°，使外环和中环在一个平面上，这时的惯性导航平台只有两个自由度，平衡环系统就不能隔离和平衡环面垂直的载体的转动，平衡环的这种现象称为平衡环的闭锁现象。为了避免三轴稳定平台可能出现的闭锁现象，就必须选用四轴稳定平台系统（图 6-15）。

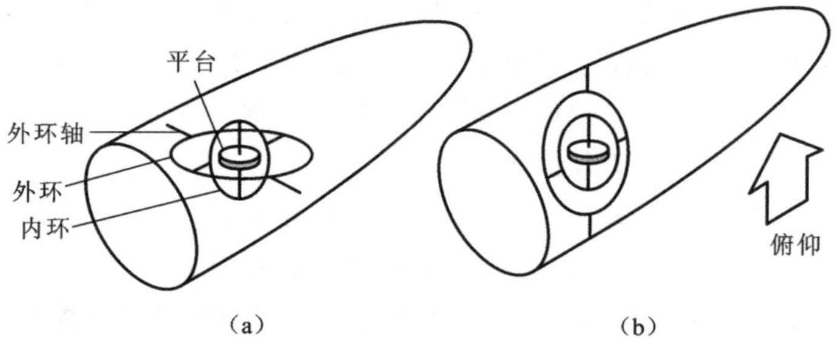

图 6-14　平衡环的闭锁现象

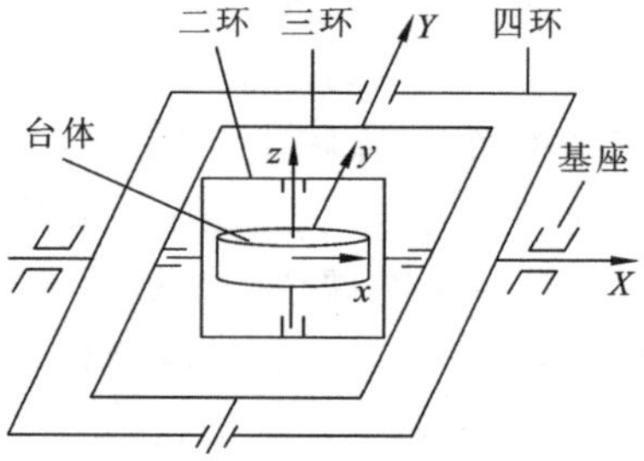

图 6-15　四轴稳定平台

二、工作原理

平台罗经通过陀螺来控制三轴稳定平台跟踪地理坐标系，当三轴稳定平台稳定指向地理坐标系时，通过敏感元件来测量稳定平台相对舰船坐标系的旋转角度，即可获取舰船的姿态角。

（一）控制回路工作原理

图 6-13 中北向加速度计 A_N 和东陀螺 G_E、方位陀螺 G_Z 构成罗经回路，跟踪北向水平；东向加速度计 A_E 和北陀螺 G_N 构成东向水平回路，跟踪东向水平。

平台罗经具有较高的水平精度，在静基座或码头系泊状态下，当三轴惯性平台偏离水平位置时，平台上安装的重力敏感元件能分别敏感出重力加速度的有关分量，重力敏感元件测量值作为水平修正误差信号，经放大器放大，送至平台上的陀螺力矩器，使陀螺仪进动，通过稳定回路带动惯性平台，使惯性平台始终处于水平位置。

在使用加速度计作为重力敏感元件时，由于加速度计测量值是相对惯性空间的，因而要根据下式进行有害加速度和运动加速度补偿，才能从加速度计输出信号中提取反映平台水平偏角的信号：

$$\begin{cases} A_N = \dot{V}_N + W_{BN} + g_\alpha \\ A_E = \dot{V}_E + W_{BE} - g_\beta \end{cases} \tag{6-3}$$

其中，A_N、A_E 为北向和东向加速度计测量值；$\dot{V}_N$、$\dot{V}_E$ 为舰船相对地球沿地理坐标系的北向、东向加速度；W_{BN}、W_{BE}为有害加速度；g_α、g_β 为重力加速度水平分量。

利用加速度计输出的反映三轴惯性平台水平偏角的信息，可以设计合适的控制信号，控制东陀螺、北陀螺和方位陀螺进动，使平台罗经跟踪当地地理坐标系，这种平台罗经的系统方框如图 6-16 所示。

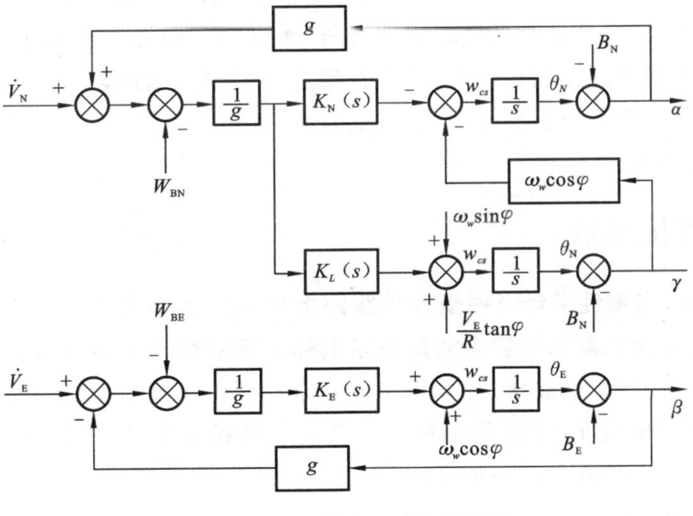

图 6-16　平台罗经系统方框图

经典平台罗经初始对准过程通常分为两步：先是水平调平，然后是方位对准。方位对准在水平调平的基础上进行，一般采用罗经方位对准方法。方位罗经对准利用的是罗经效应，也就是，在正确的平台跟踪当地地理坐标系的角速率控制指令下，如果平台存在方位轴向的偏差角，平台将产生绕东向轴的倾斜，该倾斜能由北向加速度计感测到，利用北向加速度计的输出，并设计适当的控制规律，控制平台方位轴朝减小方位偏差方向转动，实现平台自动寻北。

（二）稳定回路工作原理

通过控制回路，平台罗经的台体具备指北和水平的功能，但还要通过稳定回路与载体的航向、摇摆联系起来，通过坐标变换器送出航向角和纵、横摇角。坐标变换器是三轴稳定平台与两轴稳定平台的一个重要差异。

为了便于说明，假设舰船由向正北行驶改成向东行驶，由于陀螺主轴指北不变，方位传感器就有信号输出，这个信号经过方位稳定回路处理，送出一个电压到方位力矩电机中去，在力矩电机的作用力矩下，陀螺方位传感器的输出信号基本保持为零。因此，尽管舰船改变航向，台体框架仍然动态稳定指北（图 6-17）。

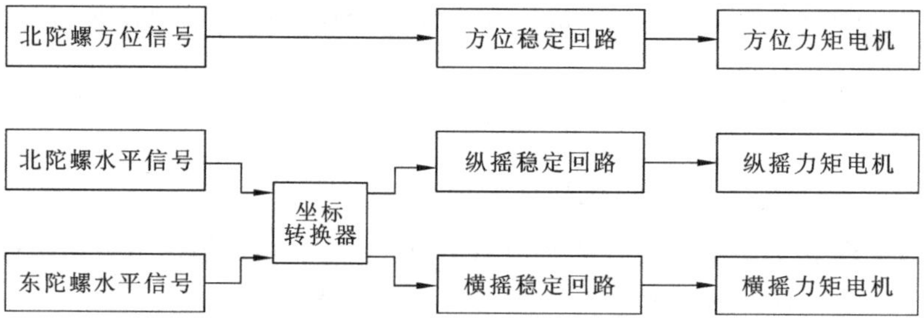

图 6-17　平台罗经稳定回路原理框图

和方位指北的原理一样，当舰船摇摆时，平台罗经通过纵、横摇稳定回路和力矩电机使台体框架保持水平。有一点必须作进一步解释，北陀螺和东陀螺的水平信号传感器，给出的信号是在南北和东西方向陀螺主轴和壳体之间的夹角，而纵摇和横摇力矩电机分别安装在纵摇和横摇框架上，只有在舰船向正北航行时，才能直接进行控制。为此，在方位轴上必须安装坐标转换器，实际上就是一个正余弦旋转变压器，把南北、东西方向的水平夹角转换成纵摇、横摇稳定回路所需的控制信息。

三、航姿角度直接测量

如图 6-13 所示，当惯性平台三根坐标轴跟踪上导航坐标系之后，舰船的姿态角需要通过惯性平台坐标轴上安装的测角装置来测量舰船坐标系相对惯性平台的旋转角度，根据定义所测量的旋转角即为航向角、纵摇角、横摇角三个姿态角。由于平台罗经姿态精度较高，为了确保所测量的舰船姿态角精度，需要采用精度较高的角度敏感元件，下面介绍常用的旋转变压器、感应同步器、光电编码器和自整角机。

（一）旋转变压器

旋转变压器（resolver）简称旋变，是一种输出电压随转子转角变化的信号元件。当励磁绕组中通入交流电时，输出绕组的电压幅值与转子转角成正弦、余弦函数关系，或保持某一比例关系，或在一定转角范围内与转角呈线性关系。它主要用于坐标变换、三角运算和数据传输，也可以作为两相移相用在角度—数字转换装置中。旋转变压器可以单机运行，也可以像自整角机那样成对或三机组合使用。它是一种精密测位用的机电元件，在伺服系统、数据传输系统和随动系统中也得到了广泛的应用。

旋转变压器的典型结构与一般绕线式异步电动机相似，它由定子和转子两部分组成，组成结构如图 6-18 所示。

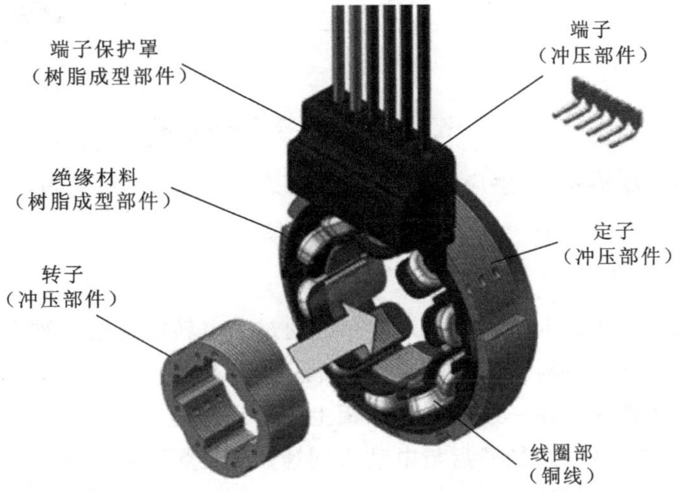

图 6-18　旋转变压器结构示意图

与常规电机一样，给旋转变压器的定子施加单相交流电压励磁时，其转子的两个绕组将通过电磁感应产生感应电动势，这个感应电动势与转子转角之间存在一定关系。按转子感应电动势与转子转角的函数关系，旋转变压器可分为正余弦旋转变压器（与转子的转角呈正弦或余弦函数关系）、线性旋转变压器（与转子转角是线性函数关系）、比例式旋转变压器（可调变比的旋转交压器）和特殊旋转变压器（与转子转角呈正割函数、倒函数、弹道函数、圆函数或对数函数等关系）。

旋转变压器还有其他分类方法。若按有无电刷与滑环之间的滑动来分，可分为接触式和无接触式两种；按电机的对极数多少来分，可分为单对极和多对极两种。

（二）感应同步器

感应同步器（inductosyn）是一种用于测量转角的精密传感器。它的工作原理与旋转变压器的原理相似，其特点是极对数相当多，通常有数百对极。感应同步器的主要优点是精度高、抗干扰性能好、结构简单、工作可靠，对环境要求不高，而且寿命长、成本低、便于批量生产。目前使用圆感应同步器作传感器的轴角—数字转换器的测角分辨力可达 0.5″。正是由于感应同步器的这些优点，它得到了广泛的应用。例如，圆感应同步器可用于火炮射击控制、导弹制导、导航和卫星跟踪等。

圆感应同步器也是由转子和定子两部分组成，绕组分布情况如图 6-19 所示，与正余弦旋转变压器相似，其转子绕组也分为正弦绕组和余弦绕组，输出的感应电动势与转子转角之间呈正、余弦关系。

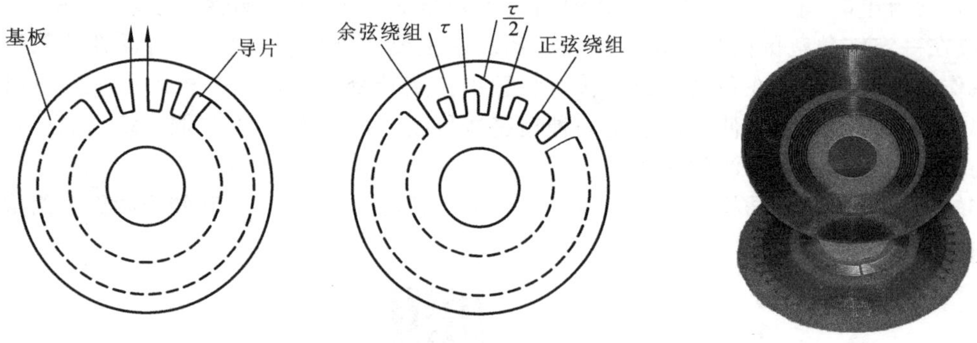

(a) (b) (c)

图 6-19 圆感应同步器结构示意图

与正余弦旋转变压器相比，感应同步器具有精度高、制造方便、坚固耐用、对环境适应性强和维护简便等优势。

（三）光电编码器

光电编码器(photoelectrical encoder)是一种通过光电转换将输出轴上的机械几何位移量转换成脉冲或数字量的传感器。这是目前应用最多的传感器。光电编码器是由光栅盘和光电检测装置组成的。光栅盘是在一定直径的圆板上等分地开通若干个长方形孔。由于光电码盘与电动机同轴，电动机旋转时，光栅盘与电动机同速旋转，经发光二极管等电子元件组成的检测装置检测输出若干脉冲信号，其原理示意图如图 6-20 所示。通过计算每秒光电编码器输出脉冲的个数就能反映当前电动机的转速。

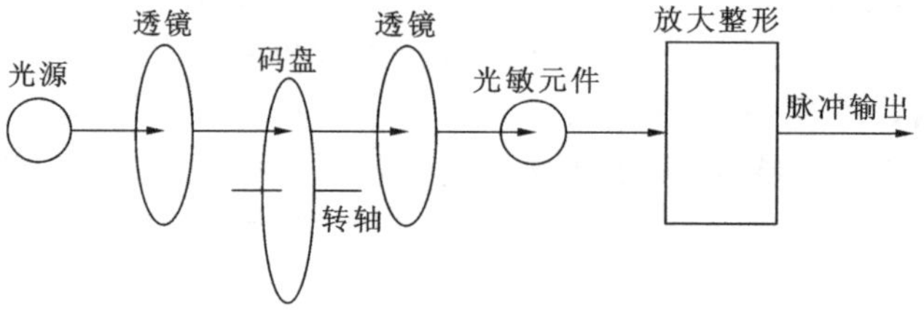

图 6-20 光电编码器原理示意图

根据检测原理，光电编码器可分为光学式、磁式、感应式和电容式；根据其刻度方法及信号输出形式，可分为增量式、绝对式以及混合式三种。

（四）自整角机

自整角机属于自动控制系统中的测位用微特电机，有力矩式和控制式两种，其用途不同。力矩式自整角机用作远距离转角指示，即将机械角度变换为力矩输出，但无力矩放大作用，接收误差大，负载能力较差，其静态误差范围为 0.5°～2°，但可直接驱动负载。力矩式自整角机只适用于轻负载转矩及精度要求不太高的开环控制的伺服系统里。控制式自整角机作为角度和位置的检测元件，可以将转角转换成电信号或将角度的数字量转变为电压模拟量，精密程度较高，误差范围仅有 3′～14′，但不能直接驱动负载，需要与执行电机配合使用。控制式自整角机用于精密的闭环控制的伺服系统中是很适宜的。

在使用时，自整角机需要成对使用，一个用于发出信号，另一个用于接收信号。对于控制式自整角机，发送机称为 ZKF，接收机（变压器）称为 ZKB；对于力矩式自整角机，发送机称为 ZLF，接收机称为 ZLJ。

如图 6-21 所示，与旋转变压器相同，自整角机也是一种特殊的电机，由定子和转子组成，不同的是自整角机的定子有三个星形连接，彼此相差 120°的绕组 D_1、D_2 和 D_3；而转子则只有一个绕组 Z_1Z_2，工作时转子绕组 Z_1Z_2 接激磁电源，产生器件工作所需要的交变磁场。

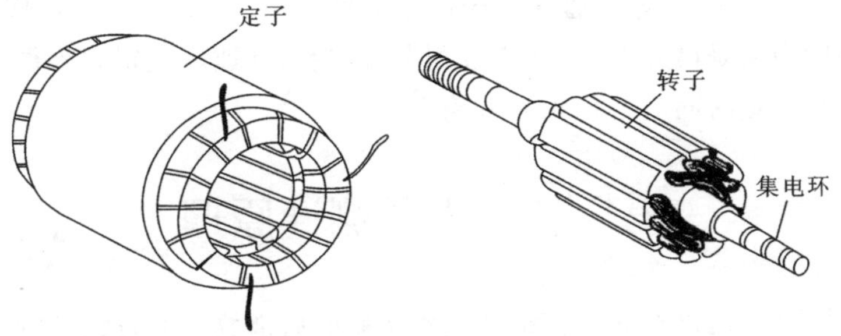

图 6-21　自整角机定子和转子结构

对于力矩式自整角机，工作时 ZLF 和 ZLJ 的转子连接相同的激磁电压，定子的三个绕组对应一一配对连接。在电磁感应作用下，ZLF 和 ZLJ 结构参数一致，当其转子位置一致时，双方定子产生大小相同的感应电动势，因此定子绕组电势差为零，无感应电流；当 ZLF 与 ZLJ 转子位置不同时，电势差不为零，产生感应电流，在感应电流作用下，驱动 ZLJ 转子转动，直到其与 ZLF 转子位置相同。

对于控制式自整角机，工作时 ZKF 的转子连接激磁电压，定子的三个绕组对应一一配对连接。在电磁感应作用下，ZKF 定子产生感应电动势，定子回路产生感应电流，使得 ZKB 定子产生感应磁场，在感应磁场作用下，ZKB 转子产生感应电动势。这个感应电动势与 ZKF、ZKB 转子差角的余弦成止比，因此可用于检测计算 ZKF、ZKB 转了差角。在与实行电机配合使用时可驱动 ZKB 跟踪 ZKF。

思　考　题

1. 在地球的南半球，地球的垂向分量对陀螺视运动会有什么影响？
2. 简述陀螺北向保持的原理。
3. 简述下摆式陀螺罗经的找北原理。
4. 简述平台罗经的基本测姿原理。
5. 简要列举主要的角度测量器件。
6. “反者，道之动”是《道德经》中的重要论述，其与自动控制理论中重要的“反馈”概念有内在的一致性，也是对于控制系统设计和理解的关键，联系安修斯陀螺罗经下摆式找北原理的设计，进一步加深对这一中国传统哲学思想的认识。

第七章　速 度 测 量

速度测量对于载体的航行控制、位置推算、航行计划等都有十分重要的作用。速度是一个常见的基本物理量，与许多物理量有密切关系，其测量手段方法多样，如船舶上的计程仪、飞机上的空速管、汽车上的里程计等。速度和距离有着密不可分的关系，在处理实际问题的过程中，如果物体位移的距离是已知的，那么通过测量时间量，其速度便很容易得到；如果物体速度是已知的，那么其在一定时间后的位置亦可确定。

第一节　主要测速原理

老式的扇形计程仪，通过卷轮将打结的绳索从船的后部放下去，通过数放下绳索的打结数来确定舰船航向，因此“节”成为航海领域通用的速度单位。如今，计程仪已发展出电磁式计程仪、多普勒计程仪及声相关计程仪。陆地载体的测速一般采用里程计它通过测量车轮转动来测量行程。该项技术的出现可追溯到中国西汉时间记理鼓车，如今已成为所有道路车辆的标准设备。现在，人们可以通过步程计自动实现行人的步程计数，也可以用加速度计更复杂的步行航位推算技术(pedestrian dead reckoning，PDR)计算出步长。飞行器可以通过雷达地面回波的多普勒频移确定其飞行速度，也可以采用环境特征跟踪的方式，通过比较连续的摄像机、雷达或激光扫描图像确定其飞行速度。速度测量的方法很多，大致可以分为基于运动学原理、基于动力控制系统和通过物理效应直接测速等几类。本章将对此进行介绍。

一、基于运动学原理的速度解算

基于运动学原理的速度解算，即从几何的角度(指不涉及物体本身的物理性质和加在物体上的力)描述和研究物体位置点随时间变化规律的力学分支。点的运动学分支研究点的运动方程、轨迹、位移、速度和加速度等运动特征，所以速度的测量都可以基于运动学的原理而得到。

(一) 基于位移计算速度

通过载体位移、运动时间与速度之间的关系，可以计算载体速度。

$$V=\frac{\Delta S}{\Delta t} \tag{7-1}$$

对与固定已知的位移 ΔS，测量点通过 ΔS 所需要的时间，需要利用计时技术支持；对于固定已知的时间段 Δt，在 Δt 的起始时刻和结束时刻观测点的位置，需要利用定位技术支持；或者同时测量和计算 Δt、ΔS，求取载体速度。

下面举几个简单的应用例子。

例 1　ΔS 已知，测量 Δt：船舶叠标(transit beacon)测速、声相关测速。

航海上的叠标是指业务部门选择适当水深和勘测水域，在岸边建立的经精确测量且带有专用顶标的 2～3 组重叠物标，叠标线相互平行，叠标线之间的垂直距离一般为 1 nmile、2 nmile、3 nmile(图 7-1)。通过叠标来观测航线的起止点，用秒表记录时间，相除就得到真实速度。

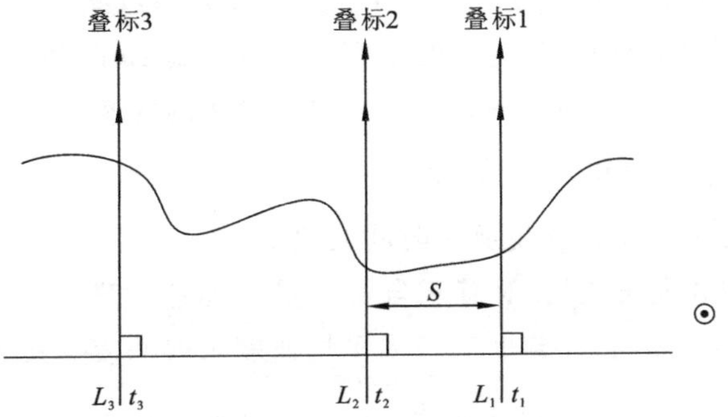

图 7-1　船舶叠标测速

采用叠标进行船舶测速的具体步骤如下：测速时舰船保持航速不变，以与叠标线垂直的航向航行，当第一组叠标重叠时，记下时间 t_1；当第二组(或第三组)叠标重叠时，再记下时间 t_2。因测速线长度 S 已知，故可按下式求得对应于一定主机转速的舰速(V 的单位为 kn，t 的单位为 s)：

$$V=\frac{S}{t_2-t_1}\times 3600$$

声相关测速将在本章第五节进行详细介绍。

例 2　ΔS 已知，测量 Δt：汽车的标示点测速。

汽车生产厂家为检验汽车的安全性能要进行撞击试验，其中需要从外部测量汽车的速度。一种通常的做法是：在车辆表面涂上标记，这些标记间的距离已知，通过光学测量不同标记通过的时间差，就可以计算得到汽车的速度。

例 3　同时测量和计算 Δt、ΔS：船舶 GPS 测速。

由于 GPS 卫星导航系统可以提供精确的位置和时间信息，只要正确使用这些信息，也可以测定舰船航速。首先选择好合适的海域和测试时机，保持船舶匀速直航，然后使用 GPS 记录起始点和终点的位置和时间信息。测试多组数据，根据公式计算舰速 V(ΔS 的单位为 nmile，V 的单位为 kn)。

常用的航程计算公式如下：

当 $\varphi_S\neq\varphi_E$ 时，

$$\Delta S=\left|\frac{\varphi_S-\varphi_E}{\cos\left[\tan^{-1}\left(\frac{\lambda_S-\lambda_E}{\varphi_S-\varphi_E}\cos\frac{\varphi_S-\varphi_E}{2}\right)\right]}\right| \tag{7-2}$$

当 $\varphi_S\approx\varphi_E$ 时，

$$\Delta S=\left|(\lambda_S-\lambda_E)\cos\frac{\varphi_S+\varphi_E}{2}\right| \tag{7-3}$$

航速计算公式见式(7-1)。

例 4 Δt 已知，测量 ΔS：汽车里程计(odometer)测速。

汽车里程计是用来记录汽车行驶距离的装置，数据来自于传动系统输出端(如变速箱输出轴或车轮等)的转速。当固定时间 Δt(如 1 min)时，可以先通过测量车轮转速(如每分钟转数)和已知的车轮周长(即车轮转动一圈走过的距离)，计算得到 Δt 时间内汽车的行驶里程 ΔS；再用汽车行驶里程除以行驶时间，即可得到汽车在这段时间内的速度。

(二) 基于加速度矢量积分计算速度

加速度是速度变化量与变化发生所用时间的比值 $\Delta V/\Delta t$，是描述物体速度变化快慢的物理量，通常用 a 表示，单位是 m/s^2。对基于自身测量的加速度进行积分可以得到速度。当一段时间内的加速度 $a(t)$ 已知时，一定时间段内平均速度求取的表达式为

$$V(t)=\int_{t_0}^{t}a(t)\mathrm{d}t+V(t_0) \tag{7-4}$$

其中，t_0 是物体以恒定加速度 $a(t)$ 行驶的初始时刻；$V(t_0)$ 是 t_0 时刻物体的初速度；$V(t)$ 是从 t_0 时刻到 t 时刻这段时间内物体的平均速度。

通过物体的加速度来测量其速度是惯性导航常用的测速方法。惯性导航系统利用加速度计直接获得物体在某一方向上的加速度，从而解算载体速度。关于惯性导航测速将在第八章进一步介绍。

二、基于动力系统的速度测量

动力系统简单地说就是提供动力的装置，如汽车、飞机的发动机，船舶的主机。汽车发动机提供动力使车轮转动，从而带动汽车移动。运用例 4 的知识我们知道，通过车轮转速及车轮的周长可以粗略地算出汽车行驶的速度：设车轮转速为 N，车轮直径为 L，车速为 V，则

$$V=N\pi L \tag{7-5}$$

由于飞机和船舶是通过发送机和主机带动螺旋桨推动载体移动，因而主机转速不能准确地指示速度，但是这些数据可以反映载体当时的速度情况。通过动力系统测量速度可以将直线运动测量转化为转动变化测量，从而给速度测量增添了一种近似方法。

三、基于物理效应的速度测量

与速度相关的物理效应很多，如伯努利效应、法拉第效应、多普勒效应等。根据这些物理效应可以设计出多种类型的测速装置，如船舶常用的水压式计程仪(伯努利效应)、电磁计程仪(法拉第效应)、多普勒计程仪(Doppler velocity log，DVL)(多普勒效应)等。船舶就是依据各种计程仪通过时间积分计算其累计里程。计程仪进一步与航向测量设备组合，还可以实现推算定位，在起始点已知的情况下推算载体实时位置。基于物理效应的速度测量方法是载体速度测量的主要方式。

第二节　伯努利测速

利用伯努利原理进行测速的设备有很多种，最常见的就是舰船的水压计程仪和飞机的空速管。

一、伯努利水压测速原理

伯努利原理(Bernoulli principle)由荷兰数学家、物理学家丹尼尔·伯努利(Daniel Bernoulli)在1726年提出。其主要内容是：在水流或气流里，如果速度小，压强就大；如果速度大，压强就小。伯努利原理是在流体力学的连续介质理论方程建立之前提出的，其实质是流体的机械能守恒，即

动能＋重力势能＋压力势能＝常数

伯努利原理最著名的推论为：等高流动时，流速大，压力就小。伯努利原理有广泛的应用，如喷雾器、汽油发动机的汽化器，以及球类比赛中的“旋转球”都会用到伯努利原理。同样，伯努利原理可以应用于载体的速度测量。

根据伯努利原理，理想流体作稳恒流动时，在同一流线中各截面上的动能、势能和压强之和保持不变，其方程表示为

$$\frac{1}{2}mv^2+mgh+pV=C \tag{7-6}$$

其中，m 为流经截面液体的质量；v 为液体流动的速度；g 为重力加速度；h 为液体截面相对基准面的高度；p 为液体截面上的压强；V 为流经截面液体的体积。

令 $\gamma=\frac{mg}{V}$，γ 为液体比重，对式(7-6)进行变换得

$$\frac{v^2}{2g}+h+\frac{1}{\gamma}p=C' \tag{7-7}$$

通常假设海平面为水平面，海水相对于舰船的流动则可视为水平流动。为了测量舰船相对于海水的速度，在其水线以下伸出两根导压管A和B(图7-2)。导管A管口朝向舰艏，迎着流向，管截面垂直舰船运动方向；导管B管口向下，管截面与舰船运动方向平行。当舰船相对海水静止，即相对运动速度 $v=0$ 时，A、B两管内压强相等，均为静压强。静压强大小和舰船的吃水深度成正比。当舰船相对海水以速度 $\boldsymbol{v}$ 运动时，B管管口与水流方向平行，不受水流冲击，B管压强仍为静压强，B管称为静压管；而A管由于迎着水流，因而内压强除了静压强外还有海水冲击所产生的动压强，A管称为全压管。

在全压管口中心 a 处，取一股与舰船吃水线平行的极细小的水流，并视之为一条流线，它的流动速度等于海水相对舰船运动的速度 v；在这条流线上，再任取一点 b；分别令 P_a、P_b、v_a、v_b 表示 a、b 两点海水的压强和流速。对 a、b 两点列写伯努利方程有

$$\frac{v_a^2}{2g}+h+\frac{P_a}{\gamma}=\frac{v_b^2}{2g}+h+\frac{P_b}{\gamma} \tag{7 8}$$

在点 a 处，因水流受A管内水柱阻碍，不能继续向前流动，故其流速 $v_a=0$；在点 b 处，水

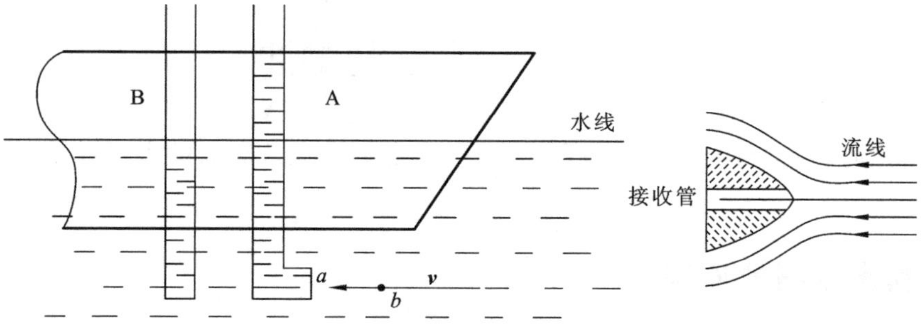

图 7-2　水压式计程仪测速原理示意图

流不受阻碍，其流速仍等于舰船相对于海水的运动速度，即 $v_b=v$，代入式(7-8)，化简得

$$P_a=\frac{\gamma}{2g}v^2+P_b \tag{7-9}$$

由式(7-9)可知，P_b 为水深 h 所产生的静压强，P_a 除了水深 h 所产生的静压强外，还包括动压强 P_d：

$$P_d=P_a-P_b=\frac{\gamma}{2g}v^2 \tag{7-10}$$

若海水的比重 $\gamma=1\ \mathrm{g/cm^2}$，$g=981\ \mathrm{cm/s^2}$，舰船速度单位为 kn，则有

$$P_d=3.5728v^2(\mathrm{kg/cm^2})$$

令 $\rho=\gamma/g$，则化简式(7-10)可得

$$v=\sqrt{2P_d/\rho} \tag{7-11}$$

因此，当水的密度 ρ 一定时，只要测出舰船航行时所受到的动、静压力差，就可以求出舰船的航速。

二、水压式计程仪

水压式计程仪(pressure log)是根据伯努利原理来测量舰船运动速度的。它是应用相对于船舶航行水流的动压力与航速平方成正比的原理，以指示航速和航程的计程仪。通过压差传感器测量动、静压力差，计算舰船相对海水的运动速度。

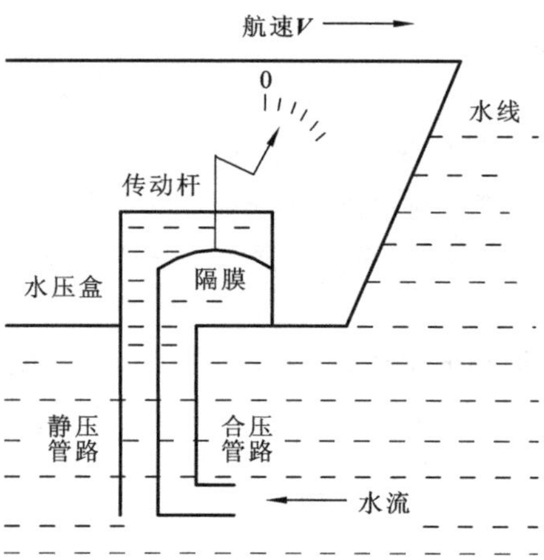

图 7-3　水压式计程仪原理示意图

如图 7-3 所示，测量动压力最典型的装置是由静压管路、合压管路和水压盒组成的水压系统。在舰船底部安装两路管道：一路管口朝向海底，海水静压力经过它传递到水压盒，称为静压管路；另一路管口朝向船艏，海水的静压力及在管口处受到的由舰船和海水之间的相对运动而产生的动压力经过它传送到水压盒，称为合压管路。水压盒装在水线以下的舱室内，其内部有隔膜分为上、下两个腔室。上腔室与静压管路相通，来自静压管口处的静压力经静压管路传递后自上而下作用在隔膜上。下腔室和合压管路相通，自下而上作用在隔膜上

的有来自合压管口处的静压力和动压力。当静压管口和合压管口离海面距离相当时，所受的海水静压力几乎相等。因此，隔膜上、下所受的静压力是相等的，互相抵消后，只剩下由合压管路传递的动压力部分，使隔膜向上变形，产生输出，推动指针指示出航速。

水压式计程仪的特点是：工作性能可靠，中速和高速的测速精度较好，低速的测速精度和灵敏度较差。而且其水压系统的皮托管伸出船底长约 300～900 mm，当船舶航经渔区和进出港时，必须收起。随着传感技术的广泛应用，新一代的水压式计程仪采用了智能化压差传感器测量动压强，精度和可靠性均得到较大提高。

三、空速管

空速，指飞行器相对空气的速度的前向分量。测量朝前安装的空速管（测量动压）和固定在飞行器侧面的空速管（测量静压）的压力差，就可以得到空速。

需要注意的是，水压式计程仪和空速管测量的均为相对速度。水压式计程仪测量出来的速度并非是船舶相对于海底的速度，而是相对于水的速度，即属于相对计程仪。当有海流时，船舶相对于海底的真实速度还需要加上流速（顺流航行）或减去流速（逆流航行）。此外，其测量的流速误差还和水的密度有关。空速管与之类似。在进行速度计算和处理速度误差时需要注意。

第三节　法拉第测速

一、法拉第原理

根据法拉第电磁感应定律（Faraday law of electromagnetic induction），当导体与磁感应强度为 B 的均匀磁场间有相对运动时，导体切割磁力线，在其两端会产生感应电动势 E（图 7-4）。如果导体的有效长度为 L，且 B、L、V 三者互相垂直，则有

$$E=BLV \tag{7-12}$$

如果该磁场是一交变磁场，$B=B_m\sin\omega t$，则所产生的感应电动势 e 将与 B 以相同规律变化：

$$e=B_m LV\sin\omega t=E_m\sin\omega t \tag{7-13}$$

可见，感应电动势的幅值 E_m 与速度 V 成正比，只要测得感应电动势的幅值，就可以求出导体的运动速度：

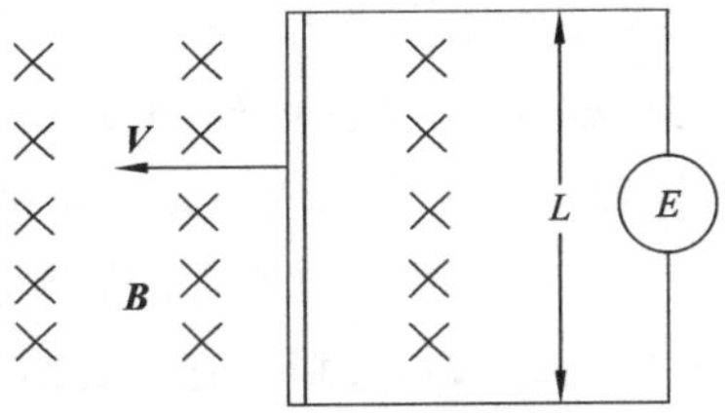

图 7-4　法拉第电磁感应定律

$$V=\frac{E_m}{B_m L} \tag{7-14}$$

二、电磁计程仪

海水是一种连续的导电介质，当在这种介质中建立交变磁场时，如果磁场与介质存在相对运动，那么在通过介质的任何闭合回路中将产生电动势。

电磁式计程仪（electromagnetic log）是根据磁场中运动导体内部的感应电动势与速度之

间的关系来测量舰船航速的。电磁计程仪通常用电磁式传感器来测量感应电动势，它由激磁和感应电极两部分组成。激磁部分产生交变的磁场，感应部分检测与速度成正比的感应电动势。常用的传感器有平面型和测量杆型两种。

图 7-5 为平面型传感器，激磁线圈绕在“山”字形铁芯上，感应电极在底部，浸在海水中并以导线引出。整个传感器安装在船底，与船底齐平，两电极的连线与舰艏艉线相互垂直。

图 7-6 为测量杆型传感器，由测量杆和测量头两部分所组成。激磁线圈绕在测量头内的条形铁芯上，外面包以玻璃纤维层，左右各有一个感应电极，其中心连线与舰艏艉线相互垂直。工作时，通过升降机构将测量头伸出船底一定距离，通常为 350～500 mm。

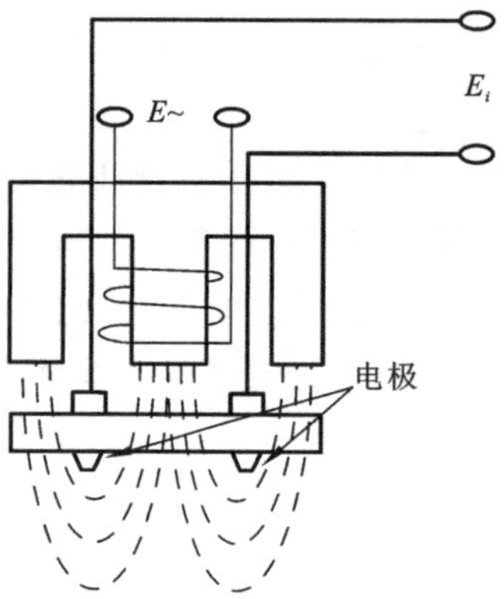

图 7-5　平面型传感器

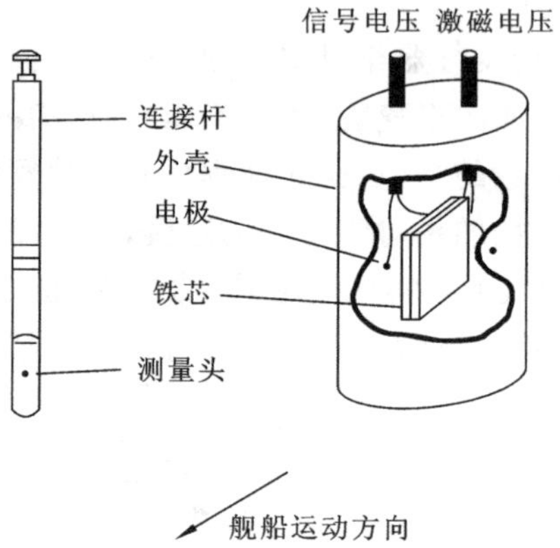

图 7-6　测量杆型传感器

仪器工作时，传感器激磁线圈在舰船底部产生一个随舰船一起运动的交变磁场，两电极间的海水作为导体。舰船运动时，舰船底部的磁力线被两电极间的海水切割，于是两电极之间产生了与速度成正比的感应电动势。

电磁计程仪应用电磁感应原理来测量船舶航速和累计船舶航程。该计程仪虽然属于一种相对计程仪，但其优点是：电磁传感器所测量的感应电动势与航速呈线性关系，不仅测速灵敏度高，而且具有很宽的航速测量范围，尚可测量船舶后退航速；不受水域的水文条件如密度、温度、盐度、压力和导电率等的影响；感应电动势是瞬时产生的，能反映船舶瞬时航速变化，测速精度较高；等等。因此，它是目前采用比较普遍的一种计程仪。电磁计程仪同水压式计程仪一样，测量出来的速度并非是船舶相对于海底的速度，而是相对于水的速度，即属于相对计程仪。

第四节　多普勒测速

一、多普勒效应

1842 年奥地利物理学家多普勒(Christian Doppler)发现一种现象：如果发射的某种稳定频率的波源与观测者之间有相对运动的话，那么观测者接收到的频率与波源发出的频率不同。当两者互相接近时，接收到的频率升高；反之，接收到的频率变低。

在日常生活中我们经常发现这些现象：当一列列车鸣着汽笛呼啸着急驰过车站时，在车站的人听到汽笛的声音的高低随着他与列车之间距离的变化而改变。当列车由远方逐渐驶近时，观测者听到的汽笛声越来越尖，频率变大；而当列车从身旁急驶而过并逐渐远去时，观测者听到的汽笛声逐渐由高变低，频率变小。这就是多普勒效应。

现在以声源发射脉冲信号为例从时域上分析多普勒效应，以便得出适合于任意脉冲波形的一般表示式。

考虑收/发换能器合置的情况。目标以速度 v 向声呐运动。在 $t=0$ 时刻，声呐与目标相距为 L，声速为 c。声源向目标发射一个脉冲宽度为 T、频率为 f 的信号(图 7-7)。脉冲前沿到达目标，经目标反射回到接收点的时间为 t_1，则在 t_1 时间内目标向声呐靠近了 $\frac{1}{2}vt_1$ 距离(图 7-7(a))，因此有

$$L=\frac{vt_1}{2}+\frac{ct_1}{2} \tag{7-15}$$

从而得到前沿往返时间为

$$t_1=\frac{2\frac{L}{c}}{1+\frac{v}{c}}=\frac{2\frac{L}{c}}{1+x} \tag{7-16}$$

其中，$x=v/c$，即相对运动速度与声速的比值。

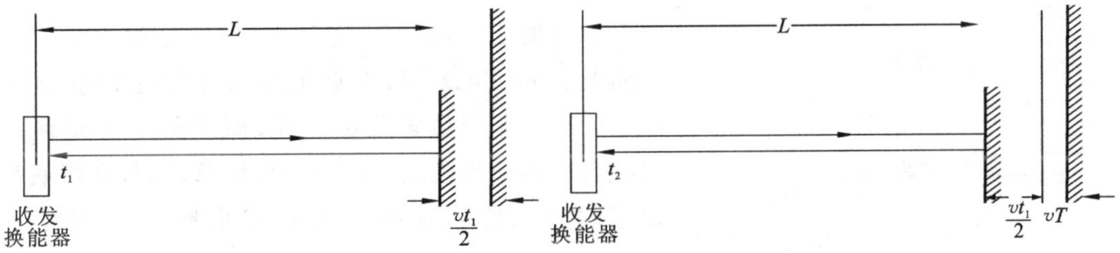

(a) 脉冲前沿往返情况　　(b) 脉冲后沿往返情况

图 7-7　时域多普勒效应分析

当脉冲后沿离开换能器表面时，目标已向声呐靠近了 vT 距离(图 7-7(b))。若其往返时间为 t_2，在 t_2 时间内目标又向声呐靠近了 $\frac{1}{2}vt_2$，因此有

$$L=\frac{vt_2}{2}+vT+\frac{ct_2}{2} \tag{7-17}$$

由此得到

$$t_2=\frac{2(L-vT)}{c+v}=\frac{2\frac{L}{c}-2xT}{1+x} \tag{7-18}$$

由式(7-16)和式(7-18)可知，前、后沿所需往返时间不同，其差值为

$$t_1-t_2=\frac{\frac{2L}{c}}{1+x}-\frac{\frac{2L}{c}-2xT}{1+x}=\frac{2xT}{1+x} \tag{7-19}$$

因此，接收信号的脉宽 T_r 为

$$T_r=T-(t_1-t_2)=T-\frac{2xT}{1+x}=\frac{1-x}{1+x}T \tag{7-20}$$

这说明，当声源与接收器之间存在径向运动速度时，一个脉冲信号会被压缩（相向运动时）或展宽（相离运动时）。如果 T 就是一个周期，那么说明接收信号的周期 T_r 变化了。因此接收信号频率变为

$$f_r=\frac{1}{T_r}=\frac{1+x}{1-x}\frac{1}{T}=\frac{1+x}{1-x}f \tag{7-21}$$

其中，f 为发射信号频率；$x=v/c$。当声源与目标均运动时，v 应为声源和目标两者径向运动速度之代数和。

多普勒计程仪（Doppler log）是根据超声波在水中传播时的多普勒效应来测量舰船航速的。

二、多普勒计程仪的工作原理

在舰船底部安装一收发兼用换能器，以固定波束俯角 θ 向舰艏海底方向发射频率为 f_0 的超声波脉冲信号，并接收经海底反射回来的回波信号（图 7-8）。

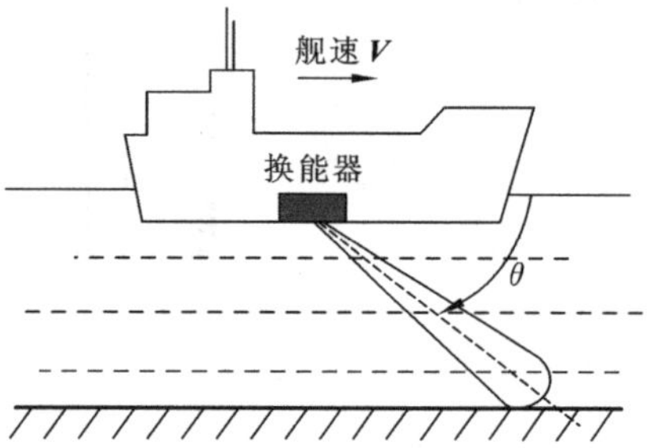

图 7-8　多普勒计程仪基本工作原理

如果舰船以速度 V 运动，可将它分解为沿着发射方向的分量 $V\cos\theta$ 和垂直于发射方向的分量 $V\sin\theta$。$V\sin\theta$ 分量不产生多普勒效应，而 $V\cos\theta$ 分量使声源（换能器）相对接收点（海底反射处）移动，故在海底反射处接收到的信号频率 f_1 相对发射频率 f_0 发生了偏移，为

$$f_1=f_0\frac{C}{C-V\cos\theta} \tag{7-22}$$

其中，C 为超声波在海水中传播的速度；θ 为波束中线与海平面的夹角，称为波束俯角。

当声波 f_1 从海底返回时，接收点相对声源（海底反射处）移动，故在接收换能器处接收到的回波信号的频率为

$$f_2=f_1\frac{C+V\cos\theta}{C}=f_0\frac{C+V\cos\theta}{C-V\cos\theta} \tag{7-23}$$

显然，发射信号和接收到的回波信号之间存在多普勒频移：

$$\Delta f=f_2-f_0=2f_0\frac{V\cos\theta}{C-V\cos\theta} \tag{7-24}$$

由于因舰船运动引起的声源沿波束传播方向的速度分量 $V\cos\theta \ll C$，所以有

$$\Delta f=2f_0\frac{V\cos\theta}{C} \tag{7-25}$$

或

$$V=\frac{C}{2f_0\cos\theta}\Delta f \tag{7-26}$$

可见，只要测得多普勒频移 Δf，就可求得舰船航速 V。这就是多普勒计程仪测量舰船对地速度的基本依据。但是，当舰船在波浪中航行时，由于受垂直方向速度 U 的影响，声源在超声波发射方向上的实际传播速度为 $V\cos\theta-U\sin\theta$。因此，实际产生的多普勒频移为

$$\Delta f_F=f_2-f_0=2f_0\frac{V\cos\theta-U\sin\theta}{C} \tag{7-27}$$

这时，若仍按式(7-26)求解航速就不准确了。为消除舰船垂直方向的速度对测速的影响，通常采用双波束法。即增设一个换能器，采用同样的频率和俯角同时向舰艉海底方向发射超声波(图 7-9)。由它所得到的多普勒频移为

$$\Delta f_A=2f_0\frac{-V\cos\theta-U\sin\theta}{C} \tag{7-28}$$

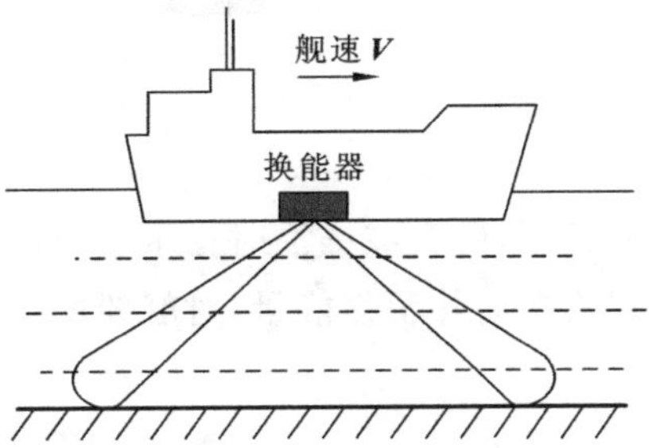

图 7-9 双波束法测量舰船的速度

利用向前和向后这两个换能器得到多普勒频移，求它们的差：

$$\Delta f'=\Delta f_F-\Delta f_A=4f_0\frac{V\cos\theta}{C} \tag{7-29}$$

可得

$$V=\frac{\Delta f'C}{4f_0\cos\theta} \tag{7-30}$$

由式(7-30)可见，采用双波束后，$\Delta f'$ 与航速 V 呈线性关系，而与垂直方向速度 U 无关。且在同样的条件下，其频移量比单波束增大一倍，有利于提高测量的灵敏度。采用双波束后，当舰船发生摇摆和倾斜运动时，由前、后两个换能器敏感到的与垂直方向速度有关的多普勒频移量虽然不完全一样，但大部分仍可抵消，这样，垂直方向速度对测速精度的影响也可以减弱。因此，实际的多普勒计程仪都采用双波束法测量舰船的速度(图 7-10)。

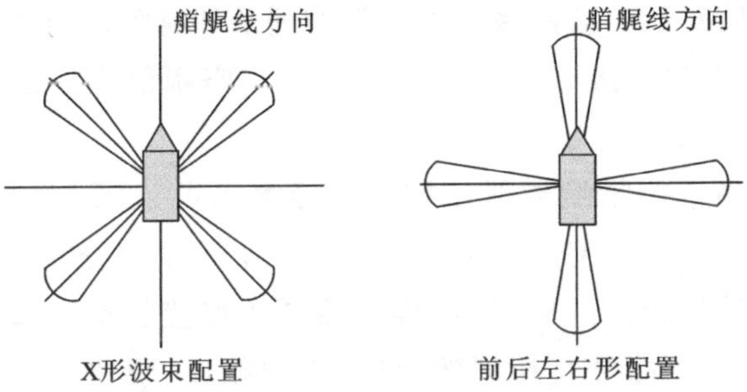

图 7-10 四波束配置

因为多普勒计程仪是根据声波的多普勒效应来测量舰船相对于海底运动速度的，所以会受到水文条件的影响，当海水深度超过数百米时，声波主要被海洋水层中的水团质点所反射，此时它测量的是舰船对水速度。所以多普勒计程仪可以用水层跟踪和海底跟踪两种方式工作。多普勒计程仪测速精度高(最低测速门限约为0.01 kn，航程精度为 0.2%～0.5%)。当在双波束的基础上增加两个波束，即四波束杰纳斯型(Janus)配置(图 7-11)，则系统不仅可以测量舰船纵向的前进和后退速度，而且还可以测量舰船的横向速度，特别适合大型舰船进出狭

(a)　　　　(b)

图 7-11　多普勒计程仪

窄航道、靠码头或锚泊时指示极低的对地船速，确保舰船操纵安全。不利方面：由于多普勒计程仪需要向外辐射能量，对舰船的隐蔽性有不利的影响。

第五节　声相关测速

声相关计程仪(acoustic correlation log)是利用水声信号的相关延时时间与航速间的关系来测量舰船速度的。它具有与多普勒计程仪相同的测速精度，却不受超声波在水中传播速度的影响，即不受海水温度、盐度和深度等变化的影响。

如图 7-12 所示，在舰船底部沿艏艉线安装三个换能器。从前往后依次为接收换能器 1、发射换能器和接收换能器 2。发射换能器不断地沿垂直路径向海底发射超声波信号。接收换能器 1 和 2 接收从海底返回的回波信号，回波信号的包络幅值与海水深度、海底底质、超声波传播途径中各种散射体的散射能力以及海水介质对超声波的吸收能力等物理条件有关。由于传播路径不同，就某一时刻而言，接收换能器 1 和 2 所接收到的回波信号的包络幅值不一定相同，但它们之间却存在着时间上的相关关系。

设舰船以速度 V 航行，在某一瞬时(t_1 时刻)，接收换能器 1 接收到经海底点 A 反射的回波信号。经过时间 τ_0 后(t_2 时刻)，发射换能器移动到接收换能器 1 在 t_1 时刻所处的位置，接收换能器 2 则移动到发射换能器在 t_1 时刻所处的位置。此时，接收换能器 2 也将接收到经海底点 A 反射的回波信号。这两个回波信号所经过的路径是相同的，只是方向相反，因此所得到的包络幅值应是相等的。接收换能器 1 和 2 的输出端将产生时间相差 τ_0，信号包络幅值随时间变化的函数曲线 $E_1(t)$ 和 $E_2(t)$ 几乎是完全相同的信号波形(图 7-13)，所以这两个信号是互相关的。

若设接收换能器 1 和 2 之间的安装间距为 L，则关系式如下：

$$\tau_0=\frac{L}{2V} \quad \text{或} \quad V=\frac{L}{2\tau_0} \tag{7-31}$$

其中 L 为一定值。可见，若能测得延迟时间 τ_0，航速即可求出。延迟时间 τ_0 的值是采用相关技术测量得到的。

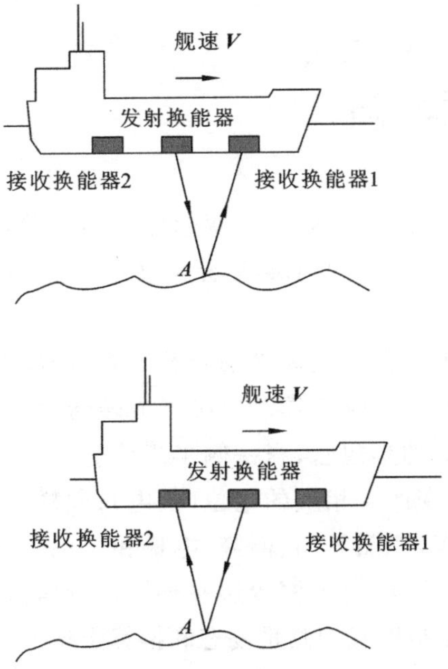

图 7-12 工作原理

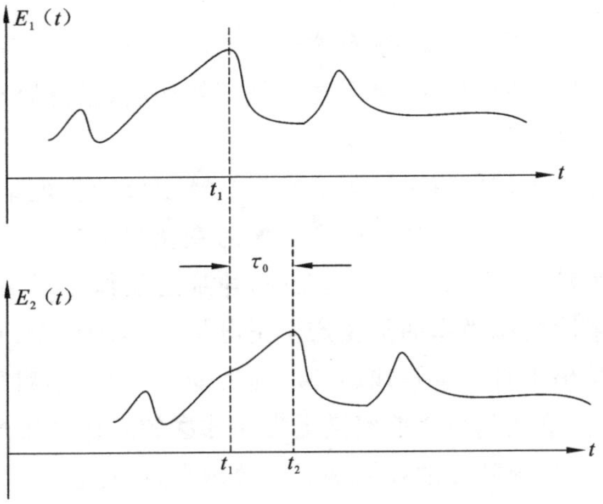

图 7-13 相关延时时间

声相关计程仪的测量精度不受海水中声波传播速度的影响，即不受海水温度及盐度等影响，是应用相关技术处理水深信息来测量舰船速度和累计航程的计程仪。它以“水层跟踪”方式工作时为相对计程仪；以“海底跟踪”方式工作时为绝对计程仪。该计程仪测速线性好，精度也很高，最低测速门限约为 0.01 kn，航程精度为 0.2%。其特点是：换能器的扩散角宽广，可减少舰船高速航行时的回波信号漏失。声相关计程仪的声波是垂直发射的，故还可以通过发射和接收的时间差计算换能器到海底的深度，即具有测深仪的功能。

思 考 题

1. 通过资料查询多普勒雷达的测速原理，比较其与多普勒计程仪的异同。
2. 简要归纳船舶计程仪的种类和特点。
3. 思考，载体速度信息有哪些实际应用需求？
4. 汽车仪表面板上的时速表基于的是什么测速原理？
5. 简述传递对准和航路规划所需的速度有何差异？为什么？
6. 请检索古代的测速装置，加深对测速技术的理解和认识。
7. 思考物理学中其他与速度相关的原理和公式，这些原理和公式能够也应用到导航领域？

第八章　推 算 导 航

《福尔摩斯》中有这样一个情节：福尔摩斯被人绑架，蒙眼捆在马车里，福尔摩斯通过默数时间，估计耗时，事后通过马车的速度，推算路程和距离之后，确定出了绑架者大致的位置。福尔摩斯用的方法就是推算定位法。

人体内有一种采取类似推算定位的生理结构。内耳前庭器是人体平衡感受器官，能够感受水平或垂直的直线加速度的变化(图 8-1)。当我们乘坐的交通工具发生旋转或转弯，如汽车转弯，飞机作圆周运动时，角加速度作用于两侧内耳相应的半规管，当一侧半规管壶腹内毛细胞受刺激弯曲形变产生正电位时，对侧毛细胞则弯曲形变产生相反的电位(负电)；同样，当乘坐工具发生直线加(减)速度变化，如汽车启动、减速刹车，船舶晃动、颠簸，电梯和飞机升降时，这些刺激使前庭椭圆囊和球囊的囊斑毛细胞产生形变放电，向中枢传递并感知运行信息。所以，眼睛帮助我们基于外部信息进行直接定位导航，耳朵帮助我们测量姿态和推算定位。

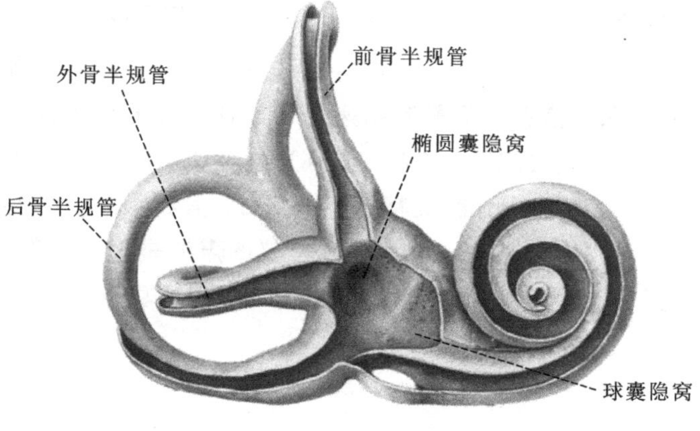

图 8-1　内耳前庭器

导航技术中，推算定位由于不需要外部基础设施辅助实现载体导航，因而尤为重要。特别是在海上航行、黑夜行驶或外部信息常被干扰等无外部信息的条件下，直接定位手段无法使用，推算导航成为唯一能够正常工作的自主手段。它根据载体的航向和速度、时间等参数的测量，从过去已知的位置来推算当前的位置，或预期将来的位置，从而可以得到一条运动轨迹。早期航海采用磁罗经或罗经测量航向，用计程仪测量速度，用天文钟计时，推算确定舰位。现代采用惯性导航系统，利用加速度计测量载体的加速度，将加速度经过两次积分得出速度和位移，通过计算连续输出推算出载体位置、速度和姿态。推算定位是这一方式的低级形态，惯性导航是这一方式的高级形态。

第一节 推算定位

一、航迹推算的基本情况

航迹推算(dead reckoning)通过测量位置变化量或者测量速度并进行速度积分,与原位置叠加,从而得到当前位置(图 8-2)。速度或行程在载体坐标系中测量,因而需要另外的姿态参数以获得相对于环境的行进方向。对于二维导航,航向测量就足够了;而对于三维导航,则需要测量姿态的全部三个分量。当姿态变化时,位置计算的步长越小,导航参数越精确。以前计算由人工参与完成,严重限制了数据更新率,现在由计算机完成。

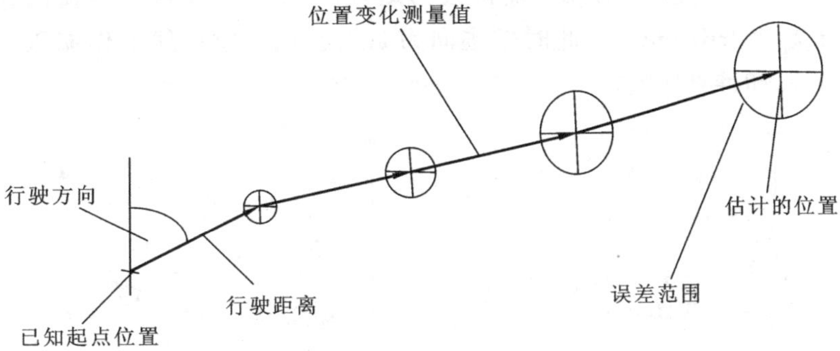

图 8-2 航迹推算原理

二、航迹推算的基本方法

(一) 舰船航迹推算

1. 基本情况

航迹推算是航行中任何时刻均可求取载体位置的基本方法。航迹推算是在不借助外界导航物标的条件下,只依靠载体最基本的航向和航速指示设备以及外界风、流资料,从已知的推算起始点开始,推算出具有一定精度的航速和某一时刻的载体位置。通过航迹推算,驾驶员能清晰地了解舰船在海上运动的连续轨迹,并且能结合海图推测航行前方有无航海危险。现在舰船中由航迹标绘仪(见第十二章)或航海作业台完成航迹手动绘算、自动推算的功能。

2. 航迹推算的种类

航迹推算分以下两种。

(1) 航迹绘算(track plotting)。

航迹绘算可以解决两个问题:一是根据舰船航行时的真航向、航程、风和流资料用图解方法在海图上直接画出航迹和推算载体位置;二是根据计划航线,预配风、流压差,作图画出真航向和推算载体位置。因此,航迹绘算又称为海图作业法。这种方法简单、直观,是舰船航行中驾驶员进行推算的主要方法。

(2) 航迹计算(track calculating)。

航迹计算是采用数学计算的方法,根据航行要素计算出航迹并推算载体位置的经纬度,然后把计算结果画到海图上。这种方法没有航迹绘算法直观明了,但它可作为计算机进行航迹推算的理论基础,也是发展舰船驾驶自动化的理论基础。

3. 航迹推算的基本方法

已知真航向、计程仪航程和风、流要素,求推算航迹向。风、流对舰船航行的影响往往是同时存在的。讨论风、流对舰船航行的综合影响是在单独分析风、流影响的基础上将两者加以综合。由于风、流对舰船航行影响的特点不同,在分析风、流共同影响时,一般先分析风的影响,后分析流的影响,即采用“先风后流”的作图方法。

如图 8-3 所示,舰船以航速 $\boldsymbol{V}_E$ 和航向 ψ_t 航行,在风的影响下舰船偏离了一个风压差 α,此时航迹向为 ψ_{G_γ},以风中航速 $\boldsymbol{V}_\alpha$ 沿风中航迹线移动,求取风中航迹线。在流的作用下,舰船又偏离了一个流压差 β(drift angle),此时航迹向为 ψ_{G_α},在风中航迹线上作流压三角形,求取最终在风流中航速 $\boldsymbol{V}_\gamma$ 和推算航迹。

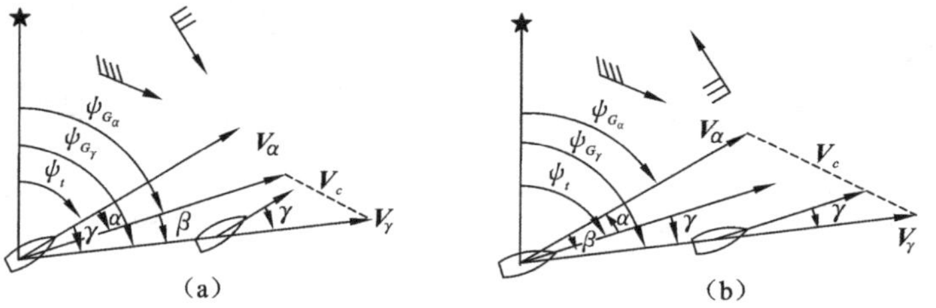

图 8-3　风、流压差

在风、流同时影响下作流压三角形时,应该用风中航迹向和风中航速取代真航向和航速,这样流压三角形的六要素为风中航迹向、风中航速、流向、流速、风流中航迹向和风流中航速。在无法知道风中航速时,一般就用航速 $\boldsymbol{V}_E$ 来代替风中航速 $\boldsymbol{V}_\alpha$。

风、流中航行求推算舰位,可根据计程仪所计航程 S_L 或风中航速计算航程 $\boldsymbol{V}_\alpha \times \Delta t$,在风中航迹线上量得一点,再从该点作流向平行线与风流中航迹线相交,其交点即为该时刻的推算舰位;也可以根据求得的风流中航速和航行时间计算出风流中航程 $\boldsymbol{V}_\gamma \times \Delta t$,直接在风流中航迹线上截取推算舰位。

最后仍要明确指出,在风、流综合影响下航行,舰船虽然沿风流中航迹线运动,但舰艏所指方向,仍然是原来航向线的方向。

(二) 行人推算

步行航算是导航技术中最具挑战性的应用之一。步行导航系统必须能在 GNSS 和其他大多数无线电导航系统性能很差的城区、树下、甚至室内正常工作。可以利用惯性传感器,通过航位推算,对前向运动进行测量。但是,步行应用一般要求体积小、重量轻、功耗小,并且在大多数情况下,要求成本低,因此必须使用 MEMS 传感器。但单独使用时,MEMS 传感器性能较差,从而推算结果精度有限,而低动态和高振动的环境条件也限制了 GNSS 或其他定位系统对其进行校正。

三、航迹推算的特点

因为航迹推算需借助于先前已知位置，给定航向及估计速度随时间变化量推导出当前位置，其计算的新位置值仅借助前一步值推导出来，其推导出的位置估计值的误差和不确定性随着时间的增加而增长，所以常应用于一些短时间或者精度要求不高的场合。

第二节 惯性导航原理

惯性导航方式利用惯性敏感元件(陀螺仪、加速度计)测量载体相对惯性空间的线运动和角运动参数，在给定的初始条件下，输出载体的姿态参数和导航定位参数。惯性导航系统是一种功能更为强大的导航设备，能提供载体运动航向、姿态、速度、位置等多种导航信息，具有自主性、隐蔽性等优点，是水下航行器导航定位的唯一手段，在军事应用领域具有不可替代的作用。

一、惯性导航的基本原理

(一) 引例

设载体作直线匀加速运动，其运动时间为 t，速度为 V，加速度为 a，所走过距离为 S，则上述参数之间存在如下关系：

$$
\begin{aligned}
V &= V_0 + at \\
S &= S_0 + V_0 t + \frac{1}{2}at^2
\end{aligned}
\tag{8-1}
$$

如果初始条件为零，即 $S_0=0$，$V_0=0$ (S_0为初始距离，V_0为初始速度)，则

$$
\begin{aligned}
V &= at \\
S &= \frac{1}{2}at^2
\end{aligned}
\tag{8-2}
$$

由于载体航向和速度随时都在变化，加速度 a 不是一个常量，此时不能再用代数运算求解，而需要通过不断测量加速度 a 的数值，进行递推计算。递推计算过程如下：

(1) 对加速度进行一次积分，求载体的速度分量(速度更新)：

$$
\begin{cases}
V_E(k+1) = V_E(k) + \int_0^{\tau} a_E(k)\,\mathrm{d}t \\
V_N(k+1) = V_N(k) + \int_0^{\tau} a_N(k)\,\mathrm{d}t
\end{cases}
\tag{8-3}
$$

其中，$V_E(k+1)$、$V_N(k+1)$ 为载体的东向及北向速度的 $k+1$ 次递推值；$V_E(k)$、$V_N(k)$ 为载体的东向及北向速度的 k 次递推值；$a_E(k)$、$a_N(k)$ 为载体的东向及北向加速度的 k 次测量值；τ 为加速度采样时间间隔。

(2) 对加速度进行二次积分，求载体的航程分量(位置更新)：

$$
\begin{cases}
\varphi(k+1) = \varphi(k) + \frac{1}{R}\int_0^{\tau} V_N(k)\,\mathrm{d}t \\
\lambda(k+1) = \lambda(k) + \frac{1}{R\cos(\varphi(k))}\int_0^{\tau} V_E(k)\,\mathrm{d}t
\end{cases}
\tag{8-4}
$$

其中，$\varphi(k+1)$、$\lambda(k+1)$ 为载体纬度、经度的 $k+1$ 次递推值；$\varphi(k)$、$\lambda(k)$ 为载体纬度、经度的 k 次递推值。

此即为水平指北半解析式惯性导航系统的基本原理。

（二）平台坐标系与姿态测量

尽管惯性导航的基本原理很简单，但其实现的困难在于：如何在载体机动情况下保持加速度计始终沿东、北向的测量方向不变？解决这一问题的关键在于惯性导航系统采用的三轴惯性稳定平台。该稳定平台稳定跟踪在当地地理坐标系，平台三轴始终指向东向、北向及天顶，这样不仅可以通过安装在平台上的测角元件直接测量得到和输出载体姿态，还可以保证在导航过程中加速度计 A_E 及 A_N 的敏感轴始终分别指向地理东向和北向。一旦平台坐标系不能保证与东、北向的地理坐标系一致，就会给加速度计测量和载体姿态角测量带来误差，所以建立准确的平台坐标系十分重要。

如何保证平台水平和指北，即如何建立一个跟踪地理坐标系的三轴稳定平台问题，在第六章已作介绍。如果稳定平台已经按照平台罗经的工作方式实现了地理坐标系对准，以动基座的情况为例，当载体 P 在地球表面运动时（图 8-4），以 P 为原点的地理坐标系 ENζ 相对惯性空间的旋转角速度由两部分组成：一是地球的自转角速度 ω_{ie}，即地球相对惯性空间的转动角速度；二是载体相对地球运动引起的转动角速度 ω_{en}。按照地理坐标系旋转角速度在三轴方向分量的大小控制稳定平台上的三轴陀螺仪进动，就可以实现稳定平台的稳定跟踪。

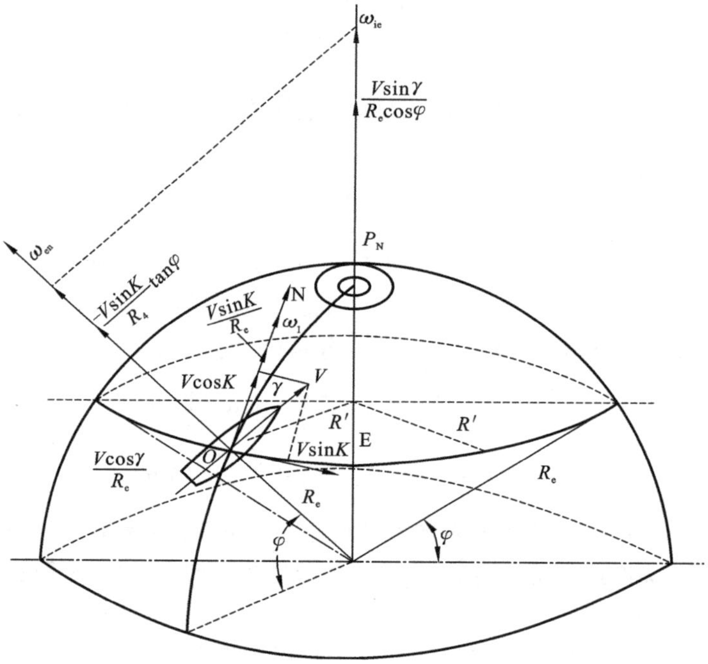

图 8-4　地理坐标系的转动分析

地理坐标系旋转角速度的分量表达式为

$$
\omega_{\mathrm{E}}=-\frac{V_{\mathrm{N}}}{R}=\frac{V_{\mathrm{IN}}}{R}
$$

$$
\omega_{\mathrm{N}}=\frac{V_{\mathrm{E}}}{R}+\omega_{\mathrm{e}}\cos\varphi=\frac{V_{\mathrm{IE}}}{R} \tag{8-5}
$$

$$
\omega_{\mathrm{T}}=\frac{V_{\mathrm{E}}}{R}\tan\varphi+\omega_{\mathrm{e}}\sin\varphi=\frac{V_{\mathrm{IE}}}{R}\tan\varphi
$$

其中，V_{E}、V_{N}为载体相对地球的运动速度在地理坐标系东向及北向的分量；V_{IE}、V_{IN}为载体相对惯性空间(地心惯性坐标系)线速度的东向及北向分量。

当稳定平台稳定跟踪当地地理坐标系后，即可通过稳定平台三根轴上安装的测角元件测出载体姿态。

(三) 速度的计算

稳定平台上安装的东、北向加速度计，用来测量运载体东西方向及南北方向的加速度。但实际上，根据广义相对论的引力和加速度的等价效应，加速度计的测量值中将包含惯性加速度和引力加速度，难以对两者进行区分。这种加速度计测量得到的惯性加速度和引力加速度的合力称为比力，即

$$
\text{比力}=\text{惯性加速度}-\text{引力加速度} \tag{8-6}
$$

平台式惯性导航采取稳定平台使加速度计始终处于水平状态，依此实现包含引力的重力的隔离。一旦平台水平存在误差，将导致加速度测量出现误差。基于测得的加速度信息计算载体速度时，需要充分考虑定义的速度参量所在的导航坐标系。一旦导航坐标系是非惯性坐标系，则补偿导航坐标系的运动影响，需要用计算机对加速度输出信息中的因地球自转和舰船在地球上运动产生的有害加速度进行补偿，才可以得到准确的水平位移加速度 a_{E}和 a_{N}，由计算机进行一次积分，便得到舰船东向和北向速度分量。

而根据牛顿力学原理，当参考坐标系(如地球)作等角速率旋转时，有

$$
\text{惯性加速度}=\text{相对加速度}+\text{牵连加速度}+\text{哥氏加速度} \tag{8-7}
$$

所以，将式(8-7)带入式(8-6)，得

$$
\text{比力}=\text{相对加速度}+\text{哥氏加速度}+\text{牵连加速度}-\text{引力加速度} \tag{8-8}
$$

在地球上，作为牵连加速度的离心加速度与引力加速度的合力即为重力加速度。

综上，若设加速度计测量比力为 $\boldsymbol{f}$，$\dot{\overline{\boldsymbol{V}}}_{\mathrm{r}}$ 为载体相对参考系的相对加速度，$\overline{\boldsymbol{\omega}}_{\mathrm{ie}}$为地球自转角速度，$\overline{\boldsymbol{\omega}}_{\mathrm{eb}}$为载体相对地球的转动角速度，$\overline{\boldsymbol{g}}$ 为当地重力加速度，则有

$$
\overline{\boldsymbol{f}}=\dot{\overline{\boldsymbol{V}}}_{\mathrm{r}}+(2\overline{\boldsymbol{\omega}}_{\mathrm{ie}}+\overline{\boldsymbol{\omega}}_{\mathrm{eb}})\times\overline{\boldsymbol{V}}_{\mathrm{r}}-\overline{\boldsymbol{g}} \tag{8-9}
$$

将式(8-9)展开为分量形式，设载体东向、北向加速度分别为 a_{E}、a_{N}，则有

$$
f_{\mathrm{E}}=a_{E}-\left(2\omega_{\mathrm{ie}}\sin\varphi+\frac{V_{\mathrm{E}}}{R}\tan\varphi\right)V_{\mathrm{N}}+\left(2\omega_{\mathrm{ie}}\cos\varphi+\frac{V_{\mathrm{E}}}{R}\right)V_{\mathrm{T}}
$$

$$
f_{\mathrm{N}}=a_{\mathrm{N}}+\left(2\omega_{\mathrm{ie}}\sin\varphi+\frac{V_{\mathrm{E}}}{R_{\mathrm{N}}}\tan\varphi\right)V_{\mathrm{E}}+\frac{V_{\mathrm{N}}}{R}V_{\mathrm{T}} \tag{8-10}
$$

$$
f_{\mathrm{T}}=a_{\zeta}-\left(2\omega_{\mathrm{ie}}\cos\varphi+\frac{V_{\mathrm{E}}}{R}\right)V_{\mathrm{E}}-\frac{V_{\mathrm{N}}}{R}V_{\mathrm{N}}+g
$$

对于水面舰船和车辆来说，$V_{\zeta}\approx0$，可得

$$
\begin{aligned}
a_{\mathrm{E}} &= f_{\mathrm{E}} + \left(2\omega_{\mathrm{ie}}\sin\varphi + \frac{V_E}{R}\tan\varphi\right)V_{\mathrm{N}} \\
a_{\mathrm{N}} &= f_{\mathrm{N}} - \left(2\omega_{\mathrm{ie}}\sin\varphi + \frac{V_E}{R_N}\tan\varphi\right)V_{\mathrm{E}}
\end{aligned}
\tag{8-11}
$$

由式(8-11)得到 a_{E}、a_{N}后，根据式(8-4)可计算得到 k 时刻的东向、北向速度 V_{E}、V_{N}。

（四）经纬度的计算

将速度 V_{E}、V_{N}再积分一次，得到运载体的位置变化量。当在近地表导航采取经纬度作为定位参数时，将位置变化量与初始 λ_0、φ_0 相加，得到运载体所在地理位置的经纬度 λ、φ 值。假定地球是一个半径为 R 的圆球体，载体的经纬度 λ 和 φ 可从下式求得

$$
\begin{aligned}
\varphi(t) &= \frac{1}{R}\int_0^t V_{\mathrm{N}}\mathrm{d}t + \varphi_0 \\
\lambda(t) &= \frac{1}{R}\int_0^t V_{\mathrm{E}}\ \frac{1}{\cos\varphi}\mathrm{d}t + \lambda_0
\end{aligned}
\tag{8-12}
$$

其中，λ_0 和 φ_0 为载体的经度及纬度初始值。

以上就是惯性导航系统的基本工作原理。简化的惯性导航原理如图 8-5 所示。惯性导航系统建立在牛顿力学基础上，由加速度计和陀螺仪测得的线运动和角运动都是相对惯性空间的运动参数，所以人们将加速度计和陀螺仪统称为“惯性元件”。

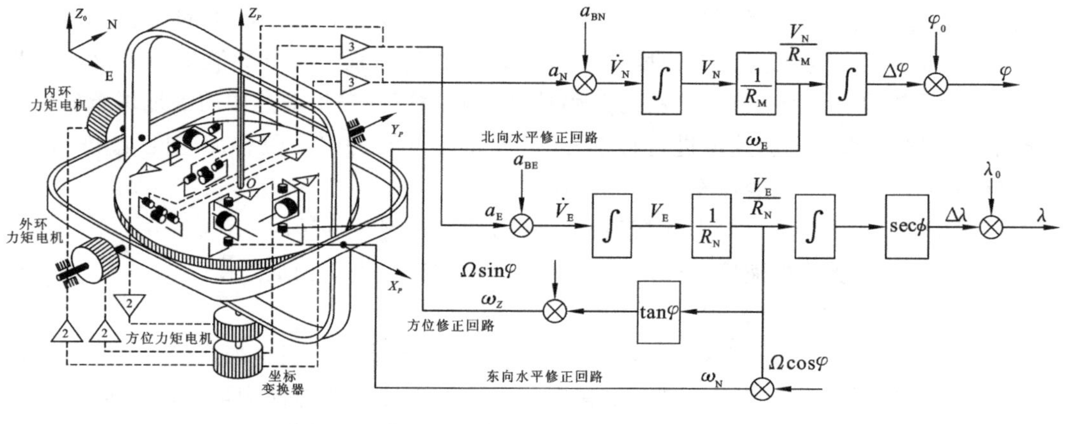

图 8-5　水平指北半解析式惯性导航系统原理

二、平台式惯性导航

（一）平台式惯性导航的基本结构

从结构上看，按照有无惯性稳定平台，惯性导航系统分为平台式惯性导航系统和捷联式惯性导航系统两类。捷联式惯性导航系统直接将惯性元件固连在载体上，这类系统虽然取消了平台实体，但导航平台的概念是用计算机建立的“数学平台”替代的。

不同类型的惯性导航系统，其组成部分也有所差异。即使是某一种类型的惯性导航系统方案，应用在不同的运载体上，其组成也会不同。美国海空系统司令部海军局制定的“惯性导航装置军用规范”规定惯性导航系统由以下功能部件组成。

（1）主体仪器：也称惯性平台，这是惯性导航系统测量装置的核心部分。主体仪器是惯性导航系统的核心部件，它由惯性平台、减震装置、温控系统和一些电气元件所组成。

（2）导航计算机：主要用来完成导航参数计算，并计算加给陀螺力矩器的指令信号。数字计算机是惯性导航系统的重要组成部件，完成惯性导航系统全部计算工作，并提供控制信息及数据输出。

（3）控制显示装置：控制台是用来操纵、控制惯性导航系统工作的，包括工作状态选择开关、初始数据装定旋钮、输出数据显示部件及故障报警指示等。

（4）电源装置：供给加速度计、陀螺仪、计算机、显示器等部件的电源。另一部分是特种电源，它供给惯性导航系统中电气元件、惯性元件及各种回路所需要的高性能指标要求的交直流电源。

（5）电子设备柜：包含稳定回路放大器、加速度计回路放大器、启动装置回路放大器、陀螺仪、加速度计及台体的温控回路等。

（6）信号发送装置及外围设备：这部分因惯性导航系统应用于各种运载体的不同要求而有所区别，船用惯性导航系统往往配有航向和纵、横摇角发送器等系统。

（二）平台式惯性导航的分类

根据稳定平台建立的平台坐标系，平台式惯性导航可以分为解析式、半解析式、几何式三类。

1. 解析式惯性导航系统

解析式惯性导航系统有一个三轴陀螺稳定平台，稳定于惯性空间（i 系），故又称为空间稳定式惯性导航系统。

三个相互垂直的陀螺和加速度计都安装于稳定平台上，加速度计不仅可以测得载体在惯性坐标系内的加速度，而且还能感受到引力分量。当计算惯性坐标系下的载体速度与位置时，不需修正地球自转与载体运动的影响，计算并消除引力影响后即可得到相对惯性空间的载体加速度。对于近地表运动的载体，当计算处于地球坐标系或地理坐标系下的载体速度与位置时，必须对惯性坐标系下的载体速度与位置进行坐标变换，得到相对于地球坐标系或地理坐标系下的速度和经纬度位置。与当地水平面惯性导航系统相比，平台所取的空间方位不能把运动加速度和重力加速度分离开，加速度计所测数据必须经计算机分析解算才能求出运载体的速度及位置参数，故又称为解析式惯性导航系统。

该惯性导航系统的平台结构可以简化，但由于需解决重力加速度的修正和坐标转换等问题，计算量较大。空间稳定惯性导航系统适用于洲际导弹、运载火箭、宇宙探测器等远离地表飞行的载体。

2. 半解析式惯性导航系统

半解析式惯性导航系统的三轴稳定平台的两个水平轴面始终在当地水平面，垂向轴与地垂线相重合，方位可以指地理北，也可以指某一方位，又称为当地水平式惯性导航系统。半解析式惯性导航系统有以下种类。

（1）固定指北惯性导航系统。

固定指北惯性导航系统的三轴惯性稳定平台跟踪并稳定在当地地理坐标系内，即平台水平指北。该系统也称为固定指北半解析式惯性导航系统。固定指北惯性导航适用于飞机、舰船、战车等在地表附近运动的载体，是最常见的平台式惯性导航系统。

(2) 自由方位惯性导航系统。

自由方位惯性导航系统的平台稳定在水平面内，而方位不加以控制，稳定在惯性空间。

(3) 游移方位惯性导航系统。

游移方位惯性导航系统的平台稳定在水平面内，而方位轴用地球自转角速度 $\boldsymbol{\omega}_{ie}$ 来控制，使平台绕方位轴以 $\boldsymbol{\omega}_{ie}$ 在空间转动。如果在静基座条件下，固定指北和游移方位两种形式是一样的。

半解析式惯性导航系统陀螺和加速度计均安装在稳定平台上，因此，加速度计测出的加速度值是载体相对惯性空间沿水平面和垂向的分量。因为平台保持水平，加速度计输出信号不含重力加速度 $\boldsymbol{g}$ 的分量，但包含地球自转和载体航行引起的有害加速度，所以必须在消除由于地球自转、载体速度等引起的有害加速度后，才能经积分解算载体相对地球的速度和位置。当针对舰船、战车等垂直加速度通常较小的载体时，常可省略垂直通道的加速度计，简化有害加速度的计算和系统计算量。最常用的导航坐标系是当地水平坐标系，特别是当地地理坐标系，因为在这个坐标系上进行经纬度的计算最为直接和简单。

3. 几何式惯性导航系统

几何式惯性导航系统有两个平台：一个用来安装陀螺，这个平台相对惯性空间稳定；另一个用来安装加速度计，它稳定在地理坐标系内（即两个水平轴，一个指向东，一个指向北，并始终处于水平面内）。两个平台间的转轴应用精密的时钟机构以地球自转角速度旋转，在地面的起始点，应将转轴的方向调整到与地球自转轴平行。由这种系统两个平台间的几何关系可以定出航行体的经纬度，因此，它被称为几何式惯性导航系统。由于安装加速度计的平台跟踪重力方向，而安装陀螺的平台稳定在惯性空间，因而这种系统也称重力惯性导航系统。它的精度比较高，可长时间工作，计算量比较小，但平台结构比较复杂，主要用于潜艇的导航定位。

（三）惯性导航的基本特点

惯性导航系统通过测量、计算载体相对地理坐标系的加速度，对加速度进行一次积分得到线速度，二次积分得到位置信息。因此，惯性导航系统实际上是一种航位推算系统，其主要特点如下。

(1) 能自主连续长时间工作。惯性导航系统启动工作后能自主工作，无须接收任何外部信息，隐蔽性好，不受地理、气象等外界环境影响和时间限制，可以广泛应用于航空、航天、航海以及陆地导航等多个领域。特别是在水下导航中，惯性导航系统是最主要的导航设备。

(2) 提供载体导航信息全。惯性导航系统能够提供载体航向、纵摇、横摇、东向速度、北向速度、经纬度等多种导航参数；导航信息连续性好且噪声低。

(3) 定位误差随时间而积累发散。定位误差主要是经度误差发散，纬度误差呈现出周期性，总体效果是惯性导航系统的定位误差随时间推移会逐渐增大，因此惯性导航的定位精度必须指明时间范围。目前导航级的惯性导航系统的定位指标是 1 n mile/h，军用级别的惯性导航系统的定位指标是 1 n mile/24h。对于工作时间超过指标时间范围的应用场合，则需要进行定期修正惯性导航误差，航海领域称之为惯性导航重调，以此保持长时间的定位性能。

(4) 航向姿态速度等输出参数误差均呈现周期性。输出参数误差主要包括 84.4 min 的舒拉周期振荡、与地理纬度相关的傅科周期振荡和 24 h 的地球周期振荡。应用于不同工作时间长度的系统时,惯性导航系统所呈现出的误差特点不同:当用于短时间工作的应用场合时,如对空导弹,因为工作时间远低于舒拉周期,所以误差体现出近似线性增长的特点;当应用于长达数天的潜艇时,惯性导航系统全部振荡误差都会呈现,由于惯性元件随机误差的应用,系统误差(如航向误差)也会产生发散,需要采取必要的阻尼技术加以抑制。

(5) 惯性导航系统的误差主要决定于陀螺仪、加速度计的器件精度,初始位置、速度参数的装订误差,平台的初始对准误差等。其中陀螺仪的性能决定惯性导航系统的定位精度,所以各国都对高精度陀螺仪的研制投入巨大。

(6) 系统启动时间长。为降低平台初始对准误差,系统采取粗对准、精对准等自对准方式,所以启动时间较长;在高精度应用领域,启动过程还需要等待陀螺仪误差特性稳定并能够被准确标定,因此需要更长的启动时间;对于一些时间要求苛刻的应用场合,也常常采用传递对准的方法,利用更高精度的惯性导航(主惯性导航)的速度、航姿数据来实现快速启动。

(7) 结构复杂,使用维护要求高,造价昂贵。

第三节　捷联惯性导航原理

激光陀螺、光纤陀螺、MEMS 陀螺等固态陀螺仪的成熟应用,加速了捷联惯性导航技术的发展。捷联惯性导航系统(strap-down inertial navigation system,SINS)和捷联惯性制导系统从 20 世纪 70 年代中期开始在航空、航天领域发展非常迅速,现已得到广泛应用,且有逐步取代平台式惯性导航系统的趋势。

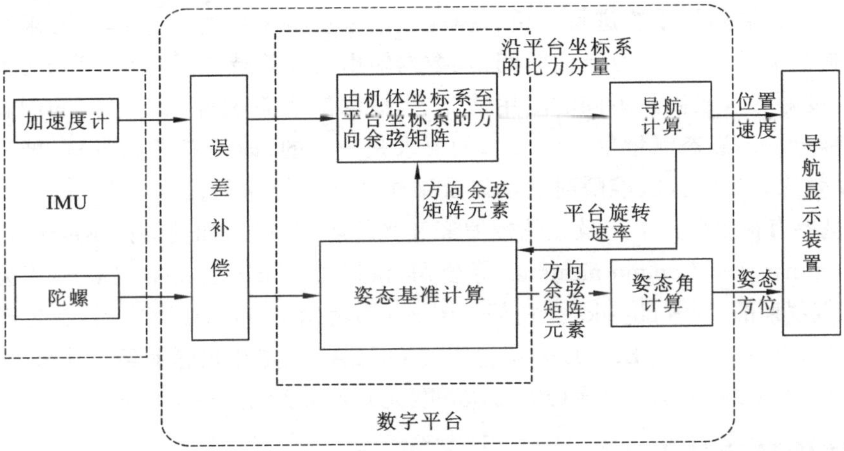

图 8-6　捷联式惯性导航原理结构图

一、捷联惯性导航的基本情况

捷联惯性导航系统与平台式惯性导航系统在部件组成上是基本相同的,主要由 IMU

(inertial measuring unit)、导航计算机和导航显示装置组成，图 8-6 是其原理结构图，其中陀螺仪和加速度计的组合体通常称为惯性组合。三轴陀螺仪和加速度计的指向安装要保持严格正交，IMU 直接安装在载体上时也要保持与载体坐标系完全一致。

捷联惯性导航系统没有稳定平台，而是直接将陀螺仪和加速度计组件固联于载体上，所以不能通过测角元件直接测出姿态角和航向角。要得到航向角和姿态角，必须在导航计算机中对陀螺和加速度计输出信号进行数据处理，通过计算得到载体坐标系相对地理坐标系的姿态矩阵，建立一个计算机内"数学平台"，在此基础上计算载体的航向角、姿态角以及速度和位置。图 8-7 和 8-8 分别是捷联惯性导航系统示意图和捷联惯性导航系统内部照片。

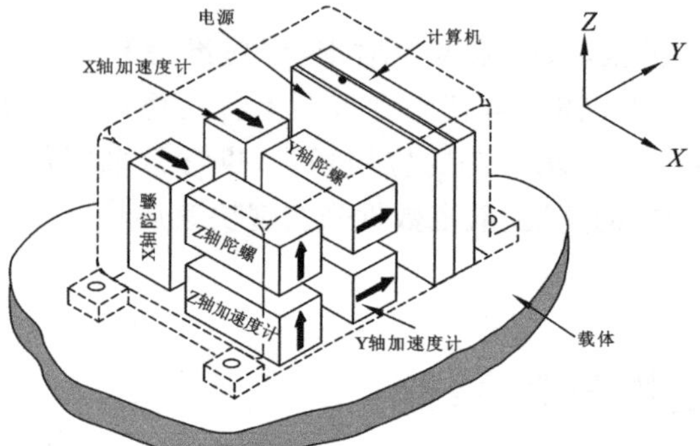

图 8-7 捷联惯性导航系统示意图

图 8-8 捷联惯性导航系统内部照片

能够提供位置、速度、航姿信息的捷联系统称为捷联惯性导航系统，仅提供航姿信息的捷联系统称为捷联航姿系统。捷联航姿系统与捷联惯性导航系统尽管功能上存在差异，但基本结构组成相同，原理相近，联系紧密。

这里简要对捷联航姿系统进行介绍。捷联航姿系统的实时性和连续性要求高，一般不加减振装置以提高响应频率，具有响应时间短、数据输出量大等特点，因此捷联航姿系统对带宽、数据延时、精度等要求较高。不同的应用情况下，捷联航姿系统可以有不同的配置，但对其中惯性传感器部分——姿态测量单元(IMU)的要求是一致的，即须考虑高带宽、低噪声、最小数据延迟、抖动效应、参考对准、准瞬时启动以及结构性共振等问题。

目前全世界有很多公司生产激光陀螺罗经和光纤陀螺罗经，如美国的 Kearfott、Honeywell、Northrop Grumman、L-3 Commu-nications 等公司，法国的 Thales、sagem、IXSea 等公司，德国的 iMAR 公司，俄罗斯的 Astrophysika 公司等。图 8-9 为美国 Honeywell 公司最新生产的 HG2142 光纤陀螺罗经。图 8-10 为 IXBLUE 公司生产的 OCTANS 光纤陀螺罗经。典型的陀螺罗经航向精度约 0.1°，价格约 15 000 美元(约 12 000 欧元)，尺寸约 0.4～0.5 m^3。

二、捷联惯性导航基本原理

(一) 基本工作原理

与平台式惯性导航不同，在捷联惯性导航中没有实际的物理平台，因此加速度计测量的比力首先要通过姿态矩阵投影到导航坐标系下，才能完成后续的加速度解算、速度解算和位置解算。为了方便理解来讨论下面这个例子。

图 8-9 HG2142 光纤陀螺罗经(Honeywell)

图 8-10 OCTANS 光纤陀螺罗经(IXBLUE)

假定安装有导航系统的小车被限定在一个单一的平面内运动,其原理框图如图 8-11 所示。

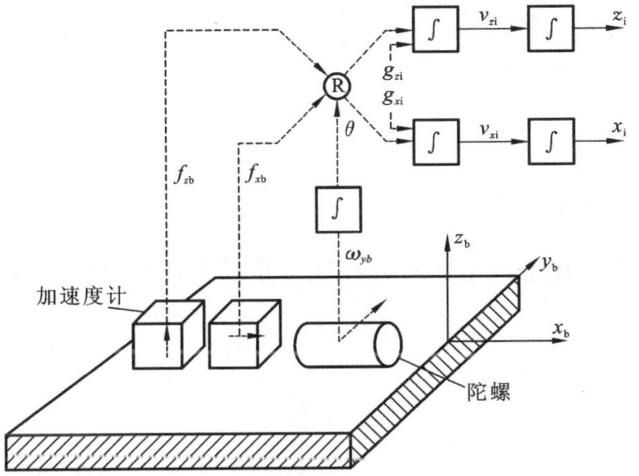

图 8-11 二维捷联惯性导航系统原理框图

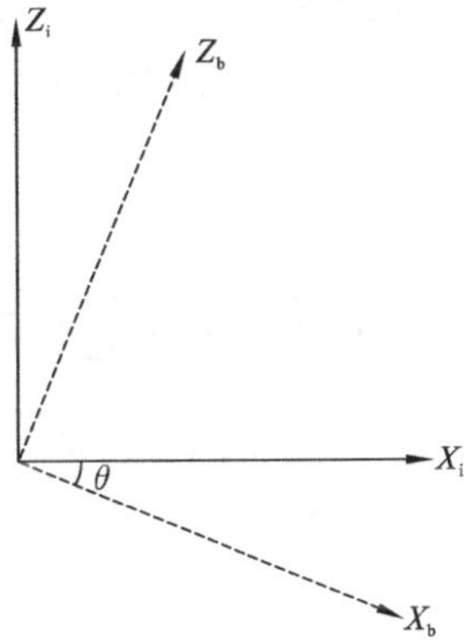

图 8-12 二维导航系统的参考坐标系

小车基座上刚性安装两个加速度计和一个单轴速率陀螺。如图 8-12 所示,加速度计的敏感轴相互垂直,且在运动平面内与小车的轴向一致,分别表示为 X_b 和 Z_b。陀螺仪敏感轴 y_b 垂直于加速度计的两个敏感轴安装,测量绕垂直于运动平面的轴的转动。假定在 X_i 和 Z_i 表示的空间固定的参考坐标系中进行导航,参考坐标系和小车载体坐标系之间的关系如图 8-12 所示,图中 θ 表示参考坐标系和小车载体坐标系之间的角位移。姿态角 θ 可通过陀螺仪测量的角速率 ω_{yb} 对时间进行积分,求得

$$\dot{\theta}=\omega_{yb} \tag{8-13}$$

求得 θ 后,即可将加速度计测量的比力 f_{xb} 和 f_{zb} 投影到参考坐标系 OX_iZ_i 中:

$$\begin{bmatrix} f_{xi} \\ f_{zi} \end{bmatrix}=\begin{bmatrix} \cos\theta & \sin\theta \\ -\sin\theta & \cos\theta \end{bmatrix}\begin{bmatrix} f_{xb} \\ f_{zb} \end{bmatrix} \tag{8-14}$$

式(8-14)中的姿态转换矩阵是捷联惯性导航系统不同于平台式惯性导航系统的关键。

与平台式惯性导航一样，由式(8-9)可通过比力计算物体相对参考系的相对加速度 a_{X_i} 和 a_{Z_i}。对相对加速度进行两次积分就可以分别得到相对速度和位置。

综上，将捷联惯性导航解算过程总结如下：

(1) 利用陀螺仪测量载体相对惯性空间的角速度，计算姿态角。

(2) 利用姿态角将加速度计测量的比力值投影到参考坐标系上。

(3) 分析载体运动，计算相对加速度 a_X、a_Z。

(4) 对相对加速度积分，得到速度更新。

(5) 对相对速度积分，得到位置更新。

(二) 姿态更新

捷联系统的数字平台利用捷联陀螺测量的角速度计算姿态矩阵，从姿态矩阵的元素中提取载体的姿态和航向信息，并用姿态矩阵把加速度计的输出从载体坐标系变换到导航坐标系中，然后进行导航计算。描述动坐标系相对参考坐标系方位关系的方法有 4 种：欧拉角法（也称三参数法）、四元数法（也称四参数法）、方向余弦法（也称九参数法）、旋转矢量法。由于方向余弦法最易理解，这里介绍方向余弦矩阵的姿态更新算法。

1. 方向余弦矩阵微分方程

矢量的相对导数和绝对导数的关系式为

$$\left.\frac{\mathrm{d}\boldsymbol{r}}{\mathrm{d}t}\right|_{\mathrm{n}}=\left.\frac{\mathrm{d}\boldsymbol{r}}{\mathrm{d}t}\right|_{b}+\boldsymbol{\omega}_{\mathrm{nb}}\times\boldsymbol{r} \tag{8-15}$$

在 $\boldsymbol{r}$ 大小不变时，有 $\left.\frac{\mathrm{d}\boldsymbol{r}}{\mathrm{d}t}\right|_{\mathrm{b}}=\mathbf{0}$，把这个式子在地理坐标系n内表示，并写成矩阵的形式，即为

$$\dot{\boldsymbol{r}}^{\mathrm{n}}=[\omega_{\mathrm{nb}}^{\mathrm{n}}\times]\boldsymbol{r}^{\mathrm{n}} \tag{8-16}$$

其中

$$[\omega_{\mathrm{nb}}^{\mathrm{n}}\times]=\boldsymbol{\omega}_{\mathrm{nb}}^{\mathrm{n}K}=\begin{bmatrix} 0 & -\omega_{\mathrm{nb}z}^{\mathrm{n}} & \omega_{\mathrm{nb}y}^{\mathrm{n}} \\ \omega_{\mathrm{nb}z}^{\mathrm{n}} & 0 & -\omega_{\mathrm{nb}x}^{\mathrm{n}} \\ -\omega_{\mathrm{nb}y}^{\mathrm{n}} & \omega_{\mathrm{nb}x}^{\mathrm{n}} & 0 \end{bmatrix} \tag{8-17}$$

式(8-17)是载体坐标系相对地理坐标系的转动角速度沿地理坐标系轴向分量的反对称阵形式，通常用符号$[\omega_{\mathrm{nb}}^{\mathrm{n}}\times]$或$[\boldsymbol{\omega}_{\mathrm{nb}}^{\mathrm{n}K}]$表示。$\omega_{\mathrm{nb}}^{\mathrm{n}}\times$中各元素为载体坐标系相对导航坐标系的旋转角速度，可由陀螺测量数据补偿参考系旋转角速度后得到。

从矢量坐标系变换有

$$\boldsymbol{r}^{\mathrm{n}}=\boldsymbol{C}_{\mathrm{b}}^{\mathrm{n}}\boldsymbol{r}^{\mathrm{b}} \tag{8-18}$$

两边求导，由于 $\dot{\boldsymbol{r}}^{\mathrm{b}}=\mathbf{0}$，得

$$\dot{\boldsymbol{r}}^{\mathrm{n}}=\dot{\boldsymbol{C}}_{\mathrm{b}}^{\mathrm{n}}\boldsymbol{r}^{\mathrm{b}}+\boldsymbol{C}_{\mathrm{b}}^{\mathrm{n}}\dot{\boldsymbol{r}}^{\mathrm{b}}=\dot{\boldsymbol{C}}_{\mathrm{b}}^{\mathrm{n}}\boldsymbol{C}_{\mathrm{n}}^{\mathrm{b}}\boldsymbol{r}^{\mathrm{n}} \tag{8-19}$$

和式(8-16)相比得

$$\dot{\boldsymbol{C}}_{\mathrm{b}}^{\mathrm{n}}=[\omega_{\mathrm{nb}}^{\mathrm{n}}\times]\boldsymbol{C}_{\mathrm{b}}^{\mathrm{n}} \tag{8-20}$$

可以采用四阶龙格-库塔法来求解式(8-20)，得到载体姿态更新矩阵 $\boldsymbol{C}_{\mathrm{b}}^{\mathrm{n}}$。

2. 姿态更新算法的比较

上述 4 种方法的比较见表 8-1。

表 8-1 姿态更新算法的比较

算法	优点	缺点	备注
欧拉角法	通过欧拉角微分方程直接计算航向角、俯仰角和横滚角。欧拉角微分方程物理概念清晰直观，容易理解。解算过程无需作正交化处理	方程中包含三角运算，给实时计算带来一定的困难。当俯仰角接近 90°时方程出现退化现象	适用于水平姿态变化不大的情况；不适用于全姿态运动载体的姿态确定
方向余弦法	对姿态矩阵微分方程求解，避免了欧拉角法中方程的退化问题。可全姿态工作	姿态微分方程中包含 9 个位置量的线性微分方程组，计算量大，实时计算困难	求解复杂，不实用
四元数法	通过计算姿态四元数实现姿态更新。需求解 4 个未知量的微分方程，计算量比方向余弦小。算法简单，易于操作	实质上是旋转矢量法中的单子样算法，对有限转动引起的不可交换性误差的补偿程度不够	只适用于低动态运载体的姿态解算。对高动态运载体，姿态解算中的算法漂移会十分严重
旋转矢量法	通过计算姿态四元数实现姿态更新。可采用多子样算法实现对不可交换性误差作有效补偿。算法关系简单，易于操作	—	特别适用于角激动频繁激烈或存在严重角震动的运载体的姿态更新

（三）捷联惯性导航系统的种类

捷联惯性导航系统的硬件组成基本相同，但根据选取的导航坐标系不同，其控制编排也不同。这是因为：根据加速度计工作原理，对于捷联惯性导航，加速度计测量得到的比力应为 $\overline{\boldsymbol{f}}_{\mathrm{ib}}^{\mathrm{b}}$，即载体相对惯性空间的比力在载体坐标系下的表述，需要基于比力进行换算方能得到相对导航坐标系的相对加速度。而根据陀螺仪工作原理，陀螺测量得到的角速度应为 $\overline{\boldsymbol{\omega}}_{\mathrm{ib}}^{\mathrm{b}}$，即载体相对惯性空间的转动角速度在载体坐标系下的表述，也不能直接用于式(8-20)中的$[\omega_{\mathrm{nb}}^{\mathrm{n}}\times]$，而是需要利用它进一步计算方能得到载体相对参考坐标系的转动角速度。由牛顿运动学分析可知：

陀螺测量结果＝载体相对参考系的转动角速度＋参考系相对惯性空间的转动角速度

与平台式惯性导航有解析式、半解析式、几何式类似，常见的捷联惯性导航坐标系有惯性坐标系、地球坐标系和当地地理坐标系。

1. 惯性坐标系作为导航坐标系的捷联惯性导航系统

惯性坐标系作为导航坐标系的捷联惯性导航系统的参考坐标系为 i 系，则有

$$\begin{cases}\overline{\boldsymbol{\omega}}_{\mathrm{ib}}=\overline{\boldsymbol{\omega}}_{\mathrm{i}}\\ \overline{\boldsymbol{a}}_{\mathrm{ib}}=\overline{\boldsymbol{a}}_{i}=\overline{\boldsymbol{f}}_{\mathrm{ib}}+\overline{\boldsymbol{G}}\end{cases}\tag{8-21}$$

即陀螺测量的角速度（等式右边的 $\overline{\boldsymbol{\omega}}_{\mathrm{ib}}$）就是载体姿态变化角速度（等式左边的 $\overline{\boldsymbol{\omega}}_{\mathrm{ib}}$），加速度计所测比力补偿引力矢量后就是载体相对加速度（在 i 系下，相对加速度就是绝对加速度）。对载体加速度经过一次积分后可得到载体速度，对载体速度再次积分后可得到载体位置。其解

算流程如图 8-13 所示。

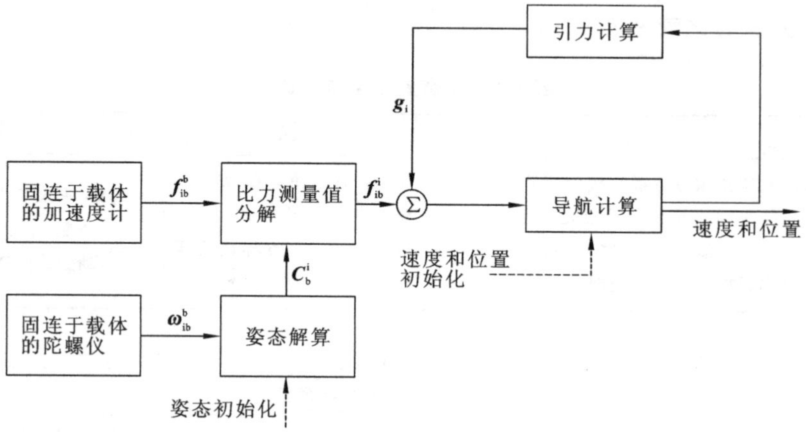

图 8-13　惯性坐标系捷联惯性导航解算流程

使用惯性坐标系的惯性导航解算简单,但其姿态、速度和加速度均相对惯性空间,所以一般应用在脱离地球飞行的宇宙飞行器上。若要应用于近地表载体,还需进行相应的姿态投影转换。

2. 地球坐标系作为导航坐标系的捷联惯性导航系统

选择地球系时,对陀螺仪来说,其所测量的角速度包含地球自转角速度和载体相对地球的转动角速度,只有后者才可用于求解姿态矩阵。对于加速度计,因为参考坐标系(地球)作等角速度旋转,所以比力在补偿了引力加速度之后,还需扣除哥氏加速度和牵连加速度,才能得到相对加速度,用以计算速度更新和位置更新,故得

$$\begin{cases}\bar{\boldsymbol{\omega}}_{eb}=\bar{\boldsymbol{\omega}}_{ib}-\bar{\boldsymbol{\omega}}_{ie}\\ \bar{\boldsymbol{a}}_{eb}=\bar{\boldsymbol{f}}_{ib}-2\bar{\boldsymbol{\omega}}_{ie}\times\bar{\boldsymbol{v}}_{eb}+\bar{\boldsymbol{g}}\end{cases}\tag{8-22}$$

式(8-22)第一式由相对运动分析可直接推导,第二式的推导可参考式(8-9),令导航坐标系相对地球坐标系的转动角速度为零得到,这里不再赘述。对载体相对加速度经过一次积分后可得到载体速度,对载体速度再次积分后可得到载体位置。其解算流程如图 8-14 所示。

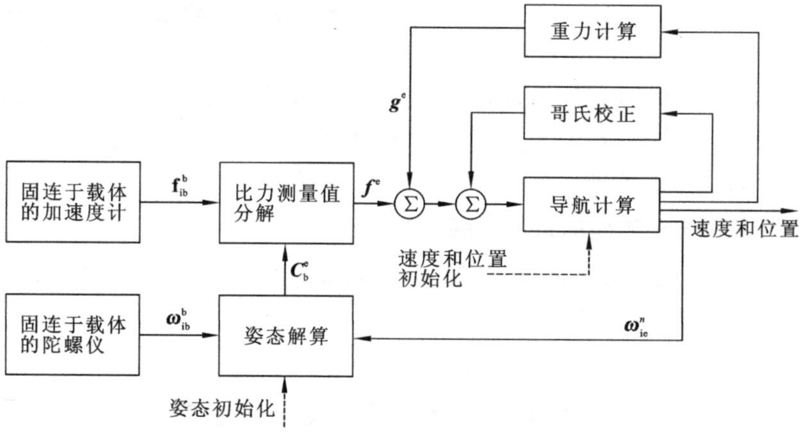

图 8-14　地球坐标系捷联惯性导航解算流程

使用地球坐标系时,由于参考坐标系存在旋转角速度,因此解算相对复杂一些,但使用 e 系解算出来的姿态、速度和加速度都是相对地球坐标系的,适用于地球卫星等绕地球运动的载体。

3. 当地地理坐标系作为导航坐标系的捷联惯性导航系统

选择当地地理坐标系时,必须同时考虑地球的自转运动和地理坐标系相对地球的转动,所以有

$$\begin{cases}\overline{\boldsymbol{\omega}}_{\mathrm{nb}}=\overline{\boldsymbol{\omega}}_{\mathrm{ib}}-(\overline{\boldsymbol{\omega}}_{\mathrm{ie}}+\overline{\boldsymbol{\omega}}_{\mathrm{en}})\\ \overline{\boldsymbol{a}}_{\mathrm{nb}}=\overline{\boldsymbol{f}}_{\mathrm{ib}}-(2\overline{\boldsymbol{\omega}}_{\mathrm{ie}}+\overline{\boldsymbol{\omega}}_{\mathrm{en}})\times\overline{\boldsymbol{v}}_{\mathrm{nb}}+\overline{\boldsymbol{g}}\end{cases} \tag{8-23}$$

其中,$\overline{\boldsymbol{\omega}}_{en}$ 为导航坐标系相对地球坐标系的旋转角速度。根据舰船的运动分析,当导航坐标系采用 ENT 坐标系时,东向、北向速度分别为 $\boldsymbol{V}_{\mathrm{E}}$、$\boldsymbol{V}_{\mathrm{N}}$,有

$$\begin{cases}\boldsymbol{\omega}_{\mathrm{en}x}^{\mathrm{n}}=-\dfrac{\boldsymbol{V}_{\mathrm{N}}}{R}\\ \boldsymbol{\omega}_{\mathrm{en}y}^{\mathrm{n}}=\dfrac{\boldsymbol{V}_{\mathrm{E}}}{R}+\boldsymbol{\omega}_{\mathrm{e}}\cos\varphi\\ \boldsymbol{\omega}_{\mathrm{en}z}^{\mathrm{n}}=\dfrac{\boldsymbol{V}_{\mathrm{E}}}{R}\tan\varphi+\boldsymbol{\omega}_{\mathrm{e}}\sin\varphi\end{cases} \tag{8-24}$$

对载体相对加速度经过一次积分后可得到载体速度,对载体速度再次积分后可得到载体位置。其解算流程如图 8-15 所示。地理系适用于在地球表面运动的载体。

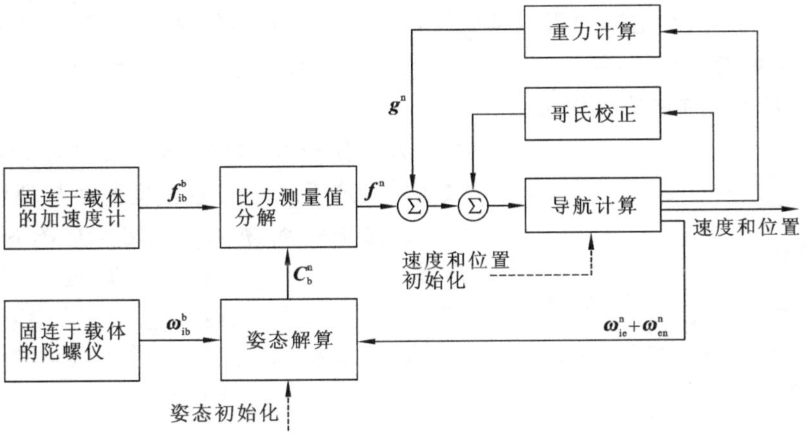

图 8-15 当地地理坐标系捷联式惯性导航解算流程

三、捷联惯性导航系统初始对准

(一) 初始对准方法的种类

捷联惯性导航系统初始对准的关键问题是,在规定时间内以一定精度确定出从载体坐标系到地理坐标系的初始变换矩阵 $\boldsymbol{C}_{\mathrm{b}}^{\mathrm{n}}(0)$。捷联惯性导航系统初始对准大致有以下几种分类。

(1) 按是否利用外观测信息分类,分为自主对准与非自主对准。

自主对准是利用系统自身惯性元件实现自动进行对准的方法。非自主对准是要靠外部参考基准实现对准的方法。自主对准加强了惯性导航系统的自主性、隐蔽性,但耗时较长;非自主对准可依赖外部基准,可以缩短对准时间,但需要外部设施支持。

(2) 按阶段分类,分为粗对准和精对准。

粗对准可用重力矢量 $\boldsymbol{g}$ 和地球自转速率 $\boldsymbol{\omega}_{ie}$ 的测量值，直接估算载体坐标系到地理坐标系的变换矩阵，也可采用传递对准或光学对准。粗对准时间较短，可将方位角和水平角估计在一定的精度范围内。第五章第五节所介绍的双矢量惯性对准方式即为一种常见的粗对准方式。精对准主要通过罗经法、组合导航法等多种方式实现精确校正，计算参考坐标系与真实参考坐标系之间的小失准角，建立起准确的初始变换矩阵 $\boldsymbol{C}_b^n(0)$，为导航计算提供精确的初始条件。精对准时间比粗对准时间长，精度高。精对准的精度对系统正常工作的精度有很大影响。

(3) 按基座运动状态分类，分为静基座对准和动基座对准。

静基座对准过程中理想状态下载体姿态、位置、速度均为零，此时对准干扰小、精度高。动基座对准因载体运动受干扰角速度、加速度影响较大，对准难度大于静基座对准。为克服运动环境的影响，一般需要引入外部信息，同时对载体运动进行一定约束。

（二）罗经法精对准

惯性导航系统常通过"水平调平＋方位罗经效应对准"的方式实现精对准，这一方式称为罗经法对准。水平对准时，水平失准角通过与重力耦合引起速度误差，通过对该速度误差进行控制即可达到水平对准；方位对准时，与陀螺罗经和平台罗经相似，基于罗经效应达到方位对准。在此以惯性导航系统的东向通道为例来简要介绍罗经法对准思想。为便于从平台式惯性导航和捷联惯性导航的比较中，加深对罗经法对准的理解，在此首先介绍平台式惯性导航的东向通道对准原理，实际上，这一原理也是惯性导航式平台罗经的基本原理(见第六章)；再进一步介绍捷联系统的对准原理，实际上，这也是惯性捷联航姿系统的主要工作原理。

1. 平台式惯性导航的方位对准

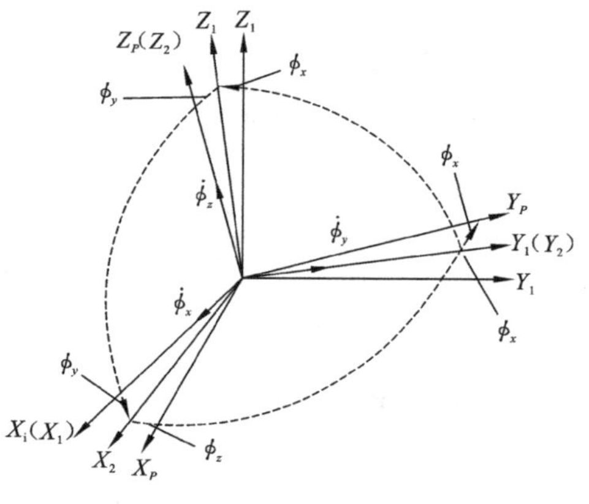

图 8-16　平台失准角的定义

为方便分析，设载体为静基座，捷联惯性导航"数学平台"所跟踪的地理坐标系与理想地理坐标系的失准角 $\boldsymbol{\phi}=(\phi_x,\phi_y,\phi_z)^T$(定义如图 8-16 所示)，陀螺漂移 $\boldsymbol{\varepsilon}=(\varepsilon_x,\varepsilon_y,\varepsilon_z)^T$，加速度计零偏 $\nabla=[\nabla_x,\nabla_y,\nabla_z]^T$，速度误差 $\delta\boldsymbol{V}=(\delta\boldsymbol{V}_E,\delta\boldsymbol{V}_N,\delta\boldsymbol{V}_T)^T$。

在静基座、小失准角的条件下，东向通道速度误差和失准角方程可近似为

$$\begin{cases}\delta\dot{\boldsymbol{V}}_E=-\phi_y\boldsymbol{g}+\nabla_x+\dot{\boldsymbol{V}}_E\\ \dot{\phi}_y=-\dfrac{\delta\boldsymbol{V}_E}{R}+\varepsilon_y\end{cases}\tag{8-25}$$

由式(8-25)可画出东向水平回路方框图(图 8-17)。

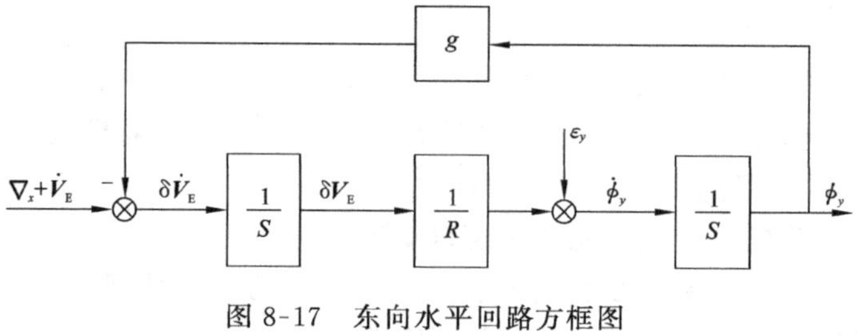

图 8-17　东向水平回路方框图

由自控原理可知，此时东向通道临界稳定，失准角不收敛。为使失准角收敛，航罗经法对

准采取东向通道三阶水平调平回路（图 8-18）。

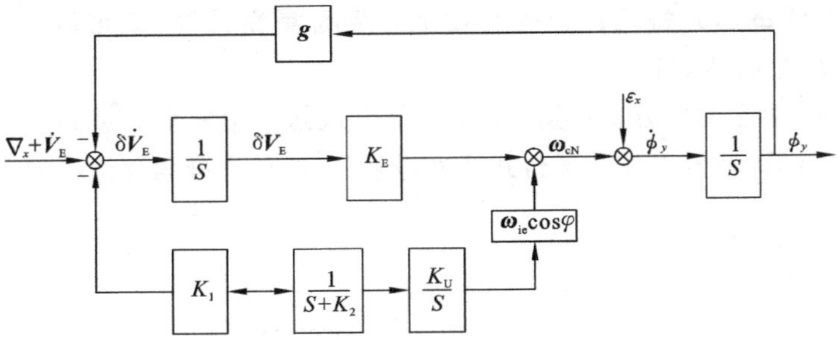

图 8-18　东向通道三阶水平调平回路方框图

在三阶水平调平回路中通过 K_1 引入速度反馈阻尼，通过加入 K_E 改变比例系数的大小，通过加入积分储能环节 K_U/S 消除陀螺漂移和方位失准角引起的常值误差，最终使水平失准角 ϕ_y 稳态误差为 $-\nabla_x/g$。对比图 8-17 和图 8-18 可以发现，引入 K_1、K_E、K_U 三个环节，改变了平台东向旋转角速度的控制规律，使其变为 ω_{cN}。通过同样的方法对北向通道和方位通道进行控制，还可得到 ω_{cE} 和 ω_{cT}，从而实现对惯性平台的精确对准。

2. 捷联惯性导航的罗经法对准

捷联惯性导航是通过构造数学平台代替真实平台，因此可以将平台系统的罗经对准方法移植到捷联系统中，也就是说，将平台罗经对准中用于控制平台运动的信号流，使用数学方法实现。数学平台构造原理如图 8-19 所示。

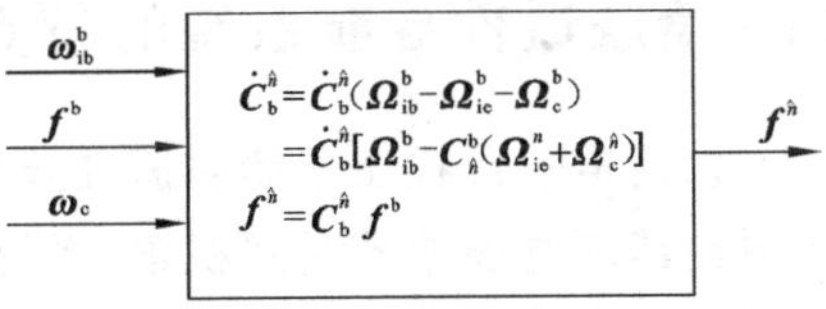

图 8-19　捷联惯性导航数学平台构造

图 8-19 中 $\boldsymbol{C}_b^{\hat n}$ 为计算捷联矩阵；$\boldsymbol{\omega}_{ib}^b$、$\boldsymbol{f}^b$ 分别为陀螺和加速度计的测量值，$\boldsymbol{\Omega}_{ib}^b$ 为 $\boldsymbol{\omega}_{ib}^b$ 的反对称矩阵，$\boldsymbol{\Omega}_{ie}^{\hat n}$ 为地球自转角速率在计算导航坐标系下的投影 $\boldsymbol{\omega}_{ie}^{\hat n}$ 的反对矩阵，其中 $\boldsymbol{\Omega}_c^{\hat n}$ 为数学平台修正角速率矢量 $\boldsymbol{\omega}_c$ 在计算导航系下投影的反对称阵。$\boldsymbol{f}^{\hat n}$ 为 $\boldsymbol{f}^b$ 经过计算捷联矩阵 $\boldsymbol{C}_b^{\hat n}$ 变换后的输出。

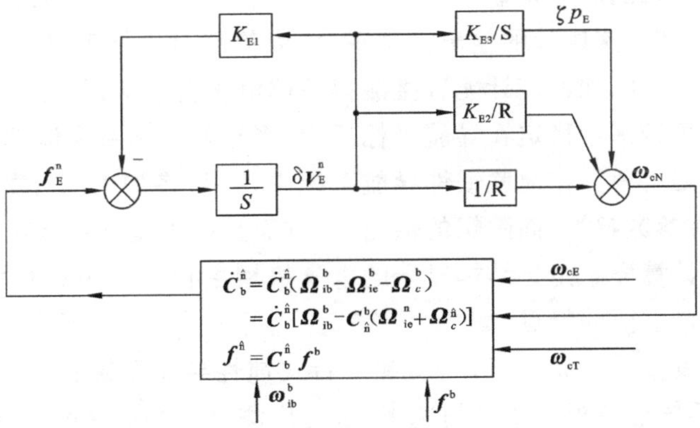

图 8-20　东向通道水平对准原理图

只要在数学上引入控制角速度 $\boldsymbol{\omega}_c$ 与平台式惯性导航的 $\boldsymbol{\omega}_{cE}$、$\boldsymbol{\omega}_{cN}$、$\boldsymbol{\omega}_{cT}$ 等价，即可将平台式

惯性导航的对准规律移植到捷联惯性导航。如图 8-20 所示，对加速度计比力数据进行处理，构造修正角速率矢量 $\boldsymbol{\omega}_{cN}$，并将其作为控制量加入姿态更新计算，就可以如同平台罗经一样，使失准角逐渐收敛，最后达到稳定。

如图 8-21 所示，对于北向方位通道，同样可以引入修正角速率矢量 $\boldsymbol{\omega}_{cE}$、$\boldsymbol{\omega}_{cT}$，并将其作为控制量加入姿态更新计算，就可以如同平台式惯性导航一样，使失准角逐渐收敛，最后达到稳定。

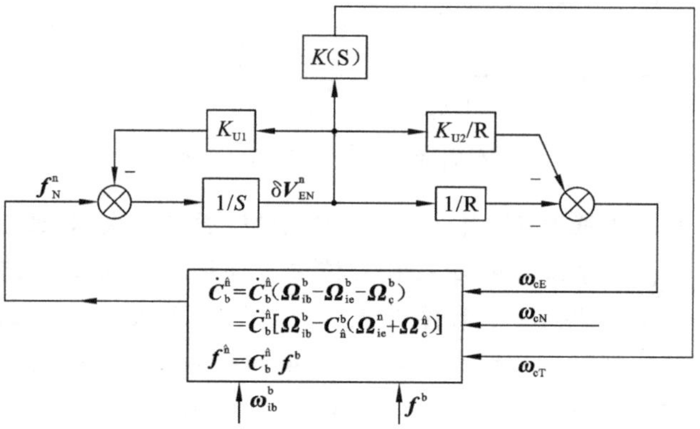

图 8-21　北向方位对准原理图

四、捷联惯性导航系统的特点

无论是平台式还是捷联惯性导航系统，其工作原理基本一致。惯性导航系统存在的最大问题是其定位误差随时间积累，系统精度的长期稳定性差。为了提高惯性导航的精度，各国投入了大量经费对高精度惯性导航系统进行研制。与平台式惯性导航系统相比，捷联惯性导航系统往往具有启动快、机动适应性强、体积小、适装性好、全固态设计、可靠性高等优点。总的来说，捷联惯性导航系统有如下特点。

(1) 因为 IMU 直接固联于载体上，所以，它们测量的是沿载体坐标系各轴的惯性直线加速度和绕载体坐标系各轴的旋转角速率。这一点与平台式惯性导航系统不同，在平台式惯性导航系统中，利用陀螺和加速度计的输出控制平台，以使平台坐标系稳定在导航坐标系内，加速度计安装在平台上，因此，加速度计能直接测得载体沿平台坐标系（导航坐标系）各轴的加速度值；另外，由于电气机械平台稳定在导航坐标系内，当导航坐标系为地理坐标系时，平台各轴就可直接输出载体的姿态角。在捷联惯性导航系统中，必须将加速度计的输出转换到导航坐标系，然后再进行导航参数解算；而陀螺的输出，一方面是用于建立和修正数学平台（导航坐标系），另一方面是用于计算姿态角。结构复杂的电气机械平台完全由计算机的软件功能取代，是捷联惯性导航系统最主要的特点。

(2) 由于惯性仪表直接固联于载体上，和平台式惯性导航系统相比，在提供位置、速度的同时，捷联惯性导航系统能够提供姿态角速率、加速度测量值等更多的导航和制导信息。在波音 757、767 飞机上使用的激光陀螺捷联惯性导航系统能向载体提供多达 35 种信息。

(3) 尽管误差方程的形式基本相同，但是在运动过程中，捷联惯性导航系统的误差传播特性随着运动轨迹的不同，呈现出和平台式惯性导航系统不同的误差特性。

(4) 由于省去了物理平台，捷联惯性导航系统的体积、重量和成本大大降低，可靠性提高。因为 IMU 惯性元件信号仅起到信息输入作用，没有反馈控制，所以是开环控制，所有信号处理都在计算机内实现，更加方便，易于实现小型化和低成本。

(5) 惯性仪表便于安装、维护、更换，也便于采用余度配置，提高系统的性能和可靠性。

(6) 因为惯性仪表固联在载体上，直接承受载体的振动和冲击，工作环境恶劣，所以捷联惯性导航系统中的惯性元件需具有更高的抗冲击和振动的性能。载体的动态环境造成惯性仪表很大的误差。惯性仪表，特别是陀螺仪，直接测量载体的角运动，例如，高性能歼击机最大角速率为 400 °/s，而最低则可能为 0.01 °/h。这样，陀螺仪的量程高达 10^8 量级。

(7) 平台式惯性导航系统的陀螺仪安装在平台上，可以相对重力加速度和地球自转角速度任意定向来进行测试，便于误差标定。而捷联陀螺仪则不具备这个条件，因此装机标定比较困难，只能把仪表从载体上取下来在实验室内进行校准，使用过程中，依靠仪表性能的稳定性，或者使用外部信息，在运动过程中进行校准。

(8) 捷联惯性导航系统的惯性组件直接安装在载体上，直接敏感载体的摇摆、振荡等复杂运动，工作环境恶劣，受干扰较多，因此在高动态条件下会出现划桨、圆锥等误差。这类误差在载体作机动时会产生较大误差，因此对动态误差的实时补偿是高性能的捷联惯性导航必须解决的问题。

(9) 在捷联惯性导航系统中，计算机的计算量要远比平台式惯性导航系统中大得多，对计算机的字长和运算速度的要求也高得多。由于计算机技术的惊人发展，这种要求已得到解决，采用 32 位微计算机或微处理机就能满足要求。

本章介绍了两类基于载体自身推算的定位方法。相对于直接定位系统，它不需要对地面物标或地面导航设施进行观测，不受天气、地理条件限制，保密性强；能够连续工作、更新率高、短期噪声低，因它不与外界发生任何光、电联系，故特别适用于军事用途，特别是在舰艇上使用。推算导航克服了基于外部信息进行定位的观测导航的缺点，是一种自主式导航技术。但是推算导航也存在一些限制：必须初始化位置参数，因为在连续的行程和方向测量过程中误差会积累，导致位置误差随时间增加，因此航行一段时间后需要其他手段进行校准。在组合导航系统中，常使用直接定位测量值修正航位推算导航结果，同时校正航位推算传感器误差。

思　考　题

1. 思考汽车导航中推算定位采取的技术方法。

2. 惯性导航技术的基本特点有哪些？

3. 长航时惯性导航系统有哪些与短航时不同的技术难点？

4. 平台式惯性导航系统与捷联惯性导航系统的区别是什么？

5. 联系《道德经》中的“不积跬步，无以至千里”“天下大事，必作于细”等名言，思考这些东方传统哲学在推算导航、惯性导航中是如何体现的？

第九章 时间统一

第三章介绍了时间和频率的基本知识，以及常用的世界时、历书时、原子时、世界协调时等主要概念。随着现代信息和控制技术的飞速发展，现代化战争中的指挥通信、电子侦察、舰船定位、精确制导、电子对抗等重要领域都对时间频率的要求越来越高，网络覆盖范围越来越大。时间与导航密切相关：不同地点间的信号传输时间包含距离信息，时间的准确性决定距离测量精度；本地时间与地球自转和经度相关，所以时间信息内也直接包含位置信息；高精度时间系统可以提高导航设备定位的精确性和可靠性，从而有效地保障舰船准确按照既定部署进行航行作战，增强精确制导武器的作战效能，加大目标打击的命中率与杀伤力等；高精度时间系统还可以直接提高通信指挥的时效性与准确度，确保通信网络高效、可靠、顺利地运行。因此，高精度授时系统对于保障现代化战争中的各个重要环节安全、可靠、高效地运行有着极其重要的意义。

高可靠性、高精度的时间统一（time-unification）系统体系涉及守时系统（time keeping）、授时系统（synchronization）、授时监测发播系统（clock broadcasting）、时频终端设备（time frequence terminal）、时统保障系统等多个方面。完备的时间产生、发播、监测和服务体系，可以为用户提供高可靠性、统一的时间频率服务。

第一节 时间频率基准

高稳定度和高准确度的频率标准在许多科学技术领域里都起着非常重要的作用，与国防、科技、民生等许多方面息息相关。它是电子设备的“心脏”，几乎所有高科技应用系统都需要高精度的频率标准作支撑。在基本计量学方面，对于许多物理常数的测定和一些新型理论的验证，都需要用到高准确度的频率标准；大地测量学、射电天文学和脉冲天文学，都强烈依赖高稳定度的频率标准；卫星导航系统、导弹精确导航、通信网络、电力网络系统，同样需要稳定度和准确度很高的频率标准作为基准。时间频率基准是守时系统和时频终端系统的核心。高稳定度和高精确度频率标准技术涉及物理、测量和机械等多种学科，是各种学科的综合。目前广泛应用的时间频率基准是石英晶体谐振器和原子钟。

一、天文钟

天体位置是随时间变化的，因此获取观测时刻的准确时间是确定天体位置的前提。在航海中，测天时的时间以世界时计量，一般依靠天文钟等计时仪器获得。天文钟是一种精密的计时仪器，用于指示世界时，是天文定位的主要仪器之一。舰船上均装备有机械天文钟或石英天文钟。

1759 年约翰·哈里森发明机械式航海天文钟（图 9-1），在 5 个月的试验中仅慢 5 s。经过不断的改进和完善，沿用了 200 多年。之后船舶计时器日益发展。20 世纪 70 年代以后，石英电子式航海天文钟有了很大发展。它的外形与机械式天文钟相似,也带有指针,但没有常平架(因为石英振荡器没有位置误差);钟内配有温度补偿装置,以减少温度对走时精度的影响。它具有很高的走时精度,已经取代传统的机械式航海天文钟。

图 9-1 哈里森天文钟

二、石英晶体谐振器

(一) 石英晶体谐振器的工作原理

石英晶体谐振器是利用石英晶体的压电效应制成的一种谐振器件。如果在晶片的两极上加交变电压,晶片就会产生机械振动,而晶片的机械振动又会产生交变电场。当交变电场的频率与石英晶体的固有频率相同时,振动变得强烈,这就是晶体谐振特性的反应。利用这种特性,就可以用石英谐振器取代 LC(线圈和电容)谐振回路、滤波器等。由于石英晶体化学性能很稳定,热膨胀系数小,其振荡频率也非常稳定;而且控制其几何尺寸可以做到很精密,因此,其谐振频率也很准确。石英晶体谐振器一般用金属外壳封装,也有用玻璃壳、陶瓷或塑料封装的,常见的石英晶体谐振器外形如图 9-2 所示。

图 9-2 常见石英晶体谐振器外形图

石英晶体本身并非振荡器,它只有借助于有源激励和无源电抗网络产生振荡,主要由品质因数 Q 很高的晶体谐振器(即晶体振子)与反馈式振荡电路组成。晶体谐振器虽然是一种常见的元器件,但它的性能与晶片材料等级、振荡模式、切割方位,以及精度、几何形状、电极的设置、装架的形式、加工装配工艺等密切相关,其中任何一个环节的变化,都会引起晶振精度、电性能与可靠性的变化。

石英晶体的主要参数如下。

(1) 标称频率:在规定的条件下,谐振器所指定的谐振中心频率,用 f_0 来表示。

(2) 频率准确度:又称频率精度,是指在基准温度下(通常为 28 ℃),晶振的实际工作频率 f 与标称频率 f_0 之间的差值,有绝对频率精度(Δf)与相对频率精度 $\Delta f/f_0$ 之分,具体表示为

$$\Delta f=f-f_0 \tag{9-1}$$

$$\frac{\Delta f}{f_0}=\frac{f-f_0}{f_0} \tag{9-2}$$

(3) 频率稳定度:可以分为频率长期稳定度和频率短期稳定度。频率长期稳定度指晶体的特性在年、月、日内的频率稳定性,通常用相对稳定度 δ 表示为

$$\delta=\frac{\dfrac{f-f_0}{f_0}}{\text{时间间隔}} \tag{9-3}$$

频率短期稳定度指在分、秒或毫秒内频率的随机变化值,它是由振荡器的“相位抖动”或“相位噪声”引起的。频率短期稳定度通常用阿伦方差来表示。

(4) 温度频差：即温度频率特性，它是指在给定的温度变化范围内频率准确度的最大变化值(即频率波动)，通常用相对温度频差 δ_T 来表示，表达式为

$$\delta_T=\frac{\frac{|f-f|}{f_0}}{\text{温度变化范围}} \tag{9-4}$$

(5) 负载谐振电阻：石英晶体谐振器与指定外部电容相串联，在负载谐振频率时的电阻值。

(6) 激励电平：石英晶体谐振器工作时消耗的有效功率，它是施于石英晶体元件的激励状态的量度，常用标准值有 0.1 mW、0.5 mW、1 mW、2 mW 和 4 mW。实际使用时，激励电平是可以调整的，激励强时容易起振，激励太弱时频率稳定性变差，甚至不起振。

(7) 老化率：随着时间的增加，石英晶体老化而产生的误差，单位为 10^{-6} ppm。

(二) 石英晶体谐振器种类

根据石英晶体谐振器的功能和实现技术的不同，可以将其分为以下 4 类。

1. 普通时钟晶体谐振器

普通时钟晶体谐振器(SPXO)结构简单，基本控制元件为晶体元件，完全是由晶体的自由振荡完成的，不采用温度控制和温度补偿方式；主要应用于稳定度要求不高的场合，如微处理器的时钟器件；可产生 10^{-5}～10^{-4} 量级的频率精度，标准频率为 1～100 MHz，频率稳定度为±100 ppm。

2. 压控晶体谐振器

压控晶体谐振器(VCXO)采用外加控制电压偏置或调制其频率输出，它由石英谐振器、压控电容和振荡电路组成，通过电压改变压控电容的容值，从而改变石英晶体谐振器的振荡频率，广泛用于石英晶体谐振器频率的电校准、锁相晶振、网络温补晶振、频率调制和频率捷变技术中。其精度为 10^{-6}～10^{-5} 量级，频率范围为 1～30 MHz。低容差谐振器的频率稳定度为±50 ppm。

3. 温度补偿式晶体谐振器

温度补偿式晶体谐振器(TCXO)采用了一些温度补偿手段来提高谐振器的温度稳定性。它通过感应环境温度，并利用一定的功能电路产生与晶体温度频率特性离散相反的电压信号，将该电压作用于压控晶体谐振器，从而抵消频率随温度的离散，达到稳定输出频率的效果。

传统的温度补偿式晶体谐振器使用温度敏感器件如电阻器和热敏电阻进行温度补偿，频率精度达到 10^{-7}～10^{-6} 量级，频率范围为 1～60 MHz，频率稳定度为±0.5～±5 ppm，补偿效果取决于热敏电阻、电容以及压敏电容的性能。传统的温度补偿式晶体谐振器芯片体积较大，不利于集成，其设计原理如图 9-3 所示。随着补偿技术的进一步发展，出现了数字化自动补偿的温度补偿式晶体谐振器(DTCXO)，稳定度达到 0.5 ppm 以上。用单片机进行补偿的晶体谐振器(MCXO)，在温度特性上达到了非常高的精度，能够适应更宽的工作温度范围，主要应用于军工领域和环境恶劣的场合，其设计原理如图 9-4 所示。由于采用了表面贴装的小型元件和微组装技术，晶体谐振器体积可以做得很小。

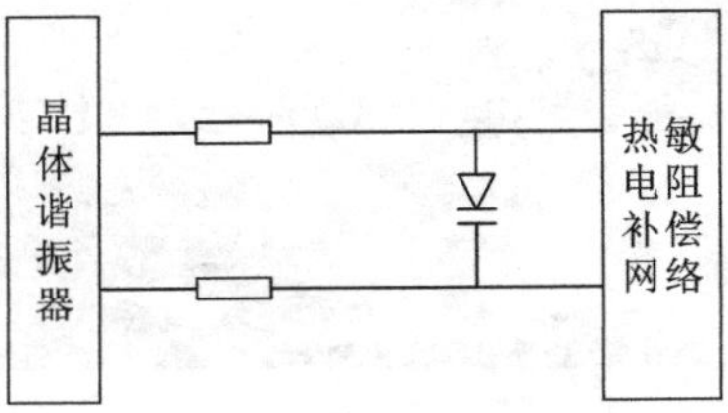

图 9-3　传统的温度补偿式晶体谐振器原理框图

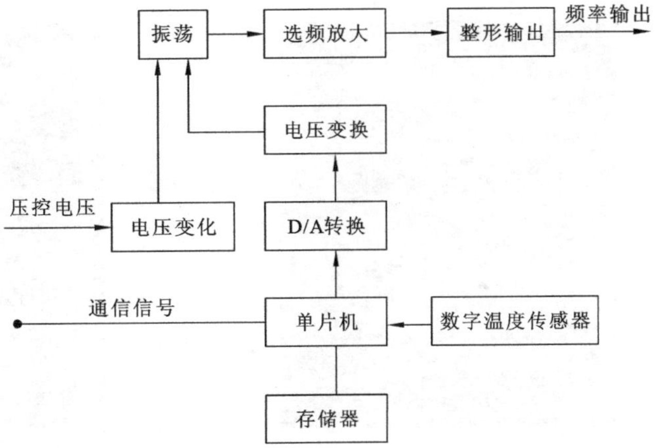

图 9-4　数字化自动温度补偿式谐振器原理框图

4. 恒温控制式晶体谐振器

恒温控制式晶体谐振器(OCXO)对温度稳定性的解决方案采用了恒温槽技术。它利用恒温槽精密控温,使晶体谐振器或石英晶体振子工作在晶体的零温度系数点温度上,将由周围温度变化引起的谐振器输出频率变化量削减到最小。中精度产品频率稳定度为 10^{-7}～10^{-8}量级,高精度产品频率稳定度在 10^{-9}量级以上。恒温控制式晶体谐振器主要用于移动通信基地站、导航、频率计数器、频谱和网络分析仪等设备和仪表中。恒温控制式晶体谐振器的工作原理如图 9-5 所示。

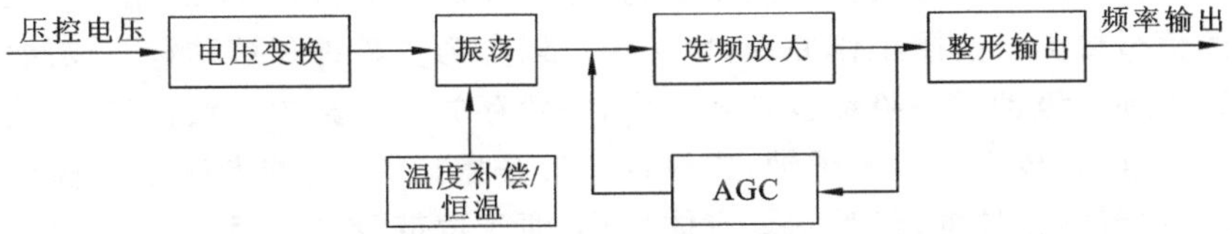

图 9-5　恒温控制式晶体谐振器原理框图

恒温控制式晶体谐振器的主要优点是:由于采用了恒温槽技术,其频率温度特性在所有类型晶体谐振器中最优;由于电路设计精密,其短稳和相位噪声都较好。其主要缺点是:功耗大、体积大,需要 5 min 左右的加热时间才能正常工作等。

三、原子钟

原子时的准确度直接依赖于原子频标的准确度和稳定度。原子钟是目前最精确的频率和时间标准装置,它是利用原子或离子内部能级之间的跃迁频率作为参考,锁定晶体谐振器或激光器频率,从而输出标准频率的信号发生器。原子钟同时也是当代第一种基于量子力学原理制作的计量器具,它的出现将时频技术的发展提升到了一个全新的高度,具有划时代的意义(图 9-6)。

20 世纪 50 年代以来,随着半导体激光技术、电磁囚禁技术、激光冷却和陷俘原子技术、锁模飞秒脉冲激光技术以及相干布居囚禁(CPT)等新技术的发展,新型原子钟技术发展迅速,几乎每 5 年原子钟的准确度和稳定度就提高一个数量级,目前可以达到 10^{-15} s 数量级,以此建立的国际原子时大约需要 3171 万年,计时才差 1 s。

图 9-6　早期原子钟(美国)

图 9-7　美国科罗拉多大学锶晶格原子钟

人们一方面应用这些新技术探索性能更高的新标准，另一方面努力寻求小型化的新途径。这些新物理原理和新技术的成功应用，催生了以超冷原子为工作物质的原子喷泉、离子储存、中性原子囚禁等类型的冷原子钟和光钟，使原子钟的稳定度和准确度从 10^{-15} 又提高了 1～2 个数量级，甚至达到 10^{-18}。另外，人们利用相干布居囚禁等新物理的 CPT 原子钟，开辟了原子钟简化结构，减小尺寸的新途径，甚至制作出芯片型原子钟。这些新型原子钟与传统原子钟相比，由于采用新物理原理，被称为新一代原子钟。如图 9-7 为美国科罗拉大学锶晶格原子钟。

原子钟的工作原理可以分成以下三个步骤：原子能态的准备、原子的相干激励和观测原子跃迁净效应的信号检测。按照工作原理，原子钟可以分为主动钟和被动钟。按照用途，原子钟可以分为一级钟和二级钟。一级钟也是守时钟，一般存放在国家的计量机构中，为一个国家提供官方的时间标准，并校准其他原子钟；二级钟一般是搬运钟，它的准确度和稳定度都比一级钟要低，需要一级频标来校准，但是它具有体积小、便于携带、易操作和抗干扰性强等优点。按照原子的种类不同，原子钟可以分为氢原子钟、铷原子钟和铯原子钟，这三种钟也是目前技术最成熟、用得最广泛的原子钟。按照原子选态的方法不同，原子钟一般可以分为磁选态、光选态运两种，而光选态中激光冷却的方法制作出来的喷泉原子钟是准确度和稳定度最高的原子钟。

表 9-1 列出了常用频率标准的准确度。

表 9-1　常用频率标准及其主要特征

频率标准	准确度	年漂移率	质量/kg	主要应用
普通晶振	1×10^{-5}	无	种类较多	用处较广
温补晶振	$1\times10^{-6}\sim1\times10^{-5}$			
单层恒温晶振	$1\times10^{-7}\sim1\times10^{-9}$			
双层恒温晶振	$1\times10^{-8}\sim1\times10^{-10}$			
铷原子钟	$1\times10^{-10}\sim1\times10^{-11}$	1×10^{-11}	4～30	二级频率标准
氢原子钟	1×10^{-12}	$<5\times10^{-13}$	4～150	高稳频率源保持原子时
商品型铯原子钟	$0.7\times10^{-11}\sim1\times10^{-12}$	$\approx1\times10^{-13}$	30	工程实验室用保持原子时
实验室型铯原子钟	$0.8\times10^{-12}\sim1\times10^{-15}$	$\approx1\times10^{-14}$	>100	构成频率基准

第二节 授时系统

守时系统产生和保持的标准时间基准,需要通过各种授时系统将基准时间频率传送到用户端进行使用。为了统一全国乃至全球的时间,需要一种手段将基准时间信号传递给用户,这就是时间的传递,也称为授时。例如,卫星导航控制系统各设备时间必须保持高度一致,才能保证设备工作时序,协调完成高精度伪距测量、系统授时等工作。目前可用的授时系统包括卫星导航授时、长波授时、短波授时、网络授时、电视授时、电话授时等。时间同步技术是授时的关键技术。

时间同步是指通过时刻比对将分布于不同地方时钟的时刻值调整至一定准确度或具有一定符合度。以往要把分布在各地的时钟(指原子钟)同步起来,最直观的方法就是用搬钟法实现同步比对。搬钟可选用标准钟,也可选用普通钟。后者通过比对时刻钟差与漂移修正参数实现"钟面时间"对齐,用数学方法扣除钟差。搬钟同步方法虽然简单,但受地域条件的限制,对搬运过程、环境和温度要求较高,不能实时或近实时作时间同步,现在很少采用。高精度时间频率标准信号源和高精度时间间隔测量技术的发展,推动了时间同步技术的不断创新。

下面简要介绍典型的时间同步方法。

一、有线直连同步

(一) 时间码同步

时间码同步系统组成如图 9-8 所示,时统设备发送与标准时间同步的标准时间码信号,用户设备内接口终端在接收到标准时间码后,自动将其产生的时间信息同步于标准时间信号。

现有的标准时间码有 IRIG-A、IRIG-B、IRIG-G、NASA36 和 XR3。IRIG-B(Inter Range Instrumentation Group-B)标准串行时间码在国内外获得广泛应用。IRIG 码是美国靶场司令部委员会下属靶场时间组制定的标准时间码格式,共有 6 种格式,即 A、B、D、E、G、H。IRIG-B即为其中的 B 形码,得到广泛应用,成为国际通用标准。

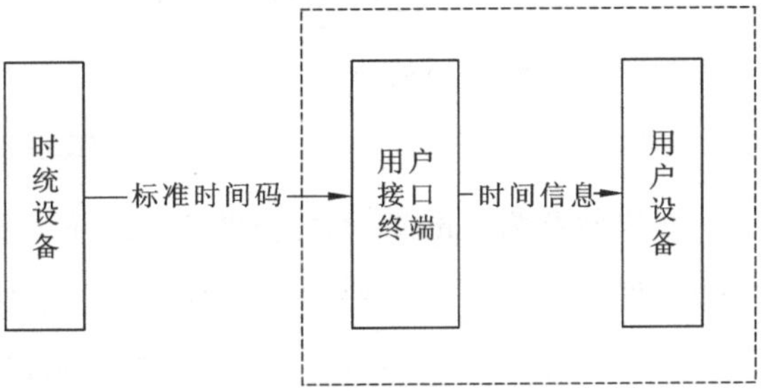

图 9-8 时间码同步系统

IRIG-B 码(简称 B 码)的主要特点为:时帧周期为 1 fps/s(帧/秒),携带信息量大,经译码后可获得 1 pps、10 pps 和 100 pps 脉冲信号、BCD 编码的时间信息及控制功能信息;经同源 1 kHz 正弦信号调制后,带宽能够很大程度地被压缩,一般可传输几十千米(未调制 IRIG-B 码信号传输距离小于 200 m);同步精度为微秒量级。

IRIG-B 码分为直流码和交流码两种,其中交流码是以正弦波载频对直流码进行幅度调制后形成的。

1. IRIG-B 直流码

IRIG-B 直流码的标准格式如图 9-9 所示。IRIG-B 码是一种脉宽码,帧长度为 1 s,码速率为 100 pps，码元周期为 10 ms。IRIG-B 直流码码元有三种，分别为 0 码、1 码和 P 码。其示意图如图 9-10 所示。

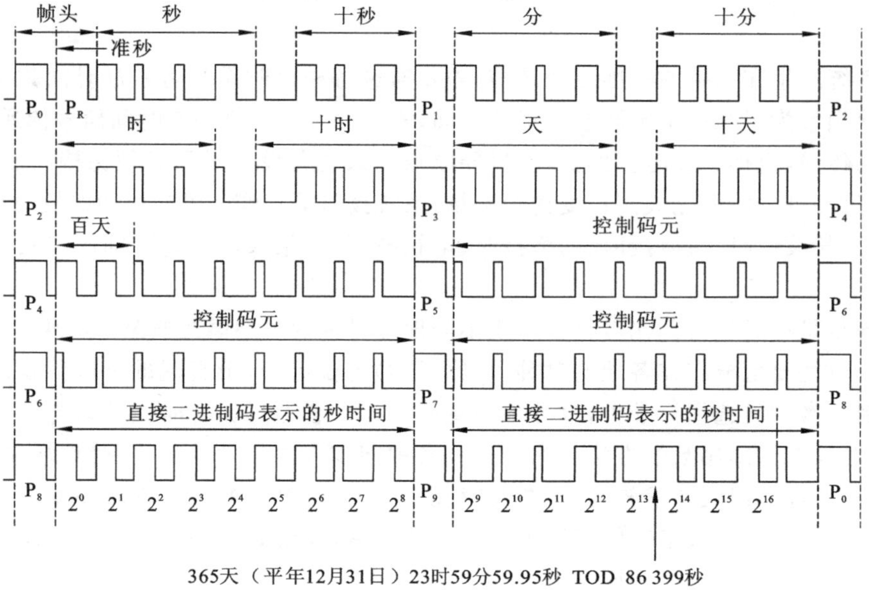

图 9-9　IRIG-B 直流码的标准格式

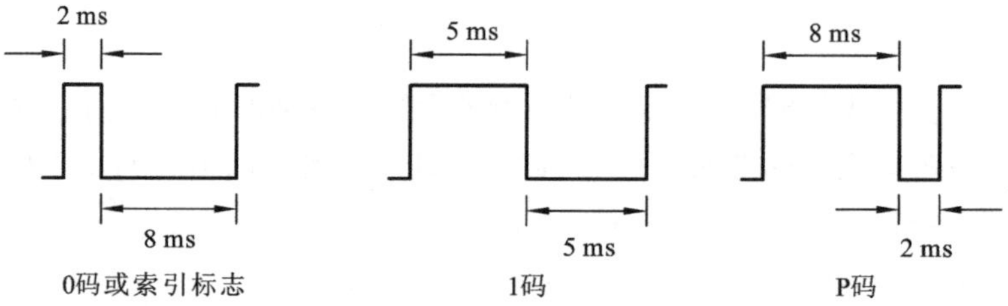

图 9-10　IRIG-B 直流码码元示意图

0 码脉宽为 2 ms，1 码脉宽为 5 ms，而 P 码的脉宽为 8 ms。IRIG-B 直流码 1 帧为 100 个码元，其中 P_R、P_0～P_9 为位置识别标志。其他用于表示时间信息的码元含义见表 9-2。

表 9-2　时间信息的码元含义

码元序号	含义	码元序号	含义
1～4	秒钟的个位	6～8	秒钟的十位
10～13	分钟的个位	15～17	分钟的十位
20～23	小时的个位	25～26	小时的十位
30～33	天数的个数	35～38	天数的十位
41～41	天数的百位	80～88，90～97	天时间的纯二进制秒码

码元信息中，时、分、秒均为当前时刻的时间，天数为当前日期为本年度第几天的序号值。例如，2009 年 1 月 1 日为第 1 天，其对应天数为 1；2009 年 12 月 31 日为第 365 天，其对应天数

为 365;其他日期依此类推。天时间的纯二进制秒就是当前时刻为当天的第几秒。例如,00:00:01为第 1 s;23:59:59 为第 86 399 s;其他类推。这些码元均采用 BCD 码形式,且低位在前,高位在后。

2. IRIG-B 交流码

IRIG-B 交流码是用 IRIG-B 直流码对 1 kHz 正弦信号进行幅度调制后形成的。IRIG 标准要求 IRIG-B 交流码高幅与低幅之比,即调制比要在 3:1到 6:1之间,推荐值为 10:3。

IRIG-B 码的特点如下:

(1) 分辨率高,直流码和交流码的分辨率分别为 10 ms 和 1 ms;

(2) 信息量大,可从信号中获得多种脉冲信号,可获得年时间的二十进制码、天时间的纯二进制秒码等;

(3) 通过载计数识别时间信息,抗干扰能力强;

(4) 易于传输,直流码可用电缆近距离传输,交流码带宽变窄,适合于信道传输。

(二) 秒脉冲同步

1 pps(秒脉冲,即脉冲/秒)输出,是一个电平信号,一般以脉冲形式输出,高电平表示有秒脉冲输出(其持续时间很短,一般在毫秒量级以上),一般电平信号为+5 V,持续时间为 1.01 ms±0.01 ms,低电平表示没有信号输出。脉冲上升沿为 1 pps 输出的精确时刻(图 9-11)。

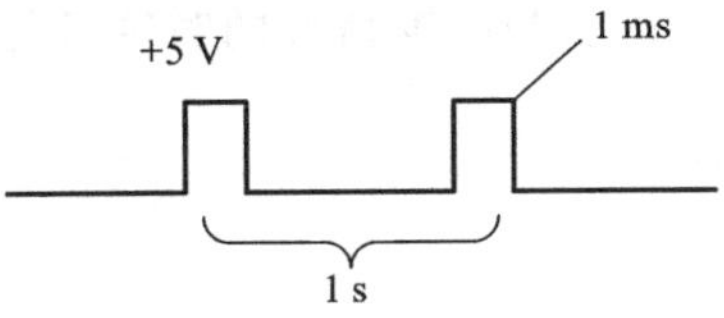

图 9-11 秒脉冲波形示意图

秒脉冲同步系统结构简单,与 IRIG-B 码同步类似。不同之处在于时统设备直接为用户设备传输 1 pps 信号,用户设备检测到 1 pps 上升沿后,完成时间同步校准,同步精度为纳秒量级。但 1 pps 信号长距离传输时,由于含有大量高频分量,信号上升沿变缓,导致同步精度降低。因此,秒脉冲同步仅适合于同步精度要求较高、传输距离较近的情况,但 1 pps 脉冲前沿一般为纳秒量级,短距离同步精度优于 IRIG-B 码。所以,在传输距离近、时间同步精度要求高时,秒脉冲性价比较高,可广泛应用于非组网设备。

(三) 网络同步

目前,通用网络时间同步协议主要采用假设双向通信传输时延差值为零的方法,如 NTP 协议和 PTP 协议。

1. NTP 协议

NTP 协议全称为网络时间协议(Network Time Protocol),其目的是在互联网上传递统一、标准的时间,目前已发展到 V4 版本。NTP 协议架构和基本原理为:采用客户机/服务器模型,在网络上指定若干时钟源网站作为服务器,当客户机请求授时服务时,发送当前时间报文、精确度和稳定度计算的信息至客户端,其接受信息后调整本地时间,且由服务器间相互比对,提高发播时间的准确度。NTP 协议时间同步精度受队列时延、交换时延和介质访问时延等因素影响,仅为毫秒量级,但广泛应用于各种同步精度要求较低的局域网和广域网。

2. PTP 协议

为解决部分网络中高精度时间同步需求,国际电气和电子工程师协会于 2002 年发布了 IEEE1588 标准,也称为精确时钟同步协议 PTP(Precise Time Protocol),基本功能是在网络内使其他时钟与最标准的时钟保持同步，是通用的提升网络系统时间同步能力的规范，目前已发展到 V2 版本。

PTP 基本原理及系统包括主钟与从钟，以及专用硬件电路对时间信息编码，且以固定周期发布信息，同时利用网络链路的对称性和延时测量技术，实现主、从时钟绝对时间同步。在需精确对时的分布式网络内，PTP 以其独特的时间比较策略、专有的时钟硬件结构，时间同步精度可达微秒量级，优于 NTP 协议。但 PTP 同步精度仍然受谐振器频率误差、网络对称性和网络延迟等影响。

二、无线时间同步

常用无线电时间同步方法，按照传播信道可分为短波时间同步、长波时间同步、卫星电视时间同步、导航卫星时间同步和无线激光时间同步等。

按照同步原理，无线时间同步法可分为单向法、共视法、双向法，三种方法的基本原理是将本地时钟与标准信号的时钟进行比对，比对原理如图 9-12 所示。

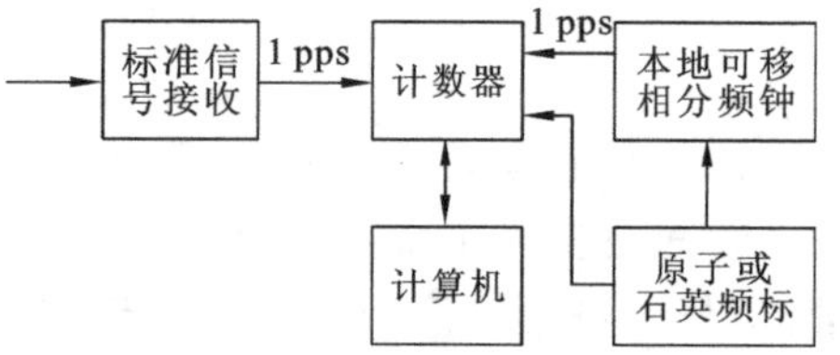

图 9-12　单站设备比对原理

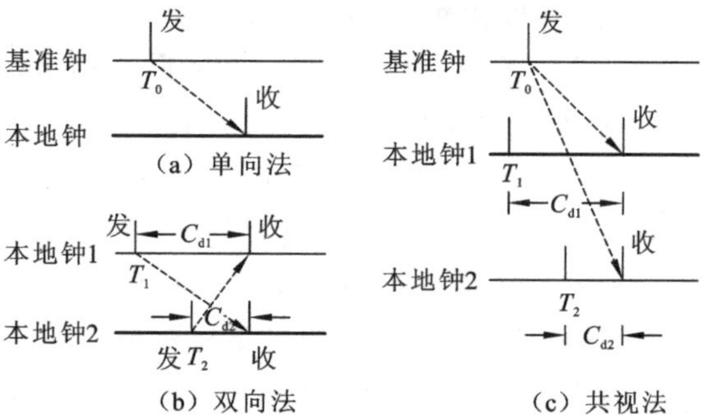

图 9-13　单向法、共视法和双向法的同步时序

(一) 无线时间同步原理

标准信号传递给用户处设备，用户设备利用本地钟的 1 pps 信号打开时间间隔计数器的闸门，用接收到的 1 pps 信号关闭时间间隔计数器的闸门，计数器记录的就是本地信号与标准信号的差值，用计算机对采集的数据进行统计处理，根据处理结果对本地时钟进行改正，即可实现时间同步。三种方法的同步原理如图 9-13 所示。

1. 单向法

单向法授时比对原理如图 9-13(a)所示，用户接收到基准钟信息后，解析基准时间信息，计算并修正时延，完成本地时定时。单向法受传播路径时延影响，授时精度较低。

2. 双向法

双向法授时比对原理如图 9-13(b)所示，每个点都工作在双工方式。本地钟以一定的时间间隔发射一个脉冲，同时用这个脉冲打开时间间隔计数器的闸门，用收到的对方站发射的脉冲关闭时间间隔计数器的闸门，这样就得到：

在钟 1 处，发射时间为 T_1，接收时间为 $T_2+\tau_{21}$，计数器读数为

$$C_{d1}=(T_2+\tau_{21})-T_1 \tag{9-5}$$

在钟 2 处，发射时间为 T_2，接收时间为 $T_1+\tau_{12}$，计数器读数为

$$C_{d2}=(T_1+\tau_{12})-T_2 \tag{9-6}$$

因此两钟钟差 Δt 可表示为

$$\Delta t=T_2-T_1=\frac{1}{2}(C_{d1}-C_{d2}-\tau_{21}+\tau_{12}) \tag{9-7}$$

由于参与双向传递的站点发送和接收的信号取自相同的路径和相反的方向，因而该技术的优点是有效地抵消了路径造成的测量误差，授时精度最高。

3. 共视法

共视法也是一个单收系统，如图 9-13(c)所示，与单向法不同的是，要有两个不同位置的用户，在同一时刻接收同一基准信号的同一标志，每个用户获得时间间隔计数器的读数后，利用通信信道传递双方各自的时间间隔计数器的读数，对传递路径的时延进行估计，就可以实现两地时间的同步。具体过程如下：

在钟 1 处，接收时间为 $T_0+\tau_1$，计数器读数为

$$C_{d1}=(T_0+\tau_1)-T_1 \tag{9-8}$$

在钟 2 处，接收时间为 $T_0+\tau_2$，计数器读数为

$$C_{d2}=(T_0+\tau_2)-T_2 \tag{9-9}$$

其中，τ_1 和 τ_2 分别为基准钟到钟 1 和钟 2 的传播时延。由式(9-8)和(9-9)可得两地的钟差为

$$T_1-T_2=C_{d2}-C_{d1}+(\tau_1-\tau_2) \tag{9-10}$$

由式(9-10)可知，共视法同步的精度主要取决于路径的时延差，和基准钟的准确程度无关。当基准钟到钟 1 和钟 2 的传播路径特性完全相同时，同步结果最佳；当两条路径有差异时，数据相减不能消除某些误差。这是限制测量精度的主要因素。

（二）短波时间同步

短波时间同步系统主要由短波授时台和短波接收机组成，其基本原理为：标准时间信号由短波授时台发射，经电离层反射或地波传播后由短波接收机接收，接收机解析标准时间信号，完成本地时间与标准时间的同步。短波时间同步具有覆盖广、授时和接收设备较简单等优点。但由于短波时间同步受电离层变化、多径效应和噪声等影响较大，时间精度只能达到毫秒量级，故可在时间同步精度要求较低、无网络连接设备的情况下使用。

（三）长波时间同步

长波时间同步系统组成与基本原理同短波时间同步基本一致。长波授时台发射长波(低频)进行时间频率传递与校准，是一种覆盖能力比短波强，校准准确度更高的时间同步方法。在 20 世纪 70 年代初，我国开始建设自己的专门用于时频传递的罗兰-C 体制长波授时台，呼号为 BPL(长波专用无线电标准时间标准频率发播台)，其载频信号由国家授时中心铯原子钟组产生。BPL 长波授时台发播信号时刻误差小于±1 μs，精度为微秒量级，故可在时间同步精度要求较高、无网络连接设备的情况下使用，但时间同步精度受到地波识别和周期判定等因素影响。

（四）卫星电视时间同步

卫星电视授时包括模拟和数字卫星电视时间同步。目前传统模拟电视信号插播时间基准

的方法已经淘汰，数字卫星电视时间同步获得广泛推广，其基本原理为：利用数字卫星电视流（transmit stream，TS）中节目时钟参考（program clock reference，PCR）作为授时关键标志位，在接收端利用锁相环锁定数字卫星电视下行链路载波频率和 TS 码流速率，准确提取出 PCR 内容并精确记录 PCR 到达接收端的时间，通过虚拟星载钟和卫星星历得到其余授时相关信息，完成数字卫星电视时间同步。数字卫星电视同步精度可达纳秒量级，具有覆盖范围广、全天候和精度高等特点，可满足电信、电力和数字网络等系统需求。

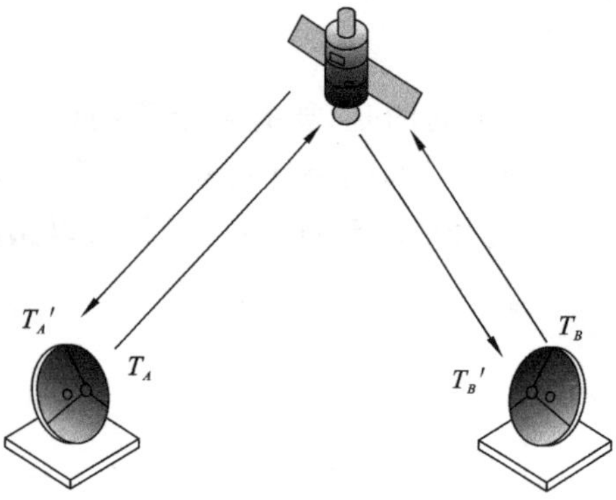

图 9-14　双向时间同步法

（五）卫星导航系统授时

卫星授时可采用单向法、双向法、共视法等，单向法受卫星位置、电离层时延和设备时延等影响，授时精度较低，如北斗单向授时精度为 50 ns。双向法卫星授时受卫星位置、大气延迟和设备时延变化影响较小，已正式作为国际原子时 TAI 计算的时间同步方法（图 9-14）。我国北斗双向授时精度可达 10 ns。共视法卫星授时由于具有精度高、设备简单、全天候和全球覆盖等优点，成为时间系统中使用最广泛的手段，同步精度可达5～10 ns，为国际原子时系统使用最广泛的比对手段，但同步精度仍受大气传播延迟制约和多径效应等因素影响。

（六）激光时间同步

激光时间传递技术（LASSO）是近年来发展起来的利用激光和卫星实现时间频率传递的技术。其系统组成为具有收发功能的两地面站和卫星，基本原理如下。

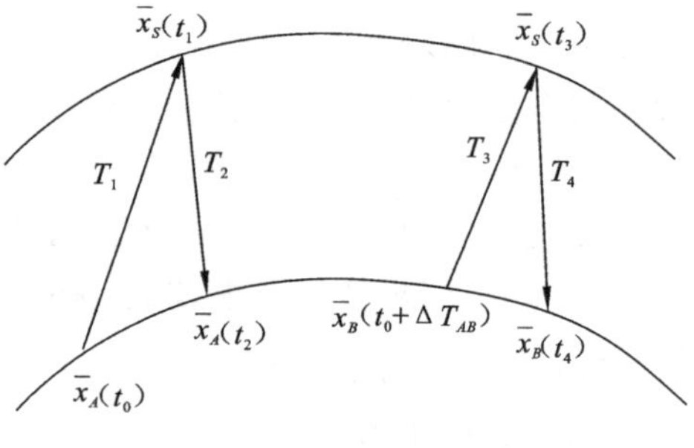

图 9-15　激光时间同步法

如图 9-15 所示，地面站 A 在钟面时 T_A（坐标时 t_0）向卫星发射激光脉冲信号，信号于卫星钟面时 T_{S1}（坐标时 t_1）时刻到达卫星，且作为卫星时间间隔计数器开门信号，同时该信号被卫星反射器反射，在 A 站钟面时时刻 T_{A2}（坐标时 t_2）接收；同理，地面站 B 在钟面时 T_B（坐标时 $t_0+\Delta T_{AB}$）向卫星发射激光脉冲信号，信号于卫星钟面时 T_{S3}（坐标时 t_3）时刻到达卫星，且作为卫星时间间隔计数器关门信号，同时该信号被卫星反射器反射，在 B 站钟面时时刻 T_{B2}（坐标时 t_4）接收；最后，交换 A、B 两站数据，且计算三个参数：

$$R_A = T_{A2} - T_A$$

$$R_B = T_{B2} - T_B$$

$$t_S = (1 - 5.4\times 10^{-10})\times (T_{S3} - T_{S1})$$

可得两站相对钟差为

$$\Delta T_{AB} = \frac{1}{2}(R_A - R_B) + t_S + \delta + \delta_{gr} \tag{9-11}$$

其中，δ 为相对论效应改正项，δ_{gr} 为引力时延改正项。

因为卫星位置不确定和大气延迟带来的时延误差很小，所以此方法测量精度很高，优于 100 ps。但激光受气候影响较大，所以它不适合作为常规时间同步手段。

三、时间同步方法比较

以上介绍的多种时间同步方法，由于系统组成、基本原理和影响因素不同，其时间同步精度、扩展性、可靠性、连续性和成本具有较大差别，见表 9-3。用户需根据同步距离、连接方式、同步精度、可拓展性和成本等多方面因素，选择适合的时间同步方法，在降低成本的同时，满足精度要求。

表 9-3　不同时间同步方法比较

时间同步方法	传输方式	作用距离	同步精度	扩展性	连续性	成本
IRIG-B	直流	＜200 m	亚微秒	一般	全时段	低
	交流	＜100 km	微秒			
秒脉冲	同轴线缆	＜100 m	纳秒	一般	全时段	低
NTP	光纤或双绞线	双绞线：100 m 光纤：1 km	微秒	强	全时段	低
	以太线	无限制	毫秒			
PTP	光纤或双绞线	双绞线：100 m 光纤：1 km	纳秒	强	全时段	一般
	专网、专线和以太网	无限制	微秒			
短波	短波	＜3000 km	毫秒	差	全时段	低
长波	长波	＜3000 km	微秒	差	局部时段	低
数字卫星电视	微波	卫星覆盖区	＜100 ns	一般	全时段	高
卫星双向法	微波	卫星覆盖区	亚纳秒	一般	全时段	高
卫星共视法	微波	卫星覆盖区	5～10 ns	一般	全时段	较低
LASSO	激光	卫星覆盖区	＜100 ps	差	局部时段	高

第三节　时间统一系统

时间统一系统的组成如图 9-16 所示。守时系统通过高精度原子钟组及测量、比对与处理设备建立和保持一个高准确度、高稳定性的标准时间基准，并提供可靠、连续、实时的时间和频率信号。授时系统通过有线或无线手段将守时系统保持的标准时间传递给用户。授时监测发播系统对授时系统所发播信号进行监测，确保用户获取标准时间的精度和可靠性。时频终端设备接收和保持标准时间，并向用户提供连续、可靠的标准时间和频率信号。时间统一保障系统对时间服务制定法规和标准，并对各类时频装备进行计量校准，确保各类时频装备处于正常状态。

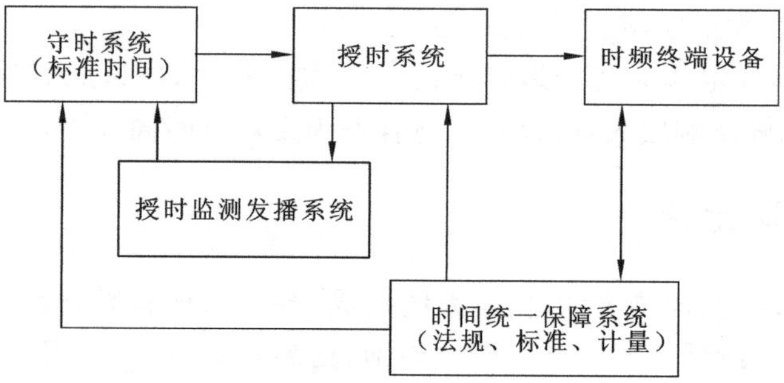

图 9-16 时间统一系统组成示意图

一、守时系统

高精度的守时系统的组成框架如图 9-17 所示。

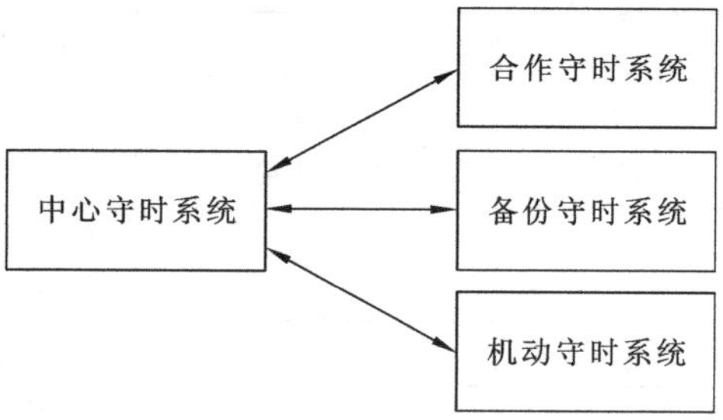

图 9-17 守时系统组成示意图

高精度守时系统由中心守时系统、合作守时系统、备份守时系统和机动守时系统组成。为了提高整个守时系统的精度,中心守时系统需要与合作守时系统、备份守时系统、机动守时系统之间建立联系,实时进行跨地域的守时数据比对,提高守时时间比对和数据处理的性能,提高守时系统的稳定性、可靠性、安全性。中心守时系统通过加权其他守时系统的时钟,产生最精确和稳定的时间基准。

每个单独的守时系统均由若干原子钟钟组、时间测量比对设备以及计算机和处理软件组成,需要判断每台原子钟的相位时间和频率是否异常,并得出唯一的时频基准。由多个原子钟组产生时频基准的计算公式为

$$T_A = \sum_{i=0}^{n} W[\mathrm{Clock}(i)] \tag{9-12}$$

其中,T_A 是所有参加计算的 n 个原子钟的相位时间的加权平均值。原则上,T_A 的频率稳定度优于钟组中任一原子钟的频率稳定度。

二、授时监测发播系统

授时监测发播系统是时间统一系统不可或缺的组成部分,通过授时监测以及处理发播,可以保障授时服务的完善性和可用性。授时监测发播系统的功能包括对发播信号进行接收比对、发播信号预处理、发播质量评估、发播异常判断与处理、发播监测信息发送 5 个部分。功能框图如图 9-18 所示。

授时监测发播系统负责整个发播监测系统的数据处理,根据数据处理结果向发播系统给出服务评估信息,以改进时频服务质量。

授时监测发播系统首先接收来自发播信号接收比对设备的各种数据信息,将所有数据汇总并存储。之后对数据进行滤波处理,剔除明显的粗差,对数据格式进行规范,便于进一步的统一处理。

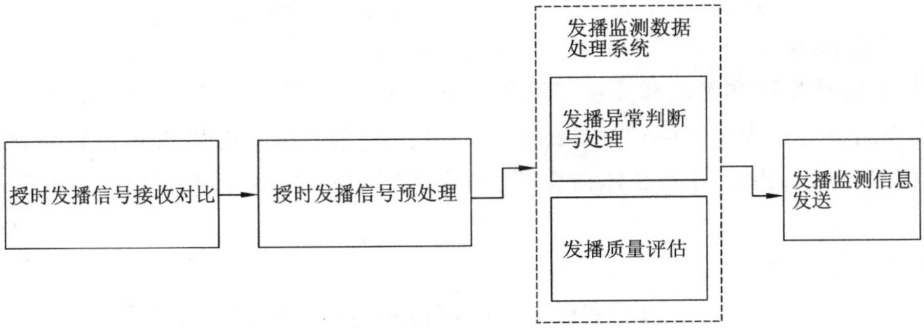

图 9-18 授时监测发播系统功能框架图

时频监测发播系统的重要任务是异常判断和处理，这一任务由发播监测数据处理系统完成。时频发播服务中出现的异常状况如发播中断、发播时间错误等都可以在数据中反映出来。发播监测数据处理系统对数据进行分析和判断，一旦出现异常状况立刻报警，并给出相关信息，作为发播系统故障处理的依据。除了异常判断和处理之外，发播监测数据处理系统还要对发播服务的质量进行评估，这主要是通过发播接收时间与时间源的相互比对来完成的。发播监测数据处理系统可以对各种时频发播手段的准确度、稳定度进行计算，对信号强度进行监视。在长期观测的基础上，发播监测系统可以进一步对天气、季节、气温等对时频发播的影响进行分析，最终得出相关结论，供时频发播系统参考。

三、时频终端设备

时间信息从基准源传送到用户侧时，并不是向一个用户而是向一群用户提供标准时间频率信号。由于该信号和接口不一定符合用户处的情况，因而时频终端设备又分成两部分：时统设备和用户设备。时统设备通过标准接口输出标准时间信息，用户设备利用标准信号合成所需的信号(图 9-19)，这样就实现了多个设备间时间频率的同步。

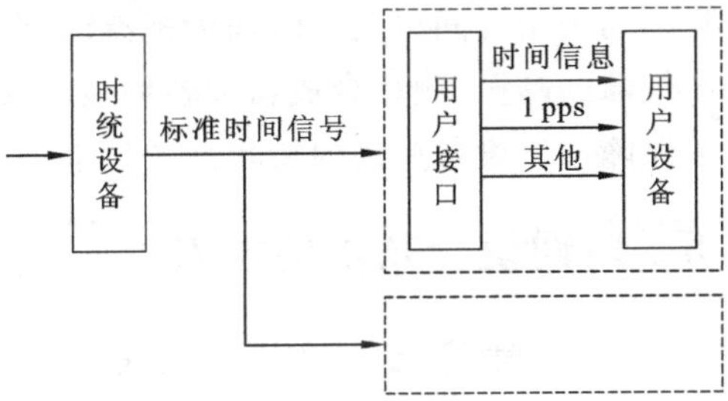

图 9-19 用户设备

不同体制的授时系统，由于工作机理不同，用户接收设备也各有差别。时统设备的组成如图 9-20所示，它由定时校频接收机、频率标准源、时间码产生器和时间码放大分配器等设备组成，其作用如下。

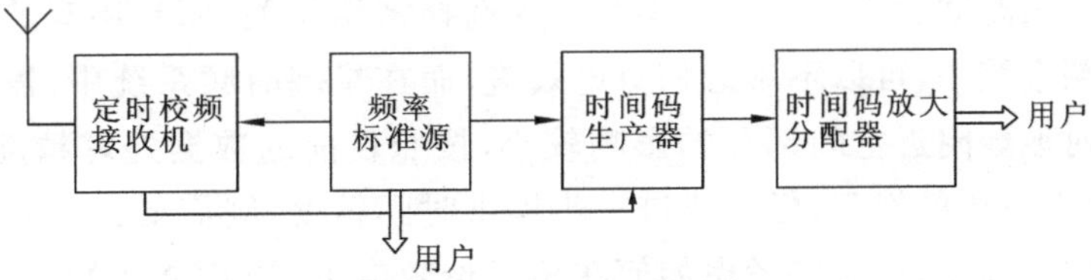

图 9-20 时统设备的组成

(1) 定时校频接收机。

定时校频接收机接收本国或外国发播的标准时间信号和标准频率信号来同步本地的时间

和频率。传播标准信号的常用信道分为有线、短波、长波、电视和卫星等。

(2) 频率标准源。

频率标准源产生高准确度和高稳定度的标准频率信号，它使一定的时间频率同步精度得以保持，其输出信号作为时间码产生器的信号源将标准频率信号提供给多普勒测速等测控设备。常用的频率标准源有石英晶体谐振器、铷原子频率标准、铯原子频率标准和氢原子频率标准。

(3) 时间码产生器。

时间码产生器具有使本地时间和标准时间保持一定同步精度的功能，并完成时间码信号的编码。最常用的信号是与标准时间同步的每秒一帧的时间码。

(4) 时间码放大分配器。

时间码放大分配器将时间码信号放大分路和匹配后，用电缆直接送至用户或者经有线或无线电收发信设备传送到较远距离的用户。用户可直接使用时间码信号或将它解码后同步本机的时统终端设备，以产生自己所需的各种信号。早期用户所需各种时统信号都由时统产生后分送给用户，现趋向于采用标准格式的时间码信号作为时统设备与测控设备的标准接口，这样有利于接口标准化并提高测控系统的可靠性。

四、时间统一保障系统

时间统一保障系统涉及时间频率相关的法律法规以及相关标准的制定，也需要计量校准系统来保证用时的精度和一致性。为了统一中国人民解放军时间标准，中央军委已发布《中国人民解放军标准时间管理规定》，明确全军 2010 年 6 月 1 日起必须统一使用军用标准时间。我国的民用时间以北京时间为标准时间。时频终端设备中用到的原子频标、高稳晶振、其他电子仪器的晶振、频率合成器和各种授时接收机等都需要定期检定，通过时频计量检定、校准测试保障用户设备始终保持较高的性能。

五、时间统一技术的发展

(一) 时间统一的相对论考虑

严重依赖原子钟的时频体系在高精度和大动态应用时，必须要考虑相对论效应。相对论效应主要影响参考系的尺度定义。在运动参照系中，时间的流逝会变慢，即著名的时间延缓效应。广义相对论指出时间和空间不仅与参照系的选择密切相关，而且还有赖于物质的分布与运动。在陆基时频系统中，可以不考虑相对论效应，而在星基时频系统中，需要考虑相对论效应。好在相对论对地球附近空间部分的影响较小，按照目前的数据处理精度，GPS 的相对论效应仅考虑了 10^{-10} 量级的修正，但若要进一步提供时间精度，则需要提升相对论修正精度的量级。对于未来的星际航行，需要考虑如何在相对论效应下，构建全新的时空统一理论体系，并要研究相关的技术手段。

(二) 高动态授时技术

在静态以及授时发射和接收端位置固定的条件下，时间统一可以做到较高的精度，但遇到导弹机动作战、高速飞机等动态条件时，时频用户的空间位置在不断快速变化，为精确空间位置以及依靠计算电波传播时间定时的设备工作带来困难。因为空间位置的不断变化意味着从授时台到定时设备的电波时延也在不断变化，对此需根据对时间同步误差的要求和空间位置变化的速率，研究相应的高动态定时设备，以满足高动态条件下时统设备工作的需要，探索不基于位置的授时新技术。另外，在高动态条件下，时间统一设备也要适应振动、冲击、过载和辐射等特殊环境条件，需注意解决恶劣环境对时频设备工作的影响。

（三）量子授时技术

量子授时技术需要用到量子的纠缠态信息测量。所谓量子纠缠，就是一种量子力学现象，它描述的是复合系统（具有两个以上的成员系统）中一类特殊的量子态，此量子态无法分解为成员系统各自量子态的张量积。在量子力学中，有共同来源的两个微观粒子之间存在着某种纠缠关系，不管它们被分开多远，只要一个粒子发生变化就能立即影响到另外一个粒子，即两个处于纠缠态的粒子无论相距多远，都能感知和影响对方的状态，这就是量子纠缠。两颗粒子仿佛拥有超光速的秘密通信一般，被爱因斯坦称为“幽灵般的超距作用”(spooky action at a distance)。量子纠缠被认为是近几十年来科学最重要的发现之一，对科学界和哲学界产生了深远的影响，成为量子计算机和量子通信的理论基础。

现有授时系统的基本原理是：根据时间发送端与接收端的距离，通过测得电信号或光信号的传播延时，实现发送端和接收端的时间同步。而通过量子信息传输技术，有可能实现与信息传输时间无关的、全新的时间统一系统发播体系。基于量子纠缠理论，可以设计出量子授时系统，即将时间基准源和时频用户之间建立量子信息传输联系，把时间基准源的 10 MHz 信号或 1 pps 信号调制加载到量子信息传输通道上，这样，只要时间基准源能保持较高的稳定度和准确度，则用户端可以实现与时间基准源相同的时频准确度，而与传播通道无关。量子授时系统的验证方法如图 9-21 所示。量子授时若通过试验验证，将开创新的授时方法和体系，对现有的时空体系将产生颠覆性的影响。

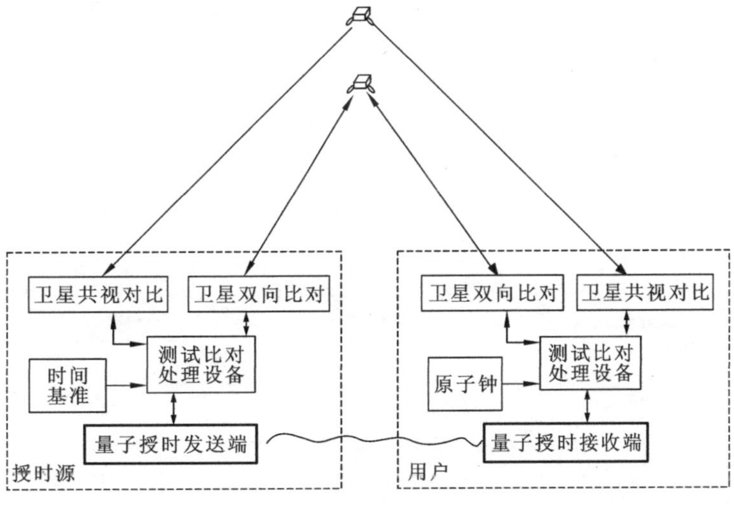

图 9-21　量子授时验证方案示意图

思 考 题

1. 简述守时系统的作用。

2. 授时系统常用的技术有哪些?

3. 常用的时间频率基准有哪些?

4. 简述时间码的用途。

5. 请查阅英国钟表匠哈里斯发明天文钟解决经度测算问题的故事,简述哈里斯所做的主要工作和天文钟实现经度测算的原理,以及你从中得到的启示。

6. 检索芯片原子钟的技术发展,简述守时技术发展现状。

7. 请检索古代的计时装置,加深对计时技术的理解和认识。

8. 通过物理学的学习,我们知道在宇宙中很多物理量都不是无限的,如温度、速度,对于本章讨论的“时间”这一物理量,请查阅相关资料,简述“时间”有没有极限?

第十章　组合导航

组合导航系统随着计算机技术、最优估计理论、信息融合理论以及大系统理论的发展，迅速发展成为一种多系统、多功能、高性能、高可靠性的导航系统。

导航系统种类多样，可以通过多种手段在不同环境工作条件下获取导航信息，所以在实际中，人们已经很少依赖单一导航系统完成导航功能，而是将各类载体上的导航系统的信息和功能结合起来，形成综合性能更强的组合导航系统。例如，弹道导弹可以使用INS/CNS/GPS组合导航系统，战机可以使用INS/GPS/TNS组合导航系统，即使是相对简单的车辆导航系统，也使用GPS导航与路径规划或者与DR(陀螺/里程计)导航的组合导航技术。工况恶劣，长期依赖于惯性导航系统的潜艇，实际上也是INS/计程仪/重力匹配的组合导航系统。所以，从一定角度来说，在海、陆、空、天等各种导航应用领域，人们所应用的大部分导航系统都是组合导航系统。当前高科技战争对武器和武器平台的导航系统的自主性、精确性、自动化程度、外形尺寸均提出了非常高的要求，随着技术的发展，可利用的导航系统信息资源越来越多。相对于单一导航系统，组合导航系统具备更强的协合超越功能、冗余互补功能和更宽的应用范围和可靠性。

第一节　组合导航基本情况

一、组合导航的概念

组合导航是近代导航理论和技术发展的结果。每种单一导航系统都有各自的独特性能和局限性。把几种不同的单一系统组合在一起，就能利用多种信息源，互相补充，构成一种有多余度和导航准确度更高的多功能系统。

根据多传感器信息融合理论的划分，组合导航多传感器信息融合属于位置级和属性级融合，处于信息融合系统基础层级。组合导航系统要求能够自适应地接收和处理所有可用的导航信息数据源，并对导航信息数据进行融合，提供精确的位置、速度和姿态等导航信息。同时，高精度导航系统根据对系统可靠性和鲁棒性的要求，还必须具有强容错能力，即具有对子系统进行故障诊断并对故障子系统进行隔离、全系统信息余度控制优化、提供系统最优的多余度导航信息以及提供辅助决策的能力。组合导航系统的多传感器系统融合结构可以采取集总式结构方案、分布式结构方案、联合式结构方案，可以分别对应信息融合系统的相应结构。总的来说，组合导航系统本质上是一种多传感器融合的参数估计系统；功能上是一种单目标多传感器信息融合跟踪系统。

二、组合导航的种类

（一）推算系统

推算系统通常由航向传感器（如陀螺罗经）和速度传感器（如计程仪）构成，通过对载体航向角变化量和载体位置变化量的测量，递推出载体位置的变化，因此能够提供连续的、相对精度很高的定位信息。其自主导航的基本原理是：将载体运动视为二维平面上的运动，如果已知载体的初始位置和初始航向角，通过实时测量载体行驶距离和航向角的变化，就可以推算出每个时刻的坐标。由于推算系统中航向传感器的误差较大，且随着时间积累，因而推算导航只能作为一种辅助的导航技术。

（二）以 INS 为核心的组合导航系统

1. INS/GNSS 组合导航系统

惯性导航不依赖外部信息，隐蔽性好，抗干扰能力强，能提供载体需要的几乎所有的导航参数，具有数据更新率高、短期精度和稳定性好的优点；但其误差存在随时间积累，且初始启动对准时间较长，对于执行任务时间长又要求快速反应的应用场合而言是致命的弱点。GNSS 是星基导航定位系统，能全天候、全时间、连续提供精确的三维位置、速度和时间信息；但存在动态响应能力差、易受电子干扰、信号易被遮挡且完善性较差的缺点。将惯性导航和 GNSS 系统两者组合在一起，高精度 GNSS 信息作为外部量测输入，在运动过程中可频繁修正惯性导航，以限制其误差随时间的积累；而短时间内高精度的 INS 定位结果，可很好地解决 GNSS 动态环境中的信号失锁和周跳问题。所以组合系统不仅具有两个独立系统各自的主要优点，而且随着组合水平的加深和它们之间信息相互传递和使用的加强，组合系统所体现的总体性能远优于任一独立系统。因此，INS/GNSS 的组合被认为是目前导航领域最理想的组合方式，常见的组合方式有松耦合（loosely coupled）、紧耦合（tightly coupled）、超紧耦合（ultra-tightly coupled）、紧密耦合（closely coupled）、级联（cascaded）以及深（deep）组合等，这些专业术语没有公认的定义，这里介绍最常用的定义。

（1）松耦合 INS/GNSS 系统：使用 GNSS 位置和速度作为组合算法的测量输入，与 INS 校正类型或 GNSS 辅助无关。由于 GNSS 用户设备已经融入了导航滤波器，因而松耦合系统是一个级联结构。这是位置域组合。

（2）紧耦合 INS/GNSS 系统：使用 GNSS 伪距和伪距率、伪距增量或者 ADR 测量作为组合算法的输入，同样不考虑 INS 校正类型或 GNSS 辅助。这是距离域组合。

（3）深耦合 INS/GNSS：将 INS/GNSS 组合和 GNSS 信号跟踪合并为单个估计算法。这种组合，要么直接地，要么借助鉴别器函数，采用 GNSS 相关通道中的 I 和 Q 信号作为测量，生成用于控制 GNSS 接收机中参考码和载波的 NCO 命令。这是跟踪域的组合，也称为深组合。

（4）超紧耦合 INS/GNSS：用来描述带有 GNSS 跟踪环辅助的跟踪域和距离域的组合，而紧密耦合用于位置域和距离域的组合结构。

2. INS/log 组合导航系统

将中高精度的惯性导航系统与计程仪(log)组合构成高精度的自主导航系统,也可采用多种组合方式。其一是采用 INS/log 速度组合方式,其位置误差会随着载体运动距离的增加而缓慢发散。但与 INS 相比,INS/log 组合可有效减小姿态、速度、经度和纬度等导航参数误差的积累,提高系统的导航精度。其二是利用计程仪速度对惯性导航系统的水平通道进行阻尼,以改善惯性导航内部的控制性能,达到提高惯性导航精度的目的。其三是基于计程仪和 INS 航向可以构成推算系统,其误差主要随行驶距离的增加而增加。在载体低速运动时,推算系统误差随时间增长较慢。DR 系统还可以与 INS 系统构成新的组合系统。

3. INS/CNS 组合导航系统

惯性/天文组合导航系统是一种自主式导航系统,由于天体目标的不可干扰性和天文导航系统能同时获得很高精度的位置、航向信息,它能全面校正惯性导航系统。一方面,惯性导航系统可以向天文导航系统提供姿态、航向、速度等各种导航数据,天文导航系统则基于惯性导航提供的上述信息,更准确、快速地解算天文位置和航向,实现天文定位;另一方面,天文导航系统观测到的定位信息对惯性导航的位置等数据进行校正。观测的载体姿态角可反映陀螺的漂移率,例如,用卡尔曼滤波方法处理这些角度信息,为惯性导航参数误差和惯性元件误差提供最优估计并进行补偿,可提高惯性导航系统的导航精度。

(三) 以 GNSS 为核心的组合导航系统

1. GNSS 组合导航系统

目前,已完全投入使用的全球定位系统主要有美国的 GPS 和俄罗斯的 GLONASS 系统,二者都能在全球范围提供全天候导航定位;我国北斗系统将在 2020 年完成全球定位,目前在亚太等重点区域已经提供导航定位服务。在高山峡谷、森林等特殊场合使用单个 GNSS 系统时,由于卫星易被遮挡,可见卫星数将减少,从而影响系统定位精度。此外,由于军事政治原因,美国对本国及其盟国军队以外的用户提供的 GPS 精度仍得不到稳定保证。因此,人们开始研究应用组合 GPS/GLONASS/北斗来提高定位精度及可靠性。在 GNSS 组合系统中,组合接收机将同时接收 GPS、GLONASS 和北斗卫星信号,并将三者的数据进行融合后得到导航信息。较单独的 GNSS 而言,可用卫星数理论上从 24 增加近 3 倍,因此在同等观测条件下,可见卫星数增加,定位精度将大为提高。

2. GNSS/罗兰 C 组合导航系统

罗兰 C 系统是一种陆基远程无线电导航系统,其主要特点是覆盖范围大,岸台采用固态大功率发射机,峰值发射功率可达 2 MW。其抗干扰能力强、可靠性高,是一种为我国完全掌握的无线电导航资源,可覆盖我国沿海的大部分地区,在战时具有重要意义。但罗兰 C 系统的定位误差较大,它与 GNSS 各有优缺点,并且各自独立。因此,GNSS/罗兰 C 组合导航可将两种导航系统优势互补。

目前罗兰 C 和卫星导航组合应用有以下几种方式。

(1) 罗兰 C 差分增强卫星导航:利用罗兰 C 的通信能力在不影响罗兰 C 导航能力的情况下,将卫星导航差分基准站取得的伪距校正值等校正信息附加调制在现有罗兰 C 信号上播发出去，用户端采用具备数据接收解调能力的罗兰C接收机和卫星导航接收机的简单组合，就可接收并使用这些信息，这就实现了卫星导航的差分应用。

(2) 罗兰C作为伪卫星增强卫星导航：由于罗兰C导航台具有播发数据信息的能力，因而可以采用罗兰C导航台播发卫星导航信息电文数据，将罗兰C导航台作为类似伪卫星来使用。

(3) 利用卫星导航提高罗兰C接收机的定位精度：ASF问题是目前影响罗兰C定位精度最主要的因素，利用卫星测量罗兰C的ASF值，并对定位结果进行修正就可提高罗兰C接收机定位精度。

(4) 罗兰C定位数据和卫星导航定位数据融合应用：通常罗兰C定位数据误差远大于卫星导航定位误差，使得数据融合的意义不大；但若采用经过ASF修正的差分罗兰接收机进行定位，由于其精度可达8～20 m，已与卫星导航接收机定位精度接近，且罗兰C和卫星导航是两个不相关的独立的导航系统，因此将罗兰C接收机和卫星导航接收机的定位结果进行数据融合处理，将使定位误差的方差优于卫星导航接收机的定位数据。

3. GNSS/DR组合导航系统

在车辆导航等一些低成本的导航应用领域，经常采用GNSS/DR组合导航方式。由于DR导航系统不能提供载体初始坐标和初始航向角，无法得到航位推算系统的初始值，且在进行航位推算时其误差逐步积累发散，因而DR系统不适合长时间独立导航，需要其他手段对积累误差进行适当补偿。GNSS/DR组合导航系统便可以充分结合两种导航手段的优点。GNSS系统提供的绝对位置可以为DR系统提供航位推算的初始值，并可以对DR系统进行定位误差的校正和系统参数的修正；同时，DR系统的连续推算具有很高的相对精度，可以补偿GPS系统定位中的随机误差和定位断点，平滑定位轨迹。

第二节　组合导航原理

组合导航信息融合是根据系统的物理模型(由状态方程和观测方程描述)及传感器的噪声的统计假设，将观测数据映射到状态矢量空间。状态矢量包括一组导航与制导系统的状态变量，如位置、速度、角速度、姿态和各种失调偏差量等，可以用来描述系统的运行状态，精确测定载体的运动行为。融合的过程对于多传感器导航系统实际上是传感器测量数据的互联与状态矢量估计。来自多传感器的数据首先要进行数据对准，将各种传感器的输入数据通过坐标变换和单位变换，转换到同一个公共导航坐标系中，将属于同一个状态的数据联系起来，根据建立的描述载体的运动规律，系统的状态方程及观测量的物理性质的数学模型，在一定的最优估计准则下，进行最优估计，即使状态矢量与观测达到最佳拟合，获得状态矢量的最佳估计值。最佳准则有最小二乘法、加权最小二乘法、最小均方误差、极大似然、贝叶斯准则等，处理方式有最小二乘、加权最小二乘、贝叶斯加权最小二乘及最大似然估计等大批处理方法。最常用的组合导航算法为卡尔曼滤波最优估计理论。

一、卡尔曼滤波的基本原理

（一）卡尔曼滤波的直观理解

卡尔曼滤波器的原理十分简单，可以通过一个常见例子直观理解其基本原理。

以舰炮攻击目标为例，舰艇必须能够精确地瞄准远处的动态海面目标。由于目标在海面上不断运动，若根据瞄准后的目标的方位距离控制火炮开火，则很难命中目标。这是因为炮弹飞行需要一定时间，待着落时，目标已经离开了原来的位置，所以舰员必须能够通过观测目标的运动规律预估到弹着时刻的目标方位和距离。具体来说，舰员必须通过瞄准器不断跟踪瞄准，记下每一个当前时刻的数据，并估计目标下一个时刻的位置。但当第二次测量时，常常发现估计目标的位置与测量的位置有偏差，舰员以此调整和修正下一个时刻点的估计精度。如果目标估计的运动速度过大，那么将导致估计位置超前于实际目标，这时应将该方向的目标位移预测位移距离减小；反之，如果目标估计的运动速度过慢，那么将导致估计位置滞后于实际目标，这时应将该方向的目标位移预测位移距离增大。经过多次调整之后，对目标的位置估计和预测越来越精确，直至达到最佳效果。

认真分析一下上述瞄准过程。在舰员通过测量获得一个当前目标测量值后，舰员立即对目标下一个时刻的可能位置做出预测，这个环节称为状态的预测。而预测常常是不准确的，所以当获得下一个时刻的目标观测值后，也就立刻能够发现这一预测的误差，舰员将根据这一误差调整对下一个时刻的目标位置估计，不再照搬上一个时刻的估计方式，这个环节称为估计的修正。以此周而复始，反复迭代，逐渐达到状态的最优估计。其中最为关键的环节就是状态的预测和修正。

（二）卡尔曼滤波的基本公式

对于确定性系统，已知系统初始条件，通过求解系统的微分方程，就可以得到系统在未来各个时刻的准确状态。但是实际中大部分系统都是随机线性动力系统，在运行过程中都受到各种干扰和噪声的影响，给其运行状态带来某种不确定性，并因此产生各种误差。组合导航系统即属于此类随机线性动力系统。组合导航系统最常使用的状态估计算法就是卡尔曼滤波算法，卡尔曼滤波器采用状态空间法建立准确的线性系统的状态方程、量测方程；同时掌握系统噪声与量测噪声精确的白噪声统计特性。在上述理想的条件下（实际应用中难以满足），通过建立一套由计算机实现的实时递推算法，根据系统每一时刻的观测量实现对系统状态的最优估计。

卡尔曼滤波是一种线性最小方差估计，它是采用状态空间法在时域内进行滤波的方法，适用于多维随机过程的估计。卡尔曼滤波有多种理论推导方法，也有多种不同的表示方法，这里直接给出离散卡尔曼递推滤波算法。

首先采取随机离散线性系统的方程描述，设 t_k 时刻系统状态方程与量测方程描述如下：

$$\boldsymbol{X}_k=\boldsymbol{\Phi}_{k,k-1}\boldsymbol{X}_{k-1}+\boldsymbol{\Gamma}_{k,k-1}\boldsymbol{W}_{k-1} \tag{10-1}$$

$$\boldsymbol{Z}_k=\boldsymbol{H}_k\boldsymbol{X}_k+\boldsymbol{V}_k \tag{10-2}$$

其中，$\boldsymbol{X}_k$ 为估计状态；$\boldsymbol{W}_k$ 为系统噪声序列；$\boldsymbol{V}_k$ 为测量噪声序列；$\boldsymbol{\Phi}_{k,k-1}$ 为 t_{k-1} 时刻至 t_k 时刻的一步转移阵；$\boldsymbol{\Gamma}_{k,k-1}$ 为系统噪声驱动阵；$\boldsymbol{H}_k$ 为量测阵．且 $\boldsymbol{W}_k$ 和 $\boldsymbol{V}_k$ 满足：

$E[\boldsymbol{W}_k]=0$， $\mathrm{Cov}[\boldsymbol{W}_k, \boldsymbol{W}_j]=\boldsymbol{Q}_k\delta_{kj}$， $E[\boldsymbol{V}_k]=0$， $\mathrm{Cov}[\boldsymbol{V}_k, \boldsymbol{V}_j]=\boldsymbol{R}_k\delta_{kj}$， $\mathrm{Cov}[\boldsymbol{W}_k, \boldsymbol{V}_j]=0$

式中，狄拉克 δ 函数 $\delta_{kj}=\begin{cases}1, & k=j,\\ 0, & k\neq j;\end{cases}$ $\boldsymbol{Q}_k$ 是系统噪声序列的方差阵，假设为非负定阵；$\boldsymbol{R}_k$ 为测量噪声序列的方差阵，假设为正定阵。

离散卡尔曼滤波器的计算步骤的形式如下。

状态的一步预测：

$$\hat{\boldsymbol{X}}_{k,k-1}=\boldsymbol{\Phi}_{k,k-1}\hat{\boldsymbol{X}}_{k-1} \tag{10-3}$$

状态估计：

$$\hat{\boldsymbol{X}}_k=\hat{\boldsymbol{X}}_{k,k-1}+\boldsymbol{K}_k(\boldsymbol{Z}_k-\boldsymbol{H}_k\hat{\boldsymbol{X}}_{k,k-1}) \tag{10-4}$$

滤波增益矩阵：

$$\boldsymbol{K}_k=\boldsymbol{P}_{k,k-1}\boldsymbol{H}_k^{\mathrm{T}}(\boldsymbol{H}_k\boldsymbol{P}_{k,k-1}\boldsymbol{H}_k^{\mathrm{T}}+\boldsymbol{R}_k)^{-1} \tag{10-5}$$

一步预测误差方差阵：

$$\boldsymbol{P}_{k,k-1}=\boldsymbol{\Phi}_{k,k-1}\boldsymbol{P}_{k-1}\boldsymbol{\Phi}_{k,k-1}^{\mathrm{T}}+\boldsymbol{\Gamma}_{k,k-1}\boldsymbol{Q}_{k-1}\boldsymbol{\Gamma}_{k,k-1}^{\mathrm{T}} \tag{10-6}$$

估计误差方差阵：

$$\boldsymbol{P}_k=(\boldsymbol{I}-\boldsymbol{K}_k\boldsymbol{H}_k)\boldsymbol{P}_{k,k-1} \tag{10-7}$$

只要给定初值 $\hat{\boldsymbol{X}}_0$ 和 $\boldsymbol{P}_0$，根据 k 时刻的量测值 $\boldsymbol{Z}_k$ 就可递推计算得到 k 时刻的状态估计 $\hat{\boldsymbol{X}}_k$（$k=1,2,\cdots$）。式(10-3)～(10-7)所示的离散型卡尔曼滤波器基本算法可用图 10-1 表示。

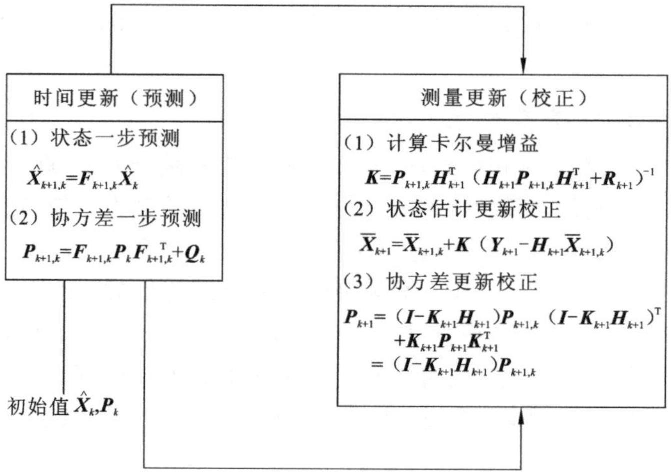

图 10-1　卡尔曼滤波器的计算流程图

从图 10-1 中可以明显看出卡尔曼滤波具有两个计算回路，即滤波计算回路(左侧)和增益计算回路(右侧)。其中增益计算回路是独立计算回路，而滤波计算回路依赖于计算回路。在一个滤波周期内，可以看到卡尔曼滤波有时间更新和量测更新两个过程。这两个过程先后使用系统信息和量测信息来实现对系统状态估计的信息更新。

式(10-3)和式(10-6)属于时间更新过程，其中式(10-3)说明了根据 $k-1$ 时刻的状态估计预测 k 时刻状态估计的方法；式(10-6)对这种预测的质量优劣做出了定量描述。这两式的计算中仅使用了与系统动态特性有关的信息，如一步转移阵、噪声驱动阵、驱动噪声的方差阵。从时间的推移过程来看，这两个公式仅根据系统自身的特性将状态估计的时间从 $k-1$ 时刻推进到 k 时刻，并没有使用量测的信息，因此它们描述了卡尔曼滤波的时间更新过程。这一过程与前面目标跟踪的预测环节相似。

量测更新过程主要由式(10-4)、式(10-5)和式(10-7)描述，主要用来计算对时间更新值的修正量，该修正量由时间更新的质量优劣 $\boldsymbol{P}_{k,k-1}$、量测信息的质量优劣 $\boldsymbol{R}_k$、量测与状态的关系 $\boldsymbol{H}_k$ 以及具体的量测值 $\boldsymbol{Z}_k$ 所确定，所有这些方程围绕一个目的，即正确、合理地利用量测 $\boldsymbol{Z}_k$，所以这一过程描述了卡尔曼滤波的量测更新过程，与前面目标跟踪的修正环节相似。

二、递推贝叶斯估计基本原理

贝叶斯估计理论是数学概率论的一个重要分支，其基本思想是通过随机变量先验信息和新的观测样本的结合求取后验信息。先验分布反映了随机变量试验前关于样本的知识，有了新的样本观测信息后，这个知识发生了改变，其结果必然反映在后验分布中，即后验分布综合了先验分布和样本的信息。如果将前一时刻的后验分布作为求解后一时刻的先验分布依据，依次迭代递推，便构成了递推贝叶斯估计。

实际上，各种形式的卡尔曼滤波器、无迹卡尔曼滤波、粒子滤波等均为贝叶斯估计的一些特殊形式，贝叶斯估计是多种组合导航滤波算法的基本形式，并具有内在的统一本质。它对于解决状态估计问题提供了更具普遍意义的理解方式。与经典学派视参数为未知常数的认识不同，贝叶斯学派视参数为随机变量且具有先验分布，赞成主观概率，将事件的概率理解为认识主体对事件发生的相信程度。显然，将参数视为随机变量且具有先验分布具有实际意义，能拓广统计学应用的范围。

（一）贝叶斯公式

对于不独立的事件，条件概率的概念可以提供附加信息，给定事件 B 出现下，事件 A 出现的条件概率用 $P(A \mid B)$ 表示。贝叶斯公式可表述如下：

$$P(A_i \mid B) = \frac{P(B \mid A_i)P(A_i)}{\sum_{i=1}^{n} P(B \mid A_i)P(A_i)} \tag{10-8}$$

（二）递推贝叶斯估计

假定广义状态空间模型描述的离散系统状态方程如下：

$$x_{k+1} = f(x_k, w_k) \tag{10-9}$$

$$z_k = g(x_k, v_k) \tag{10-10}$$

其中方程(10-9)为状态方程，描述了系统状态转移概率 $P(x_{k+1} \mid x_k)$；方程(10-10)为量测方程，描述了状态量测转移概率函数 $P(z_k \mid x_k)$，与实际的量测噪声模型相关。$f: R^{N_x} \Rightarrow R^{N_x}$，$g: R^{N_x} \Rightarrow R^{N_y}$，$w_k$ 和 v_k 是白噪声，统计特性未知。为简化问题，假设上述系统满足：①系统状态遵循一阶马尔可夫过程，且 $P(x_k \mid x_{0:k-1}) = P(x_k \mid x_{k-1})$；②观测值与系统内部状态无关。

定义状态量序列 $X_k = \{x_0, x_1, \cdots, x_k\}$，观测量序列 $Z_k = \{z_0, z_1, \cdots, z_k\}$。记 $P(x_k \mid Z_k)$ 表示 x_k 的条件概率密度函数。根据贝叶斯公式(10-8)，得到

$$
\begin{aligned}
P(x_k \mid Z_k) &= \frac{P(Z_k \mid x_k)P(x_k)}{P(Z_k)} \\
&= \frac{P(z_k, Z_{k-1} \mid x_k)P(x_k)}{P(z_k, Z_{k-1})} \\
&= \frac{P(z_k \mid Z_{k-1}, x_k)P(Z_{k-1} \mid x_k)P(x_k)}{P(z_k \mid Z_{k-1})P(Z_{k-1})} \\
&= \frac{P(z_k \mid Z_{k-1}, x_k)P(x_k \mid Z_{k-1})P(Z_{k-1})P(x_k)}{P(y_k \mid Z_{k-1})P(Z_{k-1})P(x_k)} \\
&= \frac{P(z_k \mid x_k)P(x_k \mid Z_{k-1})}{P(z_k \mid Z_{k-1})}
\end{aligned} \tag{10-11}
$$

式(10-11) 中有几个概念术语在此作必要说明。

$P(x_k \mid Z_{k-1})$ 的数学意义为系统从 0 时刻开始到 $k-1$ 时刻为止获得系统观测量序列 $Z_{k-1}=\{z_0, z_1, \cdots, z_{k-1}\}$ 时，下一时刻系统状态将为 x_k 的概率。这是根据以往的观测量事先预测下一时刻的系统状态，因此称为先验概率密度函数(prior)。

$P(x_k \mid Z_k)$ 的数学意义为系统从 0 时刻开始到 k 时刻为止获得系统观测量序列 $Z_k=\{z_0, z_1, \cdots, z_k\}$ 时，当前 k 时刻系统状态为 x_k 的概率，因为系统观测量 y_k 实际上是系统状态 x_k 的外在表现结果，所以这实际上是根据结果来分析原因，或者说根据已知系统输出来判断系统输入的概率，因此称为后验概率密度函数(posterior)。需要说明的是，x_k 就是希望估计的系统状态的真实值，系统状态估计从极大后验估计的意义上就是希望获得 x_k 出现最大概率的数值。

$P(x_k \mid x_{k-1})$ 表明系统 $k-1$ 时刻系统状态为 x_{k-1} 时，系统当前状态 k 时刻为 x_k 的概率，称为状态转移概率密度函数；$P(z_k \mid x_k)$ 称为似然概率密度函数(likelihood)；$P(y_k \mid Y_{k-1})$ 称为证据函数(evidence)。

式(10-11) 中分子、分母各项的计算公式分别为

$$
P(x_k \mid Z_{k-1}) = \int P(x_k \mid x_{k-1})P(x_{k-1} \mid Z_{k-1})\mathrm{d}x_{k-1} \tag{10-12}
$$

$$
P(z_k \mid Z_{k-1}) = \int P(z_k \mid x_k)P(x_k \mid Z_{k-1})\mathrm{d}x_k \tag{10-13}
$$

在此，将递推贝叶斯估计表述如下。

假定 $k-1$ 时刻后验概率密度 $P(x_{k-1} \mid Z_{k-1})$ 已知，通过时间更新可求得 k 时刻的先验概率密度函数为

$$
P(x_k \mid Z_{k-1}) = \int P(x_k \mid x_{k-1})P(x_{k-1} \mid Z_{k-1})\mathrm{d}x_{k-1} \tag{10-14}
$$

在 k 时刻获得新的观测信息 y_k 后，进行量测更新，后验概率密度函数计算公式为

$$
P(x_k \mid Z_k) = \frac{P(z_k \mid x_k)P(x_k \mid Z_{k-1})}{\int P(z_k \mid x_k)P(x_k \mid Z_{k-1})\mathrm{d}x_k} \tag{10-15}
$$

递推流程如图 10-2 所示。递推贝叶斯估计流程可以进一步抽象为两个基本步骤，即预测与校正。

随机系统状态滤波估计问题可以被贝叶斯估计形式所描述，是一个十分广泛的问题，而对于线性高斯随机动力学系统的状态滤波最优估计解就是卡尔曼滤波解，卡尔曼滤波实质上是在不断更新的观测信息下对系统状态的递推估计。由系统状态方程可得到状态及其协方差的

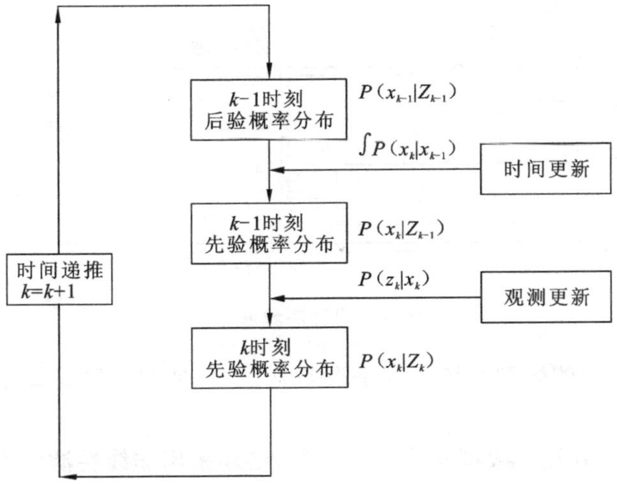

图 10-2 递推贝叶斯估计流程

一步预测，再由系统观测方程求得一步预测在观测下的校正。以系统状态及协方差的一步预测为先验分布，则卡尔曼滤波过程就是在不断更新的观测信息条件下求取后验分布的递推贝叶斯估计过程，因此卡尔曼滤波算法可以完美地统一在贝叶斯估计理论框架之下。

三、常用组合导航算法

（一）直接法与间接法

当设计组合导航系统时，首先必须列写出描述导航系统动态特性的系统方程和反映量测与状态关系的量测方程。如果直接以各导航子系统的导航输出参数作为状态，即直接以导航参数作为估计对象，那么称实现组合导航的滤波处理为直接法滤波。如果以各子系统的误差量作为状态，即以导航参数的误差量作为估计对象，那么称实现组合导航的滤波处理为间接法滤波。

直接法滤波中，组合导航状态滤波器接收各导航子系统的导航参数，经过滤波计算，得到导航参数的最优估计，如图 10-3 所示。

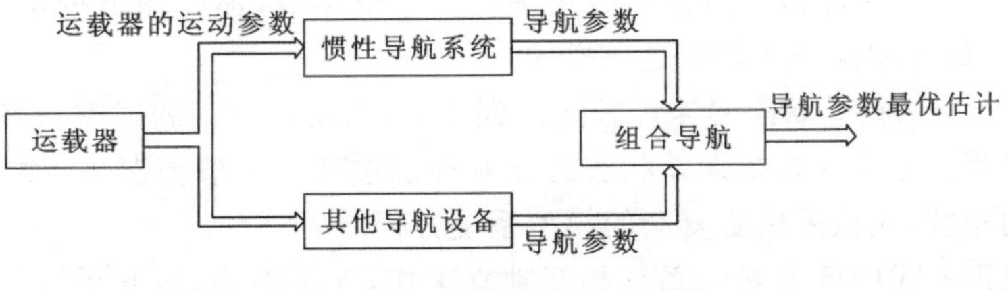

图 10-3 直接法滤波示意图

间接法滤波中，组合导航状态滤波器接收多个导航子系统对同一导航参数输出值的差值，经过滤波计算，估计各误差量，如图 10-4 所示。

直接法滤波和间接法滤波的优、缺点如下。

(1) 直接法的模型系统方程直接描述系统导航参数的动态过程，它能较准确地反映真实

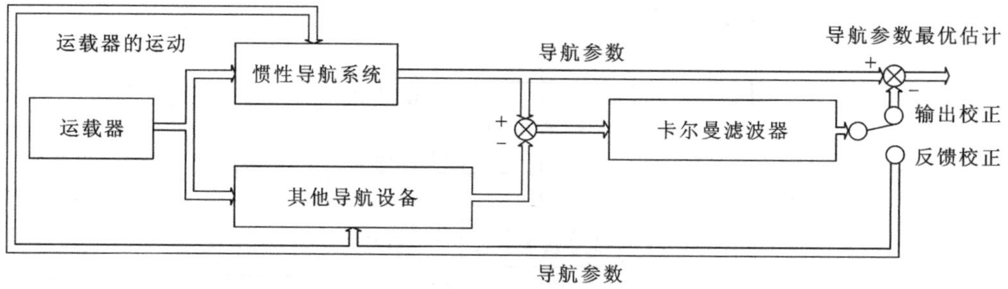

图 10-4　间接法滤波示意图

状态的演变情况；间接法的模型系统方程是误差方程，它是按一阶近似推导出来的，有一定的近似性。

(2) 直接法的系统方程一般都是非线性方程，必须采用非线性滤波方法；而间接法的系统方程都是线性方程，可采用十分成熟的线性滤波方法。

(3) 间接法的各个状态量都是误差量，相应的数量级是相近的；而直接法的状态，有的是导航参数本身，如速度和位置，有的却是数值很小的误差，如姿态误差角，数值相差很大，这给数值计算带来一定困难，且影响这些误差估计的准确性。

(4) 直接法能直接反映出系统的动态过程，但在实际应用中却还存在不少困难。只有在空间导航的惯性飞行阶段或在加速度变化缓慢的舰船中，惯性导航系统的状态滤波才用直接法。对没有惯性导航系统的组合导航系统，如果不需要速度方程，也可以采用直接法。

(二) 输出校正和反馈校正

从组合导航滤波器中得到的状态估计有两种利用方法：一种是用各导航系统误差的估计值去分别校正各导航系统相应的输出导航参数，以得到导航参数的最优估计。这种方法称为开环法，也称为输出校正。另一种是用导航系统误差的估计值去校正导航系统力学编排中相应的导航参数，即将误差估计值反馈到各导航系统的内部，将导航系统中相应的误差量校正掉，这种方法称为闭环法，也称为反馈校正。从直接法和间接法得到的估计都可以采用开环法和闭环法进行校正，间接法估计的都是误差量，这些估计结果作为校正量来使用。

输出校正和反馈校正各有特点。

(1) 如果模型系统方程和量测方程能正确反映系统本身，那么输出校正和反馈校正在本质上是一样的，即估计和校正的效果是一样的。

(2) 输出校正中的误差状态是未经校正的误差量，而反馈校正的误差状态已经过校正，因此反馈校正能更接近地反映系统误差状态的真实动态过程。一般情况下，输出校正要得到与反馈校正相同的精度，应该采用更复杂的模型系统方程。

(3) 输出校正方式中各导航分系统相互独立工作，互不影响，因此系统可靠性较高；反馈校正属于深度组合，如果某一导航分系统不能正常工作，将影响其他导航分系统，因此可靠性相对于输出校正较差。

(三) 常用组合导航算法

1. 线性卡尔曼滤波

在卡尔曼滤波理论的发展过程中，线性卡尔曼滤波器(linear Kalman filter，LKF)被最早提出，多应用于间接法组合导航系统。这类系统中所采用的导航系统误差方程多是通过近似推导得到的线性方程。采用 LKF 处理导航系统线性误差模型的优点在于：各个误差状态数量级相近，计算量少，并且便于单一系统与组合导航之间进行转换。正因为如此，LKF 被组合导航算法研究广泛采用。

2. 联邦卡尔曼滤波

1988 年卡尔森(Carlson)提出了联邦卡尔曼滤波理论(federated Kalman filter，FKF)，旨在为容错组合导航系统提供设计理论。它利用方差上界技术来处理各局部滤波器消除相关性的问题，使得主滤器可以用简单的算法融合局部滤波器的结果。其独特之处在于采用了信息分配原理，即将滤波器的输出结果(包括状态估计、估计误差协方差矩阵和系统噪声矩阵)在几个子滤波器中进行适当分配，各子滤波器结合各自的观测信息完成局部估计，其结果再送入主滤波器进行融合，从而得到全局最优估计。实际设计的联邦卡尔曼滤波器是全局次优的，但其设计灵活、计算量小、容错性好，对于自主性要求特别高的重要运载体来说，导航系统的可靠性比精度更为重要。该算法已被美国空军作为容错导航系统卡尔曼滤波器的标准算法。

3. 自适应卡尔曼滤波

当卡尔曼滤波器实际的估计误差比理论预计误差大许多倍时，滤波器发散。即使理论上证明卡尔曼滤波器是渐近稳定的，也并不能保证滤波器算法在实际上具有收敛性。卡尔曼滤波器的正确应用依赖于准确的系统模型和噪声误差统计模型。即使在初始条件较差的情况下，也可以在较短时间内获得相当理想的状态估计结果。但通常无法得到准确的各种模型，许多参数在系统运行过程中发生缓慢变化，而各种统计模型误差将导致滤波器产生更大的误差。发散的原因来自模型误差和递推过程中的计算误差。自适应卡尔曼滤波器(adaptive Kalman filter，AKF)使算法更加准确地适应模型的准确性差和动态变化问题。主要的自适应算法包括衰减滤波算法、限定记忆法、多模型自适应估计器、新息方差调制算法和 Sage-Husa 自适应滤波算法等。

4. 扩展卡尔曼滤波

最初提出的卡尔曼滤波仅适用于线性系统，而实际组导系统是非线性系统，滤波初值如何取才合理，这些都是迫使卡尔曼作进一步的思考。广义卡尔曼滤波就是在此情况下提出的。实际的导航系统基本都是非线性系统，但非线性系统的最优估计问题至今理论上尚未得到完好解决。为了找到一种类似 LKF 的递推滤波方法，扩展卡尔曼滤波器(extended Kalman filter，EKF)采取近似方法对非线性系统模型进行线性化。常用的方法是对非线性系统函数进行一阶泰勒级数展开，通过建立线性干扰微分方程对非线性系统进行近似处理。采用何种线性化方法是卡尔曼滤波理论应用于非线性系统的关键。

5. 无迹卡尔曼滤波

EKF 只是简单地将所有非线性模型线性化，然后再利用线性卡尔曼滤波方法，给出最佳估计的一阶近似。其明显的缺陷：一是线性化有可能产生极不稳定的滤波；二是 EKF 需计算雅可比(Jacob)矩阵的导数，这在多数情况下不是一件容易的事。近年来，无迹卡尔曼滤波(unscented Kalman filter，UKF)作为卡尔曼滤波的一种新的推广而受到关注。UKF 思想不同于广义卡尔曼滤波，它采用确定性的采样方法来解决高随机变量在非线性方程中的传播。

通过选择设计点 σ 集合表示高斯随机变量(GRV),点 σ 的加权可以准确得到 GRV 的均值和方差,当 GRV 在非线性函数中传播时,可以得到 GRV 均值和方差三阶的准确性,而 EKF 只能达到一阶。因此它比 EKF 能更好地迫近状态方程的非线性特性并达到更高的估计精度。这一方法可以应用于再入飞行器跟踪、惯性导航初始对准和卡尔曼滤波在状态估计等方面的研究。

6. 粒子滤波

当系统满足线性、高斯分布的前提条件时,卡尔曼滤波是一种最优的选择。但是这些条件在实际工作中一般较难满足。在非线性系统中,扩展卡尔曼滤波、无迹卡尔曼滤波等方法仍需要求系统噪声满足高斯分布。对于非高斯系统,20 世纪 50 年代末,哈默斯利(Hammersley)等人就提出了序贯重要性采样(sequential importance sampling,SIS)方法,1993 年戈登(Gordon)等人提出了一种基于 SIS 思想的 Bootstrap 非线性滤波方法,从而奠定了粒子滤波算法的基础。

所谓粒子滤波(partical filter,PF),就是从某合适的概率密度函数中采样一定数目的离散样本(粒子),以样本点概率密度(或概率)为相应的权值,以这些样本以及相应权值可以近似估算出所求的后验概率密度,从而实现状态估计。概率密度越大时,粒子相应权值也越大。当样本数量足够大时,这种离散粒子估计的方法将以足够高的精度逼近任意分布(高斯或者非高斯)的后验概率密度,因此该方法不受后验概率分布的限制。

7. 模糊控制与神经网络

模糊逻辑法和神经网络法均不需要建立准确的数学模型(如传递函数、状态方程),都是由样本数据(数值的或语言的)即过去的经验来估计函数关系。如果将系统的一切输入、输出关系,如变换、映射、规则、估计等都视为数学模型,那么两者将建立的是系统广义的数学模型。同时两者都有较强的容错能力,从神经网络中删除一个神经元或从模糊规则中删除一个规则,都不会破坏整个系统性能。两者都属于非线性控制并具有相似的拓扑结构。进入 20 世纪 90 年代,神经网络模糊推理 ANFIS 融合控制理论逐渐引起人们的重视。国外的研究人员开始尝试将 ANFIS 理论引入研究,用以处理滤波过程中模型不准确造成的发散问题。在 20 世纪 90 年代后期,这一方法开始应用于定位系统研究。上述方法的价值在于寻找到了一个人工智能理论与传统卡尔曼滤波最优估计理论发挥各自特长的结合点。在解决明显的模型发散上有较好的效果,也能够起到提高系统精度的作用。ANFIS 卡尔曼滤波技术将成为研究热点,为解决组合导航系统中的问题提供新的智能算法解决途径。

第三节 地球物理场

现代导航技术必须尽可能充分利用环境物理场特征。物理场的种类不同,有的物理场相对稳定,有的物理场则动态变化大。在利用物理场特征时可以利用物理场矢量、等值线、图像和模式等不同方式。导航技术本质上是利用测量得到的各种信息来实现导航参数的解算。之前介绍过的直接定位等方法实际上是通过无线电、水声、光学等技术手段测量各种人工目标或者自然目标与载体之间的相关信息,本质上也是利用各种物理量或物理场特征的测量。惯性导航技术本质上也是通过测量环境物理场中的重力矢量、地球自转矢量等来实现导航解算。所以,基于环境特征是导航技术的基础。

与导航密切相关的地磁、重力、地形、水文、气象等信息都属于地理信息(GIS)的范畴。在此简要介绍一下地球物理场和地理信息有关知识。

一、基本情况

(一) 地球物理场

地球物理场是具有一定地球物理效应的区域或空间,如地球内外存在的重力场、地磁场、地电场、地热场、地应力场等。它是地球物理学观测和研究的主要对象。地球物理场的空间分布和显示特征各异,不同地区的地球物理场显示的特征截然不同。地球物理场的研究涉及地球内部组成、内部物质特性、起源演化、深部矿产资源探测及地震预报等领域。这些领域探究其成因,而大地测量则通过测量获取和描述其表现形式和规律。导航则利用地壳表面引力、磁力等各种不同物理场特性以及地形地貌特征,来为重力匹配、地磁测向、地磁匹配、地形匹配、景象导航等导航定位提供手段。这些地理信息和建立的数学模型往往通过测绘获得,对于导航十分重要。

(二) 地球圈层

与导航密切相关的地磁、重力、水文、气象、大气等问题均属于地球科学的不同领域。地球是一个具有同心圈层结构的非均质体,其圈层以地球固体表面为界可以分为内圈层和外圈层两部分,每一部分又包括若干圈层。地球的各个圈层具有各自独特的运动特性和物理、化学性质。

地球内部物质可以分为地壳(lithosphere)、地幔(mantle)和地核(centrosphere)三个圈层。地球的外部圈层根据物质性状可以分为大气圈(atmosphere)、水圈和生物圈。大气圈就是包围着地球表面的空气,总厚度有几万千米,但垂直方向上分布不均匀,近地表空气稠密,向外逐渐变得稀薄,并过渡为宇宙气体。大气在水平方向上的分布也有差异。一般根据大气在垂直方向上的温度、成分、密度、电离等物理性质和运动状况的不同,有多种分层方法。根据温度,大气层分为对流层(troposphere)(15～20 km 赤道、8～12 km 温极地)、平流层(stratosphere)(50 km)、中间层(mesosphere)(80～85 km)、热层(thermosphere)(600 km)、外层(exosphere)(逃逸层)5 个基本层位。按电磁特性垂直分布可分为中性层(neutrosphere)、电离层(ionosphere)和磁层(magnetosphere)。

在不同的环境条件下,各种物理场的特性不同,相应地根据不同物理场的导航技术的应用也不相同。

(三) 地理信息系统

地理信息系统(geographic information system,GIS)是对空间信息处理、分析、管理和显示的一种强有力的方式,它已经在陆地制图、地市及企业管理、建立空间数据分析模型等方面得到广泛应用。近年来,由于全球环境变化研究及海洋资源与环境管理的需求,海量的海洋数据综合分析和管理促使海洋地理信息系统(marine GIS,MGIS)学科领域的兴起。MGIS 的研究对象包括海底、水体、海表面、大气及沿海人类活动 5 个层面,其数据标准、格式、精度、采样密度、分辨率及定位精度均有别于陆地。

二、地形数据库

（一）地形数据库

地表数据库包括多种不同分辨率和覆盖区域的高度数据库，如数字地形模型（digital terrain model，DTM）和数字高程模型（digital elevation model，DEM）。为了寻求精度与数据储存量的最佳折中，数据库的分辨率应该与地形量测值相匹配。美军多使用由美国国家地球空间情报局（National Geospatial-Intelligence Agency，NGA）整理的一级数字地形高程数据（digital terrain elevation data，DTED），网络格间距大约为 100m，全部地球数据库大约需要 2 GB的存储空间。

地形数据库高度辅助利用 DTM 从经纬度或水平投影坐标信息来确定陆地车辆或户外行人的高度，必要时可采用内插法。海洋地貌包括海岸带、大陆边缘和大洋底三个部分。海底地形是指海底深度与地理坐标的对应关系，利用海底地形图来描述。海底地形图借助海底深度测量数据来绘制。海底地貌是指海底表面的细微结构图，根据海底各点的回波强度来获得。对于海上应用，潮汐模型可用来估计海平面高于或低于大地水准面的高度。大地水准面模型要求将正高转换成大地高。高度辅助可用已知的水平位置信息来简单地确定高度，也可通过判断水平和垂直分量是否匹配来测试三维位置解的有效性。

（二）地形测量

不同类型运载器采取不同的地形测量方法。对于飞机，采用雷达高度表或激光扫描仪测量出到地形表面的高度，与导航参数中的飞机海拔高度求差，得到地形高度；离地高度也可以用摄像机测量，方法是把飞机速度（假设已知）与某个特征流通过图像的速率进行比较获得。船舶或潜艇采用声呐测量船体下方的地形深度。而陆地车辆直接根据气压高度计或自身的高度参数推测出地形高度。

以海床地形数据为例，海床地形数据的获取是通过测深来实现的。现有测深手段主要有基于船载的单波束测深系统、多波束测深系统和高分辨率测深侧扫声呐系统、基于机载的激光测深系统以及基于星载的卫星遥感水深测量系统等。

1. 高分辨率测深侧扫声呐系统

高分辨率测深侧扫声呐是一种能够准确探测海底高度和海底地貌、区分不同方向同时到达的回波、用于复杂海底区域和声场复杂区域的声学探测仪器。

系统基于如下两个理论：首先，认为产生回波的是一海底薄层，不只是一个面；其次，高分辨率的波达方向估计（DOA）信号处理方法可以区分不同方向同时到达声呐阵的声回波，因此克服了水声信道和复杂水域海底引起的多路径效应，提取出所取回波。这需要把 DOA 成功地与测深侧扫原理结合起来，形成整套信号处理的方法，最终取得精度较高的海底等深线图。

声呐系统的工作频率为 150 kHz，发射波形为线性调频，波束 3 dB 角宽，垂直角宽 100°，水平角宽 1°，安装角为20°～30°，测深覆盖宽度为 2×300 m，侧扫覆盖宽度为 2×400 m，垂直于航迹的分辨率为 5 cm，最小可检测高度为 10 cm。

基于超声波测深的水深数据处理主要包括以下几种。

（1）声速改正/声线跟踪：水深数据处理首先需要进行的声速改正，即获得正确的声线传播轨迹以及波束在海底投射点的位置。因此，声线跟踪不但是一个声速改正过程，也是波束海底投射点在船体坐标系下坐标的归位计算过程。

(2) 测点地理坐标计算：声速改正或声线跟踪获得的测点平面位置是相对测深系统换能器的，即波束的载体坐标系统，为了获得测点相对地理坐标系下的绝对坐标，需要对其进行坐标转换。对于单波束测深系统来说，波束是垂直发射的，因此，换能器的地理坐标就是水下测点的地理坐标。换能器的地理坐标可以根据载体的地理坐标获得。对于多波束系统来说，要把波束在海底投射点的载体坐标转换为地理坐标，需要借助航向结合换能器的地理坐标获得。

(3) 潮位改正：实际测量中，载体的垂直运动包括了载体操纵引起的上下运动以及潮汐因素引起的海面升降。因此，实测水深随时间变化而变化，而海床地形却是不变的。根据时变的海面，对时变的水深进行改正，可以得到不变的水下地形。这个过程称为潮位改正。

2. 机载激光测深系统

机载激光雷达(light detection and ranging，LIDAR)是20世纪60年代末70年代初开始出现的，经过40余年的研制、试验，目前机载激光测深已进入实用阶段。LIDAR包括用于获得地面数字高程模型(DEM)的地形和获得水下DEM的海道测量系统。

LIDAR包括一个单束窄带激光器和一个接收系统。激光器产生并发射一束离散的光脉冲，打在物体上反射，最终被激光器接收。接收器准确地测量光脉冲从发射到被发射回的传播时间。结合光速和传播时间，可以实现对距离的测量。结合激光器的高度、激光扫描角度以及GPS提供的激光器的位置和INS提供的激光始发方向，即可准确地算出每一个光斑的坐标。

激光测深借助不同频率的红绿激光束测量的距离差来获得水深。红光因为频率高，用来获取飞机到水面的垂直距离 H_R；而绿光频率低，可穿透海水表面到达海底，用来测量飞机到海底的垂直距离 H_G；二者的差即为水深。机载激光测深系统目前测深能力一般在50 m内，其测深精度约为0.3 m，具有速度快、覆盖率高、灵活性强等优点，可快速实施大面积水域测量，主要用于沿岸大陆架海底地形测量。

3. 遥感水深测量

空间遥感技术应用于海底地形测量是20世纪后期海洋科学取得重大进展的关键技术之一。遥感海底地形测量具有大面积、同步连续观测及高分辨率和可重复性等优点。微波遥感器还具有全天候的特点，这些都是传统测量手段无法比拟的。

遥感设备包括可见光多谱扫描仪、成像光谱仪、红外辐射计和微波辐射计以及高度计、散射计和成像雷达。这些遥感器能够直接测量的海洋环境参数有海色、海面温度、海面粗糙度和海平面高度。在这些参数基础上可反演或计算出其他若干海洋环境参数，如海床地形等。

三、重力场基础知识

地球重力场是地球外部及内部的基本物理场。在空间科学中，各类人造卫星轨道的精密确定需要重力场的详细结构；现代各类制导武器也需要确定导弹位置与重力加速度的关系以及发射点的垂线偏差等；各类高精度惯性导航也需要地球重力场的精细结构及垂线偏差。

(一) 重力及重力单位

地球重力场(gravity field of the Earth)是地球重力作用的空间，是地球近地空间最基本

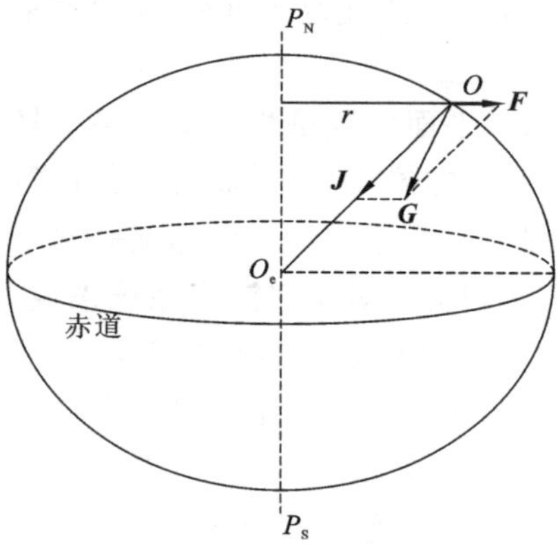

图 10-5　重力 G 矢量合成示意图

的物理场之一。在地球重力场中，每一点所受的重力的大小和方向只同该点的位置有关。和磁场、电场等其他力场一样，地球重力场也有重力、重力线、重力位和等位面等要素。如图 10-5 所示，重力是质量和重力加速度的乘积，同时也是地心引力 $\boldsymbol{J}$ 和地球自转离心力 $\boldsymbol{F}$ 的矢量合成：

$$\boldsymbol{G}=\boldsymbol{J}+\boldsymbol{F} \tag{10-16}$$

若被吸引质量 $m=1$ g 时，则重力在数值上等于重力加速度，因此通常将重力和重力加速度两个词通用。重力加速度的单位是以“伽”(Gal)表示(即 1 cm/s^2)：

$$1\ \mathrm{Gal}=10^3\ \mathrm{mGal}=10^6\ \mu\mathrm{Gal}$$
$$1\ \mathrm{mGal}=1\times10^{-5}\ \mathrm{m/s^2}$$

(二) 重力位

研究地球重力场的数学理论基础是地球重力位理论。在重力场中，单位质量质点所具有的能量称为此点的重力位(gravity potential)，又称“重力势”。它的数值等于单位质量的质点从无穷远处移到此点时重力所做的功。由于重力等于引力和离心力的合力，因而重力位 $\boldsymbol{W}$ 对地球来讲，可写成引力位函数 $\boldsymbol{V}$ 和离心力位函数 $\boldsymbol{Q}$ 之和：

$$\boldsymbol{W}=\boldsymbol{V}+\boldsymbol{Q} \tag{10-17}$$

重力是重力位的空间梯度，重力位对于任意方向的导数等于重力在这个方向的分力，即

$$\frac{\mathrm{d}\boldsymbol{W}}{\mathrm{d}\boldsymbol{n}}=\boldsymbol{g}_n=\boldsymbol{g}\cos(\boldsymbol{g},\boldsymbol{n}) \tag{10-18}$$

在直角坐标系中，重力位对三个方向的导数可以得到重力场的三个分量 $\boldsymbol{g}_x$、$\boldsymbol{g}_y$ 和 $\boldsymbol{g}_z$，其中 $\boldsymbol{g}_z$ 即为重力加速度。

重力场矢量在三个方向的导数是重力位的二阶空间导数，又称为重力梯度，共有 9 个分量，可用矩阵来表示。

重力位理论将地球重力场分解成正常重力场和异常重力场两部分进行研究。地球内部质量分布的不规则性，致使地球重力场不是一个按简单规律变化的力场。通过将地球近似为旋转椭球得到实现规则化的地球，称为正常地球；其相应的重力场称为正常重力场。地球重力场的非规则部分则称为异常重力场。地球重力场中任一点的重力位与正常位之差值称为扰动位。扰动位是由于地球的质量分布和形状与平均地球椭球有所不同而引起的。与扰动位相应的有重力异常和扰动重力。重力属于保守力。

(三) 正常重力场

地球正常重力场的确定，主要包括地球正常重力和正常重力位 U。确定正常重力场的方法一般有以下两种。

1. 拉普拉斯方法

依据地球重力场理论，地球外部一点的引力位满足拉普拉斯(Laplace) 方程：

$$\nabla^2 V = \frac{\partial^2 V}{\partial x^2} + \frac{\partial^2 V}{\partial y^2} + \frac{\partial^2 V}{\partial z^2} = 0\infty \tag{10-19}$$

所以地球外部的引力位 V 可以用球谐函数展开式来表达，写成为

$$\begin{cases} V = -\dfrac{\mathrm{GM}}{r} + R \\ R = -\dfrac{\mathrm{GM}}{r} \displaystyle\sum_{n=2}^{n_{\max}} \left(\frac{a_e}{r}\right)^n \sum_{m=0}^{n} (\overline{C_{nm}} \cos m\lambda + \overline{S_{nm}} \sin m\lambda)\, \overline{P_{nm}}(\sin\varphi) \end{cases} \tag{10-20}$$

其中，GM 为引力常数和地球质量的乘积；r 为计算点至地球向径的距离；a_e 为地球赤道半径；$\overline{P_{nm}}(\sin\varphi)$ 为正常化 n 阶 m 级勒让德函数；$\overline{C_{nm}}$、$\overline{S_{nm}}$ 为正常化球谐函数系数；$n_{\max}$ 为球谐函数最大展开阶数；φ、λ 为计算点的纬度和经度。

将地球重力位展开成球谐函数级数的形式，视精度需求取该级数式中最大的几项作为正常重力位。这种方法称为拉普拉斯方法。

离心力引力位函数 Q 为

$$Q = \frac{\omega^2}{2}\rho^2 \sin^2\theta = \frac{\omega^2}{2}(x^2 + y^2) \tag{10-21}$$

其中，ω 为地球自转角速度；ρ 为单位质点到坐标原点的距离；$\rho\sin\theta$ 为单位质点到旋转轴的垂直距离。离心力引力位可以准确计算得到。

使用球谐函数模型，如 4730400 系数的 EGM2008 重力模型，可以得到高精度的重力值。

2. 斯托克斯方法

选择一个形状和大小已知的质体，以已知角速度自转，其表面为重力位水准面，则根据斯托克斯(Stokes)定理可知，该质体在外部的重力位和重力是唯一确定的，分别规定为正常重力位和正常重力，因而正常重力场就是该质体产生的重力场。这种确定正常重力场的方法叫斯托克斯方法。

水准椭球的重力场取决于水准椭球的 4 个基本参数：椭球的长半径 α、椭球的扁率 c、椭球的总质量 M 和它绕短轴匀速旋转的角速度 ω。索米利亚纳(Suliariana)直接从旋转椭球面方程出发，推出了一个封闭的正常重力公式，即

$$\gamma_0 = \frac{a\gamma_e \cos^2 B + b\gamma_p \sin^2 B}{\sqrt{a^2 \cos^2 B + b^2 \sin^2 B}} \tag{10-22}$$

其中，B 为大地纬度，γ_e 和 γ_p 分别为正常椭球面上赤道处和两极处的重力。

由式(10-22)可计算出正常椭球面上任意一点的正常重力 γ_0，如果要求算得的 γ_0 值精度为 ± 0.1 mGal，则式(10-22)可以转换为实用形式：

$$\gamma_0 = \gamma_e(1 + \beta \sin^2 B - \beta_1 \sin^2 2B) \tag{10-23}$$

式(10-23)通常称为正常重力公式，其中常数 γ_e、β 和 β_1 可根据正常椭球的 4 个基本参数求得。

国际大地测量学与地球物理学联合会(IUGG)曾先后两次推荐了正常椭球基本参数，《海洋重力测量规范》(1990)中，推荐的新的正常重力公式为

$$\gamma_0 = 978\,032.677\,14 \times \frac{1 + 0.001\,931\,851\,386\,39 \sin^2\varphi}{\sqrt{1 - 0.006\,694\,379\,990\,13 \sin^2\varphi}} \tag{10-24}$$

其中，$\varphi(°)$为测点地理纬度。

（四）扰动位、大地水准面、重力异常和垂线偏差

1. 扰动位

地球形状不均匀、密度不均匀造成当地重力与正常重力值在数值和方向上存在差异，称之为重力异常，它包括重力异常和垂线偏差两部分。简单地说，重力异常是指重力差异数值上的差异，垂线偏差是指重力差异方向上的偏差。

地球外部一点上重力位$\boldsymbol{W}$与正常重力位$\boldsymbol{U}$之差$\boldsymbol{T}$称为扰动位：

$$\boldsymbol{T}=\boldsymbol{W}-\boldsymbol{U} \tag{10-25}$$

正常重力位与重力位非常接近，所以扰动位是一个微小量。由于正常重力位是用相对规则的函数预先给出的，因而研究重力位的问题就转化为研究扰动位的问题，这样的方便之处是可将扰动位的高次项省略掉，使所求的数学问题转化为线性的。

由于正常重力位和重力位中所包含的离心力位是相同的，故扰动位是两个引力位之差，它必然满足拉普拉斯方程，即

$$\Delta\boldsymbol{T}=\boldsymbol{0} \tag{10-26}$$

2. 大地水准面

大地水准面的形状是地球重力场的另一重要特征，只要给定了一个正常重力场，则扰动位完全决定了重力场。因此，可用扰动位表示大地水准面相对于地球的形状，其表达式为

$$\boldsymbol{N}=\frac{\boldsymbol{T}_0}{\boldsymbol{\gamma}_0}=\frac{\boldsymbol{T}_0}{\boldsymbol{\gamma}} \tag{10-27}$$

为了计算方便，式(10-27)中的$\boldsymbol{\gamma}_0$用正常重力平均值$\overline{\boldsymbol{\gamma}_0}$代替，$\boldsymbol{N}$为大地水准面差距。扰动位与大地水准面差距的关系式，称为布隆斯(H. Bruns)公式。

重力异常$\Delta\boldsymbol{g}$定义为大地水准面上的重力$\boldsymbol{g}_0$与地球椭球表面对应投影点上的正常重力$\boldsymbol{\gamma}_0$之差，即

$$\Delta\boldsymbol{g}=\boldsymbol{g}_0-\boldsymbol{\gamma}_0 \tag{10-28}$$

由于地球不是一个正球体，近似于两极压缩的扁球体，地表面又是起伏不平的，这将引起约6000 mGal的重力变化；地球绕地轴旋转，这能使重力有3400 Gal的变化；地下物质密度分布不均匀能引起几百毫伽的重力变化。

大地水准面的形状可用大地水准面高或垂线偏差表示，垂线偏差是指大地水准面上某点的重力方向与相应的正常重力方向的夹角，通常用ξ(南北分量)、η(东西分量)来表示。如果大地水准面与平均椭球面平行，则垂线偏差为零。所以垂线偏差表示两面之间的倾斜情况。

3. 重力梯度

重力场矢量在三个方向的导数是重力位的二阶空间导数，称为重力梯度。

重力扰动向量$\boldsymbol{T}_i$和重力异常梯度张量$\boldsymbol{T}_{ij}$在采用东、北、地的导航坐标系中定义为

$$\boldsymbol{T}_i=\left(\frac{\partial\boldsymbol{W}}{\partial\boldsymbol{x}},\quad\frac{\partial\boldsymbol{W}}{\partial\boldsymbol{y}},\quad\frac{\partial\boldsymbol{W}}{\partial\boldsymbol{z}}\right)=(-\boldsymbol{g}_0\boldsymbol{\xi},\quad-\boldsymbol{g}_0\boldsymbol{\tau},\quad\Delta\boldsymbol{g}) \tag{10-29}$$

$$
\boldsymbol{T}_{ij}=\begin{bmatrix}
\frac{\partial^2 \boldsymbol{W}}{\partial x^2} & \frac{\partial^2 \boldsymbol{W}}{\partial x\partial y} & \frac{\partial^2 \boldsymbol{W}}{\partial x\partial z}\\
\frac{\partial^2 \boldsymbol{W}}{\partial y\partial x} & \frac{\partial^2 \boldsymbol{W}}{\partial y^2} & \frac{\partial^2 \boldsymbol{W}}{\partial y\partial z}\\
\frac{\partial^2 \boldsymbol{W}}{\partial z\partial x} & \frac{\partial^2 \boldsymbol{W}}{\partial x\partial y} & \frac{\partial^2 \boldsymbol{W}}{\partial z^2}
\end{bmatrix} \tag{10-30}
$$

重力梯度能够反映重力位水准面的曲率和力线弯曲等细节，具有比重力本身高的分辨率，因此重力梯度张量更能够反映重力场的细部结构，对重力场的短波变化更加敏感。

重力梯度的单位为艾维(E 或 EU，1 E$=10^{-9}/\text{s}^2$，1 E$=10^{-4}$ mGal/m$=10^{-1}$ μGal/m)。

4. 边值问题

用扰动位可将大地水准面高和重力垂线偏差表示出来，接下来就是如何推求扰动位的问题。利用观测数据给定边值条件，来推求扰动位的问题，称为大地测量的边值问题，大地测量边值问题理论是解算地球重力场的核心和基础。目前推求扰动位的问题包括斯托克斯边值问题、莫洛坚斯基(molodensky)边值问题以及霍丁(Hodding)边值问题。

斯托克斯边值问题，是以大地水准面为边界的第三外部边值问题，它要求将地面上的实测重力值归算到大地水准面上。根据这一理论，大地水准面外不能有物质存在，在归算时必须把大地水准面以外的物质去掉或移到大地水准面内部去。所以，按照斯托克斯理论求得的大地水准面，已不是真正的大地水准面，而是调整后的大地水准面。

由于斯托克斯理论必须将观测数据归算到海平面即大地水准面上，就必须把大地水准面以外的质量进行迁移，由此会产生大地水准面的变形。为了解决这一问题，苏联著名大地测量学家莫洛坚斯基提出了直接在地球的自然表面进行重力解算的方法。该理论通过引入已知的近似地形面和正常重力位，将自由边值问题转化为固定边值问题。

霍丁边值理论所对应的问题是以大地水准面为边界面的第二外部边值问题，即已知扰动位在边界面上的导数$\frac{\partial \boldsymbol{T}}{\partial \boldsymbol{r}}$，来求扰动位 $\boldsymbol{T}$。

(五) 重力测量

1. 重力测量参考系统

海洋重力测量是一种相对测量，为了获得某点的绝对重力值，必须有一个已知的绝对重力点，世界上公认这样的起点为世界重力极点。1971 年，国际大地测量学和地球物理学联合会在会议上决定使用国际重力基准网(IGSN-71)作为重力仪的比较基准，以统一世界测量资料。IGSN-71 推算出来的波茨坦重力极点的新重力值为 $g=981\ 260.19$ mGal ± 0.017 mGal。除了世界重力基点和国际基准重力网以外，各国为开展相对重力测量，往往也建立了国家重力原点和重力控制网。

2. 重力测量的分类

凡与重力有关的物理现象，原则上都可用来测定重力值。根据测量物理量的不同，重力测量可分为动力法和静力法两类。动力法观测的是物体的运动状态(时间与路径)，用以测定重力的全值(绝对重力值)；而静力法则是观测物体的平衡状态，用以确定两点间的重力差值(相对重力值)。通常所说的重力仪就是用作相对测量的仪器。此外，由于重力梯度对于重力场的重要性，重力梯度测量也是重力测量中的重要内容。

根据测量和确定的手段，重力测量又可以分为地面重力测量、地下(井中)重力测量、海洋重力测量、航空重力测量和卫星重力测量。传统的地面重力测量、海洋测量及地下(井中)重力测量，实测精度较高，但效率低，覆盖性差；而航空重力测量和卫星重力测量这类空间重力测量手段，利用卫星的摄动或卫星测高来确定地球重力场，优点是覆盖性好(特别是海洋测高卫星)，缺点是精度低，并且还需要进行复杂的转换和计算。

通常所说的重力测量仪器，指的是相对重力测量仪器(图 10-6、图 10-7)。从构造上，重力仪可以分为平移式和旋转式两大类型；从制作材料及工作原理上又可分为石英弹簧重力仪、金属弹簧重力仪、振弦重力仪及超导重力仪等；根据应用领域可以分为地面重力仪、海洋重力仪、航空重力仪、地下重力仪以及星载重力仪等。

图 10-6　加拿大 Micro Gravity 公司船用重力仪

图 10-7　美国重力仪

四、地磁场基础知识

地磁导航是地磁场信息最为传统的军事应用领域之一。随着空间技术的飞速发展，地磁学与测绘学、空间物理学的交叉与综合不断加强，地磁信息在导航定位、空间武器制导、战场电磁信息对抗等研究领域展现出了巨大的应用潜力。尤其是地磁导航与 GPS、惯性系统组成的复合导航与制导，具有无源、无辐射、全天时、全天候、全地域、体积小、能耗低等诸多优良特征。

地磁场是由地球内部的磁性岩石以及分布在地球内部和外部的电流体系所产生的各种磁场成分叠加而成的(见图 10-8)。地磁场是地球系统中的一个基本物理场，它直接影响该系统中一切运动的带电物体或磁性物体的运动特性。

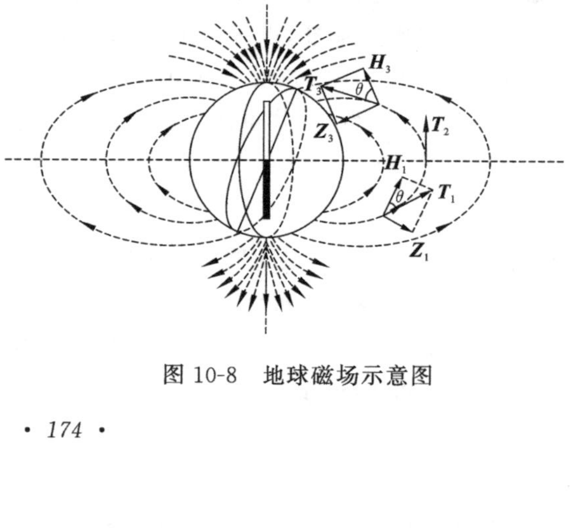

图 10-8　地球磁场示意图

磁场通常用磁通密度向量来描述，单位长度的磁感应强度等于磁通密度和电流向量的叉乘。磁通密度的国际单位是特斯拉(T)，$1\ \mathrm{T}=1\ \mathrm{N}\cdot\mathrm{A}^{-1}\cdot\mathrm{m}^{-1}$，其标准符号为 B。

地磁场穿过地球，从地磁北极指向地磁南

极，而沿着相反的路径穿过高层大气。在两磁极地磁场沿铅垂方向，在赤道附近则沿水平方向。磁极会随时间缓慢移动，2010 年 1 月 1 日地磁北极位置在 80.08°N，72.21°W，地磁南极位置在 80.08°S，107.79°E，所以地磁场与地球旋转轴之间有 9.98°的倾角。

(一) 地磁场组成

地磁场是一个矢量场(北向分量、东向分量、垂直分量及其合成总场矢量)，在全球近地空间连续分布。地磁场强是关于地理位置和时间的函数，主要由不同变化规律的磁场成分叠加而成。

现代地磁学理论认为，地磁场的场强 $F(r,t)$ 由基本磁场、异常磁场和干扰磁场三部分组成：

$$F(r,t)=F_{\mathrm{m}}(r,t)+F_{\mathrm{c}}(r,t)+F_{\mathrm{d}}(r,t) \tag{10-31}$$

其中，$F_{\mathrm{m}}(r,t)$ 为主磁场，是由处于地幔之下、地核外层的高温液态铁镍环流引起的，所以又称为地核场，它的空间分布为行星尺度，时间变化周期以千年尺度计，它的强度占地磁场总量的 95%以上。主磁场在地表处的平均强度为：赤道地区约为 35 UT，两极附近约为 70 UT，我国海域的地磁场强度大约在 40～60 UT。$F_{\mathrm{c}}(r,t)$ 为异常磁场，产生于磁化的地壳岩石，强度占地磁场总量的 4%以上，在地球表面上呈区域分布，典型范围数十千米，波长可小到1 m，随离地面高度的增加而衰减，几乎不随时间变化。地球表面大部分地区的异常磁场强度很小，但在火成岩地区，磁异常可达到几百纳特，在磁铁矿分布区，磁异常可高达几千纳特。$F_{\mathrm{d}}(r,t)$ 为变化的干扰磁场，源于磁层和电离层，大小为 5～500 nT，时间变化比较剧烈。在磁平静日，外源磁场变化量一般不超过 100 nT；但在磁暴日，磁场变化可达上千纳特。

地核场和地壳场是地磁场的主要部分，随时间变化较慢，也称为稳定磁场，适用于地磁匹配导航定位。军事应用上关心的主要磁场要素是主磁场和异常磁场。

(二) 地磁场模型

地磁主磁场近似于一个磁偶极子，可利用高斯球谐分析法来对其进行建模。1839 年，著名数学家高斯在对地磁场的大量测量数据进行研究后，提出了采用球谐波分析方法来研究地磁场，地磁场磁势的数学描述为

$$V(r,\theta,\lambda)=R\sum_{n=1}^{\infty}\sum_{m=0}^{n}\left[\left(\frac{R}{r}\right)^{n+1}(g_n^m\cos m\lambda+h_n^m\sin m\lambda)P_n^m(\cos\varphi)\right] \tag{10-32}$$

其中，r 为地心距离；φ 为地心余纬度；λ 为地心(地理)经度；R 为地球平均半径；g_n^m、h_n^m 为高斯系数；$P_n^m(\cos\theta)$ 为 n 阶 m 次的施密特准归一化缔合勒让德函数。

1965 年，卡安等人利用实测地磁场数据，推算出了第一代国际地磁参考场模型(international geomagnetic reference field，IGRF)，该模型于1968年被国际地磁与超高层大气物理学协会(IAGA) 采纳。以后每 5 年对 IGRF 模型作一次修正，至今已建立了 20 多个 IGRF 模型，模型的精度为 100 ～ 200 nT。国际上另一个主要的地磁场模型为由英国地质调查局(BGS) 和美国地质调查局(USGS) 联合制作的世界地磁场模型(world magnetic model，WMM)，该模型也是每 5 年修正一次，目前最新的模型是 WMM2005。

由于局部地质因素的影响，千米级的区域变化能引起地磁模型的变化。全球模型的典型精度约为 0.5°，但是在某些位置也可能出现几度的误差。一些国家可以提供全国高分辨率模型。

地磁场一天（白天 — 晚上）约有 50 nT 的变化。由太阳活动引起的磁暴，也会导致全球地磁场的短期时变异常。对磁偏角的影响在赤道处约 0.03°，在高纬 80° 以上区域则超过 1°。

（二）地磁测量

在 20 世纪 50 ～ 70 年代，机械式磁力仪在地磁等弱磁测量领域占有主导地位。近 30 年来，由于一些物理效应和物理定律在磁场测量中的大量应用，磁场测量技术有了很大发展，一系列新型弱磁场测量仪器相继被研制出来，测量仪器的灵敏度由最初的 1 nT 发展到最新的 0.000 1 nT，而且还在继续提高。现在用于地磁测量的磁力仪主要有以下几种。

（1）磁通门磁力仪：20 世纪 50 年代到 70 年代末的航空磁测都是用磁通门磁力仪来进行的，灵敏度从 25 nT 改进到 2 nT。目前，美国生产的 RM-100 磁通门磁力仪的分辨率为 0.1 nT。

（2）质子磁力仪：测量地磁总强度，灵敏度、准确度高，最新的基于核磁共振原理的质子进动磁力仪克服了质子磁力仪间断测量、激发功率大等缺点。例如，捷克生产的 POS 系列质子进动磁力仪的分辨率可达 0.001 nT。

（3）光泵磁强计：光泵磁强计在地磁量级的磁场下对弱小磁场有很高的分辨率，可达 0.01 nT 以上。测量磁场模量，对磁场各分量变化不响应，是标量磁强计，受姿态角度限制。

上述磁力仪均有各自特点，这些精度级的磁力仪对于地磁匹配导航的磁力仪选配来说，已有充分的选择余地，可根据不同的导航设备合理选择性价比较好的磁力仪。

第四节　匹配组合导航

除了直接定位和推算定位方法之外，还有一种基于环境特征匹配定位的方法。实际上，基于环境特征的导航有着更广泛和一般的形式。例如，人和动物会自然地利用环境特征，并将这些特征与地图、照片、文字指南或记忆进行比较，从而测定位置导航；可根据环境的景象图像直接推断用户位置；也可以根据载体下方的水深或者地形高度确定用户位置；还可以利用车辆通常只会在道路或轨道上行驶，行人行走路线不会穿过墙壁等特点，实现导航参数与地图的匹配和误差修正。利用地球磁场异常、重力异常、脉冲星等不同类型的环境特征综合定位方法也得到了广泛应用。

环境特征匹配导航往往与惯性导航系统结合使用，除基于星图匹配的无水平基准天文导航系统外，绝大部分环境特征匹配导航系统不能独立自主工作，是一种辅助导航系统，依赖其他导航系统；绝大部分环境特征匹配导航系统也不是全球导航系统，需要在特定匹配区域工作。本质上，环境特征匹配导航是一类特殊的惯性导航与数据库导航的组合导航系统，所以有时也可以称为匹配组合导航系统。

随着现代测控技术、计算机技术、高分辨率、高清晰度显示技术和图形图像处理技术等的发展，和卫星导航、惯性导航一样，匹配导航已成为当今导航领域的一项重要技术。

一、匹配定位原理

按工作原理，特征匹配定位导航可以分为基准图匹配导航和景象匹配导航两类。

(一) 基准图匹配导航基本原理

与直接定位不同,基准图匹配导航是一种数学原理相对复杂的定位方法。它依据基于大量精确测量和数学模型建立的地理信息数据库,根据对地理信息的实时观测量和载体运动信息进行定位。与采取测角、测距定位不同,基准图匹配导航更多的是获得当地环境的地形高度或磁场、引力、电场等物理场数据,而不是载体与已知点的空间几何关系。

迄今为止,在地磁、地形、重力等领域出现了多种基于基准图的匹配导航算法,主要有TERCOM、ICP、ICCP及一些改进算法等。尽管算法形式不同,但原理上差别不大。本质上,匹配导航技术是一种数据关联技术。

基于基准图的匹配导航系统原理如下。

设关联算法为 $D(X,Y)$,其中 X 为基准图上的航迹,Y 为实测航迹。如果地磁、地形、重力等匹配图的搜索域中有 n_c 个特选航迹,则构成集合

$$C = \{X_j \mid j = 1,2,\cdots,n_c\} \tag{10-33}$$

集合 C 中的航迹对应的 n_c 个特检测位置构成位置集合为

$$p = \{P_j \mid j = 1,2\cdots,n_c\} \tag{10-34}$$

其中,X_j 与 P_j 相对应。

理想状况下,p 中必然存在一个距离真实位置最近的点,记为最佳匹配点 p_b。由关联算法检测出来的位置 p_m 称为匹配位置,它满足

$$m = \arg_j\{\max\{D(X_j,Y)\}\} \quad (j = 1,2\cdots,n_c) \tag{10-35}$$

如果 p_b 与 p_m 一致,称为正确截获。正确截获是匹配算法设计的主要目标。

基于基准图的匹配导航最早应用于地形参考导航系统,之后推广至重力匹配导航和地磁匹配导航等领域。尽管当前匹配导航系统的种类很多,但工作原理大同小异,都包含匹配系统、惯性导航系统、数字地图存储装置和数据处理装置4部分。基本过程也类似:首先根据惯性导航得到航迹,然后根据惯性导航航迹,在数据库中得到背景基准图(地形图、重力图、地磁图等)的特征数据,再通过实际测量,得到实际的测量数据。将两者进行关联,得到匹配位置及其他导航数据。

(二) 景象匹配导航基本原理

景象匹配是另一种以直接获取图像的方式进行匹配的方法,又称为地表二维图像相关。景象匹配通过数字景象匹配区域相关器,将载体行进区域景象与计算机中相关地区预存数字景象进行匹配,从而获得高精度导航信息,常用于末端制导。数字景象可从电视摄像机、合成孔径雷达、合成孔径声呐等图像处理装置遥感得到;相关匹配主要通过计算遥感景象和计算机存储基准图像进行位置匹配,计算出相关幅度,并将所得结果与相关判断阈值进行比较,若相关幅度高于阈值,则表明有效相关。重复上述相关过程,可求出载体行进到某一基准地图所示区域的位置偏差,进而修正载体航行路线。

图10-9所示为基于水下地貌图像的匹配导航定位系统。该系统通过侧扫声呐系统或多波束系统获得的实测航地貌图像与背景海床地貌图像实现匹配,根据匹配后两套图像像素的对应关系,从背景海床地貌图像中获得实测地貌图像各像素的位置,进而获得当前潜航器的位置。

景象匹配技术属于图像识别领域。常用方法有基于目标边界线的图像匹配法、Chamfer图像匹配法、基于小面元微分纠正的图像间自动配准法、尺度不变特征变换(scale invariant feature transform,SIFT)等。

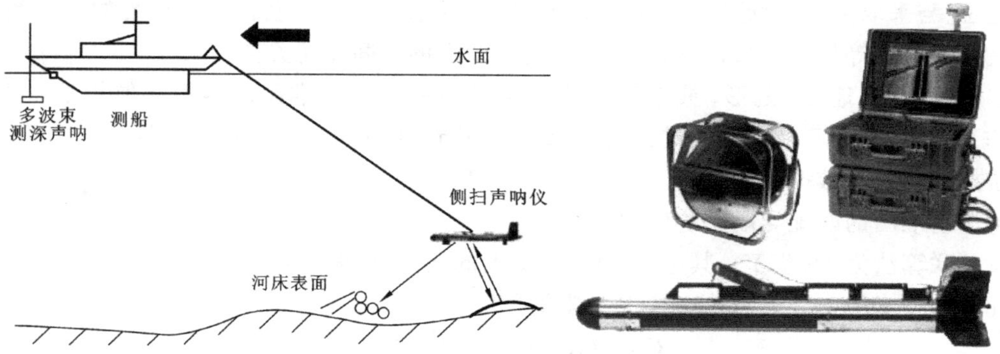

图 10-9　侧扫声呐系统的组成示意图

(三) 匹配算法的性能指标

匹配算法的优劣直接影响到匹配导航系统的定位精度、可靠性等重要指标。衡量匹配算法性能的主要指标如下。

(1) 匹配概率:指真实位置能够通过匹配算法在一定精度范围内得以正确检测的概率。匹配概率越高,算法匹配结果越可靠。

(2) 匹配精度:是评价匹配算法的重要指标和合理定义匹配概率的基础,只有满足精度要求的匹配才能符合设计要求。

(3) 匹配速度:反映匹配过程的效率。

(4) 算法的适应性:反应匹配算法受原理、计算条件和应用环境等因素的限制的适应能力。

(四) 匹配算法的特点

1. 受限于基准数据库的建立精度

基准数据库的建立主要采取模型计算和实测数据相结合的方法获取,大部分的计算均在导航工作开展之前完成。所采取的模型包括地形形状模型、地球重力模型、地球地磁模型等,根据精度要求的不同,选用的模型阶数也存在较大差异。模型精度越高,计算量就越大。同时,为了进一步提高关注区域的数据精度,也配合采用实测数据进行修正。

2. 受限于测量的精度

匹配导航必须依赖对地形、重力、磁场等环境信息的测量,测量精度主要受到传感器精度和被测环境物理量的干扰。传感器精度包括雷达高度表、重力仪、磁强计等的测量误差。被测环境物理量的干扰包括地磁测量将受到载体磁场环境的干扰,水下重力测量将受到水深变化带来的重力变化影响,重力梯度测量会受到环境质量扰动带来的引力梯度的变化,地形测量会受到潮汐带来的水深变化等。

3. 区域选择与路径规划

匹配导航在特征区域的导航精度和可靠性较高;当特征不明显或近似度较高时,导航可靠性会降低，且易出现误匹配。所以需要建立专门的匹配区域，并制定载体的匹配路径规划。

二、地形参考导航

地形参考导航(terrain-referenced navigation，TRN)通过将一系列地形高度测量值与数据库对比来确定位置，是一种利用地形特征对飞机、导弹、潜艇等进行导航的技术。地形可以是陆地或者海床。它也被称为地形辅助导航(terrain - aided navigation，TAN)、地形等高线导航(terrain - contour navigation，TCN)、地形等高线匹配(terrain contour matching，TCM)等。地形参考导航也用来描述更广的基于地形的特征匹配技术。

(一) 基本情况

地形参考导航是最早应用的匹配导航技术。它利用地形的几何起伏变化来实施自主导航。基于雷达高度表的飞机导航技术在20世纪50年代就已经得到研发，精度可达50m。地形参考导航可以满足战术导弹和飞机机动飞行控制的寻航与地形避碰，在应用于低空、超低空飞行的近空支援、低空强击、突防、截击等战术飞行领域作用明显。潜用地形辅助导航系统也应用于潜艇，它显著提高了潜艇航行的隐蔽性和武器系统的作战威力。

地形参考导航系统的关键技术包括数字地图、存储技术、地形随机线性化技术、多模卡尔曼滤波技术、数字相关器等。从算法角度分析，根据数据处理过程的差异，基于基准图的匹配导航算法分为两类——采用滤波方式计算的序贯算法和采用相关极值方式的批处理相关匹配算法。

(二) 基准图匹配导航基本原理

1. 序贯匹配导航算法

序贯算法又称递推法、单点迭代匹配算法，是指每获得一个测量值便对系统进行实时更新的一种数据融合方法。主要算法为SITAN算法和TERRROM算法。所谓SITAN(Sandia inertial terrain-aided navigation)是地形辅助导航领域常用的桑迪亚(Sandia)惯性地形辅助导航系统的简称，是美国桑迪亚实验室于20世纪70年代末研制出的，由于实时性好、精度高，已在美国空军得到广泛应用。

SITAN算法的基本方法是在递推扩展卡尔曼滤波技术(EKF)的基础上采用多模型自适应估计(multiple model adaptive estimation)方法，并结合惯性导航系统提供的概略位置和有效定位半径进行匹配辅助导航。在地形匹配导航中，测量新息由测量值与基准图数据库预测地形高度的差值构成。此方法的关键是是否精确获取地形梯度，但这不仅受限于数据库的精度，更受限于影响地形梯度计算的载体估计位置，一旦估计位置偏离真实位置较大，如超过几百米，而此时实际位置的坡向不同，将导致地形梯度存在较大误差，算法会因为不收敛而难以正常工作。

为解决此问题，SITAN算法会采取递推贝叶斯估计中的非线性高斯滤波算法，如粒子滤波器算法等，来替代扩展卡尔曼滤波。这可以解决算法对单点地形梯度的依赖，但却大大增加了处理器的负担。

另一种常用方法是采取类似GNSS的工作方式，将匹配算法分为搜索和跟踪两阶段进行。搜索阶段主要以惯性导航系统给出的载体概略位置为中心，构建一个包括载体真实位置的搜索区域，然后在搜索区域基准图的格网点上设置一组并行滤波器。每个滤波器以导航信息及地形梯度作为状态量，取实测地形值与地形基准图中 INS 指示位置处的地形值之差作为量测值，构建状态方程和量测方程，通过扩展卡尔曼滤波解算获取实际的地形高度偏差和位置信息。在每个并行滤波器都进行了滤波计算之后，取平滑加权残差平方和(SWRS)最小的滤波器作为最佳滤波器，最佳滤波器对应的位置估计作为最终搜索阶段的匹配位置。最接近真实位置的滤波器的测量新息最小。

在搜索阶段结束后即转入跟踪阶段。在跟踪阶段，以 INS 误差方程为状态方程，以搜索阶段获取的匹配位置与 INS 指示位置之差作为量测值，建立量测方程，进行扩展卡尔曼滤波解算获得最终匹配位置。

此类算法的性能很大程度上取决于载体运动过程中所处基准数据的分布。当线性化误差与测量误差在量级上相当时，滤波系统会很快发散。由于对初始位置误差的固有敏感性，当惯性导航系统误差比较大时，滤波器仍然避免不了发散的可能。为有效处理初始误差的方法，可以将批处理算法和 SITAN 算法综合运用。

2. 批处理相关匹配算法

批处理相关匹配算法，也称序列迭代匹配算法，是指数据积累一段时间后，用测量序列与基准图进行相关计算从而实现定位的方法。此类算法没有考虑被参数和观测量的统计特性，不是最优估计方法。它主要包括 TERCOM 算法、ICCP 算法、相关极值算法等。

批处理相关匹配算法的主要原理为：当观测采样序列采样达到一定长度之后，由惯性导航系统提供的概略位置序列确定参考序列集，然后将观测序列与参考序列通过某种相关分析算法获得最优参考序列，即匹配序列。由于它需要获取一定长度的采样序列，因而一般都不具备较好的实时性，但精度和稳定性较高。

(1) TERCOM 算法。

TERCOM(terrain contour matching)算法是地形轮廓匹配算法、模型匹配或地形等高线匹配算法的简称，最初成功应用于巡航导弹制导。其假设前提是积累的剖面特征可以由基准图唯一确定，类似人工智能中利用指纹的独特性实现对人的识别。

在地形参考系统中，TERCOM 匹配辅助导航系统主要包括惯性导航系统、地形或环境物理场测量设备(如气压高度表、雷达高度表)、基准图(如数字地图)及 TERCOM 匹配算法等部分。基本工作过程如图 10-10 所示。

(1) 求得实测地形高度。实测地形高度由惯性导航在气压高度表辅助下得到的海拔高度估值减去雷达高度表实测的离地高度获得。

(2) 当载体运动一段时间后，可测得一个地形高程序列，称为地形高程剖面(topographic elevation profile)；同时，以惯性导航提供的该时间段指示航迹为基础提取一系列平行于指示航迹的参考航迹，通常为 5～16 个。

(3) 依据参考航迹在数字地图中提取参考地形高程序列。

(4) 将这些参考地形高程序列与实测地形高程序列作相关分析，相关性最大的参考地形序列对应的参考航迹即为匹配航迹最优估计并对惯性导航指示位置进行修正。

TERCOM 算法的关键是通过对剖面与地形高度数据库进行匹配，得到剖面上所有共同的位置误差的概率分布；但是无法获取关于位置的连续分布函数，所以多采用网格方法。网格范围通常与载体导航参数的 3σ 误差范围相一致，网格间距由基准图数据库的分辨率、地形相

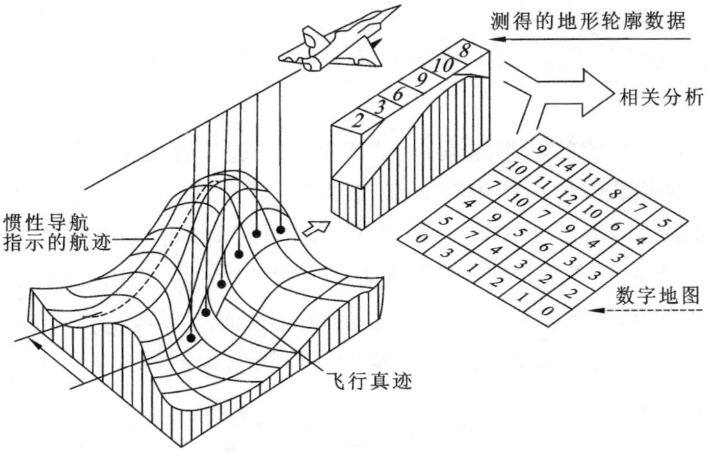

图 10-10 TERCOM 算法地形匹配轮廓示意图

关长度和计算机处理能力决定。在给定测量值条件下，利用均方差统计，可得特定位置偏差的似然函数和似然网格后即可用来确定位置修正。当似然函数有唯一的峰值时，可清晰地指示载体的位置；当存在多个峰值和明显的噪声时，就难以确定正确的位置并对偏差进行修正。由于测量噪声的存在，得到的最大似然点也不一定是正确位置点。

(2) ICCP 算法基本原理。

ICCP 算法是最近等值线迭代算法(the iterated closest contour point，ICCP)的简称。ICCP 匹配算法主要借鉴图像匹配理论。其基准背景图以等值线的形式给出。该算法假定匹配位置为相应等值线上与测量点最近的点。算法采用欧氏距离平方为目标函数，并使之最小化以求得 INS 指示航迹与真实航迹之间的最优变换，通过该变换求得匹配航迹。

ICCP 算法原理如图 10-11 所示。其中，点 X_i ($i=0,1,2,3,4$)为 INS 指示航迹点，点 Z_i ($i=0,1,2,3,4$)为其对应的真实航迹点，点 C_i ($i=0,1,2,3,4$)为其对应的地形高度等值线，点 Y_{ij} ($i=0,1,2,3,4$)表示第 j 次迭代后第 i 点位置。ICCP 匹配的目标是通过旋转和平移变换将 X_i 匹配到 Z_i 上。ICCP 算法首先假设地形高度测量值误差为零，则 Z_i 必定位于 C_i 上，然后通过最优化目标函数多次迭代使 X_i 不断靠拢到 C_i 上，从而最终找到最优估计点 Y_{ij} 作为最优匹配航迹点，实现对真实航迹的匹配过程。

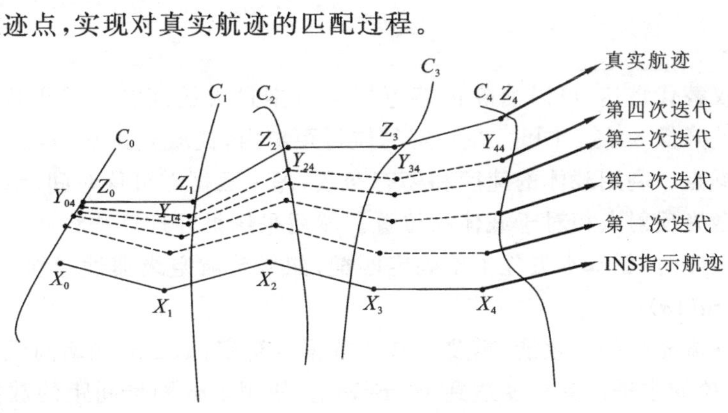

图 10-11 ICCP 算法原理图

（三）典型的地形参考系统

典型的地形参考系统除雷达 TRN 系统外，还有声呐 TRN 和激光 TRN 等多种地形参考系统。

1. 声呐 TRN

水下地形辅助导航系统的基本原理是：让潜航器经过具有某种地形特征的区域，并将该区域与周围地形数据的基准地形图预先存入潜航器的计算机存储器中，随着潜航器的运动，潜航器借助传感器实时测得潜航器下方的地形数据（实时图），并存入计算机中，然后根据匹配算法，将实时图与背景图进行匹配计算，获得潜航器的当前位置，并以此修正 INS 的输出，从而达到限制 INS 误差积累，实现潜航器准确导航定位的目的。其基本原理如图 10-12 所示。常见的算法包括基于等深线走向的匹配算法、基于等深线图像的匹配算法和基于等深线链码和形状特征的匹配算法等。

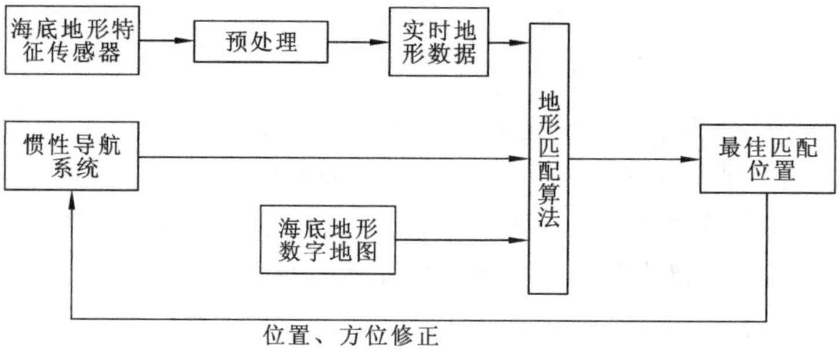

图 10-12　水下地形辅助导航系统基本原理

利用多波束声呐回声测深仪，潜艇、AUV 和 ROV 能够测量载体到海底或者河床多个点的距离，并得到这些点之间的相对位置。这些点组成一个测深剖面（bathymetric profile），然后利用批处理法将测深剖面与适当的数据库匹配，就可以实现 TRN。水下地形辅助导航有时也被称为底部等高线导航（bottom contour navigation，BON）。与其他形式的 TRN 一样，系统的精度取决于地形高度变化和传感器分辨率，最高分辨率的传感器能同时测量超过 10 000 个点，定位精度可达到 1 m，但是一般精度在 10 m 左右。

如果数据库不可用，可以通过比较连续重叠的测深剖面进行航位推算来获取载体坐标系下的速度。

2. 激光 TRN

用激光测距仪替代雷达，可以消除传感器覆盖范围过大的问题。采用传统的 TRN 算法可使平均位置误差降低 50%。同时，在一定的航行距离内，让激光束从一侧扫描到另一侧，可以获得更多的数据点。利用载体的速度和姿态参数，每一数据点可从时间、距离和扫描角的形式转换到地形上激光反射点相对于载体的位置。然后采用批处理算法将测量值与数据库进行对比。当使用数据库时，就基本去除了不确定匹配，如果与航空级惯性导航系统组合，那么精度可以达到约 30 m（1σ）。

为了充分发挥激光扫描的效能，需要更高的数据分辨率，如 2 m 网络间距和亚米级精度的数据库，这可使系统的水平位置精度达到 10 m（1σ）。使用 1 m 网格间距的数据库和航空级惯性导航系统时，每轴可以获得大约 2 m（1σ）的定位精度。然而，随着数据量的增大，传统批处理算法计算量非常大。解决方法为，对激光扫描数据进行降采样以匹配地形相关长度，以及采用基于梯度的匹配算法。

对朝前和朝后两个方向的两个激光扫描仪的测量数据剖面进行相关性分析，可以在没有数据库信息的地形上通过航位推算来确定载体的速度。这两个传感器的覆盖点距离越大，在同一片地形上获取的连续数据剖面之间的时间间隔就越大，对一个给定分辨率的传感器来说，得到的速度分辨率就越高。激光测距仪的另一个问题是比雷达高度计的测量距离短，并且易受天气干扰。但是在大多数低海拔（如陆地）应用中它具有更高的精度。

三、重力辅助导航

（一）基本情况

20 世纪 80 年代以前，美国海军主要研发以下两种重力技术来改善核潜艇的导航精度：①编绘精确重力图件，即联合海洋重力仪和卫星雷达高度计观测数据编绘出海洋垂线偏差图，用于补偿惯性导航定位误差；②在潜艇上安装重力敏感器系统（GSS），直接实时观测海洋重力垂线偏差，同样用于补偿惯性导航系统的定位误差。20 世纪 70 年代后期，重力敏感器引入战略潜艇的导航系统。最初应用海洋重力场信息的目的，是减小惯性导航系统的舒拉误差和平台误差，改正重力模型并初始化导弹制导系统。20 世纪 80 年代，美国贝尔实验室研制出的重力敏感器系统 GSS 为常平架式平台，平台上装有三个重力梯度仪和两个重力仪，可在运动平台上实时测量重力异常和重力梯度。GSS 系统于 1983 年成功地在海上进行了演示，后来部署在美国海军三叉戟潜艇上。

20 世纪 90 年代初，利用重力图形匹配技术改善惯性导航系统性能的概念被提出。美国贝尔实验室、洛克希德·马丁（Lockheed Martin）公司等机构对重力图形匹配技术开展了专项研究，并取得了预期成果。贝尔实验室研发了重力梯度仪导航系统（gravity gradiometry navigation system，GGNS）和重力辅助惯性导航系统（gravity aided inertial navigation system，GAINS）。GGNS 系统通过将 GGS 测出的重力梯度与重力梯度图进行匹配后得到定位信息，对惯性导航系统进行校正。GGNS 中的重力梯度图形匹配是三维空间处理过程。GAINS 系统利用重力敏感器系统、静电陀螺导航仪（ESGN）、重力图和深度探测仪，通过与重力图匹配提供位置坐标，以无源方式实现减少和限定惯性误差。洛克希德·马丁公司研制的通用重力模块（universal gravity model，UGM）包括惯性导航系统、重力敏感器、重力图和滤波器，使惯性导航不再依赖 GPS、雷达和声呐等外部设备。UGM 利用重力仪和重力梯度仪的测量数据可实现两种功能：一是重力无源导航，二是地形估计，即敏感载体运动航迹周围的地形变化情况异常，以实现避碰功能。美国海军于 1998 年和 1999 年分别在水面舰船和潜艇上对 UGM 进行了演示验证。演示时使用的重力图数据来源于卫星数据和船测数据。实验数据表明，利用重力图形匹配技术，可将导航系统的经度误差和纬度误差降低至惯性导航系统标称误差。

（二）重力辅助导航

重力匹配辅助惯性导航即利用舰艇实测的重力值与预先存储好的数字重力基准图匹配，将其匹配位置对惯性导航系统误差进行修正。重力匹配辅助惯性导航系统由惯性导航系统、重力数据库、重力仪、匹配算法及匹配导航计算机等组成。载体在运动过程中，重力仪可实时测得重力数据；同时，根据惯性导航的位置信息，可以从重力数据库中读取一定范围内的参考重力数据。将这两种重力数据送给匹配解算计算机，利用匹配定位软件进行解算即可求得匹配估计位置。利用该信息对惯性导航系统进行校正，即可起到抑制惯性导航定位误差，延长惯性导航重调周期的作用(图 10-13)。

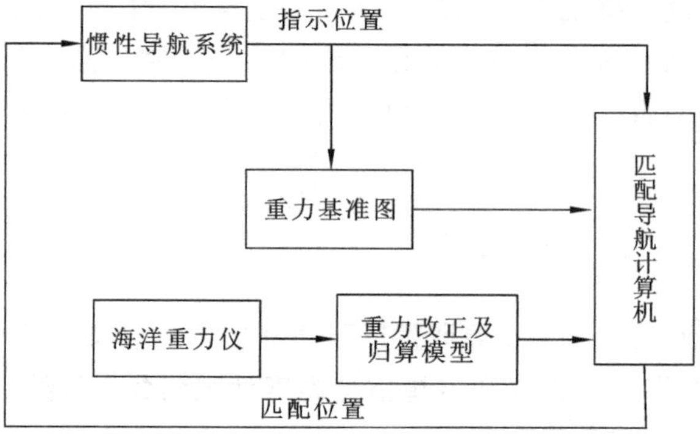

图 10-13　重力匹配辅助导航基本原理框图

重力辅助导航方式之一是以水下运载体上安装的测深仪和重力仪为测量设备，根据实时获得的重力异常与载体上保存的重力异常海图进行匹配，利用扩展卡尔曼滤波实时估计载体位置；重力辅助导航方式之二是根据水下运载体单轴或三轴安装的重力梯度仪实时获取的重力梯度值与载体上保存的重力梯度图进行匹配，利用扩展卡尔曼滤波进行各种导航误差的估计。在安装有重力仪、重力梯度仪的系统内，不仅可以进行重力异常、重力梯度的直接匹配，而且还可以利用重力梯度实时计算重力异常和垂线偏差，在卡尔曼滤波器中进行速度误差的估计。

(三) 重力导航的关键技术

重力辅助导航系统被誉为下一代水下载体导航系统，获取重力信息时对外无能量辐射，具有良好的隐蔽性，可在水下对惯性导航系统进行校正，获得高精度的导航系统。重力辅助导航系统是真正的无源导航系统，除研制高精度的重力传感器之外，有以下几项关键技术。

1. 基于动基座的重力实时测量系统

目前的海洋重力传感器不能直接用来进行重力实时测量，需要增加滤波、测高、稳定模块和各种补偿、改正模块，有的甚至需要针对动基座进行专门的设计和开发，如贝尔实验室用于重力辅助导航的重力梯度仪。

2. 高精度的重力场电子地图及数据处理理论

任何以重力场图为基础的导航系统必须预先建立符合质量要求的基准重力数据库，否则就不可能正确地使用。目前重力场测定的主要方法有卫星测高反演、航空重力测量和地面点测。前两种方法测量效率高、速度快，但分辨率和精度较低；地面点测效率低、费用高，但可获得很高的分辨率和精度。由于海洋地理特征的特殊性，单纯用某一种方式获得的海洋重力场数据均无法满足区域广、精度高的导航需求。因此必须综合利用各种重力测量手段并借助各种数学统计理论，才能得到所需的导航重力场电子地图。

3. 重力匹配理论与匹配算法

重力匹配理论与匹配算法是水下重力匹配辅助导航的核心部分，匹配算法的优劣直接影响到重力匹配辅助导航系统的定位精度、可靠性等重要指标。目前对重力匹配算法的研究大都借鉴较为成熟的地形匹配算法，大体上可以将匹配算法分为采用相关极值方式的序列迭代匹配算法和采用滤波方式计算的单点迭代匹配算法两种。从国外的研究成果来看，该方法已经获得成功应用，且能够用于无重力图和有重力图两种模式。

四、地磁辅助导航

（一）基本情况

现代地磁导航技术基于地磁场是一个矢量场，其强度大小和方向是位置的函数，同时地磁场具有总强度、矢量强度、磁倾角、磁偏角和强度梯度等特征，为地磁匹配提供了多种匹配信息。因此，可以把地磁场视为一个天然的坐标系，利用丰富的地磁场测量信息来实现对飞行器或水面、水下航行器等的导航定位。近地空间内地磁场的变化主要为地磁异常场的变化，相对于低地球轨道处的磁场变化主要为不明显的主磁场变化，地磁异常场的变化是很明显的，因此可以应用匹配方法来实现对近地空间载体的地磁导航定位。

20 世纪 60 年代，国际上提出并论证了磁场等高线匹配（MAGCOM）导航的概念，由于当时没有实测地磁数据，因而没有进行实验验证。直到 1974～1976 年，苏联拉缅斯科耶设计公司利用实测地磁数据成功进行了 MAGCOM 导航的离线实验。2003 年 8 月，有报道称，美国纯地磁导航系统的地面和空中定位精度优于 30 m(CEP)；水下定位精度优于 500 m(CEP)；俄罗斯的 SS-19 导弹采用地磁等高线制导方式作机动变轨，使得导弹沿大气层边缘近乎水平地飞行，从而增强了导弹的突防能力。

（二）地磁匹配导航

地磁匹配导航工作的基本流程是：将预先选定区域的地磁值制成参考图，构成地磁数据库；当载体通过相应区域时，地磁探测仪实时测量地磁场强度，通过数据处理转换成所需特征量，并构成实时图输入到匹配模块；在惯性导航指示位置的基础上，对实时图与参考图进行匹配运算，确定载体的匹配位置；最后，按照既定规定把匹配位置输入到组合导航滤波器。整个系统工作在闭环模式下，最终目的是修正惯性导航系统误差，实现高精度导航。系统的模块框图如图 10-14 所示。地磁匹配导航算法是地磁匹配系统的核心，常用的有 TERCOM 和 ICCP 算法。

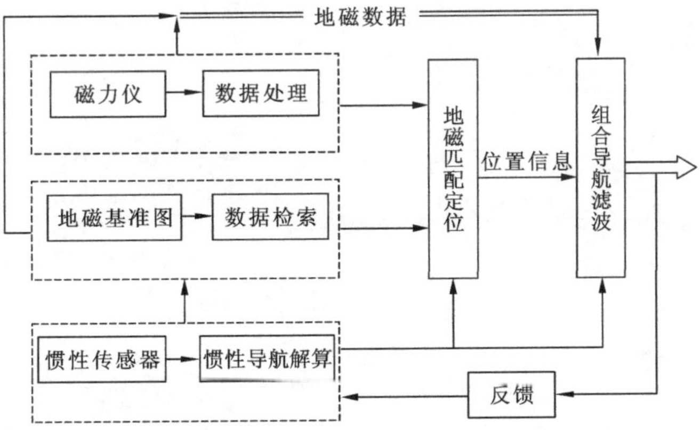

图 10-14 地磁匹配导航系统模块框图

目前,关于水下地磁导航的许多关键技术还处于探索阶段,但是,高精度磁传感器技术的应用,以及地磁干扰建模技术、磁传感器配置探测技术、地磁图延拓技术、地磁匹配算法、组合导航理论等方面的突破,将大大促进水下地磁导航系统关键技术的突破,促进地磁导航技术的发展与应用。

思考题

1. 常用的组合导航方式有哪些?
2. GPS/INS有哪几种组合方式?
3. 简述GPS/INS组合导航滤波器的设计过程。
4. 通过资料检索查询图像匹配(景象匹配)的基本原理和应用场合。
5. 简述利用地形地貌特征进行导航定位的系统的种类和特点。
6. 简述与地磁相关的导航系统的种类和特点。
7. 从导航的实际应用出发,简述导航的本质就是组合导航。

第十一章　主要导航技术

本章从具体的技术角度对不同种类的导航系统进行介绍。无线电导航、声学导航、光学导航和惯性导航是目前最主要的几类导航技术。

从实现定位的角度,无线电方法、声学方法和光学方法都是通过对载体自身和外部参考点之间的距离或者方位相关的空间几何关系进行测量来实现定位等导航功能的。声波和电磁波都是波。波的一般方程都包含振幅、频率、时间和相位 4 个基本参数。波在传播过程中,振幅、频率、时间间隔(脉冲间隔)和相位中某一参数可能发生与某导航参量有关的变化,如果能够从这些信息中分离出角度、距离和速度信息,就可以实现导航功能。

了解不同的导航技术,首先需了解不同技术方法基本的物理知识,如无线电波的传输特性、声波的特性等。之后应当了解这些不同导航技术的核心传感器件,如无线电导航系统的核心传感器(天线)、声学导航系统的核心传感器(换能器)等。光学导航系统的核心传感器有光学镜头、CCD 光学图像传感器等核心器件,如惯性导航系统的陀螺仪和加速度计。这些传感器对导航系统性能影响很大,了解它们的性能指标和技术水平对把握不同导航技术十分必要。通过选用合适的传感器并进行合理的应用设计,可以实现载体与参考点之间距离、方位或速度的测量,从而实现不同种类的导航。随着技术的发展,导航系统越来越接近采用统一的测控系统架构,也就是大都采取传感器(有的包括信号前放)、信号线路传输、滤波调理解调等专用电路模块、模数转换等接口电路模块、实现数字信号处理和导航解算的计算机,以及通过显示终端和通信线路实现导航结果信息的显示和发送。这其中涉及大量电子线路、数字信号处理、控制理论、测控技术等知识。

第一节　无线电导航技术

一、无线电导航基础知识

无线电导航技术主要包括传统的无线电导航技术(radio navigation)和卫星导航技术(satellite navigation)两大类。它的种类繁多,如无线电测向仪、罗兰、台卡、塔康以及当今人们熟悉的 GPS、GLONASS、北斗等卫星导航系统。除此之外,还有许多以无线电技术为基础的常用导航设备,如导航雷达、气象传真机、AIS 系统(在第十二章介绍)等。下面简单介绍无线电导航的基础知识。

(一) 无线电导航的发展简介

无线电导航就是利用无线电技术进行定位并引导载体沿预定航线航行的技术。20 世纪初,人们首先将无线电技术应用于导航领域,采用低频、中频发射机进行测向,采用 75 MHz 信标通过简单的邻近定位方法指示飞机航线。第一个真正的全球无线电导航系统是奥米伽(Omega)系统,覆盖全球,提供连续的导航服务,但精度较低。1997 年停用。

地面无线电定位系统分为两类。第一类为无线电导航系统，大部分在 20 世纪 40 年代和 50 年代研发，一直发展到 20 世纪 80 年代。这类系统包括用于飞机导航的无线电测距(DME)和甚高频全向无线电信标(VOR)、用于测向的各类信标，以及用于航海导航的升级版罗兰系统(long-range navigation，LORAN，远程导航)，这些系统覆盖范围达几百千米(罗兰系统可达 3 000 km)。

第二类为 20 世纪 90 年代和 21 世纪初研发的技术，开发已有通信和广播信号，用于定位目的。移动电话信号、无线局域网络(WLAN)或 Wi-Fi(wire-less fidelity)、无线个人局域网络(wireless personal area network，WPAN)(如蓝牙(bluetooth)和"紫蜂"(zig bee))、无线电时频标签(RFID)、超宽带(ultra wideband，UWB)通信、电视信号、无线电广播信号均可采用。定位专用的 UWB 系统也得到研发。虽然广播信号通常可在 100 km 远处接收，有些移动电话信号可达 35 km 远，但这类定位技术中大部分是近程的，覆盖半径仅为几十米。其中仅有部分定位技术要求网络运营的配合协作。没有网络运营的配合协作而用于定位的信号称为泛无线电信号(signals of opportunity，SOOP、SOP 或 SOO)。采用 SOOP 的测距技术要求测定发射机时钟，当发射机时钟稳定、传输模式规律时，可采用校正过程确定发射机时钟。否则，必须采用位置已知的参考站。

第一个卫星导航系统是美国的子午仪卫星导航系(transit system)，主要用于船舶导航。1961 年第一颗卫星发射，1996 年停用。采用多普勒定位，每隔 1～2 h 获取一次二维定位结果，单次定位精度约为 25 m。俄罗斯实现了类似的系统，称为奇卡达(Tsikada)卫星导航系统。

1978 年，美国的全球定位系统(global positioning system，GPS)第一颗运行工作的原型卫星发射升空。1993 年，美国公布了整个 GPS 系统的初始运行能力(inital operational capability，IOC)。俄罗斯全球导航卫星系统 GLONASS 与 GPS 同时研发。第三个全球导航卫星系统——伽利略(Galileo)，正由欧盟及其他合作伙伴研发，2016 年具备初始运行能力。此外，区域卫星导航系统正被中国、印度以及日本等国所采用。中国的北斗卫星导航系统正在扩展，将于 2020 年提供全球覆盖。这些系统统称为全球导航卫星系统(global navigation satellite system，GNSS)，依据相同的工作原理运行。

(二) 电磁波传播的基本知识

电磁波是球面波，只能采取横波方式进行传播，并且其电场方向与磁场方向相互垂直，也垂直于电磁波的传播方向，如图 11-1 所示。

电磁波可在真空、空气、液体和固体中传播。在水中传播时，电磁波衰减很大，大部分频率的电磁波难以穿透较厚水层。与声波不同，电磁波可真空传播，传播速度等于光速。在传播过程中，电磁波可能受到反射、折射、绕射、散射和吸收，引起传播速度变化、电波与信号畸变。不同媒质的电特性对不同频段无线电波传播影响不同，电磁波在空气中传播有地面波传播(简称地波)、天波传播、视距传播、波导模传播 4 种主要方式。实际通信中往往是取以上四种传播方式中的一种作为主要的传播途径。

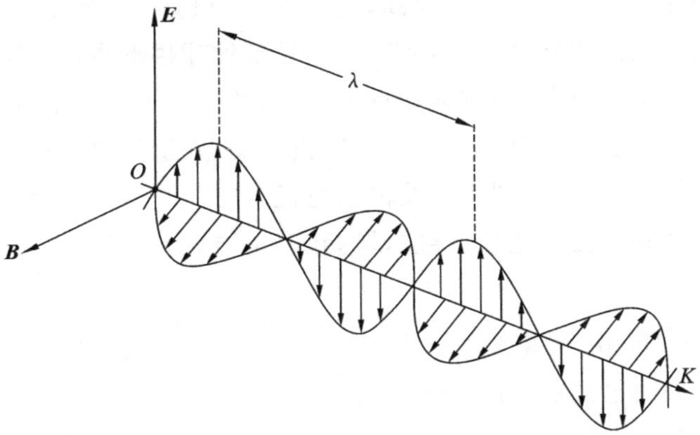

图 11-1　电磁波的传播

(三) 无线电导航系统中使用的波段

1. 无线电波频谱

通常把在自由空间(包括空气和真空)传播的频率从几十赫兹(甚至更低)到 3 000 GHz 频段范围内的电磁波称为无线电波,可见光谱只占有宽广的电磁波谱的一小部分。频段是电磁波种类划分的常用方式,根据国际通信规定,通常的频段种类见表 11-1。导航系统采取了多个频段的电磁波信号实现不同的导航功能。

表 11-1　导航相关的无线电波频段的划分

序号	频段名称	频率范围	波段名称	导航设备种类	日常应用
1	甚低频(VLF)	3～30 kHz	甚长波	奥米伽	超远程通信、水下通信
2	低频(LF)	30～300 kHz	长波	长河二号无线电罗盘	远距离通信
3	中频(MF)	30～3000 kHz	中波	航行告警无线电罗盘	调频收音机
4	高频(HF)	3～30 MHz	短波	气象传真机	短波收音机、船舶通信
5	甚高频(VHF)	30～300 MHz	米波	AIS	对讲机
6	超高频(UF)	300～3000 MHz	分米波	卫星导航 气象卫星	手机、微波炉
7	特高频(SHF)	3～30 GHz	厘米波	卫星导航 导航雷达(X)	Ku 波段卫星节目

2. 超短波

超短波(波长短于 10 m,频率高于 30 MHz)的传播特点是:地面波衰减很大,电离层不能反射该波段信号,因此直接波是该波段的主要传播方式。

由于波长短,发射机及天线的尺寸、重量大为减小。小尺寸的收发天线不仅便于在各种类型舰船、飞机和卫星上安装,同时可以得到尖锐的方向性,提高测向精度和作用距离。由于在此频段内,可以产生很窄的脉冲和直线传播,可得到很高的测距精度。

超短波只能以直线传播,既不能绕射,也不能被电离层反射。由于空间波不会拐弯,因而它的传播距离受到限制。发射天线架得越高,空间波传得越远。所以电视发射天线和电视接收天线应尽量架得高一些。尽管如此,传播距离仍受到地球拱形表面的阻挡,实际只有 50 km 左右。超短波不能被电离层反射,但它能穿透电离层,所以在地球的上空就无阻隔可言,这样,我们就可以利用空间波与发射到遥远太空去的宇宙飞船、人造卫星等取得联系。此外,卫星中继通信、卫星电视转播等也主要是利用天波传输途径。

此波段广泛用于各种微波测距仪、导航雷达和卫星导航系统等。

3. 短波

短波(波长为 10～100 m,频率为 30～3 MHz)的传播特点是:主要靠天波传播,地面波衰减很快。天波传播主要由电离层 F1 层和 F2 层反射,由于 F1 层和 F2 层的不稳定性,很难保证导航系统稳定、可靠地工作,所以在无线电导航系统中不使用这一波段。

4. 中波

中波(波长为 100～1 000 m,频率为 3 MHz～300 kHz)的传播特点是可以用地面波传播,也可以用天波传播。利用地面波传播时,由于波长较短,地面损耗较大,且绕射能力较差,所以传播的有效距离比长波近,但比短波要远,一般为几百公里。天波传播主要由 E 层反射。

由于白天电离层吸收较大(主要是 D 层吸收),天波信号很弱。夜晚,D 层消失,电离层对电波的吸收减小,由 E 层反射的天波信号增强。所以中波白天是靠地面传播,晚上则既有地面波传播又有天波传播。

这个波段可应用于无线电导航系统中,尤其是双曲线导航系统。该波段中,550 kHz～1.5 MHz一段为中波广播电台使用,为了避免广播电台的干扰,无线电导航系统必须选用适当的频率工作。

5. 长波

长波(波长为 1～10 km,频率为 300～30 kHz)可以用地面波和天波两种方式进行传播。天波白天在 D 层反射,夜间在 E 层反射,所以天波信号比较稳定。地面传播距离远,且相当稳定。此波段用于远程无线电导航系统能获得较高的定位精度与稳定性,我国的长河二号远程无线电导航系统即工作于 100 kHz。

该波段有一定的入水深度,可以实现一定深度的潜艇水下导航。此外,该波段天波作用距离相当远,可达 2000 nmile 以上,合理地利用天波信号可以扩大导航系统的作用距离。

6. 甚长波

甚长波(波长为 10～100 km,频率为 30～3 kHz)由于波长可以与电高层的高度相比拟,电波以波导模方式在电离层下缘和地面所组成的同心壳形波导内传播。这种传播方式的主要特点是,传播损耗小,其作用距离可至全球。

奥米伽导航系统选用这个频段(工作频率为 10～14 kHz),仅用 8 个地面导航台就能提供全球导航覆盖。电离层的高度随时间、季节及太阳黑子活动而变化,因此,大气波导的传播条件不像金属波导一样稳定。电高层高度的变化将引起电波传播相速的变化,为了提高导航精度,需根据“奥米伽传播修正表”对测定值进行修正。

这个波段的低频段能向水下传播,可应用于水下潜艇导航,这是这一波段突出的优点。

（四）天线

与水声导航设备的测量主要依赖的传感器——换能器相似，天线是能够测量电磁波的传感器。无线电信号的传播与接收都离不开天线这个重要的前端器件。具体地说，天线的基本任务就是将发射机输出的高频电流能量（导波）转换成电磁波辐射出去，或将空间电磁波信号转换成高频电流能量送给接收机。为了能良好地完成这一功能，并实现电磁波来向测定，天线必须具有一定的方向特性、较高的转换效率，并满足系统正常工作的频带宽度。

1. 天线种类

导航系统常见的天线种类有直立天线、环形天线、磁天线、微带天线及自适应调零天线等。

(1) 直立天线。

直立天线是指与地面垂直的天线。其结构简单，容易架设，在长波、中波、短波和米波等很宽的波段范围内，均可使用。有时由于波长限制，天线的几何高度很高，可直接用铁塔作为辐射体，称为铁塔天线或桅杆天线。在导航系统中，直立天线主要用于罗兰C导航系统，其发射天线与接收天线分别如图11-2和图11-3所示。

图11-2　罗兰C发射台天线

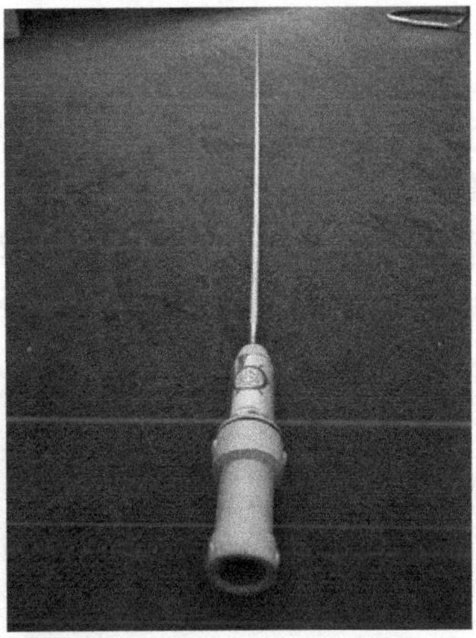

图11-3　罗兰C接收天线

(2) 环形天线。

环形天线是一种方向性的天线，其外形可以是矩形、圆形或其他闭合的形状，该天线尺寸较小，辐射效率低，通常只作接收用，主要应用于测向。无线电导航最先开发的无线电信标系统就是利用环形天线实现测向的。环形天线如图11-4所示。

(3) 磁天线。

磁天线本质是一种含铁氧体的多圈小环天线，主要用来接收电磁波信号中的磁场分量信号。磁力线通过线圈绕组能够感应出比较高的电压，进行信号放大与接收。磁天线具有体积小、接收信号信噪比高等优点，并且具备一定的水下接收能力。

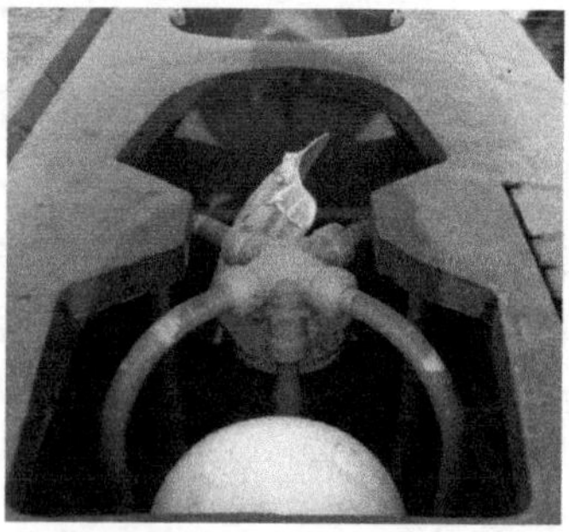

图 11-4 环形天线

图 11-5 GPS 微带天线

图 11-6 卫星导航蘑菇头天线

(4) 微带天线。

微带天线是由导体薄片粘贴在背面有导体接地板的介质基片上形成的天线，已在 100 MHz～50 GHz 的宽广频域上获得多方面应用。其主要特点是剖面低、体积小、重量轻、造价低，可与微波集成电路一起集成。目前市面上常见的 GPS 天线是微带天线的一种，如图 11-5所示。舰艇所使用的卫星导航蘑菇头天线也属于微带天线，在内部集成了放大电路，并在外部进行了防水处理，如图 11-6 所示。

(5) 自适应调零天线。

自适应调零天线又称阵列天线，由多个天线阵元与自适应处理系统构成，自适应处理系统通过信号处理，可将天线阵列的方向图在干扰方向自动形成零陷，实现抗干扰效果。自适应调零天线广泛应用于卫星导航抗干扰领域，图 11-7(a)、(b)为北斗抗干扰接收机及自适应调零天线，图 11-7(c)为自适应调零天线内部天线阵列分布图。

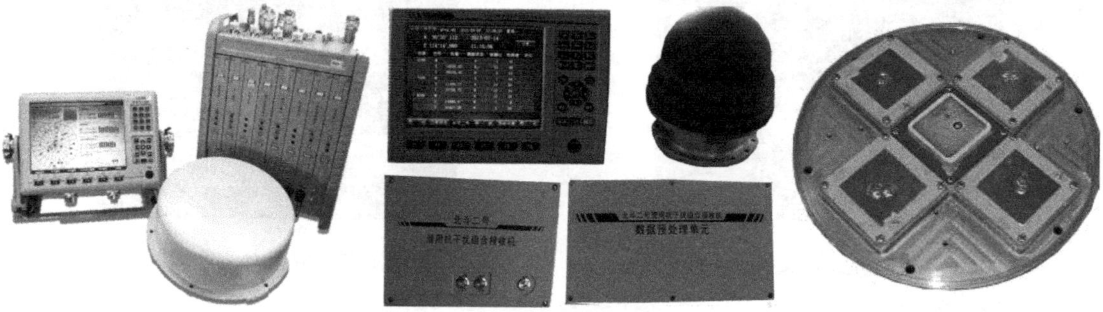

(a) (b) (c)

图 11-7 北斗自适应调零天线

2. 天线的主要指标

影响天线性能的临界参数有很多，通常在天线设计过程中可以进行调整，天线的主要指标有如下几种。

(1) 天线方向性：是指在相同距离的条件下，天线辐射场的相对值与空间方向(子午角、方位角)的关系。由于天线向三维空间辐射，需要数个图形来描述。立体方向图虽然立体感强，但绘制困难。如果天线辐射相对某轴对称(如双极子天线、螺旋天线和某些抛物面天线)，那么只需平面方向图来描述天线在某指定平面上的方向性。

(2) 谐振频率:谐振频率和天线的电长度相关。电长度通常是电线物理长度除以自由空间中波传输速度与电线中速度之比。天线的电长度通常由波长来表示。天线一般在某一频率调谐,并在此谐振频率为中心的一段频带上有效。天线可以在与目标波长成分数关系的长度所对应的频率下谐振。一些天线设计有多个谐振频率,另一些则在很宽的频带上相对有效。

(3) 增益:指天线最强辐射方向的天线辐射方向图强度与参考天线的强度之比取对数。如果参考天线是全向天线,增益的单位为 dBi。例如,偶极子天线的增益为 2.14 dBi 。偶极子天线也常用作参考天线(因为理想的全向参考天线难以制造),这种情况下天线的增益以 dBd 为单位。

增益特性:一是天线是无源器件,不能产生能量,天线增益只是将能量有效集中向某特定方向辐射或接收电磁波的能力。如果天线在一些方向上增益为正,由于天线的能量守恒,它在其他方向上的增益则为负。因此,天线所能达到的增益要在天线的覆盖范围和它的增益之间达到平衡。二是天线增益由振子叠加而产生,增益越高,天线长度越长。三是天线增益越高,方向性越好,能量越集中,波瓣越窄。

(4) 带宽:无论是发射天线还是接收天线,它们总是在一定的频率范围(频带宽度)内工作。天线的频带宽度有两种不同的定义:一是在驻波比 SWR≤1.5 条件下的天线工作频带宽度;二是天线增益下降 3 dB 范围内的频带宽度。一般说来,在工作频带宽度内的各个频率点上,天线性能是有差异的,但这种差异造成的性能下降是可以接受的。

(5) 阻抗:电波穿行于天线系统不同部分(电台、馈线、天线、自由空间)会遇到阻抗差异。在每个接口处,它取决于阻抗匹配,电波的部分能量会反射回源,在馈线上形成一定的驻波。此时电波最大能量与最小能量比值可以测出,称之为驻波比(SWR)。驻波比为 1∶1是理想情况。1.5∶1的驻波比在能耗较为关键的低能应用上被视为临界值。极小化各处接口的阻抗差(阻抗匹配)将减小驻波比并极大化天线系统各部分之间的能量传输。

天线的复阻抗涉及该天线工作时的电长度。通过调节馈线的阻抗,即将馈线作为阻抗变换器,天线的阻抗可以与馈线和电台相匹配。更为常见的是使用天线调谐器、巴伦、阻抗变换器、包含电容和电感的匹配网络等。

(6) 输入阻抗:天线输入端信号电压与信号电流之比,称为天线的输入阻抗。输入阻抗具有电阻分量和电抗分量。电抗分量的存在会减少天线从馈线对信号功率的提取,因此,必须使电抗分量尽可能为零,使天线的输入阻抗为纯电阻。事实上,即使是设计、调试得很好的天线,其输入阻抗中总还含有一个小的电抗分量值。

二、无线电导航的种类和特点

(一) 无线电导航信号的电参量

无线电波的一般传输形式可用正弦的形式表示:

$$s(t)=a\sin(\omega t+\phi) \tag{11-1}$$

其中,a 为电磁波信号振幅;$\omega=2\pi f$ 为电磁波信号角频率;t 为电磁波信号传输时间;ϕ 为电磁波信号初始相位。

无线电信号中包含振幅、频率、时间和相位 4 个电气参数。无线电波在传播过程中,某一参数可能发生与某导航参量有关的变化。通过测量这一电气参数就可得到相应的导航参量。

导航就是利用这些参量的变化进行测量。由上述无线电信号有效资源转换成接收点相对于该导航台站坐标的导航的几何参量称为无线电导航参量,主要包括以下几种。

(1) 强度 a:测量并判断振幅强度的大小。

(2) 距离 R:测量发射点到接收点的时间或相位。

(3) 距离差 R_P:两个观测点接收同一时刻发射的信号,并测量到达观测点的时间,求差。

(4) 距离和 R_C:两个观测点接收同一时刻发射的信号,并测量到达观测点的时间,求和。

根据所测电气参数的不同,无线电导航系统可分为振幅式、频率式、时间式(脉冲式)和相位式 4 种。根据要测定的导航参量不同,无线电导航系统可分为测角(方位角或高低角)、测距、测距差和测速 4 种。整个无线电导航系统的运作过程实际上就是通过利用无线电信号有效资源,接收、处理并转换成接受点对于该导航台站坐标的导航的几何参量,再利用无线电导航信号的电参量特性测量出运动体相对于导航台的方向、距离、距离差等导航参量。

(二) 无线电导航的一般过程

无线电导航系统通常包括 4 个主要部分:发射部分、传输部分、接收部分和信号处理部分。无线电导航的一般过程是指导航信号依次通过 4 个部分的实际过程(图 11-8)。

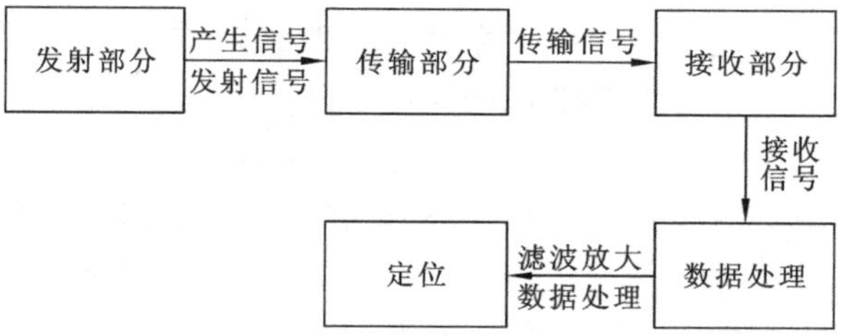

图 11-8 无线电导航的一般过程

首先由导航系统发射部分根据各导航系统的特点和要求产生无线电导航信号并发射出去;之后发射的信号将经过由各种媒介组成的传输部分到达各个接收点,由于电波传输的特性,导航信号的信号强度将受到极大地损耗;数据处理部分对信号进行滤波、放大和数据处理等测量工作,得出测量运动体相对于坐标已知点(如导航台、站或卫星等)的方向、距离、距离差等导航参量,再转化为定位信息,最终实现运动体的定位。

(三) 无线电导航的分类

无线电可根据作用距离、位置线几何形状、测量电信号参量、导航台(站)类型等方式进行分类,具体如下。

1. 按作用距离分类

(1) 近程导航系统(飞机约为 100～500 km,舰船约为 50～100 nmile):如台卡(英)、塔康(美)、拉娜(法)等。

(2) 中程导航系统(飞机约为 500～1 000 km,舰船约为 300～600 nmile):如:罗兰 A。

(3) 远程导航系统(飞机约为 2000～3000 km,舰船约为 1500 nmile):如罗兰 C(美)、长河二号(中)。

(4) 超远程导航系统(均大于 10 000 km):如奥米伽(美)。

(5) 全球导航系统(可以全球工作):如 GPS、GLONASS、BD。

2. 按位置线几何形状(或导航参量)分类

(1) 直线位置线系统(测向系统或测角系统):如无线电测向仪。

(2) 圆位直线系统(测距系统):如 GPS、BD。

(3) 双曲线位置线系统(测距差系统):如长河二号等。

(4) 椭圆位置线系统(测距和系统)。

(5) 混合位置线系统(测向/测距系统、圆/双曲线系统、椭圆/双曲线系统等):如塔康。

3. 按测量电信号参量分类

(1) 振幅式无线电导航系统:如无线电测向仪。

(2) 频率式无线电导航系统:如多普勒导航系统、子午仪系统。

(3) 相位式无线电导航系统:如台卡系统、罗兰 C 系统、奥米伽系统。

(4) 脉冲式无线电导航系统:如罗兰 A。

(5) 混合式(脉冲/相位)无线电导航系统:如长河二号系统。

4. 按导航台(站)类型分类

(1) 陆基无线电导航系统:导航台(站)安装在地面(包括海上)的无线电导航系统。大多数无线电导航系统属于陆基系统,如罗兰 A、长河二号等。

(2) 空基无线电导航系统:如导航台(站)安装在飞机上的无线电导航系统。

(3) 星基无线电导航系统:如 GPS、伽利略、北斗卫星导航系统。

(四) 无线电导航特点

在整个导航技术领域中,无线电导航占有极为重要的地位,已得到了广泛的应用。与惯性导航、天文导航等其他导航技术相比,无线电导航具有下列特点:无线电导航的优点是不受时间、天气的限制;定位精度和可靠性高;测量定位工作迅速,甚至可以连续实时定位;设备较为简单;自动化程度高,操作使用简便;多功能、用途广泛;用户设备价格低。在某些导航过程中,如在复杂气象条件下和在夜间飞机着陆,无线电导航则是主要方法。无线电导航的缺点是易受自然或人为的干扰与破坏;由于无线电信号入水深度不够,无线电导航不易实现水下定位。

三、典型的无线电导航系统

下面简要介绍主要的无线电导航系统。其中无线电测向仪和无线电罗盘属于无线电测向系统;无线电高度表属于测距系统;塔康系统将两者结合,属于单点测向测距定位系统;罗兰属于测距差的双曲线系统(在第四章中已经介绍)。

(一) 无线电测向仪

无线电测向仪出现于 20 世纪初,由于最初设备的体积和重量较大,仅用于航海。它以岸上两个以上全向发射的无线电指向标台或无线广播电台的来波方向来决定载体位置,也可用于测定发射无线电波目标的所在方位。它由岸上指向标和装在船上的测向仪组成,作用距离一般为 50～250 nmile,精度为 1～2 nmile。第二次世界大战中,德国研制成功小型测向仪装上飞机,利用无线电广播电台的广播导航,实现了对伦敦的轰炸。近年来,较为先进的导航仪器,如罗兰、雷达,特别是卫星导航被大量应用,在许多方面替代了无线电测向仪,它们同无线电测向仪相比,具有操作简便、定向精度高的优点,使得无线电测向仪在无线电导航设备中处于辅助地位。

图 11-9 所示为采用具有测角器的无线电测向仪系统的组成示意图。测向系统包括两个固定的环天线、一根垂直天线和一个无线电测角器。无线电测角器由两个互相垂直的固定的场线圈 A、B 和一个在场线圈中间能自由转动的寻向线圈 S 组成。环天线和垂直天线安装在顶甲板高处。两个环天线相互垂直,其中一个环天线的环面与船艏向平行,称为纵向环天线;另一环天线与船艏向垂直,称为横向环天线。线圈 A、B 分别与两个环形天线相连,线圈 A、B 环面的固定方向与对应的纵向环天线、横向环天线相同。自由旋转的寻向线圈与无线电接收机相连,线圈轴顶装有指针,指针指示与寻向线圈环面垂直的方向,从方位盘上读取指针所指示的方位角。

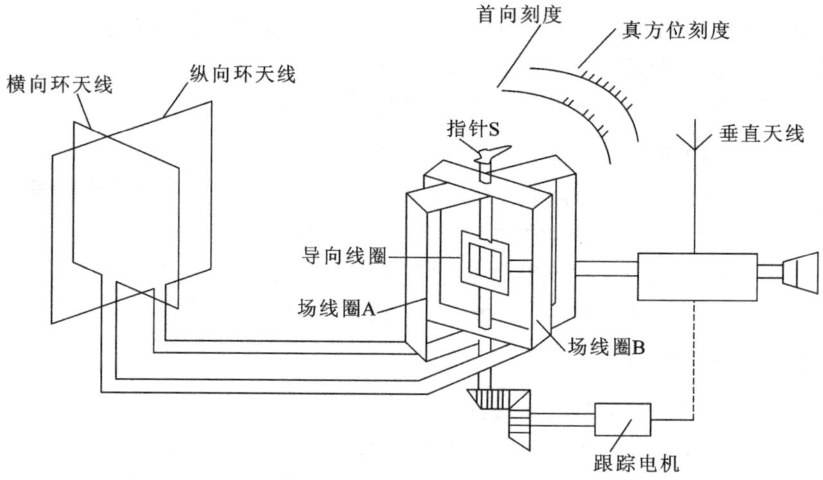

图 11-9　无线电测向仪

(二) 无线电罗盘

无线电罗盘(radio compass)是一种最小值测量来波向的振幅式测角无线电导航设备,又称为无线电自动测向仪(automatic direction finding),配套地面设备是无方向信标(non-direction beacon),可用于飞机的航线规定、定位、压点飞行控制、着陆引导、识别通信和监听、遇险救助等,是一种指示航向的常用无线电导航仪表。严格来说,无线电罗盘不是罗盘,因为它的指针指示的不是相对于磁北或者真北的方向,而是相对于它所调谐到的无线电台的方向,所以又称为机载无线电测向器。

无线电罗盘工作在 150～1750 kHz 频段,属中、长波波段,因此主要依靠地波或直达波传播。此频段与 AM 广播频率相近,因此飞机也可以接受当地的无线广播电台作为导航信号。例如,日本在轰炸珍珠港时就是接受当地的无线广播电台作为轰炸飞机的导航信号。

无线电罗盘由环状天线、垂直全向天线、罗盘接收机、指示器和控制盒等组成,如图 11-10 所示。无线电罗盘按照指示的方式分为无线电半罗盘(人工旋转环状天线或搜索线圈)和无线电罗盘。

无线电罗盘能自动测出飞机纵轴与电波来向间的夹角(相对方位角);其环状天线固定,环面法线与飞机纵轴重合，环状天线的方向图呈横“8”字形。当电波来向与环面法线重合时天线输出信号为零(图 11-11)；当电波来向与环面法线不重合时，无线电罗盘输出右偏信号，控制一个双向电动机，带动环状天线旋转，直到环面法线和导航台电波来向重合为止。环状天线转过的角度就是导航台的相对方位角，再用电气同步器将这个角度信号传送到指示器，指示导航台相对飞机的方位角。无线电罗盘使用简便，但由于工作在中波波段，噪声干扰很大，测量精度较低。

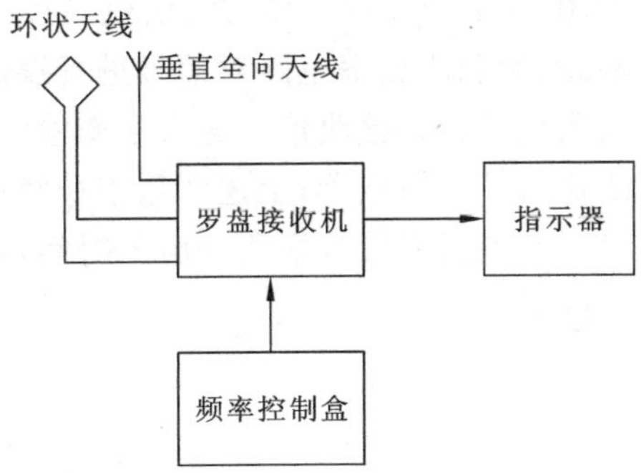

图 11-10　无线电罗盘

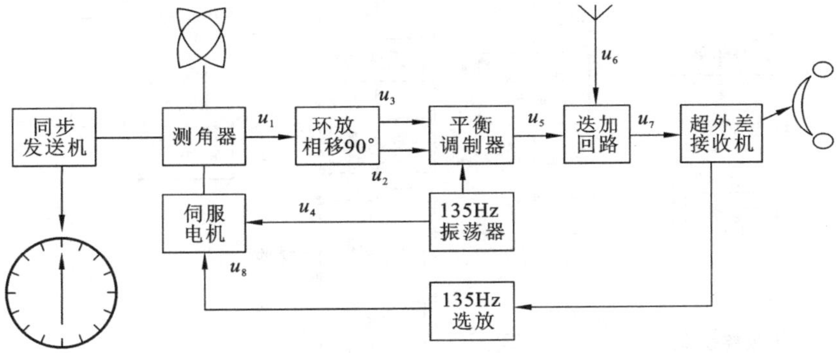

图 11-11　无线电罗盘原理示意图

(三) 无线电高度表

无线电高度表的作用是测量飞机相对地面的实际高度，它是飞机在超低空飞行及近进和着陆过程中保证飞行安全的重要设备，是仪表着陆系统的重要设备之一(图 11-12)。无线电高度表按测量方法可以分为脉冲测距高度表和频率测距高度表。

无线电高度表系统包括收/发机组件、高度指示器和收/发天线 4 部分，其典型组成如图 11-13 所示。由于主要应用于飞机的近进和着陆，其工作范围通常是 0～1500 m。

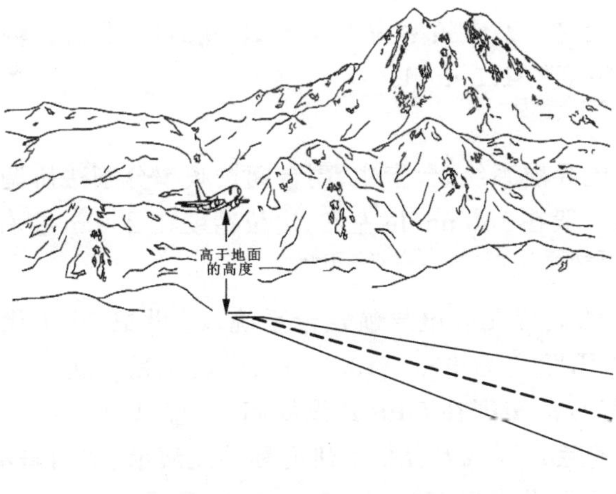

图 11-12　无线电高度表的应用

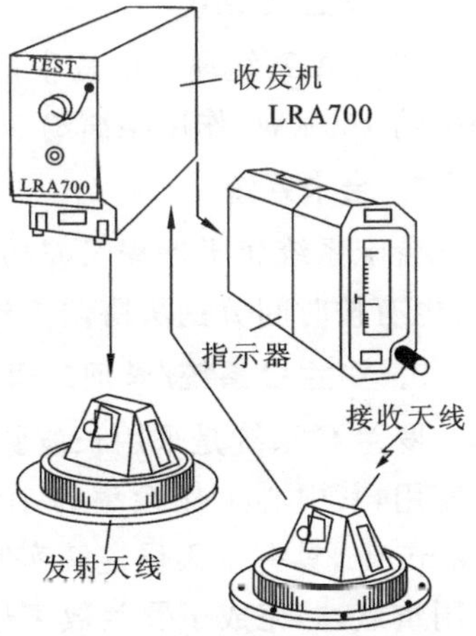

图 11-13　无线电高度表

如图 11-14 所示，调频式无线电高度表工作原理：在发射端将一个等幅波调制到某一固定频率，然后利用振荡电路对信号进行振荡并通过发射天线发射，该信号经过地面反射返回，由接收天线接收。接收信号送入平衡检波器（或混频器），同时，由谐振器发射的直达信号也通过馈线送入平衡检波器，上述两路信号经过检波后输出一个差频信号，该差频信号即对应着信号从发射端到返回接收端所经历的时间，再根据已知的电磁波传输速度即可计算得出飞机相对地面的高度。

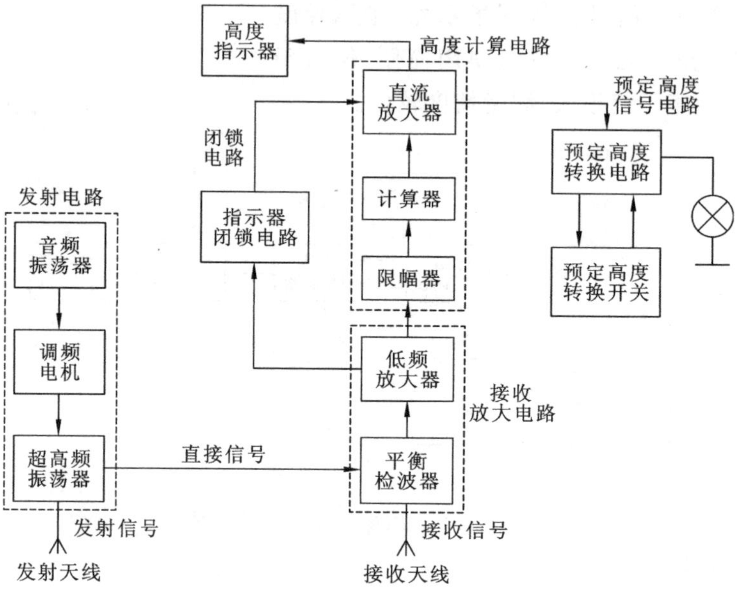

图 11-14　无线电高度表工作原理示意图

（四）罗兰系统

第二次世界大战后期逐渐兴起了多种无线电导航定位系统，比较有代表性的有罗兰 A 系统、台卡系统、罗兰 C 系统等。

1. 罗兰 A 系统

罗兰 A 系统属于中程中精度无线电导航系统，工作频率为 1650～1950 kHz，发射机输出功率约 160 kW，作用距离约 500 nmile，定位精度约 1.5 nmile。

2. 台卡系统

台卡系统属于近程长波相位双曲线无线电导航系统，台卡主、副台间按频率分割法协调工作（也有按时间分割法协调工作）。作用距离一般在 150 nmile 左右，定位精度在 200 m 左右。

3. 罗兰 C 系统/长河二号系统

罗兰 C 系统是采用长波脉冲相位双曲线的远程无线电导航定位系统，20 世纪 60 年代投入使用，其中心工作频率为 100 kHz，地波作用距离为 900～1300 nmile，定位精度为 0.4～1.2 nmile，具有全天候连续实时导航定位的优点。美国在 GPS 建设期间，一直以罗兰 C 作为应用重点，并完成了罗兰数字化升级改造（E 罗兰）、区域差分技术研究和功能演示（墨西哥湾）等工作。罗兰 C 系统目前覆盖了北半球的绝大部分地区，其分布如图 11-15 所示。

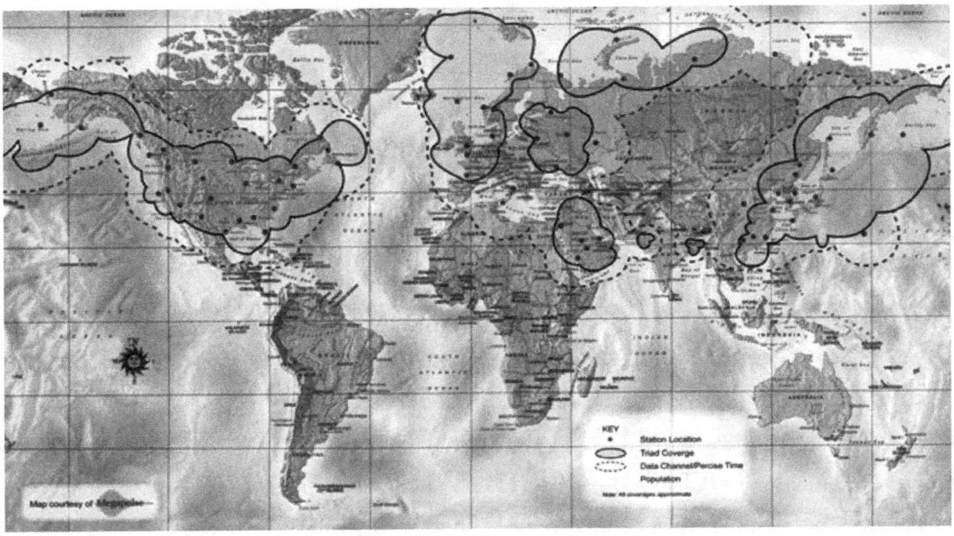

图 11-15　罗兰 C 系统台链分布

美国在《2010 年联邦无线电导航发展计划》中明确提出：2010 年 2 月，美国终止所有罗兰 C 信号的播发（台站封存未拆除）（图 11-16 为美国 Megapulse 公司生产的 A6500 型罗兰 C 固态发射机和天线系统）；同年 8 月，美国终止了与俄罗斯、加拿大在罗兰 C 领域的合作。但美国对现有罗兰 C 的资源仍十分重视。2012 年 2 月 29 日，美国在官方网站刊登了关于 E 罗兰用于精密授时的新闻，目前正在评估 E 罗兰作为 GPS 备份用于授时的能力，以期达到 1 μs 的授时精度要求。关于 E 罗兰作为 GPS 备份用于精密授时的研究仍时常见诸报道。

(a)　　　　(b)

图 11-16　美国 Megapulse 公司生产的 A6500 型罗兰 C 固态发射机和天线系统（已于 2010 年 2 月 8 日关闭）

我国的罗兰 C 系统称为长河二号系统，该系统的 1 个台链包含 1 个主台和 2 个以上副台，系统采用双曲线测距差原理进行定位。要测量时间差，主副台之间必须有严格的时间同步。长河二号系统的发射台包括时频分系统、发射机、控制部分及发射天线，如图 11-17 所示。时频分系统主要提供高稳定度的频率基准，进行频率预置/相位补偿，可以自动/手动转换主标，并且换标时信号不能中断和提供精确的时间基准信号。定时控制系统产生发射机定时控制信

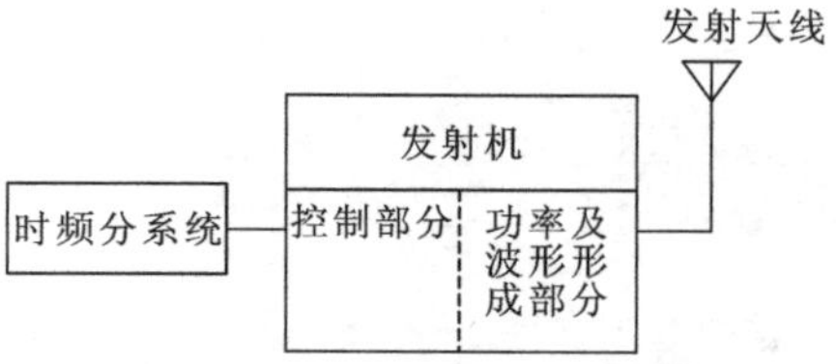

图 11-17　无线电发射机

号；发射机系统产生大功率罗兰 C 信号；发射天线系统主要发射罗兰 C 信号，同时防止系统被雷击。监测站功能主要包括监测主台和各副台信号的时差、幅度、信噪比和包周差(ECD)，将监测结果送至控制中心并接收控制中心指令，并当控制中心失去作用时，向各台发出调整指令。

如图 11-18 所示，罗兰 C 接收机主要由天线、天线耦合器、接收指示器三部分组成。天线和天线耦合器连在一起装在舱外较高的地方。接收指示器与耦合器之间由专用电缆连接。天线收到的信号经耦合器滤波、放大、阻抗变换送往接收指示器。接收指示器装在舱室内，它由接收通道部分、定时部分、数据处理部分、键盘和显示部分组成。接收部分对信号进行滤波、放大、限波、限幅、检波、导出包络、增益控制等处理；数据处理部分负责信号搜索、天地波识别、跟踪、周期识别、测量计算等；定时部分由晶振、分频器、编码器等组成，产生机内所需采样脉冲等有关信号；键盘供操作用；显示面板显示各种导航定位数据。

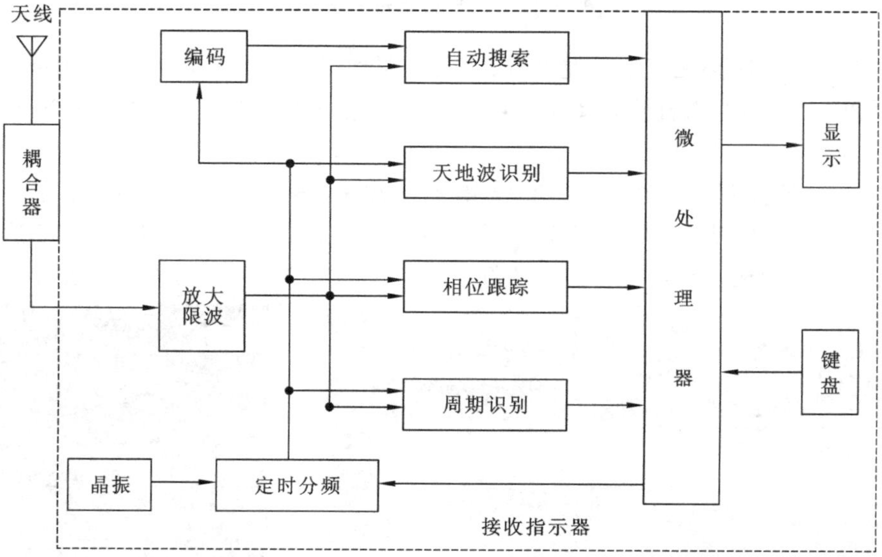

图 11-18　罗兰 C 接收机组成框图

图 11-19 为罗兰 C 接收机的实物照片。

图 11-19　罗兰 C 接收机

图 11-20　FreeFlight/LocusGA 多模接收机

(五) 塔康系统

早期的空中导航确定飞机位置需要两个或两个以上的地面导航台,且定位精度很低。20世纪中期,为了实现精确空中定位导航,美国费得拉尔电信实验室根据美国海、空军的建议,研制了战术空中导航系统(tactical air navigation system,TCAN),简称塔康系统。

塔康是一种近距无线电导航系统,系统由相互配合工作的机载塔康设备和地面塔康设备组成。机载塔康设备包括无线电收发信机、天线、控制和显示装置等;地面塔康设备包括无线电收发信机、天线、监测和控制装置等(图 11-21)。

塔康起源于DME(distance measure equipment)信标。DME信标是一种二次雷达系统(secondary radar system),主要作用是向飞行员提供飞机到地面DME台站的斜距。与一次雷达通过接收被照射物体的反射信号得出物体相关信息不同,为避免过早被发现,被照物体的反射性能要求越低越好。二次雷达通过被照射物体的直接回应来获得相关信息,所以需要一个能够相互合作的目标才能实现,如绝对机密的军用IFF(敌我识别)系统和公开的DME。飞机上的DME相当于一部应答机(图 11-22)。它设备体积小、功率低,只要求双方都能接收到相互发射的信号即可。脉冲序列可以被编码,这样相互传输的信号可以加载其他信息,例如,空中管制雷达就可以获得飞机的气压高度、航向等信息,无须像一般雷达那样,只能通过对接收信号的大量处理才能得到大致的数据。

图 11-21 塔康系统

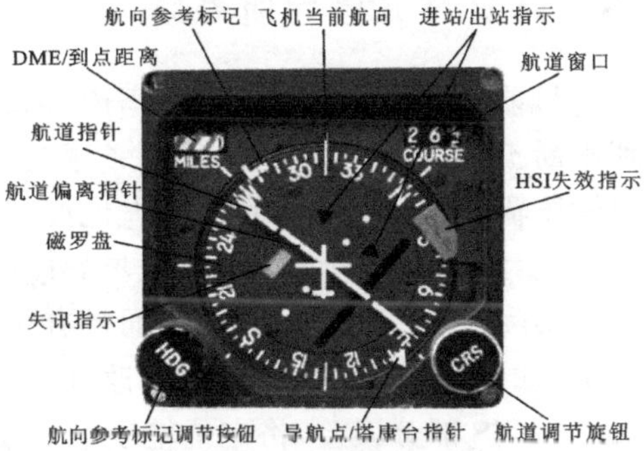

图 11-22 飞机上的塔康距离和方位显示界面

塔康工作在962~1 213 MHz之间的UHF频段,频率间隔为1 MHz,共有252个波道(X模式和Y模式各126个)。塔康通过选择频道进行工作。每个频道对应两个(发射机和接收机)载波频率,且两个频率间隔63 MHz。信号传播方式主要是视距传播。典型的塔康导航系统工作距离为370 km,测距准确度约为±200 m,测角准确度可达±1°。

塔康导航系统采用极坐标(ρ,θ)定位体制,只需一个塔康地面台就可为飞机定位,因此特别适合以机场或航空母舰为中心进行作战活动的战术飞机使用。利用塔康导航系统可以保障飞机沿预定航线飞向目标、机群的空中集合和会合以及在复杂气象条件下引导飞机归航和进场着陆等。

(六) 室内无线电导航系统

1. AGPS 技术

手机定位是指通过特定的定位技术来获取移动手机或终端用户的位置信息(经纬度坐

标),在电子地图上标出被定位对象的位置的技术或服务。常用的辅助全球卫星定位(assisted global positioning system,AGPS)技术是一种"GPS+基站"的定位技术。它可以利用手机基地站,配合GPS卫星,使定位速度更快。手机所采取的定位技术有两种:一种是基于GPS的定位,一种是基于移动运营网基站的定位。基于GPS的定位方式是利用手机上的GPS定位模块将自己的位置信号发送到定位后台来实现手机定位的。通常在户外运转良好,但在室内或卫星信号无法覆盖的地方效果较差。基站定位则是利用基站对手机的距离的测算距离来确定手机位置,精度较高。后者不需要手机具有GPS定位能力,但是精度很大程度依赖于基站的分布及覆盖范围的大小,有时误差会超过1 km。

2. Wi-Fi 定位

民用领域常用的Wi-Fi定位利用Wi-Fi信号进行测距定位。与手机基站定位方式类似,无线网络Wi-Fi的定位原理需采集Wi-Fi热点的位置信息,这些位置信息一般比较固定。由于Wi-Fi热点只要通电,不管如何加密,都会向周围发射信号,并且信号中包含此热点的唯一全球ID标识码(MAC)。用户无法与热点建立连接,但仍可侦听到热点信号,检测各热点信号的强弱,并将这些信息发送至网络服务器,服务器便可根据这些信息,查询数据库里记录的各热点坐标,然后进行多点定位或邻近定位,得到用户端的具体位置,再通过网络将坐标告知客户端。用户收到的AP信号越多,定位就会越准。

四、典型的卫星导航系统

目前卫星导航系统已成为当前各国导航技术竞争的焦点。卫星导航系统的各种功能也得到不断扩展,在更加广泛的民用领域产生了巨大的影响,小到人们使用的健康手环、移动电话、智能车辆、共享单车,大到地球大地海洋测量、地壳运动、气象信息测量、城市交通管理等领域的研究,无不在其包含之列。卫星导航技术广泛而深刻地影响着人类的社会生活。

实际上,对于给定的星座,通常有更多的卫星在用户视野中,许多接收机还可利用来自多个星座的信号,使定位精度得到改善,并能够比较测量结果。

GNSS部分误差,将定位精度进一步提高。载波相位定位技术的实时导航精度可供的基本定位精度可达数米;差分技术利用位置已知的基站校正以达到厘米级,该项技术还可以用于测量姿态。不过,相对基本的定位模式,载波相位技术对干扰、信号中断和卫星几何分布更加敏感。

GNSS提供三维定位结果,而大多数地面无线电技术由于其信号的几何分布,仅局限于水平定位。除UWB超宽带无线电定位外,GNSS比地面无线电系统定位精度更高,是目前唯一能够提供全球覆盖的定位技术。不过,GNSS信号弱,易于受偶然突发或蓄意的干扰影响,容易被建筑物、树叶或山脉等障碍物削弱。远程的地面无线电系统,如DME和增强型罗兰系统,可用于对于安全性至关重要或任务非常关键的应用领域,可为GNSS提供备份;近程的地面无线电系统,可为GNSS信号较难渗透的室内和密集城区环境提供无线电覆盖。因此,利用多种类型无线电信号定位,可使导航参数的可用性和鲁棒性最大化。利用多种类型信号的组合进行定位,不必根据每个单项技术分别计算定位结果。

(一) GPS系统

1973年,美国国防部批准陆、海、空三军联合研制第二代卫星导航定位系统;1978年2月,第一颗 GPS 实验卫星成功发射；1993 年 12 月，GPS 卫星导航定位系统具备初步作战能力；1995 年 7 月 17 日，美国宣布 GPS 达到系统全功能应用（FOC）。从 1973 年至 1993 年，GPS 系统的建设历时近 20 年，耗资过百亿美元，它是美国继阿波罗登月计划和航天飞机计划后的第三项庞大空间计划，成为美国国家导航信息服务的基础设施。1991 年，GPS 应用于海湾战争中，在这次战争中，GPS 深刻地影响了现代战争的战法和武器的发展。

早期 GPS 采用 P(Y)码和 C/A 码（粗码）政策，1982 年美国军方决定人为降低 C/A 码精度，并于 1983 年开放 L1 的 C/A 码信号为民用；同时保留 SA 措施（选择可用性）。从 1996 年开始，GPS 地面部分开始实施精度改善创新和广域 GPS 提高计划，连同其他一些措施以持续改善 GPS 精度，并以新型卫星（BlockIIR）陆续取代失效的工作卫星。2000 年 5 月 1 日，美国总统克林顿宣布解除终止选择提供性政策（selective availability，SA），改善了 GPS 民用精度，使 GPS 接收机定位精度优于 20 m。

2000 年开始实施 GPS 现代化计划，主要是以新型导航卫星（BlockIIR-M、BlockIIF）逐步替代到寿卫星，研制和发展 SAASM 和 GPSIII 系统，并宣布停止 SA 政策。GPSIII 将对 GPS 的所有区段作重大改变，从而使 GPS 系统的军事和民用服务性能明显提高。2004 年 12 月 15 日，美国颁发了“美国星基定位、导航和定时新政策”，主要为了应对欧洲研制的伽利略系统和国际反恐两大新情况。目前，美国正在以导航战为背景实施 GPS 现代化改造，历时 8 年，耗资 86 亿美元，预计 2018 年完成。

目前在定位、导航应用方面，GPS 的主要应用对象是飞机、汽车和船舶等。在飞机的航路引导和进场降落，船舶的远洋导航和进港引水，汽车的自主导航、定位，地面车辆的跟踪，城市的智能交通管理等领域，GPS 已经被广泛应用。此外，在公安、医院和消防的紧急救助、追踪目标和紧急调度等方面也发挥着得天独厚的作用。目前，GPS 以其全球化、高精度、自动化、高效率和全天候的定位服务功能成为全球范围内影响最大、覆盖范围最广的定位系统。

（二）GLONASS 系统

苏联于 20 世纪 70 年代开始研制 GLONASS 系统，1984 年发射首颗卫星入轨。1996 年 1 月，顺利建成并投入整体运行。在技术体制方面，GLONASS 系统采用 FDMA 体制，抗干扰能力优于 GPS 系统，但其单点定位精度不及 GPS 系统。苏联解体后，由于多种因素影响，俄罗斯航天工业经历了一系列挫折，在轨卫星数量不断减少，2002 年 GLONASS 系统仅有 18% 的空间组网可用性，定位精度下降为 35 m，至 2007 年在轨卫星仅为 6 颗。过去 10 年，随着俄罗斯国力的不断恢复，GLONASS 导航系统快速恢复并取得巨大的发展。2011 年 7 月，俄罗斯全面恢复 GLONASS 导航系统全球运行服务。2012 年在轨卫星达到 29 颗，定位精度达到 2.8 m。目前地球上空已有 31 颗 GLONASS 导航卫星。未来该系统还将引入 CDMA 信号，增强系统性能，预计至 2020 年 GLONASS 系统导航精度将达 0.6 m；至 2030 年，GLONASS 在轨卫星数量将增加至 36 颗以上。

（三）伽利略（Galileo）系统

由于卫星定位导航系统可军民两用，兼有重要的战略价值与巨大的商业利益，为了摆脱对美国 GPS 系统的严重依赖，1994 年欧洲委员会（EC）建议筹建欧洲自主、独立的民用全球卫星导航定位系统。2003 年 3 月，“伽利略计划”获得欧盟运输委员会批准，旨在开发一套拥有自主产权、比 GPS 定位精度更高的新一代民用卫星导航系统，使用 27 颗工作卫星、2 个地面站和 3 颗备用卫星，最终成为欧洲安全措施和军事的核心组成部分。

2010 年 4 月，经过耗时多年的协商争论，欧洲议会终于通过了伽利略全球卫星导航系统的最终部署方案，这标志着为期 6 年的伽利略计划基础设施建设阶段正式启动。为应对来自中国北斗导航系统的竞争，欧洲加快了伽利略系统的建设进度。2013 年 3 月，伽利略系统的空间和地面基础设施实现协同工作，并完成系统首次对地面用户的定位。测试表明：双频定位精度平均可达到水平方向 8 m，垂直方向 9 m，定位有效率为 95%，平均授时精度达 10^{-9} s。2016 年 11 月，欧洲首次以一箭四星方式发射了 4 颗伽利略全球导航卫星，使得伽利略卫星数量达到 18 颗。所有卫星预计在 2020 年全部进入轨道。

2016 年 12 月 15 日，欧洲委员会正式宣布伽利略系统初始服务启动。作为世界第一个基于民用的全球卫星导航定位系统，伽利略系统将为用户提供定位服务，并用于搜索和救援任务。目前伽利略系统提供三种类型的初始服务，包括开放服务、授权服务和搜索与救援服务。开放服务（OS）是针对大众市场，与 GPS 完全互操作，其形成组合覆盖将为用户提供更准确和可靠的服务。授权服务（PRS）是加密的、更具鲁棒性的服务，向政府授权的用户如民防、消防和警察等部门提供服务。搜索与救援服务（SAR）是欧洲对国际搜索和救援服务的贡献。利用伽利略系统和其他基于 GNSS 的 SAR 服务，当在海上或在旷野中发生紧急事件时，用户定位遇险信标的时间仅为 10 min，位置精度在 5 km 内。随着卫星的不断补充和地面设施的完善，其性能还将不断提升。

（四）北斗卫星导航系统

20 世纪 70 年代末，我国就开始积极探索适合我国国情的卫星导航定位系统的技术途径和方案。1983 年，著名航天专家陈芳允院士首次提出在中国利用两颗地球静止轨道通信卫星实现区域快速导航定位的设想。1989 年，我国利用通信卫星开展双星定位演示试验，证明了北斗卫星导航试验系统技术体制的正确性和可能行性。

中国北斗全球卫星导航系统（Beidou Navigation Satellite System，BDS）的发展按照三步走的总体规划分步实施：第一步，北斗一号（BD-I）卫星导航系统建设。1994 年启动北斗卫星导航试验系统建设。2000 年 10 月和 12 月，在西昌卫星发射两颗北斗导航试验卫星，分别定位于 140°E 和 80°E。2003 年系统开通运行，形成区域有源服务能力。未校准精度为 100 m，校准精度为 20 m。第二步，2004 年启动北斗二号（BD-II）卫星导航系统建设，至 2012 年（10 年）共发射 16 颗卫星，同年 12 月 27 北斗系统日正式实现覆盖亚太地区的导航、授时和短报文区域通信服务能力，达到定位精度 10 m，授时精度 50 ns，测速精度 0.2 m/s。第三步，在北斗二号成功经验的基础上，2012 年正式启动北斗三号全球卫星导航系统建设，计划建成 35 颗卫星，包括 5 颗同步轨道卫星、3 颗倾斜同步轨道卫星、27 颗中圆轨道卫星；截至 2017 年在轨卫星已达 25 颗。计划于 2020 年最终建设成为全球覆盖的高精度、全天候、军民通用的卫星导航定位系统，形成全球无源服务能力。由此，中国也成为继美国和俄罗斯之后世界上第三个拥有自主卫星导航系统的国家。与 GPS、GLONASS 相同，北斗二号系统由空间卫星段、地面运控段和用户应用系统三部分构成。图 11-23、11-24 分别为北斗的 GEO 卫星及北斗二号手持型用户机。北斗卫星导航系统的特色和优势是将短信服务应用于卫星导航试验系统，因此它的建设也与上述三大卫星导航系统存在区别，见表 12-2 所示。

图 11-23　BD-II 的 GEO 卫星

图 11-24　BD-II 军用手持型用户机

表 12-2　GNSS 中地球轨道的特性

星座	轨道平面数目	半径/km	高度/km	周期	每个太阳日的轨道圈数	星下点轨迹重复周期/太阳日	轨道倾角
GPS	6	26 580	20 180	11 h 58 min	2	1	55°
GLONASS	3	25 500	19 100	11 h 15 min	2.125	8	64.8°
Galileo	3	29 620	23 220	14 h 5 min	1.7	10	56°
BD-II	3	27 840	21 440	12 h 52 min	1.857	7	55°

第二节　声学导航技术

声学就是研究声波的发生、传播(包括反射、折射、衍射、衰减等)、接收以及各种效应和应用的学科。电磁波在水下传播衰减极快,探测距离甚微,而水介质中的声波有着最小的衰减系数,因此,水声技术成为最有效的在海洋中实现远距离传递信息和能量以发现和测量水下目标的技术手段。

在航海领域有许多基于声学技术的导航设备,包括回声测深仪、多普勒计程仪、声相关计程仪等水声仪器,还包括各种水下导航系统等,并且还在日益增多。利用水下声波进行定位或进行导航参数测量的系统,可以统称为水声导航系统。在水下载体的定位导航领域,水声导航技术已经成为当前世界各国研究的热点。水声导航系统可进一步分为载体声学测速技术、水声定位技术和水下地形匹配导航三类。

声学测速技术与水下地形匹配导航技术分别在第五章和第十章进行过简要介绍,本节就对其他声学导航技术进行介绍。

一、水声导航基础知识

(一) 声波基础知识

声波是由机械振动产生的。产生声波必须具有两个因素,即声源和弹性介质。声波是球形阵面波,有横波和纵波两种传播形式。在固体中声波可以采取横波和纵波形式传播,在液体和空气中声波只能以纵波形式传播。声波传播并非介质质点本身的传播，而是质点振动形式的传播。在同一介质中，声波的传播途径为一直线，且传播速度一定。当从一种介质进入另一种介质时，声波速度将会发生变化，并能发生反射、折射、散射等物理现象。在传播过程中，声波的能量将随距离的增加而逐渐衰减。

1. 声波的种类

声波按照频率划分，主要分为次声、可听声、超声三种。可听声波，也简称声波，频率为0.02～20 kHz，可被人耳听见。高于20 kHz的机械波称为超声波；低于20 Hz的机械波称为次声波。超声波和次声波人耳均无法听见。自然界中的蝙蝠能够产生并利用超声波进行导航和捕捉食物；鲸鱼等动物能听到次声波。

超声波振动频率高而波长短，因而具有束射特性，方向性强，可以定向传播。其能量远大于振幅相同的一般声波，具有很高的穿透能力。在空气中超声波衰减强烈，传播距离很短。

次声波在自然界中广泛存在，地震波、火山爆发、风暴、台风、海浪冲击、枪炮发射、热核爆炸等都会产生次声波。大气对次声波的吸收甚小，同时次声波具有很强的穿透能力，可以穿透建筑物、掩蔽所、坦克、船只等障碍物。7 kHz的声波用一张纸即可阻挡，而7 Hz的次声波可穿透十几米厚的钢筋混凝土。次声波对人体有害，干扰人神经系统正常工作，危害人体健康。

2. 声波的传播

声波在真空中无法传播。由于空气和水的可压缩性可产生振动，声波可在空气和水中传播。声波在空气中的传播速度为340 m/s。有效声速是声速和风速的矢量和。声速与温度成正变关系，声波速度受介质、温度等多种因素的影响。声波频率低则传播距离远，频率高则传播距离近。

海水是传播声波的良导体。声在海水中比在空气中传播速度快，并且海水对声波的吸收比空气小。海水的声学特性，广泛地应用于航海、导航、探测、成像等军事领域，如测量海洋的深度、测定地壳的特征和厚度、探测潜艇或对水下物体进行定位等。

(1) 海水中声速的影响因素。

在均匀的海水中，声波的传播速度可以用下列公式表示：

$$c_0=\sqrt{\frac{rp}{\rho_{s,t,p}}}=\sqrt{\frac{r}{K\rho_{s,t,p}}} \tag{11-2}$$

其中，r是海水的质量定压热容和质量定容热容之比，与盐度和温度有关；K是海水的压缩系数，与盐度、温度和压力有关；$\rho_{s,t,p}$是海水的密度。

在海洋调查时，声速的计算常采用威尔逊经验公式，即

$$c=c_0+c_p+c_\phi+c_s+c_t+c_{s,t,p} \tag{11-3}$$

计算时，以一个标准大气压(101 325 Pa)下、海水温度为0 ℃、盐度为35的海水声速值(c_0=1 449.1 m/s)为基础，再考虑盐度、温度和压力发生变化时所产生的各项声速订正值，列表计算而得出实际的海水声速。

一般情况下，温度升高、盐度加大、压力增加，均可以使压缩系数减小，使得海水中的声速增大。具体变化大致是：温度每上升1 ℃，声速大约增加4.5 m/s；盐度每增加1‰，声速约增加1.3 m/s；深度每增加100 m，声速约增加1.7 m/s。所以海洋上层由于温度高的影响，声速会变快；而海洋下层由于压力大，速度也会变快；再考虑盐度的影响，所以海水中声速确定是一

个比较复杂问题，它随海水温度的季节变化、日变化和纬度变化而变化。

(2) 声波在海水中的传播损失。

海面、海水、海底构成一个复杂的声传播空间。声波通过这个空间时，由于受到海水介质的吸收，海水中气泡、生物和海水团块的散射，波动海面的反射与散射，海底的反射和吸收等因素的影响，声信号将减弱、延迟和失真，并损失部分声能量。传播损失随着声源与接收体之间距离的增加而增加。造成传播损失的主要因素有扩展、吸收、散射、方向性和折射(图 11-25)。

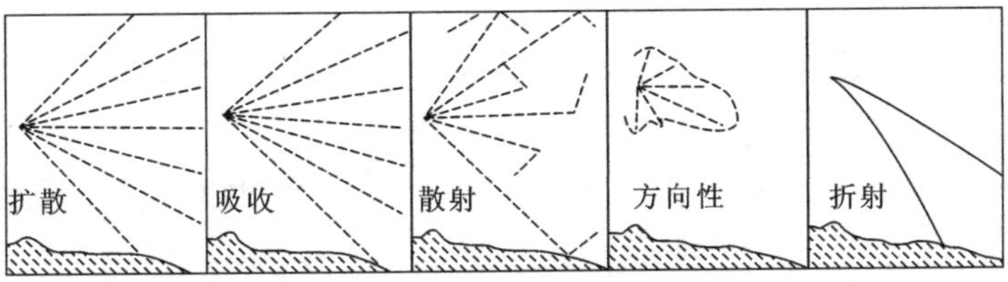

图 11-25 声波传播损失示意图

从声源发出的代表传递声波能量路径的曲线，称为声线。声线可以是直线、折线或曲线；声线的切线方向代表着声波的传播方向。声波传播速度与传播介质有关，而海水是非均匀介质，声波在其间传播，各处的声速不同，且容易随时间变化，结果就造成了声线的折射。根据折射定律可知，声线在通过不同介质(如空气和海水)的交界面，或者是通过相同介质不同密度(如跃层区)的界面时，均会发生折射现象，并且折射的声线总是由声速大的地方向声速小的地方弯曲。在实际情况中，由于声速在海洋中随深度的变化是连续的，所以，声线也是连续地向声速小的地方弯曲。

(3) 海洋中声速的基本特征。

海洋中声速呈现典型的深海声速剖面(图 11-26)。一是表面层(表面等温层或混合层)：海洋表面受到阳光照射，水温较高，同时受到风雨搅拌作用。二是季节跃变层：在表面层之下，特征是负温度梯度或负声速梯度随季节而异。夏、秋季节，跃变层明显；冬、春(北冰洋)季节跃变层与表面层合并在一起。三是主跃变层：温度随深度巨变的层，特征是负的温度梯度或负声速梯度，季节对它的影响微弱。四是深海等温层：在深海内部，水温比较低而且稳定，特征是正声速梯度。

(二) 声波传感器

1917 年，朗之万发明石英夹心换能器，并制成现代主动声呐的雏形，可接收到 1500 m 远处潜艇的反射信号。声呐(sound navigation and ranging，sonar)是利用声波进行定位、探测、识别、通信的电子设备的简称。人们比喻声呐设备是舰船的水下耳目，换能器及其基阵则可谓之耳目的鼓膜和瞳孔。其功能与雷达的天线相类似，是水声导航设备的重要组成部分。

1. 换能器种类与原理

换能器是一种实现电能和声能相互转换的能量转换器件。把功率输出器输出的电振荡转换为向水下发射的超声能量的换能器称为发射换能器；而把海底反射回来的超声能量转换为接收系统输入端电能量的换能器称为接收换能器。换能器有收、发分开，收、发兼用以及收、发分开但装置在同一壳体内几种类型。换能器的种类主要有磁致伸缩换能器和电致伸缩换能器两种。

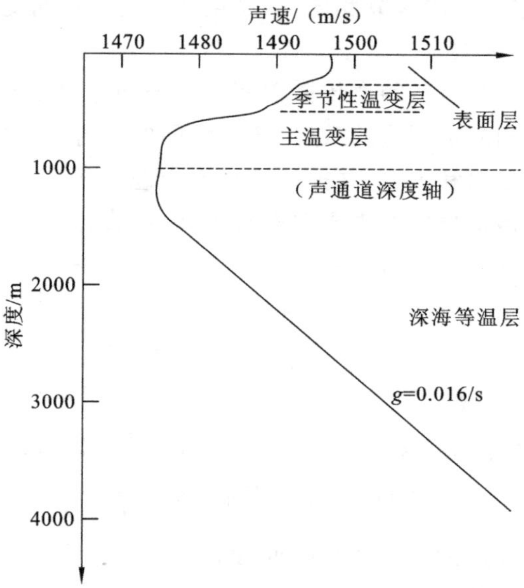

图 11-26 中纬度地区深海处水的典型声速曲线

(1) 磁致伸缩效应。

当把铁磁体物质放在磁场中时，随着磁场强度的变化，铁磁体物质顺磁场方向的长度也会发生变化，这就是磁致伸缩效应。若改变已磁化了的铁磁体物质的形体长度，则其内部磁场的强弱亦随之变化；若未经预先磁化，则无此效应。这称为磁致伸缩逆效应。

磁致伸缩换能器利用铁磁体物质的磁致伸缩效应来发射超声波信号，利用铁磁体物质的磁致伸缩逆效应来接收超声波回波信号。通常选用镍铁合金片、镍钴合金片等材料作换能器的芯体，并在芯体上绕有线圈，如图 11-27 所示。

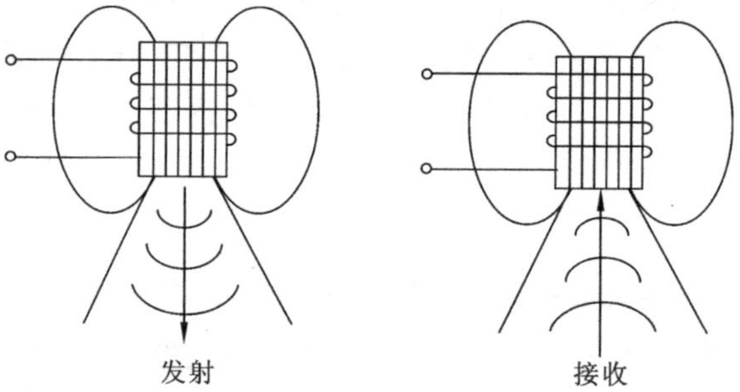

图 11-27 磁致伸缩换能器

当发射换能器的线圈中通入一定频率的交流电时，芯体中即产生交变磁场，使它的长度随着磁场强度的强弱交替而发生变化，发射超声波。当超声波经海底反射到接收换能器时，激起芯体的共振，使芯体内剩磁的强弱发生变化，绕在芯体上的线圈即产生感应电压。此电压即为接收到的回波信号。

(2) 电致伸缩效应。

把某些晶体按照与晶轴成一特定角度切割成薄片后，如在其表面上施加一作用力，则晶体上、下表面将分别产生正、负电荷，呈现出电位差。电荷的多少正比于作用力的大小；电荷的极性则取决于作用力的性质，即是压力还是拉力。这种现象即称为晶体的压电效应（图 11-28）。某些介电材料加上电场后，便产生较显著的形变，其变化的大小与电场的平方成正比，这种效应称为电致伸缩效应。

由于形变与电场的平方成正比，所以它和电场的极性无关，这就是电致伸缩与压电效应的不同之处。为了获得形变与电场成正比的线性关系，必须将具有电致伸缩效应的介电材料预先在强直流电场下进行极化。经过极化后的介电材料，便具有同压电晶体一样的压电效应。这类经过极化的介电材料通常被称为压电陶瓷材料。一般情况下，将压电陶瓷材料和压电晶体材料统称为压电材料。

超声波探头的工作原理是通过逆压电效应将高频电振动转换成机械振动，以产生超声波；通过正压电效应将接收的超声振动转换成电信号。利用压电陶瓷材料做成的换能器称为电致伸缩换能器（图 11-29）。目前应用较为普遍的压电陶瓷材料有钛酸钡陶瓷和锆钛酸铅陶瓷。锆钛酸铅材料来源丰富、成本较低、压电性能优良、稳定性好。在回声测深仪中普遍选用锆钛酸铅压电陶瓷材料制成换能器，形状有圆片型和圆管状等。

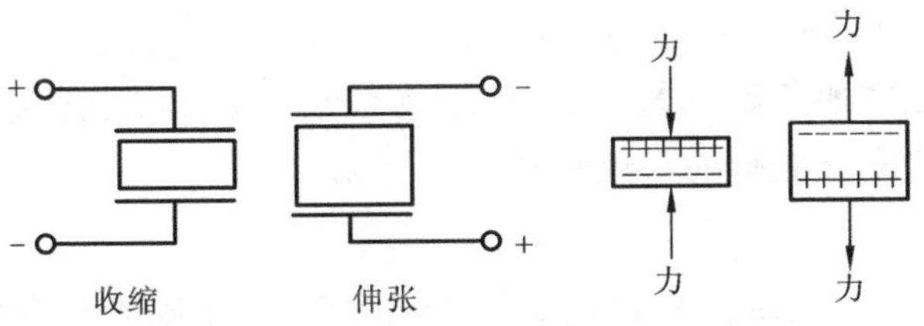

图 11-28　压电效应

图 11-29　换能器基阵

2. 换能器性能指标

换能器的主要性能指标有工作频率、频带宽度、电声效率、谐振频率时的阻抗、指向性和灵敏度等。发射换能器和接收换能器的主要性能指标各有所侧重。

（1）工作频率：换能器的阻抗、指向性、灵敏度、发射功率、尺寸等都是频率的函数。一般说来，对发射换能器要计算它在谐振频率上或在谐振频率附近有限频带内的性能指标，在这个频率及其附近有最大的发射效率。对于宽带接收换能器（压电换能器），谐振频率应远高于接收频带的上限，以保证宽带内有平坦的接收响应且要计算它在谐振频率及其以下频段内的接收响应。大型低频声呐换能器的频率在数十赫到数千赫；而小型目标探测声呐换能器的频率在数十千赫到数百千赫。

（2）谐振频率时的阻抗：换能器在谐振频率附近可以视为一个简单串并联的等效电路。电路中的每一个电阻、电容或电感表示该换能器固有特性，这就是换能器阻抗（导纳）特性。掌握了换能器的阻抗特性才能使它与发射机的末级回路或接收机的输入电路相匹配。静态容抗可用匹配电感调谐，此时换能器的阻抗可视为一个纯电阻。压电换能器电阻抗一般在数十欧姆到数千欧姆的范围内。

(3) 指向性：目前很少用单个换能器完成声发射或声接收的任务，而是采用多换能器基阵。不管是换能器还是换能器阵，它们的发射响应或接收响应会随着相对于它们的方向改变而改变。由于换能器具有指向性，可以把声能聚集到某个方位发射，使能量更加集中。

(4) 接收灵敏度：换能器的自由场电压灵敏度指的是接收换能器在入射声波的作用下，输出端的开路电压 e 与自由场中(假设接收换能器不存在)声中心所在点的声压 P_f 的比值 M。对于接收换能器而言，需要在很宽的频率范围内接收入射声信号，而压电换能器通常是在低于谐振频率的宽频带范围内工作。常用的水听器接收灵敏度在－190～－200 dB 范围。

(5) 发射功率：发射换能器的功能是将电子发射机的电功率转变为机械振动的机械功率，再把机械功率转变为声功率发射出去。发射声功率是指换能器在单位时间内向介质中辐射能量多少的物理量，单位用瓦表示。换能器的发射功率受额定电压(或电流)、动态机械强度、温度及介质特性等因素的制约。

二、水声测深仪系统

回声测深仪是测量超声波信号自发射经水底反射至接收的时间间隔，用以确定水深的一种水声仪器。1925 年，美国研制成功世界上第一台声学测深仪，从此回声测深法代替了传统的锤测法，海图上也开始标注比较完整的水深数据，这是航海技术上的一大进步。作为一种重要的航海仪器，回声测深仪目前仍旧是测量水深最方便和最准确的方法之一。

在航海中，回声测深仪的主要用途如下：舰船在情况不明的海域或狭水道航行时，用测量水深确保舰船航行安全；在能见度不良或其他导航仪器失效时，用测量水深来辨认载体位置；对海域水深进行精密测量，提供确保舰船安全航行的水深资料等。

1. 单波束测深系统

单波束测深系统又称为单波束回声测深系统。其原理如图 11-30 所示，在舰底装有发射超声波的发射换能器 A 和接收超声波的接收换能器 B，A 与 B 之间的距离为 S，称为基线。发射换能器 A 以间歇的形式向水下发射频率为 20～200 kHz 的超声波脉冲，声波到达水底后，一部分能量被吸收，还有一小部分能量被反射回来，接收换能器 B 将反射回来的声振动变为电振荡，用以显示水深。

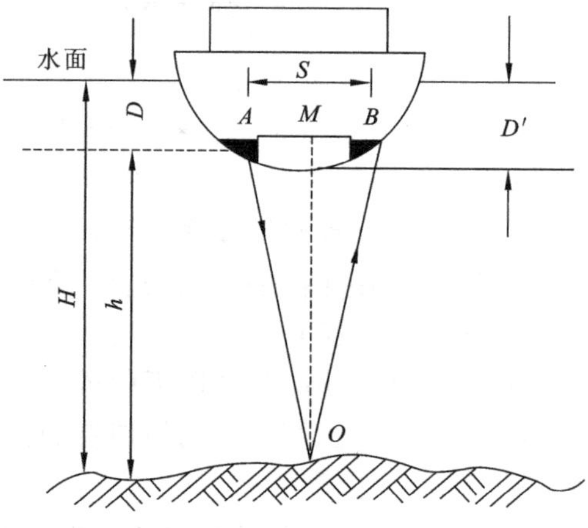

图 11-30　测深仪的基本原理

测量出声波自 A 发射至 B 接收所经历的时间，可由下式求出水深：

$$H=D+h=D+\sqrt{\overline{AO}^2-\overline{AM}^2}$$
$$=D+\sqrt{\left(\frac{Ct}{2}\right)^2-\left(\frac{S}{2}\right)^2} \tag{11-4}$$

其中，H 为水面至水底的深度(m)；D 为水面至基线水平面之间的距离，即换能器深度(m)；h 为基线水平面(换能器发射面或接收面)至水底的距离，即测量深度(m)；S 为发射换能器 A 与接收换能器 B 之间的距离(m)；C 为声波在水中的传播速度(m/s)；t 为声波从发射至接收往返的时间。

在式(11-4)中,时间 t 是唯一的变量。声波在水中的传播速度 C,一般采用其标准值,即 $C=1500\ \text{m/s}$。若忽略 $S/2$,则测量深度 h 与声波往返时间 t 之间的关系式可写为

$$h=\frac{1}{2}Ct=750t \tag{11-5}$$

式(11-5)中 $S/2$ 是由基线距离产生的,若不计这一项,将使测量深度产生误差,这种误差称为基线误差。特别是在测量深度不大时,必须注意。目前许多回声测深仪已采用同一换能器兼用发射和接收,这样,$S=0$,基线误差就不存在了。至于 D 项,则由换能器的安装位置决定,并随着舰船吃水的变化而变化,对测量深度的准确性没有影响。

必须指出,舰船吃水是指由舰船龙骨到水面的距离 D',如图 11-30 所示,而换能器的安装位置通常位于龙骨两侧比较平坦的地方,因此在计算水深 H 时,不能把换能器深度 D 视为舰船吃水 D',两者的关系为 $D=D'-d$,其中 d 为换能器发射(或接收)面至龙骨平面之间的距离。

2. 多波束测深系统

多波束回声测深系统是在单波束回声测深仪的基础上发展起来的,如图 11-31 所示,该系统在与航迹垂直的平面内一次能够给出数十个乃至上百个测深点,获得一条具有一定宽度的全覆盖水深条带,能够精确、快速地测出沿航线一定宽度范围内水下目标的大小、形状和高低变化,从而可精确地描绘出海底地形的精细特征。

与单波束回声测深仪相比,多波束测深系统具有测量范围大、速度快、精度和效率高、记录数字化和实时自动绘图等优点,将传统的测深技术从原来的点、线扩展到面,并进一步发展到立体测深和自动成图,使海底地形测量作业完成得又快又好。

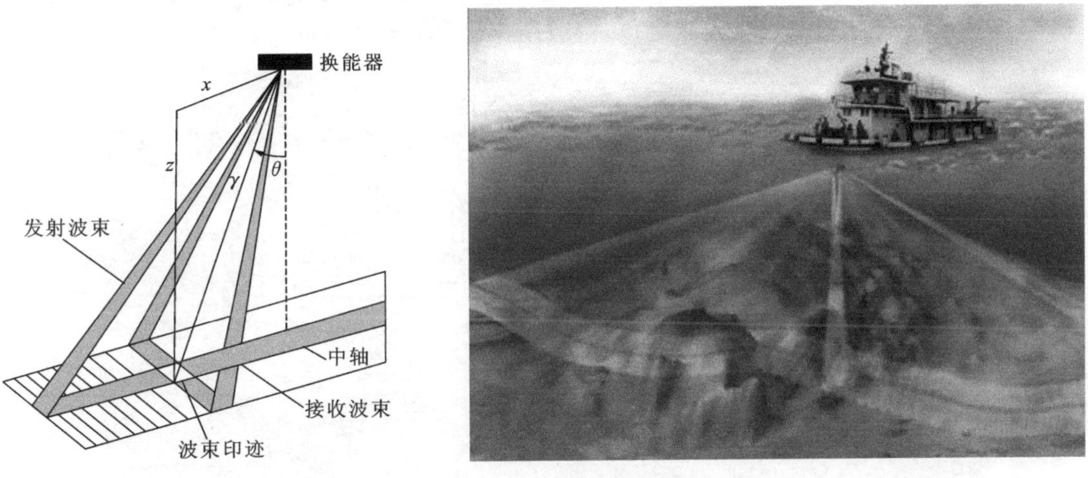

图 11-31　多波束的几何构成

多波束测深系统由如下几个单元组成。

(1) 声学单元:以换能器为代表,用作波束的发射和接受。

(2) 数据采集单元:完成波束的形成和将接收到的声波信号转换为数字信号,并反算其测量距离或记录其往返程时间。

(3) 外围辅助单元：包括定位系统、动态传感器(motion reference unit，MRU)、陀螺罗经和声速剖面仪(sound velocity profiler，SVP)，主要用于载体瞬时位置、姿态、航向的测定及海水中声速的测定。

(4) 数据处理单元：综合测深、定位、船姿、声速和潮位等信息，计算波束在海底投射点(footprint)的坐标和深度，并绘制海底平面或三维图。

三、水声基线定位系统

利用水下声波进行定位或进行导航参数测量的系统，可以统称为水声导航系统。它可以进一步分为水声测深测速系统、水声基线定位系统和水下地形地貌匹配导航系统三类。水声基线定位是建立在超声波传播技术基础上的一种海上定位技术，通过测定声波信号传播时间或相位差实现海上定位。

水声定位系统主要指可用于局部区域精确定位导航的系统。它在海域中布放多个声接收器或应答器，构成基元；根据基元间基线的长度，可分为长基线系统(long baseline，LBL)、短基线系统(short baseline，SBL)和超短基线系统(ultra short baseline，USBL)。如图 11-32 所示，长基线系统、短基线系统通过声波传播时间测量得到与基元的距离，从而解算目标位置。超短基线定位系统则通过相位测量来实现定位解算。这些系统近年来发展较快并得到广泛应用。这种系统的特点是采用在海底安装能发射声学信号标志的信标、应答器、响应器或是多个应答器阵列，以之作为水下参考点，来确定水面船只和水体中潜航器的相对位置。这类声学导航定位系统与以岸台无线电信标为基准参考点的无线电导航系统有很多的相似性，即通过测量参考点与运动载体间的距离或者相位，实现二者距离的确定，进而交会解算运动载体的位置，实现导航定位。但是，声学定位系统极易遭受水下噪声的干扰，而过多的海水气泡，将严重地衰减信号。因此，不能依赖其提供连续定位，一般用作组合导航系统的一部分。

图 11-32　水声定位系统

1. 长基线声学定位系统

如图 11-33 所示，长基线系统包含两部分，一部分是安装在船只上或水下机器人上的收发器/换能器(transducer)；另一部分是一系列已知位置的固定在海底上的应答器，这些应答器之间的距离构成基线。

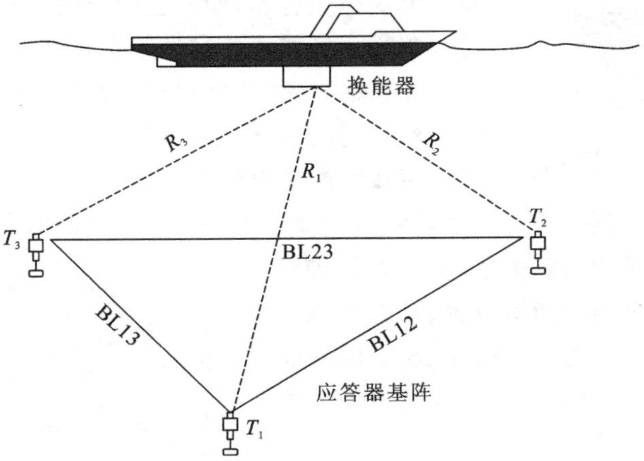

图 11-33　长基线系统的工作原理

由于基线长度在几百米到几千米之间，相对于超短基线和短基线，该系统被称为长基线系统。长基线声学定位系统是通过测量收发器和应答器之间的距离，采用测量中的前方或后方交会对目标实施定位，所以系统与深度无关，也不必安装姿态和陀螺罗经设备。如图 11-33 所示，R_1、R_2 和 R_3 为测量距离，T_1、T_2 和 T_3 为声波应答器，BL12、BL13 和 BL23 为基线。实际工作中，既可利用一个应答器进行定位，也可同时利用两个、三个甚至更多个应答器来进行测距定位。

图 11-33 采用三个应答器测距情况下的导航定位原理，由用户发起双向测距，主运载体应答器发出一个"砰"(ping)的数字调制音频脉冲采用的频率可高至 40 kHz。LBL 应答器收到用户"砰"信号间隔固定时间，也以相似的"砰"信号进行回应。无须采用第 4 个应答器来解决定位模糊度，因为水下只有两种可能的位置解，另一个位于地面以下。注意，当航行器接近海底，定位时垂向的定位几何也很差：

$$\begin{cases} x=\dfrac{\eta_1(y_3-y_2)+\eta_2(y_1-y_3)+\eta_3(y_2-y_1)}{2[x_1(y_3-y_2)+x_2(y_3-y_2)+x_3(y_3-y_3)]} \\ y=\dfrac{\eta_1(x_3-x_2)+\eta_2(x_1-x_3)+\eta_3(x_2-x_1)}{2[y_1(x_3-x_2)+y_2(x_3-x_2)+y_3(x_3-x_2)]} \end{cases} \tag{11-6}$$

其中，$\eta_i=x_i^2+y_i^2+z_i^2-R_i^2-2_{z_iz}$ $(i=1,2,3)$。

显然，对于三个和三个以上应答器情况下的导航定位，其精度取决于测距精度。

长基线系统的优点是测量独立于水深值；由于存在较多的冗余观测值，因而可得到非常高的相对定位精度。LBL 系统的换能器尺寸小，在实际作业中，易于安装和拆卸。可同时用于水面和水下船只定位。缺点是 LBL(图 11-34)系统复杂，操作烦琐，设备比较昂贵。数量巨大的声基阵的布设和回收需要较长的时间，需对海底声基阵进行细致校准测量，才能确定应答器间测距和相对位置。绝对位置确定必须在若干已知地点对舰船进行测距才能获得。

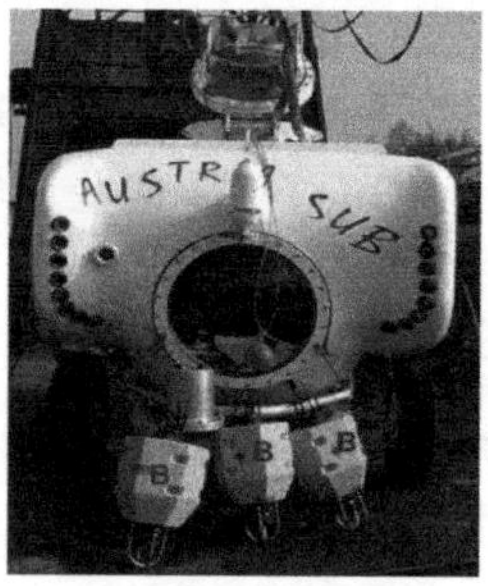

图 11-34　长基线水声定位设备

2. 短基线声学定位系统

短基线系统定位与长基线系统定位相似，只不过应答器是置于下方邻近的舰艇上，都是通过时间测量得到距离，从而解算目标位置的定位系统。短基线系统的水下部分仅需要一个水声应答器，而船上部分则是安置于船底部的一个水听器基阵。换能器之间的距离一般超过10 m，换能器之间的相互关系精确测定，并组成声基阵坐标系。基阵坐标系与船体坐标系间的相互关系由常规测量方法确定。

短基线声学定位系统的测量方式是由一个换能器进行发射，所有换能器进行接收，得到一个斜距观测值和不同于这个观测值的多个斜距值。系统根据基阵相对船体坐标系的固定关系，结合外部传感器观测值，如 GPS 确定的换能器位置、动态传感器单元 MRU 测量的船体姿态、陀螺 Gyro 提供的航向，计算得到海底点的大地坐标。系统的工作方式是距离测量。

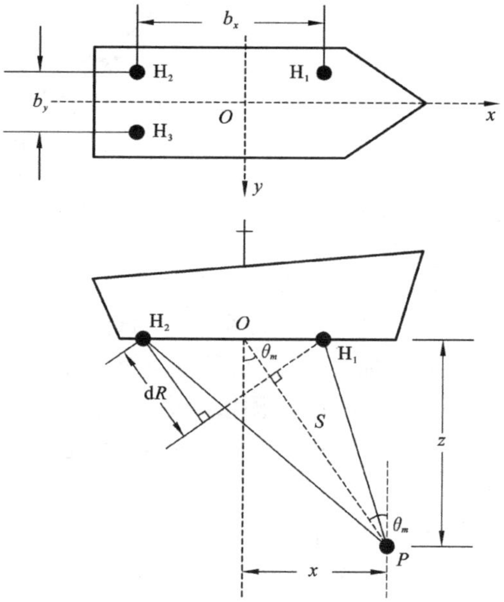

图 11-35　短基线的配置

图 11-35 显示了短基线声学定位系统的单元配置。图中 H_1、H_2 和 H_3 为水听器(接收换能器)，O 为换能器(同时也是船体空间直角坐标系的中心)，水听器呈正交布设。H_1 和 H_2 之间的基线长度为 b_x，指向船艏，即 x 轴方向；H_2 和 H_3 之间的基线长度为 b_y，平行于指向船右的 y 轴，z 轴指向海底。设声线与三个坐标轴之间的夹角分别为 θ_{m_x}、θ_{m_y} 和 θ_{m_z}，而 Δt_1 和 Δt_2 分别为 H_1 和 H_2 以及 H_2 和 H_3 接收的声信号的时间差(图中仅以 H_1 和 H_2 为例)。

由图 11-35 可得：

$$\left.\begin{aligned}\cos\theta_{mx}&=\frac{c\cdot\Delta t_1}{b_x}=\frac{\lambda\Delta\phi_x}{2\pi b_x}\\\cos\theta_{my}&=\frac{c\cdot\Delta t_2}{b_y}=\frac{\lambda\Delta\phi_y}{2\pi b_y}\\\cos\theta_{mz}&=(1-\cos^2\theta_{mx}-\cos^2\theta_{my})^{\frac{1}{2}}\end{aligned}\right\}\tag{11-7}$$

式中，$\Delta\phi_x$ 和 $\Delta\phi_y$ 分别为 H_1 和 H_2 及 H_2 和 H_3 所接收的信号之间的相位差。

短基线定位的几何意义如图 11-36 所示。短基线定位可以采用方位-方位法和方位-距离法实现短基线定位。在此简述方位-距离法。根据空间直线 OP 与各个坐标系的夹角以及 OP 的长度，由图 11-35 可直接得出点 P 在船体坐标系中的坐标(x,y,z)，即

$$\begin{cases}x=S\cos\theta_{m_x}\\y=S\cos\theta_{m_y}\\z=S\cos\theta_{m_z}\end{cases}\tag{11-8}$$

短基线的优点是集成系统价格低廉、系统操作简单、换能器体积小、易于安装。缺点是深

水测量要达到较高的精度，基线长度一般需要大于40 m。此外，系统安装时，换能器需在船坞上严格校准。短基线架构，适合于距离舰艇相对较近的水下航行器(和潜水者)。这是因为，当移动用户至舰船的距离远远超过船载应答器之间的基线长度时，信号几何结构变差，从而导致定位精度下降。

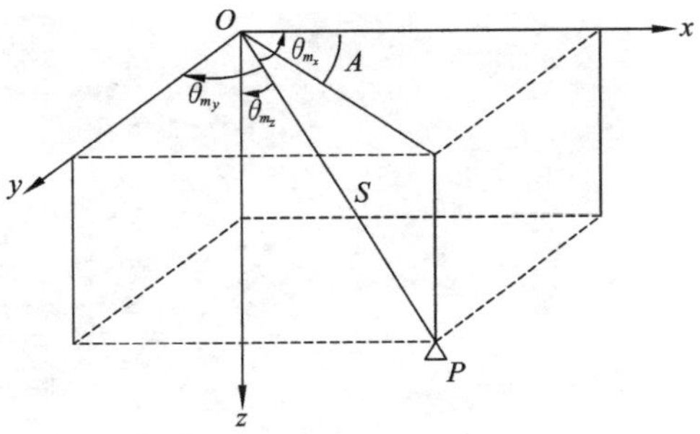

图 11-36　短基线定位

3. 超短基线声学定位系统

超短基线声学定位系统也称为极短基线(SSBL)定位。超短基线安装在一个收发器中，组成声基阵，声单元之间的相互位置已精确测定，且构成声基阵坐标系。如图 11-36 所示，声基阵坐标系与船体坐标系之间的关系要在基阵安装时精确测定，即需测定相对船体坐标系的位置偏差和声基阵的安装偏差角度(横摇角、纵摇角和水平旋转角)。超短基线定位系统则通过相位测量来进行定位解算。系统通过测定声单元的相位差来确定换能器到目标的方位(垂直和水平角度)。换能器与目标的距离通过测定声波传播的时间，再用声速剖面修正波束线，确定距离。在以上参数的测定中，垂直角和距离的测定受声速的影响特别大，其中垂直角的测量尤为重要，直接影响定位精度。所以，多数超短基线定位系统建议在应答器中安装深度传感器，以提高垂直角的精确测量。

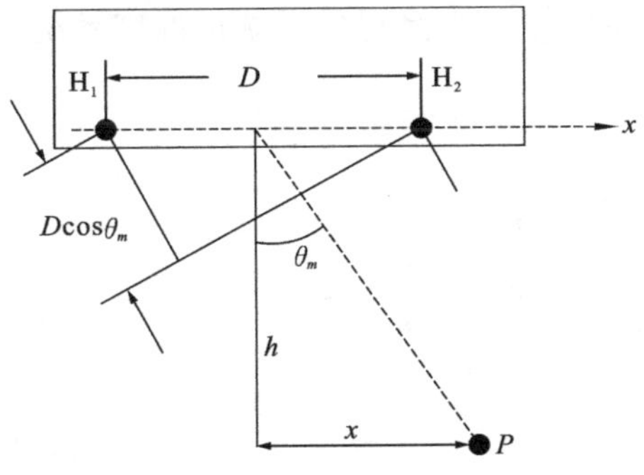

图 11-37　超短基线定位

超短基线定位系统要确定目标的绝对位置，必须知道声基阵的位置、姿态以及船艏方向，这些参数可以由 GPS、运动传感器 MRU 和陀螺罗经提供。系统的工作方式是距离和角度测量，即方位-距离法。

超短基线系统与短基线系统的区别仅在于，船底的水听器阵，以彼此很短的距离(小于半个波长，仅几厘米)，按直角等边三角形布设装在一个很小的壳体内。以方位-距离法定位，公式为

$$\begin{cases} x = S \cdot \cos\theta_{m_x} = \dfrac{1}{2} ct \dfrac{\lambda \Delta\phi_x}{2\pi b} = \dfrac{ct\lambda\Delta\phi_x}{4\pi b} \\ y = S \cdot \cos\theta_{m_y} = \dfrac{1}{2} ct \dfrac{\lambda \Delta\phi_y}{2\pi b} = \dfrac{ct\lambda\Delta\phi_y}{4\pi b} \end{cases} \tag{11-9}$$

根据式(11-9)，还可求出声线方向和船艏方向之间的夹角 A，有

$$\tan A = \frac{y}{x} = \frac{\Delta\phi_y}{\Delta\phi_x} \tag{11-10}$$

则在海平面直角坐标系中的载体位置，可根据下式确定：

$$\begin{aligned} x &= x_p - D\cos(A+K) \\ y &= y_p - D\sin(A+K) \end{aligned} \tag{11-11}$$

其中，x_p、y_p 为应答器在海面直角坐标系中的坐标，为已知；K 为船航向角；D 为应答器至船台

图 11-38　IXBLUE 公司的 GAPS 水听器

水听器基阵中心的水平距离。

短基线和超短基线声学定位系统都仅需要一个水下应答器(图 11-38)，这较之长基线声学定位系统需布设多个应答器阵要简便得多，所受到的误差影响也小，但作用距离较短。超短基线的优点是船底水听器阵受船体动态影响小，因实施中只需一个集成单元，安装方便，定位精度较高，船大船小均可使用。集成系统价格低廉、操作简便容易。缺点是系统安装后的校准需要非常准确，误差标定比较困难；此外，测量目标的绝对位置精度依赖于外围设备(陀螺罗经、姿态和深度)的精度。

工作频率位于 10～15 kHz 的应答器，最大作用距离为 10 km。以 1 500 m/s 的速度传播，则发送起始“砰”信号和接收返回信号的时间间隔将超过 10 s。在此期间，载体存在显著运动，必须在定位时对海面舰船的运动进行补偿。水下航行器和舰船一般都配备了航位推算系统，因而可以相对精确地确定短期的位置变化。

第三节　光学导航技术

光学导航包括天文导航设备和光学导航观测设备。

一、天文导航基础知识

天空中的星体相对地球有一定的运动轨迹和位置。以已知准确空间位置的自然天体为基准，通过天体测量仪器被动探测天体位置，经解算确定测量点所在载体的导航信息，从而引导运动体航行，这就是天文导航。

传统天文导航技术定位必须具备的前提条件有观测者的概略位置、准确的天体星历、准确的测量时间、星体的地平高度角和观测者的水平基准。目前星历和时间问题均已得到较好解决，关键问题是星体的高度测量和观测者的水平基准建立。在光电、惯性稳定技术应用于天文定位之前，天文定位的主要方式是采用水天线作为水平基准，因此只有在良好的天气条件下，测者才能通过六分仪测量晨光昏影时段可见星体的高度，进而完成定位解算；此外也可以通过观测太阳上中天高度，进行太阳移线定位和测星修正罗经差等工作。受天气和观测手段的影响，传统方法无法达到实时和准确定位。

第二次世界大战后，出现了六分仪与潜望镜相结合的水下测天定位技术研究热潮。美国从 1959 年开始便将“11 型”天文导航潜望镜装备在其第一艘导弹核潜艇上。随着技术发展，惯性稳定平台成为天文导航系统的组成部分，为天文导航提供了较高精度的水平基准。俄罗斯现役“德尔塔”(DELTA)级弹道导弹核潜艇采用天文、惯性导航组合导航系统，定位精度为 0.25 nmile。

天文导航技术在潜艇和水面舰船上已得到了普遍应用，精度达到了较高水平。美国和俄罗斯的远洋测量船、航空母舰、潜艇上都装备有天文导航系统。奥地利利用天文导航原理测量陆基平台的垂线偏差，其精度达到0.4″。德国在2002年研制出基于天文导航原理的天顶仪，使垂线偏差的测量精度达到0.1″～0.2″。美军B-2远程战略轰炸机上安装的NAS226型天文/惯性导航系统，当纯惯性导航工作时导航精度不高，约为926 m/h；当采用天文导航校正惯性导航的工作模式时，飞行10 h后的导航定位精度仍优于324.8m (CEP)。美国"三叉戟"II型弹道导弹、俄罗斯SS-N-18导弹，采用天文/惯性组合制导。天基平台是天文导航技术的最佳应用环境，国外从20世纪80年代开始研制，以美、德、英、丹麦等国较为突出，至今已有多种产品在卫星、飞船、空间站上得到应用。

（一）天体辨识

天文导航的外部参考点是导航天体的位置。天体是宇宙空间中各种星体的总称，天体包括自然天体（恒星、行星、卫星、彗星、流星等）和人造天体（人造地球卫星、人造行星等）。能用于航海的天体仅有太阳、月亮、金星、火星、木星和土星以及159颗恒星，被称为航用天体。

1. 星座和星名

1928年，国际天文学联合会决定，将全天划分为88个星区，称为星座，包括人们熟悉的黄道十二星座。恒星基本上是根据星的亮度等级，按希腊字母的顺序命名的，即从α开始，依次为β，γ，δ，ε…，即在一个星座中，最亮的一般是α星。较亮的恒星有专名，比如猎户座α，猎户座β等。

2. 星图和星表

星图和星表简明地表示出星座和恒星在天空中的位置，可以用来辨认星座，星图的发展经历了由早期手绘、印制、摄影星图、导引星表、卫星星图，再演变成现代的各种电子星图的过程。

3. 常用恒星的识别

常用恒星的识别主要要把握好星空中恒星的特点，例如，恒星之间的相对位置亮度和颜色比较稳定，便于认星；由于地球公转，在同一地区各星座的出现随着季节有规律地变化。可以把这些变化编成歌诀记忆：

春——大熊斗狮子，室女南十字；夏——天鹅携天琴，天蝎南三角；

秋——仙后骑飞马，南鱼跃波江；冬——御夫会猎户，大犬卧船底。

4. 航海天文历

航海天文历是为适应航海需要而编算出版的天文年历(nautical almanac)，是天文航海的主要工具之一。天文年历中给出了太阳、月球、各大行星和千百颗基本恒星在一年内不同时刻相对于不同参考系的精确位置。航海天文历的主要内容有计算准确日、月、行星、恒星的视位置，按日期编排，所列数据计算到0.1′；有日、月的中天和出没时间以及有关天象资料。

（二）常用天体敏感器

常用的天体敏感器主要有太阳敏感器、红外地平敏感器及星敏感器等。

1. 太阳敏感器

太阳敏感器是直接测量太阳在航天器载体坐标系中矢量的敏感器。太阳敏感器属于光学传感器，是卫星上最常用的姿态敏感器。太阳是在地球附近最亮的恒星，能够很容易将其与背景恒星等其他光源分离，而且太阳与地球之间的距离使太阳相对于地球卫星来说是一个点，这在很大程度上简化了太阳敏感器的设计。

2. 红外地平敏感器

红外地平敏感器是直接测量地球在航天器载体坐标系中矢量的敏感器，也称为地球敏感器。它能够直接计算出航天器相对于地球的姿态，故在很多和地球有关的任务中得到广泛应用，如跟踪与数据中继卫星（TDRSS）、地球静止轨道业务环境卫星（GOES）、陆地卫星（LANDSAT）等。地球不能够像太阳那样，视为一个点进行处理，因此，大多数地球敏感器都采取检查地平的方式。地平敏感器属于红外敏感器，用来探测温暖的地球表面和寒冷太空的对比度。其难点在于，敏感器区分地球及其周围感光阈值的选择，受到地球大气和太阳反射光等影响，此阈值会发生很大变化。传统地球敏感器采用扫描方式，具有运动部分，寿命和可靠性不足；目前大视场静态红外式地球成像敏感器已经取得长足发展，可以实现完整的地球成像，获得了较高的测量精度。

3. 星敏感器

星敏感器是目前最精确的姿态确定设备，它的精度比太阳敏感器高一个数量级，比红外地平敏感器高两个数量级。无论是地球轨道卫星还是深空探测器，大型空间结构还是小型卫星，高精度的姿态确定系统几乎都采用了星敏感器。星敏感器按视场大小分为小视场和大视场两类，大视场星敏感器可一次观测多颗星体，但抗杂散光能力弱，不能在中低空领域应用；小视场星敏感器视场在角分级水平，带有伺服跟踪机构，又称星体跟踪器，一次只能观测一颗星体，观星能力强，可在中低空乃至地面有效工作。

（三）天文导航主要误差来源

1. 大气传输误差

（1）大气折射误差。

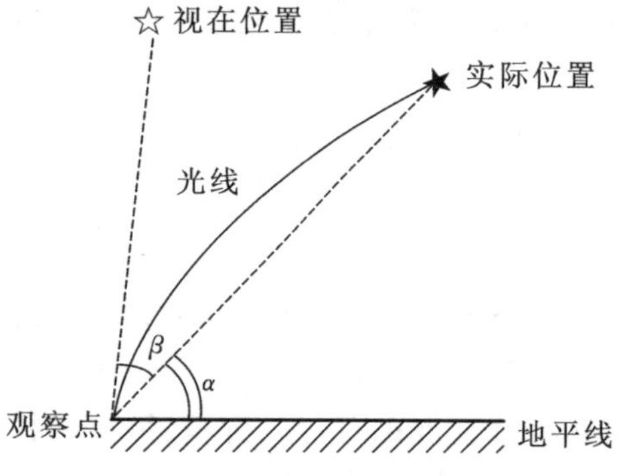

图 11-39　大气折射示意图

光在穿过大气层时，由于沿途大气密度不均匀而出现弯曲的现象称为大气折射。在天文学中，大气对星体光线的折射使视角和实际星体的角位置不同，称为天体折射，也称蒙气差，如图 11-39 所示。星体的实际仰角为 α，仪器对星体的视线仰角却为 $\alpha+\beta$。大气对光的折射分为正规折射和随机折射。正规折射是指依赖于气候条件的折射角的平均值。随机折射是指由大气湍流引起的随时间变化的折射。

光在空气中传播的折射率 n 与光波波长 λ、空勤温度 T、湿度 e、压强 P 和高度 h 有关，可表示为

$$n=1+N(\lambda,T,P,e,h) \tag{11-11}$$

其中，N 为折射率模数，单位为 10^{-6}。

对于任意大气状况，在可见光波段的近似公式为

$$N=0.79P/T \tag{11-12}$$

(2) 大气吸收误差。

光在大气中传输时,会因与大气相互作用而衰减。大气对激光的吸收由分子吸收光谱特性决定。大气分子的吸收特性较为复杂,且吸收系数强烈依赖于频率。完整描述任何一种气体分子的吸收特性应包含三个参数:频率、谱线线型和强度。

(3) 大气散射误差。

光在大气中传输时,大气分子和气溶胶粒子会对光产生散射,这些散射辐射的频率与入射辐射的频率相同,而且光子能量无损失时,称为弹性散射。弹性散射中最常见的是瑞利(Rayleigh)散射。瑞利散射理论适用于分子半径远小于光波波长时的散射过程。最典型的例子是本身无色的天空因分子散射而呈现蓝色。当粒子半径增大到一定尺度时,瑞利散射理论失效,应使用还存在吸收过程的米(Mie)散射理论。当大气浑浊时,由于米散射作用,散射光强与波长没有显著的关系,天空呈现灰白色。除此之外,大气中还可以产生非弹性散射,如拉曼散射、共振与近共振拉曼散射等,此时辐射将损失能量。

2. 星敏感器误差

星敏感器作为天文导航系统中天体测量的一个核心部件,其所含误差主要有星像位置误差、焦距误差、光轴位置误差、标定误差、电子线路误差以及软件处理误差等。其中,星像位置误差主要是由星像漂移、光学系统设计噪声以及图像处理等因素决定的,而焦距 f 和光轴位置(x_0, y_0)两个参数误差则主要是由机械结构设计、加工和安装等引起的。

二、舰艇天文导航装备

舰艇天文导航装备通过被动探测天体在光波段或射电波段的能量辐射,并与自带惯性测量基准信息融合,可在不依赖其他导航手段情况下自主工作,实时高频输出位置、航向、姿态、速度等导航信息,具有无源、被动、抗干扰能力强、定位精度较高、全天候自主工作的特点,可满足战时强电磁干扰情况下舰艇安全航行及舰载武器对导航信息的需求,提高舰艇导航系统的导航能力及可靠性。

舰艇天文导航系统一般与惯性导航系统组合使用,把星体跟踪器固定在惯性平台上并组成天文/惯性导航系统。系统可为惯性导航系统的状态误差提供最优估计并进行补偿,从而使得一个中等精度和低成本的惯性导航系统能够输出高精度的导航参数。

舰艇天文导航设备主要组成包括星体跟踪器、显控台、电源控制箱。星体跟踪器是天文导航系统的主要设备,一般由光学望远镜系统、星体扫描装置、星体辐射探测器、星体跟踪器信号处理电路和驱动机构等组成。

目前外军典型的天文导航装备如下:美国 Microcosm Inc. 公司完成了型号为 DayStar 的天文导航设备的研制和海上试验工作,白天测星能力达到+7 等。该设备可用于水面舰艇和飞机(图 11-40)。美国 Trex Enterprises Corporation 公司与美军合作,完成了型号为 Daytime Stellar Imager 的天文导航设备的研制和海上试验工作,白天测星能力达到+6 等,该公司给该产品的命名又称光学 GPS(optical GPS)。2006 年 11 月,罗斯诺普·格鲁曼公司完成了新一代天文导航系统的研制和试验工作,该型设备全称为 LN-120G 星光惯性导航系统(stellar-inertial navigation system,SINS),其定向精度达到 20″。美军已于 2006 年底采购该型设备

30套，用以更新原有的LN-20型导航设备。LN-120G是一种增强型天文惯性组合导航系统，采用昼夜跟踪恒星。它利用恒星的位置信息优化惯性导航系统提供的位置航向信息(图11-41)。

图11-40 DayStar天文导航设备

图11-41 LN-120G型天文/惯性导航系统

天文导航在航海、航空和航天领域得到广泛应用，尤其对于远洋航海、深空探测和载人航天而言是必不可少的关键技术，同时也是卫星、远程导弹、运载火箭、高空远程侦察机等空间载体的重要辅助导航手段。

作为一种较为有效的自主导航方法，天文导航的主要特点如下。

(1) 被动式测量、自主式导航。

天文导航以天体为导航信标，不依赖于其他外部信息，也不向外部辐射能量，被动接收天体自身辐射或反射的光、电信号，进而获取导航信息，工作安全、隐蔽。

(2) 导航精度较高、无误差积累。

天文导航的精度主要取决于天体敏感器的精度，这一精度已经达到角秒量级。天文导航与其他导航方法相比精度并不是最高，短时间内的导航精度低于惯性导航的精度，但其误差不随时间积累，这一特点对于长时间运动的载体说来非常重要。

(3) 抗干扰能力强、可靠性高。

天体辐射覆盖了X射线、紫外、可见光和红外整个电磁波段，具有极强的抗干扰能力。此外，天体的空间运动规律不受人为干扰，这从根本上保证了以天体为导航信标的天文导航信息的完备性和可靠性。

(4) 导航信息完备，可同时提供位置和姿态信息。

天文导航不仅可以提供载体的位置、速度信息，还可以提供姿态信息，且通常不需要增加硬件成本。在现有的测向定姿技术中，基于恒星参考系的测向、定姿技术具有最高精度，可作为惯性导航设备的标校基准使用。

(5) 受到外界环境的影响。

在航空、航海领域的应用，天文导航易受气象条件影响，当无法正常观测星体时系统将无法正常工作。

三、其他光学导航装置

(一) 潜望镜

潜望镜(periscope)是一种利用光线反射原理所制作的光学仪器，常用于潜艇在水下观察水面情况，如观察水面舰船、空中飞机、估算被攻击目标的距离，并将目标方位和距离提供给火控系统或在潜没状态下实施地标导航或天文导航等(图 11-42)。

图 11-42　潜望镜

多数潜艇安装有两部潜望镜：一部攻击潜望镜和一部搜索潜望镜。搜索潜望镜有一个可配合潜望镜升降杆运动的座位和踏板，主要用于潜艇上浮之前的海空观察和航向确认。而攻击潜望镜主要用于敌情观察、目标测距和攻击方位角度计算，用于发现和瞄准水面目标。搜索望远镜在夜间观测能力更优。

潜望镜的主要部件是一根长钢管桅杆，可升至指挥塔外 5 m 高的位置，两端安装有棱镜和透镜，可将潜望镜的视野放大至 1× 到 6×。传统的穿透式潜望镜固有弊端明显，最主要的缺陷是潜望镜必须穿透潜艇壳体，镜管直径越大对潜艇耐压性的影响就越大；目镜头的转动直径一般为 0.6 m，在有限的艇内占据较大空间，对潜艇指挥舱的布置十分不利；潜望镜只适合一人操作观察，无法多人同时观察，不利于作战信息资源的共享。此外还有震动问题。当潜望镜完全升起时，细长的潜望镜桅杆会影响潜艇的正常航行，造成横向的不稳定。当潜艇航速超过 6 kn 时，潜望镜桅杆会带来巨大的震动而造成完全无法使用的情况。潜艇之后安装了附加的桅杆支架，潜望镜顶端的形状也重新设计改进以减少水波阻力。由于潜艇内部空气潮湿，潜望镜的镜片多会产生雾气，所以潜望镜在设计制造时必须尽量做到防水和密封。而潜艇在遭受深弹攻击时很容易使潜望镜的密封结构受损，从而导致雾气的产生。

现代光电潜望镜技术已经相当成熟，但光电潜望镜在现在和将来依然是许多国家海军潜艇最普遍使用的成像观察装置。现代的潜望镜制造商应用微光夜视、红外热成像、激光测距、计算机、自动控制、隐身等光电技术的最新成果，开发出新一代光电潜望镜。以 2003 年德国研制的最新一款 SERO 400 型潜望镜为例。其主要技术性能包括俯仰范围 −15°～+60°，1.5 倍、6 倍和 12 倍三种放大倍率，高精度的瞄准线双轴稳定，潜望镜入瞳直径大于 21 mm，潜望力约 12 m。它能配置多种摄像机和传感器，如数码摄像机、微光电视摄像机、彩色电视摄像机、热像仪、人眼安全型激光测距仪等，供潜艇指挥员根据实战需要选用；还能把视频信号实时提供给作战系统监视器，实现同步观察。潜望镜系统的串行接口可供不同的作战系统控制台实现遥控操作。该潜望镜系统在昼光和夜间条件下都有相当好的观察效果，能有效监视海面和海空、收集导航数据、搜索和识别各种海上目标，观察到的图像可以录像供回放(图 11-43)。此外，美国海军开发的全景潜望镜也值得关注。

(二) 光电桅杆系统

1976 年，美国科尔摩根公司正式提出最初的光电桅杆原理。目前，光电桅杆已从概念、原理样机发展成为工程型号。美、英、法三国海军在新型核动力潜艇上淘汰了传统的穿透式潜望镜，配备光电桅杆，标志着潜艇光电桅杆技术已达到相当成熟和可靠的水平。

光电桅杆与传统潜望镜相比有诸多优点：光电桅杆不穿透耐压艇壳，直接布置在指挥舱的合适位置，不但提高了潜艇耐压强度，也方便了指挥舱的布置；光电桅杆的观察头部装有多种光电探测传感器、电子战和通信天线等装置；艇外情况可通过电视和红外摄像机摄取，然后传

图 11-43 潜望镜观测的目标图像

输到艇内，显示在操控台监视器及大屏幕上。例如，美国“弗吉尼亚”级潜艇上的光电桅杆系统是 AN/BVS-1 成像系统（图 11-44），它由光电桅杆观察头、非穿透桅杆和艇内操控台（图 11-45）三部分组成。除了现有潜望镜系统的功能外，还能提供电子情报收集、监视和目标打击等功能，成为潜艇作战信息系统的重要组成部分。

图 11-44 “弗吉尼亚”级潜艇 AN/BVS-1 型光电桅杆

图 11-45 BVS-1 的操控台

由于技术复杂、价格昂贵等原因，目前只有美国“弗吉尼亚”级攻击核潜艇、英国“机敏”级和法国“胜利”级攻击核潜艇使用了两根光电桅杆。较为普遍的仍是用一根光电桅杆和一根潜望镜配合使用，如俄罗斯“德尔塔 III”和“德尔塔 IV”级导弹核潜艇以及美、英、德、法、日、埃及等国的部分潜艇。

（三）通气管摄像机监视系统

20 世纪 60 年代德国即开始研究在通气管状态下如何使用潜望观察装置，使通气管能够一管多用。当时的首选方案是在通气管上加装潜望镜，如德国蔡司公司加装在潜艇通气管上的 NAVS 潜望镜。近几年更加关注在潜艇通气管上加装观察通信装置。在德国 IKL 公司 2004 年 9 月申请的美国专利“潜艇的通气管装置”中，详细叙述了如何在通气管上配置潜望镜、雷达及通信天线，主要涉及电子成像技术和雷达预警技术。通气管摄像机监视系统也把潜艇光电桅杆技术应用到通气管装置上，使潜艇在通气管状态下工作的同时，又能保持警戒观察、通信和雷达预警，提高了潜艇的隐蔽性。

围壳及壳体部分的摄像机电视系统是电视摄像机系统在潜艇上的特殊应用，主要用于对己艇的外部环境和各种发射状况进行检查和监视，也可为潜艇在冰层下活动提供光学导航。电视摄像机系统在潜艇壳体上的应用至少有 30 年的历史，具体应用多见于英国、俄罗斯及北欧等国海军潜艇。英国潜艇围壳上配置的水下电视摄像机系统，是专为潜艇在冰层或水下活动的需要而研制的。它可以提供安全的水下导航，是潜艇上浮时的重要辅助装置。一般就导航系统而言，在潜艇围壳上应配置两台水下电视摄像机，一台置于向上观察的位置，另一台置于前视位置并与水平方向成 40°角。这种布置方式十分有利于潜艇在上浮或前进机动时获得最好质量的图像。英国西姆拉德公司的 OE-0285 型摄像机已装备英国的潜艇。它是一种增强的硅靶摄像机，它能在有云的星光条件下依靠微弱光线观察各种目标。当潜艇在北冰洋地区活动时，OE-0285 摄像机是潜艇通过冰层上浮时的重要辅助设备。

（四）菲涅耳光学助降系统

菲涅尔光学助降系统是航空母舰舰载机着舰最基本的保障手段，在英美等国航空母舰普遍使用。它由 4 组灯光组成，主要是中央竖排的 5 个分段的灯箱，通过菲涅尔透镜发出 5 层光束，光束与降落跑道平行，和海平面保持一定角度，形成 5 层坡面（图 11-46）。菲涅尔光学着舰助降系统能够在空中为飞行员提供一条相对于舰体稳定的下滑坡光波束面和着舰指挥信号，以便飞行员判断方位和修正误差。

图 11-46　菲涅尔光学助降系统

稳定方式主要包括角稳定、点稳定、线稳定、惯性稳定 4 种方式。角稳定和点稳定方式虽然能够保证理想着舰点不变，但会在着舰过程中给飞行员操纵飞机带来很大的困难，因此，已经少有使用。目前使用较为广泛的是线稳定和惯性稳定方式。线稳定方式是指在惯性空间内保持光波束相对稳定，通过一定的规律控制菲涅尔灯箱的运动，保证光波束不受航空母舰甲板俯仰和滚转运动的影响，只随甲板的垂荡运动而垂直运动，且垂荡幅度与航空母舰保持一致。惯性稳定方式是指在惯性空间内保持光波束绝对稳定，通过光学助降系统控制律保证光波束不受甲板运动的影响。

系统设在航空母舰中部左舷的一个稳定平台上，以克服航空母舰自身的 6 个自由度扰动运动的影响，分别为沿自身三轴所产生的纵荡、横荡和垂荡运动，以及绕自身三轴所产生的横摇、纵摇和艏摇。每段光束层高在舰载机进入下滑道的入口处(距航空母舰 0.75 nmile)为 6.6 m，正中段为橙色光束，向上、向下分别转为黄色和红色光束，正中段灯箱两侧有水平的绿色基准定光灯。当舰载机高度和下滑角正确时，飞行员可以看到橙色光球正处于绿色基准灯的中央，保持此角度就可以准确下滑着舰。飞行员若看到的是黄色光球且处于绿色基准灯之上则降低高度；若看到红色光球且处于绿色基准灯之下则马上升高，否则就会撞在航空母舰尾柱端面或降到尾后大海中。在中央灯箱左右各竖排着一组红色闪光灯，如果不允许舰载机着舰，则发出闪光，此时绿色基准灯和中央灯箱均关闭，告诉飞行员停止下降，立即复飞，因此被称为“复飞灯”。复飞灯上有一组绿灯，称为切断灯，它打开即是允许进入下滑的信号。

菲涅尔透镜式助降系统使用简单可靠、目视直观，其最大的缺点是遇到阴雨雾云，则无法可靠地帮助降落。菲涅尔光学着舰助降系统对舰载飞机着舰安全有重要影响。

第四节　惯性导航技术

惯性导航系统工作时不向外辐射信息，就能在全球范围的任何介质环境中自主地、全天候、隐蔽工作，连续提供载体三维空间的完整的位置(经度、纬度)，速度、航向、姿态角(纵摇角、横摇角)等运动信息；有些新型陀螺甚至在遭受强烈干扰后，几分钟断电的情况下，仍旧能继续工作。系统具有极宽的系统频带，可以平稳输出载体任何机动运动下的导航参数。具有无线电导航、卫星导航和天文导航等其他导航系统无法比拟的独特优点。

惯性导航装置是导航装备中的一大门类。它利用对地球自转、当地重力、载体加速度等测量信息，可以实现航向、水平、位置等信息的解算和指示功能。之前第四章、第六章、第八章分别对不同种类的惯性导航设备进行了介绍，本章对惯性导航技术作简要归纳介绍。

一、惯性元件的基础知识

惯性导航系统中，最关键的惯性敏感器件是陀螺仪和加速度计。陀螺仪和加速度计由于能够精确测量相对于惯性空间的转动角度(或角速度)和加速度比力，被统称为惯性元件。

(一) 陀螺仪

1. 机械转子陀螺仪

转子陀螺仪可分为液浮陀螺仪(liquid floated gyroscope，LFG)、动力调谐陀螺仪(dynamic tuned gyroscope，DTG)和静电陀螺仪(electrostatic gyroscope，ESG)等。

(1) 液浮陀螺仪。

陀螺仪的内框架组件为密封的圆柱形浮子，利用液体浮力将其浮起的陀螺仪称为液浮陀螺仪。浮力抵消或减小浮力组件的重力，使得浮子支撑轴压力减小，消除或减小其摩擦力，从而提高陀螺仪的精度。液浮陀螺技术在经历了从滚珠轴承电机技术到动压气体轴承电机技术、从磁滞电机技术到永磁电机技术、从普通宝石轴承定中技术到磁悬浮定中技术的发展历程后，在基础材料、支承技术、电气元件、精密温控等多方面取得了突破。目前，美、俄等发达国家的单轴液浮陀螺精度高于 0.001°/h，采用铍材料浮子可达 0.0005 °/h，主要用于飞机和舰艇导航。

(2) 动力调谐陀螺仪。

基于动力调谐原理的挠性陀螺仪称为动力调谐式挠性陀螺仪,简称动力调谐陀螺仪。动力调谐陀螺是20世纪60年代初美国发明的,具有结构简单、体积小、重量轻、功耗少、精度高、适合于批量生产等优点。美国基尔福特制导与导航公司的MODII型陀螺连续工作稳定性为0.001°/h,逐日漂移小于0.004°/h,在航天飞行器中累积工作超过10年。目前,我国已经形成了动力调谐陀螺系列型谱,可满足平台式惯性系统和捷联式惯性系统的应用需求。

(3) 静电陀螺仪。

采用静电支撑转子的自由陀螺仪称为静电陀螺仪,是目前精度最高的陀螺(图11-47)。1979年以后,静电陀螺监控器与舰船惯性导航系统配套,陆续装备了美国"三叉戟"弹道导弹核潜艇。静电陀螺监控器系统和静电陀螺导航仪一直是美国核潜艇水下导航的关键装备,其精度至今还无可取代。2005年,美国海军战略系统项目办公室与波音公司签订合同,改进导弹核潜艇的静电陀螺监控器系统和静电陀螺导航仪。近年来,我国在转子材料、静电支承技术、真空维持技术等方面取得突破,产品精度进一步提高。

2. 光学陀螺仪

光学陀螺仪可分为激光陀螺仪(ring laser gyroscope,RLG)和光纤陀螺仪(fiber optical gyroscope,FOG)。

1913年法国物理学家萨奈克(M. Sagnac)提出了采用环形光路测量载体绝对角速度的概念。其原理如图11-48所示,在环形光路中当载体旋转时,顺、逆时针方向两束光波光程A(t=t(+))、A(t=t(-))将有差别,通过测量这种差别便可实现载体角运动的测量。萨奈克效应(Sagnac effect)是制造激光陀螺和光纤陀螺的基础。

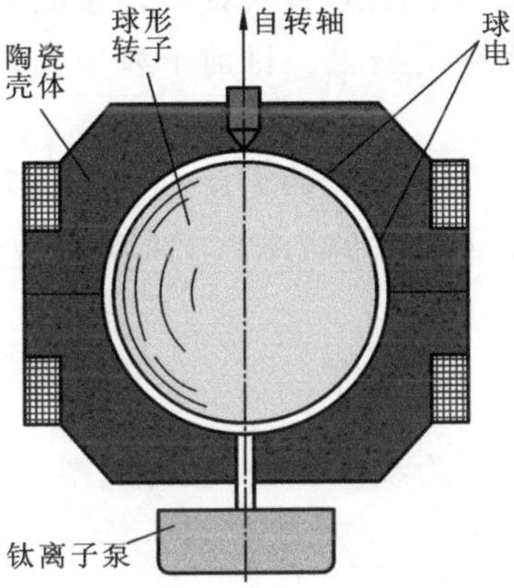

图11-47　静电陀螺仪

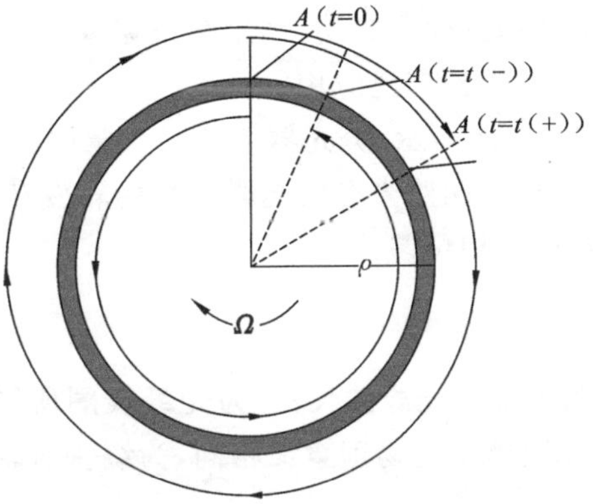

图11-48　萨奈克效应示意图

(1) 激光陀螺仪。

激光陀螺仪实物图如图11-49所示。典型的激光陀螺仪原理图如图11-50所示。

激光陀螺仪根据两路反向传播激光干涉的频差计算旋转角速度,频差可以表示为

$$\Delta f \approx \frac{4A\Omega_{\perp}}{\lambda} \tag{11-13}$$

其中,λ为不转动时激光的波长;A为不转动时激光陀螺闭合光路所围成的面积;$\Omega_{\perp}$为激光腔体剖面的垂直轴转动的角速率。

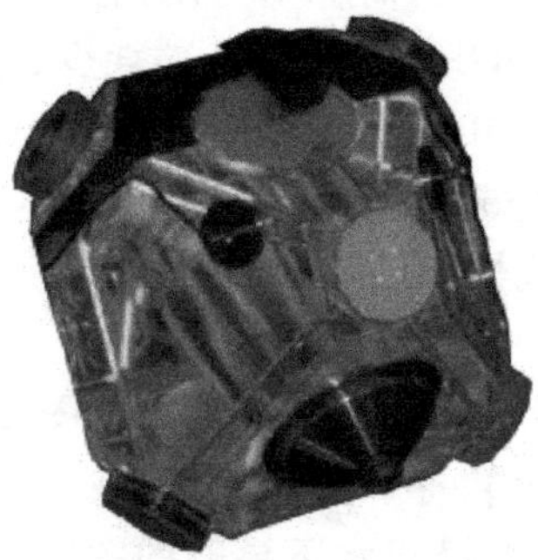

图 11-49　激光陀螺仪

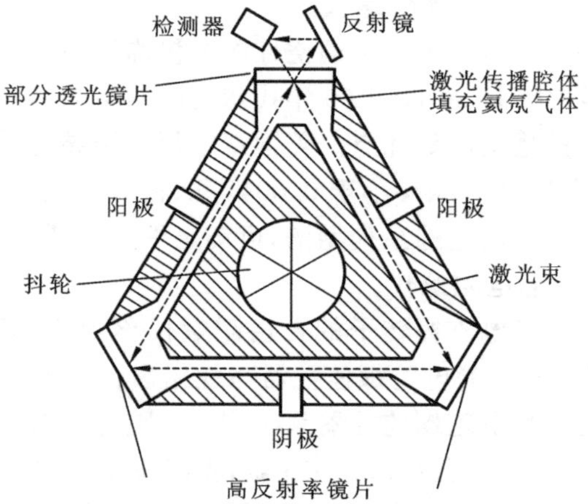

图 11-50　典型激光陀螺仪原理图

1963 年美国 Sperry 公司用环形行波激光器感测旋转速率获得成功；1965 年 Honeywell 公司在实验室完成了激光陀螺仪工程样机；1989 年 Honeywell 公司成功研制了精度优于 0.000 15 °/h的 GG-1389 型激光陀螺仪；1991 年美国 Litton 公司研制了零闭锁激光陀螺(ZLG)；20 世纪 90 年代中期，法国 Sextant 公司研制了 PIXYZ22 和 PIXYZ14 两种型号的三轴激光陀螺仪；1996 年 Honeywell 公司研制了 GG-1308 微型激光陀螺。我国的激光陀螺技术已经成熟，并在航空、航天、陆用等多个领域得到了广泛应用。

(2) 光纤陀螺仪。

1976 年美国学者瓦利(V. Vali)和肖特希尔(R. W. Short Hill)首次提出用多圈光纤环形成大等效面积的闭合光路，利用萨奈克效应实现载体角运动的测量。目前干涉型光纤陀螺技术已经成熟，得到广泛应用。

如图 11-51 所示，分光器将两束光集中在检测器上，观测两束光的干涉。采用两个光器的目的在于，使得两路光形成同样数量的转发和反射。当光纤线圈围绕垂直于它的轴转动时，两路光就会产生相位差：

$$\phi_c \approx \frac{8\pi NA\Omega_\perp}{\lambda c_c} \tag{11-14}$$

其中，λ 为不变的光源波长；A 为光纤线圈所围成的面积；N 为线圈圈数；c_c 为线圈中的光速；$\Omega_\perp$ 与激光陀螺中的物理意义相同，为绕垂直轴转动的角速率。

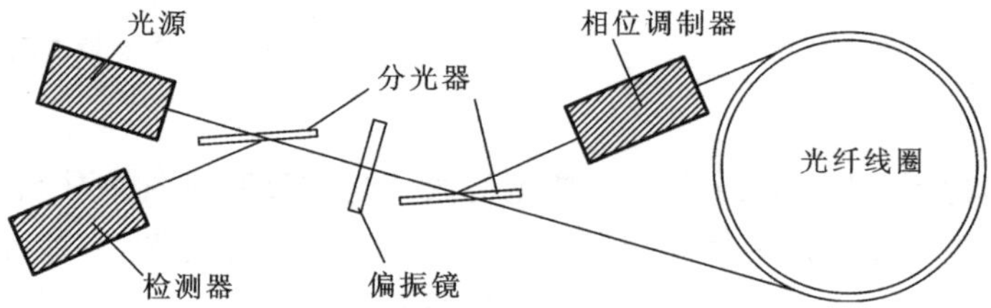

图 11-51　干涉型光纤陀螺

目前，光纤陀螺仪的性能已能覆盖高、中、低精度范围。以 Honeywell 公司的超高精度干涉型光纤陀螺零偏稳定性优于 0.000 3 °/h，标度因数误差为 0.5 ppm。国外新研制的惯性系统较多地采用了光纤陀螺，利用光纤陀螺对旧型号惯性系统进行更新换代的工作已经展开。我国中等精度的光纤陀螺技术基本成熟，并具备了一定的批量生产能力，高精度光纤陀螺技术已开始进入试用阶段。

3. 振动陀螺仪

利用振动物体振动平面的改变来产生陀螺力矩的陀螺仪称为振动陀螺仪。振动陀螺仪与一般常规陀螺仪的区别是：它的输出信号带有振动特性，且陀螺仪的结构上大多没有旋转部分。振动陀螺仪可分为半球谐振陀螺仪（hemispherical resonance gyroscope，HRG）和微机械陀螺仪（micro electro mechanical systems，MEMS）。

（1）半球谐振陀螺仪。

半球谐振陀螺仪是一种固态振动陀螺仪，它利用轴对称球壳结构的径向驻波振动来敏感基座旋转。20 世纪 80 年代，Delco 公司研制成功半球谐振陀螺，20 世纪 90 年代中期应用于许多航天器中，包括近地小行星探访宇宙飞船、卡西尼号土星探测任务等。由于半球谐振陀螺仪具有质量轻、紧凑、工作在真空条件下、寿命长、对辐射和电磁扰动的影响有一定抵抗能力等独特的优点，在航天器应用领域保持着一席之地。美国半球谐振陀螺的零偏稳定性已达到优于 0.001 °/h。

（2）微机械陀螺仪。

微机械陀螺仪是一种利用哥氏效应，采用微机电加工技术制作而成的陀螺仪。其按工作原理可分为振动式微机电陀螺仪、转子式微机电陀螺仪和微机电加速度计陀螺仪（图 11-52、图 11-53）。国外自 1990 年开始生产石英音叉式微机电陀螺，到 2008 年已达到每天生产超过 40 000只。面振动式微机电陀螺仪经补偿后，性能已达到 3～50(°/h)，并已得到大量应用，主要用在低端民用领域，也已开始进入军用战术武器领域。

图 11-52　挪威微机械陀螺仪

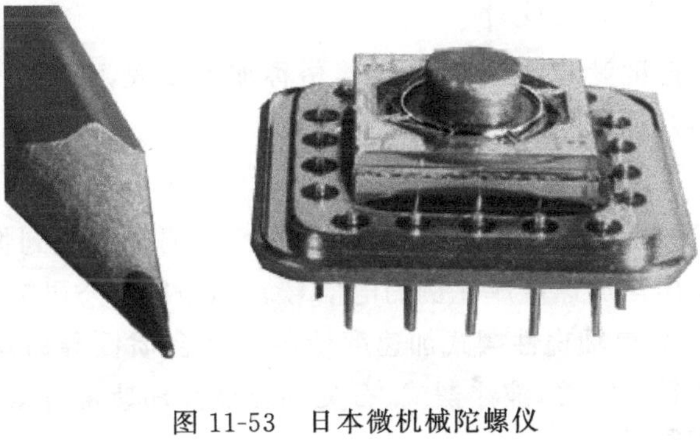

图 11-53　日本微机械陀螺仪

4. 新型陀螺技术

国外的原子陀螺（atom gyroscope）技术、微光机电陀螺（MOEMS）技术、光子晶体陀螺技术均获得了一定的进展。原子陀螺作为一项新型前沿技术，目前仍处于研究阶段。原子陀螺可分为核磁共振陀螺、无自旋交换弛豫（SERF）原子自旋陀螺和原子干涉陀螺三类，其特点见表 12-3。其中，核磁共振陀螺具有高精度、小体积、低功耗和低成本等优点，并正在向芯片级尺寸、战略级精度发展，目前样机的零偏稳定性已达 0.01 °/h(1σ)的水平。美国 DARPA 提出 PINS 计划，把以冷原子干涉技术为核心的原子惯性传感技术视为下一代主导惯性技术，追求实现定位精度达到 5 m/h 的高精度军用惯性导航系统。美国斯坦福大学的卡塞维奇(M. A. Kassai Vecchi)小组开发的原子陀螺零偏稳定性优于6×10^{-5}(°/h)、加速度计偏置稳定性优于 10^{-10} g。这种陀螺仪的核心是原子干涉仪。这种量子传感器最显著的应用是惯性测量、度量衡学以及物理基础研究中的一些尚未解决的问题，如广义相对论的等效原理的验证等。理论分析在相同的实验条件下，用原子干涉仪测量旋转角度将比用光学方法灵敏 10 个数量级。

表 12-3　原子陀螺的分类与特点

分类	理论精度/(°/h)	特点	应用对象
核磁共振陀螺	10～4	高精度、微小型	导航级、战术级运动载体
SERF 原子自旋陀螺	10～8	超高精度、小体积	远程长航时潜航器、飞行器等运动载体
原子干涉陀螺	10～10	超高精度	

在谐振式 MOEMS 陀螺方面，国际上多个研究机构对不同材料的无源环形波导谐振腔进行了研究，在有机聚合物、玻璃、铌酸锂和硅基片上的环形波导谐振腔已研制成功，有代表性的是 Honeywell 公司的谐振式微型光学陀螺。在干涉式 MOEMS 陀螺方面，空间型 MIG 是新的发展方向之一，2000 年美国空军研究所开发了 AFIT-MIG 陀螺，该陀螺利用空间微反射镜替代光纤环以缩小尺寸，减小损耗。

2003 年斯坦福大学提出使用空芯光子带隙光纤的光纤陀螺方案；DRAPER 实验室提出由光子晶体光纤构成光纤环的陀螺光路设计方案；Honeywell 公司于 2006 年公开其在谐振型光子晶体陀螺上的研究情况，研究证明，采用空心光子晶体光纤形成谐振腔可以很好地解决传统谐振型光纤陀螺中后向散射大、偏振敏感和温度稳定性差问题。

(二) 加速度计

加速度计又称比力接收器，俗称加速度表，是测量物体线运动或角运动加速度的装置。下面介绍几种常用的加速度计。

1. 机械摆式加速度计

机械摆式加速度计利用摆的特性，当测量摆受到惯性力作用时，测量摆偏离平衡位置，传感器输出与加速度成比例的电信号。Kearfott 公司 1950 年研制了力平衡加速度计，所生产的 MOD Ⅶ 单轴挠性摆式加速度计用于平台惯性导航系统和捷联系统。我国机械摆式加速度计技术日趋完善，液浮摆式、石英(硅)挠性加速度计等得到应用，以石英挠性加速度计的应用最为广泛。

2. 陀螺加速度计

依靠陀螺进动产生的陀螺力矩去平衡加速度作用到摆件上产生的惯性力矩，基于该原理的加速度计称为陀螺加速度计。美国 20 世纪 80 年代研制的三浮、四浮陀螺加速度计精度分别达到 10^{-7} g 和 10^{-8} g，应用于“三叉戟”II 远程潜地导弹及 MX 陆基洲际导弹的惯性平台系统。我国已研制出以静压气浮、静压液浮、三浮三类陀螺加速度计并广泛应用。

3. 振梁加速度计

振梁加速度计是一种利用谐振晶体的输出频率来测量外界加速度的惯性器件。国外从20世纪70年代开始研制生产振梁加速度计，Honeywell公司的中等精度石英振梁加速度计年产能力为10万只，广泛应用于低成本战术级惯性导航系统。高精度石英振梁加速度计已完成原理样机的研制，计划应用于战略武器领域。我国的石英振梁加速度计可以满足中精度惯性系统的使用要求。我国已经开展了硅振梁加速度计的研究工作。

4. 微加速度计

微加速度计是利用微机械技术加工而成的加速度计。国外的微加速度计已成为MEMS技术中具有代表性的成果，目前已开始大量应用于战术武器。我国已开展微加速度计技术研究，在加工技术、产品的环境适应性技术、电路的小型化技术等方面取得了一定进展。

二、惯性导航系统

（一）惯性导航技术的发展历史

惯性导航技术的发展可以划分为以下三个阶段。

1. 雏形阶段：V-1/V-2火箭惯性制导装置

20世纪20年代研制的陀螺垂直仪和陀螺罗经，仅用于指示方向和姿态，不能用于精确定位。1942年，德国人发明了V-1火箭（巡航导弹雏形）、V-2火箭（弹道导弹雏形，图11-54）。V-2采用两个二自由度陀螺和一个加速度计构成惯性制导系统，这是惯性技术在导弹制导上的首次应用，是惯性导航系统的最初雏形。由于惯性器件精度低、设计粗糙，且无法实现舒拉调谐要求，第二次世界大战期间使用的V-1火箭超过1/4坠入大海；但其对战争的影响和破坏力已经初步展现（图11-55）。

图11-54　发射中的V-2火箭

图11-55　V-2火箭对伦敦的破坏

2. 发展阶段：战后惯性导航系统

第二次世界大战以后，导弹技术人员大量流向美苏，惯性技术首先在美国和苏联得到快速发展。美国在1950年的"Navaho"计划在世界惯性技术发展史上占据了重要地位。1958年，美国"魟鱼"号潜艇从珍珠港驶经白令海峡，穿北极，到达波特兰，历时21天，航程15 000 km（图11-56），标志着惯性导航技术已经趋于成熟。之后，惯性导航技术飞跃发展，系统不断推陈出新。1958年美国罗克韦尔公司研制成功MK2 mod 0型液浮陀螺仪舰船惯性导航系统，

图 11-56　穿过北极的美国核潜艇

装备于携带 A-1 型北极星导弹的“华盛顿”级和“拉斐特”级弹道导弹核潜艇。之后经过不断改进提高并采用水平监控、卡尔曼滤波等技术，发展出一系列产品，如 MK2 mod1、MK2 mod2、MK2 mod3、MK2 mod4、MK2 mod5，到 1968 年已发展成装备“海神”导弹核潜艇的 MK2 mod6 型舰船惯性导航系统。精度由 1.6 n mile/30 h 提升到0.7 n mile/30 h。

3. 成熟阶段：现代惯性导航系统

20 世纪 70 年代以来，惯性导航技术扩大到航天和民用航空、航海领域，而且还进一步用于矿藏勘探、石油开采、大地测绘、海洋调查、地震预报、海底救生、海下铺设电缆、海底石油勘探定位等领域。除传统的液浮陀螺外，挠性陀螺、激光陀螺及静电陀螺等新型陀螺的惯性系统也相继投入应用。

美国 MK29 系列平台罗经以及法国的 MINICIN 舰船惯性导航系统均采用挠性陀螺。载人登月的阿波罗飞船以及 1978 年 8 月发射的旅行者 1 号、旅行者 2 号等美国航天器全部采用的是高精度挠性陀螺惯性制导系统。美国航天飞机上装备 KT-70INS 改进型挠性陀螺惯性导航系统，在航天飞机发射、上升、入轨、下降和着陆的全过程工作，是发射阶段各种导航信息的唯一来源。为确保航行安全，航天飞机上配备了三套完全相同的惯性测量装置，凸显了惯性测量装置的重要性。

美国 20 世纪 70 年代末研制出静电陀螺监控器(ESGM)，并与同期的 MK2 mod7 型舰船惯性导航系统配套组成 ESGM/INS 组合系统。该系统装备在“三叉戟”导弹核潜艇上，解决了高精度和长重调周期的问题。1983 年，苏联也研制出静电陀螺和静电陀螺监控器，ESGM 与 SCANGEE 型舰船惯性导航系统组合，装备“台风”级导弹核潜艇。在 ESGM 的基础上，美国于 20 世纪 90 年代成功研制静电陀螺导航仪，型号为 MK1 Mod0，精度与 ESGM/INS 组合系统相当，装备于“俄亥俄”级核潜艇。

随着激光陀螺技术的成熟，20 世纪 80 年代中期至 90 年代中期，美、英、法、德等国家纷纷研制生产激光陀螺惯性导航系统。例如，美国 Sperry 公司推出的 MK39 型激光陀螺惯性导航系统(图 11-57)作为 90 年代的新产品被选为北约水面舰船的标准装备。AN/WSN-7 系列激光陀螺惯性导航系统是美国海军舰船的标准导航设备。目前美国海军已为其攻击型核潜艇全部换装激光陀螺惯性导航系统。此外，法国已研制成了首台潜艇用光纤陀螺惯性导航系统，并通过法国国防实验室的鉴定。

图 11-57　MK39 系列激光陀螺惯性导航系统

(二) 惯性导航系统的类别

对于 IMU 和惯性传感器而言，并没有高精度、中等精度或低精度的统一界定。航空领域的中等精度，在陆地导航领域可能是高精度，在航海领域可能是低精度。IMU、INS 和惯性传感器可以分为如下 5 类宽泛的精度类别：航海级、航空级、中等精度级、战术级和消费级。

1. 航海级

此处讨论的最高精度的惯性传感器用于军舰、潜艇、某些洲际弹道导弹和飞机的导航。航海级(marine grade)惯性导航系统的成本超过 100 万美元(约 80 万欧元)，提供的导航定位精度为 24 h 不超过 1 n mile。早期设计这一精度级别的系统，体积非常大，直径大概到 1m；目前设计同精度产品，体积要小得多。采用低级别的传感器时，有时采用旋转调制技术以实现所需的导航精度。

2. 航空级

美军航空级(aviation grade)惯性导航系统，也称为导航级惯性导航系统，符合 SNU (Standard Navigation Unit，SNU)84 标准：要求在第 1 个小时的导航工作期间，水平定位误差最大不超过 1.5 km。这种精度的惯性导航系统也被用于民用航空以及全球范围的军用航空。成本在 80 万元左右，标准体积为 178 mm×178 mm×249 mm。

3. 中等精度级

中等精度的 IMU，大约比航空级的精度低一个数量级，被用于小型飞机和直升机导航，成本大概在 16～40 万元。

4. 战术级

战术级(tactical grade)的 IMU，可用的单独工作时间仅为几分钟，与卫星导航等其他定位系统组合，可实现长时间的高精度导航。战术级的 IMU，成本在 1.6～2.5 万元，通常被用于制导武器和无人机(unmanned air vehicle，UAV)导航，大多数体积不超过 1 mL。战术级的惯性传感器覆盖精度范围较宽。

5. 消费级

最低精度的惯性传感器被称为消费级(consumer grade)或汽车级(automotive grade)，往往以单独的加速度计或陀螺仪的形式售出，而非完整的 IMU，且均未经标定。即便与其他导航系统组合，也无法达到惯性导航的精度，但仍可用于航向姿态参考系统(AHRS)、步行航位推算(PDR)及场景探测。典型的应用为计步器、汽车防抱死刹车系统(antilock braking system，ABS)、主动悬挂、安全气囊等。这个级别的加速度计价格在 8 元左右，陀螺的价格不低于 80 元，单个传感器的体积约为 5 mm×5 mm×1 mm。

三、惯性装备体系

惯性系统是适应军事需求而发展起来的导航装备。目前，惯性导航技术已广泛应用于航天、航空、航海和水下作业等领域。除惯性导航系统外，还有如下多种类型的惯性装备。

(1) 惯性指向装备：陀螺经纬仪、方位仪、寻北仪、电罗经、电控罗经等。

(2) 惯性航姿测量设备：水平仪、方位水平仪、平台罗经、局部垂直捷联基准、光学航姿测量设备、AHRS 等。

(3) 惯性测量设备：重力仪、重力梯度仪、惯性变形测量装置、惯性标定系统等。

(4) 惯性稳定设备：陀螺稳定平台、惯性天文导航设备等。

(5) 惯性对准设备：各种惯性传递对准装置等。

在军事航海领域，惯性系统作为重要装备广泛应用于弹道导弹核潜艇、攻击型核潜艇、航空母舰、测量船、大型水面舰艇和舰载飞机等载体上。不同应用领域惯性技术的特点存在差异。航天领域的特点为高可靠性、高精度、长航时、体积小；航海领域强调高可靠性、高精度、长航时；航空领域强调启动快、体积小、机动大、环境适应性强；陆用和石油地质勘探与测量领域强调启动快、体积小、环境适应性好；机器人领域则要求启动快、体积小、重量轻。

思考题

1. 哪些频率的无线电波有一定的入水传播能力？
2. 海事卫星组织如何根据“砰”信号和多普勒效应分析 MH370 飞行轨迹？
3. 罗兰 C 能否测量高度？是否为三维定位？能否供飞机使用？
4. 从基于外部信息点定位的原理来分析几种不同的水声定位系统的原理。
5. 通过资料收集，简述天文导航技术的发展趋势。
6. 简单描述天文导航的基本特点。
7. 简述惯性导航装备的种类。
8. 简述当前智能手机中使用的惯性器件以及与惯性技术相关的功能。
9. 通过资料检索，了解不同惯性导航装备惯性器件精度和系统性能指标的差异。
10. 课后请搜寻一下《维京传奇》《怒海争锋》《加勒比海盗（五）》等好莱坞影片，找出其中的古代航海技术，并指明它们的原理。再联系平常看过的其他影片，有没有涉及导航技术的，请总结一下，并通过这一方式提升对导航专业的兴趣。

第十二章　综合导航系统与综合舰桥系统

随着计算机、现代控制、信息处理、通信导航等技术的发展，以综合导航系统为基础，结合雷达、电子海图、AIS、自动舵等各种导航和船舶操纵设备，构成了具有综合导航、船舶控制、自动避碰、综合信息显示、通信和航行管理控制等多种功能完善的综合舰桥系统。它是一种海上导航、通信、雷达、航行控制、监控为一体的集成系统。本章对综合导航系统和舰桥系统及相关设备进行简要介绍。

第一节　舰艇综合导航系统

一、综合导航系统的概念

综合导航系统研究的产生与发展是随着计算机技术、最优估计理论、信息融合理论以及大系统理论的发展，迅速发展成为一种多系统、多功能、高性能、高可靠性的导航系统。

综合导航，也称组合导航。随着综合导航技术的发展，人们对综合导航技术的认识也在不断变化。综合导航系统越来越复杂，技术内涵越来越丰富，各种与综合导航相关的理论、技术和实际应用系统不断出现并快速发展，如舰艇综合导航系统、综合舰桥系统、智能舰、无人机等。国内舰船航海领域对于综合导航的认识实际上存在狭义和广义两种不同的概念。

在航海导航领域，国内早期习惯上将有别于主要导航设备专门用作各导航设备信息组合和的涉及全船导航信息的系统称为组合导航设备，也称组合导航系统，包括组合导航显控台、航迹标绘仪、电子海图等。它实际上特指组合导航的信息组合中心及相关的信息产品辅助系统，这一系统同时负责向作战舰艇武器系统传输信息融合后的最终导航数据信息。

国内广义的组合导航系统，也称为综合导航系统。国内习惯翻译和叫法虽不同，实际上它们的英文名称是一样的，即 integrated navigation system。但是在国内的实际应用中，两个概念经常由于混用而发生混淆。在航海导航领域，综合导航系统指包括所有导航子系统（如惯性导航系统、GPS、计程仪、电控罗经）、海洋环境子系统（测深仪、气象传真机、风速风向仪等）和组合导航设备（信息组合中心、综导显控台、航迹仪、电子海图等）在内的整个负责提供舰艇导航信息和物理环境信息的导航系统。这一系统是作战系统的重要部分，直接与指控、通信、雷达、声呐等系统发生信息交互。

二、舰艇综合导航系统的特点

船用综合导航系统的应用领域有民用和军用两种。由于都在广阔的海洋上活动，两者之间即有着密切的联系，但也存在巨大差异。舰艇综合导航系统与民用综合导航系统最大的不同之处在于，它不仅保障舰船复杂的航行安全，同时，还是作战武器系统的重要组成部分，为舰艇导弹等武器使用和舰载机起降等作战提供准确的信息支持。

与民用系统相比，舰艇综合导航系统的航行安全保障条件更加苛刻和恶劣。例如，潜艇综合导航系统，在水下航行时，在长时间无法接收到GPS等无线电导航系统信息的条件下，仍要保证准确的定位精度。又如，大型水面舰艇，需要在卫导可能失效的复杂电磁环境下进行精确的航行定位；在战争条件下，敌方会进行各种导航战攻击，以破坏本舰的导航能力。所以在军事航海中，对于航行安全的保障显得更加恶劣和复杂。因此，舰艇综合导航系统将比民用综合导航系统具备更加强壮的系统结构和更加丰富的系统功能。

与民用系统相比，舰艇综合导航系统所承担的航行任务种类也更加复杂。舰艇综合导航系统的组成和规模主要由舰艇担负的日常和战斗任务的需要所决定。舰艇的航行任务更加复杂多样，包括战斗航渡航线选择、战术机动航向选择的航路规划、航海日志生成功能、战斗航海保障功能等。根据不同舰艇的具体要求，应当配备功能不同的综合导航系统。例如，布扫雷舰由于其特殊的作战任务，就需要具备更高精度的定位和航位保持等功能的综合导航系统。

由于舰艇综合导航系统的组成和规模由舰艇所担负的任务决定，根据不同舰船的具体要求，可配备相应的舰艇综合导航系统。尽管综合导航系统的类型繁多，但都具有一个共同点，即都以一种连续的或间断的导航系统传感器为基础，在此基础上对不同的导航信息进行综合处理，通过计算和控制，实现系统的优化组合，完成不同目的和要求的导航任务。

舰艇综合导航系统的硬件部分以高性能加固计算机为核心，其运行速度和容量应能满足舰艇需要，并有一定的冗余度，此外还具有防潮、防热、抗冲击、抗干扰的能力，能在海上恶劣环境下长期工作。各种导航传感器是综合导航系统的信息源，也是数据处理的依据。综合导航系统除要求各种传感器应处于正常工作状态外，还必须掌握其误差特性——系统误差和随机误差。信息来源应有冗余度，以保证舰艇综合导航系统自动取舍和工作模式的自动转换，从而保证了系统的高可靠性。

三、NAVSSI 舰艇综合导航信息系统结构

导航传感器系统接口(NAVSSI)是目前美国海军水面舰艇广泛采用的定位、导航与授时方案，实现舰艇编队内PNT数据完全统一，为编队航行与作战提供重要信息基础保障。它是美军舰载导航系统的核心部件，通过采集不同舰载导航传感器信息，进行时空配准和综合处理，提供高可靠、高精度的位置、姿态、速度、时间等信息，并实时按需分发，满足舰艇导航和作战信息需求。1991年2月美国空海作战系统司令部着手实施NAVSSI。截至目前，NAVSSI经历了从Block0到Block4共5个阶段的发展。

(一) NAVSSI 基本架构

NAVSSI采用开放式架构设计，其基本组成如下。

(1) 实时子系统(RTS)：负责收集、处理及分发PNT数据，采用导航数据源综合(NSI)算法处理各导航系统的数据融合。

(2) 显示控制子系统(DCS)：DCS通过局域网与RTS进行通信，为RTS提供人员操作接口、电子海图和导航雷达接口；同时实时显示导航系统信息，并控制RTS工作状态。

(3) 远程工作站(NRS)：操作人员的远程显示器，为舰桥及其他舱室人员提供远程控制与显示能力。

NAVSSI数据流程图如图 12-1 所示，主要包括接收导航数据源数据、数据检查、数据处理、数据输出等。

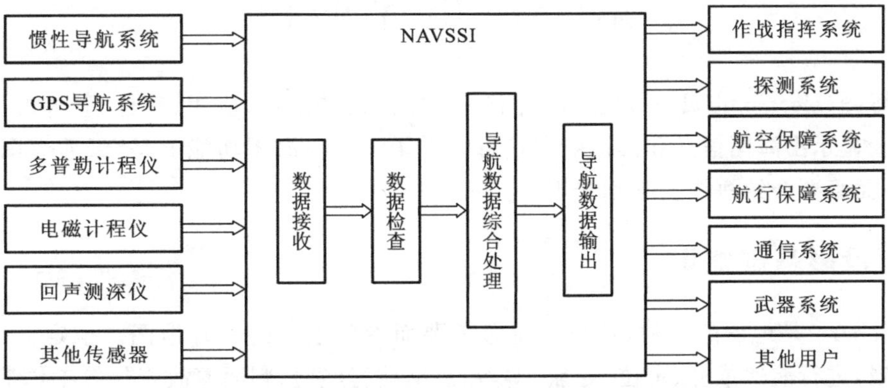

图 12-1　NAVSSI数据流程图

主要导航数据源包括惯性导航系统、多普勒计程仪、卫星导航系统、测深仪、计程仪、罗经、风速仪及时间数据等。

（二）NAVSSI的信息融合处理

NAVSSI在线监测各导航信息源数据，并进行完好性检测，确保接入信息完好。对每个位置数据源误差特性不断进行监控，一旦数据源误差特性持续超过一定阈值，则数据被认为无效。NSI算法将隔离该数据并发出警告。NSI算法充分考虑各导航传感器的误差特性，综合GNSS和INS等数据，提供高精度、强鲁棒性的位置、速度解算方案，以满足舰船各系统对导航数据的精度需求。

RTS根据得到的最优速度数据更新位置估计。综合多个卫星接收机和误差最小的惯性导航系统的位置数据，通过对最优惯性导航系统与GPS的速度误差进行滤波计算速度，惯性导航系统速度数据用估计的速度误差进行修正。当仅有惯性导航系统数据可用时，NAVSSI将与惯性导航系统精度保持一致。

位置数据由GPS与INS数据综合计算得到。综合的位置数据利用最优的惯性导航系统数据以插值的方式推算得出，该方法能为用户提供准确的位置信息。导航信息融合算法使得NAVSSI可以在正常工作条件下提供精度为12 m的位置信息，精度远高于INS精度。

航姿及航姿角速度值取自最优惯性导航系统，无须计算。如惯性导航系统失效，角度值被标记为无效。当RTS接收到新的航姿数据，将对新数据进行多项式匹配，这种匹配将用于推算姿态数据，并根据最新的惯性导航系统姿态数据时间点计算姿态变化率信息。利用这种匹配方式及外推算法，NAVSSI能保证姿态数据的精度。

导航信息融合算法基于可用传感器误差特性估计，保障NAVSSI输出数据的精度，按用户系统的需求分发送数据信息。对于不同精度需求的用户，可采用设定不同数据的有效位数来实现。

由于GPS战时易受干扰，无法满足舰艇对可靠精确时间的需求，NAVSSI提供了一种精确授时装置(PTU)。该装置包括频率调整模块(FDM)、铷谐振器以及缓冲输出的设备。一旦估计的时间误差超过 100 ns,精确授时装置将进入工作模式,并利用铷谐振器来保持时间精度。

第二节　电子海图

电子海图(electronic chart)是对所有有关电子海图的生产、应用、软件、硬件的技术泛称,在显示器上显示出海图信息和其他航海信息。电子海图在海图功能上是“纸质海图的合法等效物”。下面简要介绍海图的基础知识。

一、海图投影基础知识

海图(chart)是地图的一种,是为了航海需要而专门绘制的一种地图。拟定计划航线,制定航行计划,进行航速推算、定位、导航、避险,总结航行经验,判明事故责任等工作都必须在海图基础上实施和完成。海图是航海必不可少的重要工具。

海图投影是海图的重要概念。地图椭球面是一个不可展平的曲面,而海图是一个平面,解决曲面和平面这对矛盾的方法是海图投影。海图投影方法、比例尺和控制定向构成了海图的数学法则,它是海图制图的基础。这一法则使海图具有足够的数学精度,具有可量测性和可比性。

(一) 海图投影的种类

海图投影的基本原理:首先将地球表面上的点沿着铅垂方向垂直投影到地球椭球面上,然后将地球椭球面上的点按海图投影的数学方法表示到平面上;最后按比例尺缩小到可见程度。

海图投影有多种种类。按变形性质分,可分为等角投影、等面积投影和任意投影。按正轴投影经纬线形状分,可分为方位投影、圆柱投影、圆锥投影、伪方位投影、伪圆柱投影、伪圆锥投影、多圆锥投影,最常见的是方位投影、圆柱投影和圆锥投影(图 12-2)。按投影面与地轴的关系分,可分为正轴投影、横轴投影、斜轴投影等。

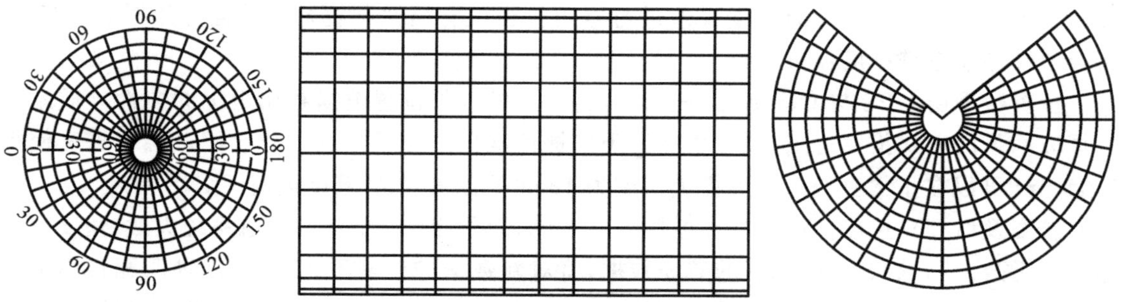

(a) 方位投影　　(b) 圆柱投影　　(c) 圆锥投影

图 12-2　海图投影

(二) 航海图的基本要求

航海图有两个基本要求。

(1) 恒向线在海图上是一条直线。舰船在海上航行,为操纵方便,在一段时间内总是保持固定航向的航线，称为恒向线或等角航线。恒向线实际上是一条逐渐向地极接近的对数螺旋曲线，如果恒向线投影到海图上也是曲线，将给图上标绘带来极大不便，所以在制作海图时，必须满足恒向线在海图上是一条直线的要求。

(2) 投影的性质是等角(正形)投影。在海图上进行航海作业时，为作业方便，要求海图上的角度和地面上相对应的角度保持相等。这样就可以直接根据真航向或真方位的度数，在海图上标绘出航向线和方位线。

所以，尽管现有投影种类繁多，但是从用途来说，航海上经常使用的只有3种：墨卡托投影(或称等角正圆柱投影)、日晷投影(或称心射投影)和高斯-克吕格投影，其中墨卡托海图约占目前海图总数的95%以上，是最常用的一种海图。

二、电子海图基础知识

(一) 电子海图的基本概念

电子海图系统(electronic chart system，ECS)是一种集成式的导航信息系统，它在使用电子海图的基础上，将推算载体位置信息、卫星导航系统的数据、海图信息、雷达信息等集成在一起处理和显示，完成综合的船舶驾驶任务。电子海图系统对保证船舶航行安全所起的重要作用得到了国际海事组织(IMO)和国际水道组织(IHO)的认可。因此，IMO和IHO经过广泛地分析、研究和实验，在总结多功能船用电子海图系统的结构、功能和应用的基础上，提出了电子海图显示与信息系统(electronic chart display and information system，ECDIS)的概念，并制定了相应的标准。

电子海图不是纸质海图的简单复制。电子海图的地位和作用也不能停留在与纸质海图等效上，而应服从并服务于航海自动化的全面实现。随着电子海图的不断发展，其作为“图”的功能和作为“信息系统”的功能更加成熟和完善。最终ECDIS不仅可以用于海图显示、航迹标绘及提供航海信息，而且能够对航海信息及其相关信息进行分析、综合处理等，从而作为一种信息处理平台，为航海自动化提供底层支持。航海自动化的实质是航海信息处理及安全航行决策的自动化，而建立完善的航海信息处理机制，实现航海信息提取、管理、分析、综合的自动化，是实现航海自动化的前提。

(二) 电子海图及其分类

电子海图所显示的海图信息来源于海图测量数据、原纸质海图经数字化处理后的数据及由其他航海出版物所提供的某些信息。根据这些数据建立一个海图数据库。海图数据库的结构与存储系统是电子海图的一项关键技术，它直接影响电子海图数据库所需的容量、电子海图的精度及运行速度。按制作方法分，电子海图可分为光栅扫描海图(raster charts)和矢量化海图(vector charts)。

(1) 光栅扫描海图是通过对纸质海图的光学扫描形成的数据信息文件，可以视为纸质海图的复制品，不能提供选择性的查询和显示功能。

(2) 矢量化海图是将数字化的海图信息分类存储的数据库，使用者可以选择性地查询、显示和使用数据，并可以和其他的船舶系统相结合，提供诸如警戒区、危险区的自动报警等功能。

（三）国际标准与规定

国际水道组织关于电子海图及系统有以下4个标准。

（1）关于ECDIS的海图内容与显示方面的规定（S-57：Transfer Standard for Digital Hydrographic Data）：该标准现行版为3.1版（2000年修订），描述了用于各国航道部门之间的数字化水道测量数据的交换以及向航海人员、ECDIS的生产商发布这类数据的标准。

（2）数据保护方案（S-63：Data Protection Scheme）：描述了该组织推荐的电子海图信息保护标准及与其相适应的安全构造和操作程序，突出了相应的系统的规格。

（3）国际海事组织制定了ECDIS性能标准，该标准给出了ECDIS的定义，规定了信息的显示、海图改正、航线设计、航路监视、航行记录等性能要求。

（4）国际电工委员会制定了ECDIS硬件设备的性能和测试标准IEC61174，它描述了符合IMO标准的ECDIS的性能测试工作方法和要求的测试结果。ECDIS符合该标准便得到了类型认证，从而合法地成为船用设备。

三、电子海图系统

ECDIS总体上包括硬件、软件和数据三部分。目前世界上航行的船舶多种多样，不仅大小不一，形状各异，就吨位而言，从几十吨到数十万吨的都有。因此，ECDIS的单一模式就满足不了多方面的需求，因而要求软、硬件结构必须模块化，以便根据需要选择合适的模块来定制开发。

（一）系统组成与功能

ECDIS的外形图如图12-3所示，从硬件上看，ECDIS系统至少应包括中央处理装置、高分辨率显示器及图形加速卡、ENC载体、中央处理装置与导航设备和雷达的接口等。

ECDIS的主要功能包括海图显示、海图作业、海图改正、定位及导航、航海信息咨询、雷达信息处理、航路监视以及航行记录等（图12-4）。ECDIS的功能应该定位于为航海自动化的全面实现提供信息处理平台，主要体现在：为获取与航行相关的海洋环境信息及船舶航行状态提供物质条件；为基于海洋环境信息及船舶航行状态信息的安全航行决策自动化提供支持；为综合反映海洋环境特征的空间数据和属性数据提供操作平台；为空间定位检索、分析提供支持；为航海技术领域与其他技术领域间的交互提供桥梁和纽带。

图12-3　电子海图

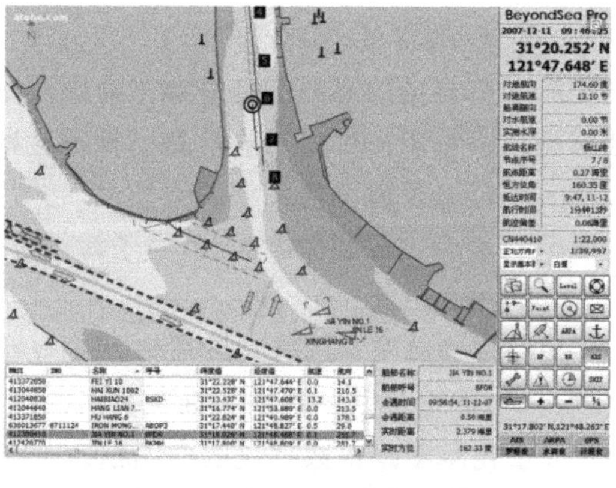

图12-4　海图显示功能示意图

（二）电子海图的特点和地位

1. 提高航海自动化水平

ECDIS可与组合导航系统、避碰系统、通信系统以及自动识别系统(AIS)等相结合，形成一个新型的综合系统，其功能远超纸质海图功能，如计划航线的制定、航路监视、自动完成海图作业、自动记录数据等，极大地提高了航海自动化水平，可显著减轻航海人员的压力和工作负担。

2. 改善和提高航海的安全性

ECDIS不仅能精确地显示载体位置，还能显示计划航线和实时航迹以及周围环境的水文地理特征，并可按预定航线搜索潜在的危险因素，能使航海的安全导航和精确导航有可靠的技术保障。特别是能把雷达信息叠加到海图上，从而使航海人员能迅速判断并做出避免碰撞的决策，航海人员可以把注意力放在航行监控和对自动告警的处理上，极大地减少了由于人为错误判断而造成的事故损失。

3. 扩展海图显示功能

ECDIS不仅能显示纸质海图的全部信息，还能显示航行告警提示、人机对话内容。必要时，还可以显示海图的附加资料、航海手册、航路指南等信息。用户可以任意选择显示的海区，而且可以任意移动和漫游、放大和缩小等，实现海图分层、分级显示。用户可选择显示的层次，也可决定是否要与雷达信息叠加显示。彩色的动态图形，可提高静止显示的识别性；闪烁等显示特性，可提高海图目标显示的识别性。

4. 可自动实现电子海图改正

ECDIS可方便、高效地通过计算机程序并自动实现海图改正。

第三节　船舶常用组导设备

一、无线电助航设备

无线电助航设备是综合舰桥重要的组成部分，它主要用于保障船舶航行安全、提高船舶航行效率。

（一）船舶导航雷达

船舶导航雷达(marine navigation radar)是用于探测船舶周围目标位置，以实施航行避让、自身定位等船用雷达，也称航海雷达(图12-5)，是船舶航行、进出港、船舶定位及窄航道夜间行驶等必备的航海导航设备。船上装备雷达始自第二次世界大战期间，战后逐渐扩大到专用于导航的民用商船，并增加目标标绘功能，称为自动雷达标绘装置(automatic radar plotting aid，ARPA)。

现代航海雷达除磁控管和阴极射线管以外，其他有源电路元件已全部使用晶体管和集成电路。由于电路改进，脉冲宽度已从1～2 μs减至0.1 μs，磁控管峰值功率已从3 kW提高到50 kW，目标分辨力和灵敏度得到较大提高。开槽波导天线阵列使天线波束宽度从2°减至

0.7°或0.8°，使目标方位辨别能力得到提高。由于这些改进，在40 cm平面位置显示器上可描绘出航线式图像，便于船舶在沿海岸线航行和进出港时标绘。20世纪60年代后期，利用小型计算机研制成功自动雷达目标跟踪和估算系统，它能处理雷达视频电压、检测和跟踪目标、测量船舶与目标之间的相对运动、预计目标未来的运动和最接近点、协助驾驶人员采取回避动作。一般雷达把自身作为不动点表示在平面位置显示器（见雷达显示器）的中心。但在航海中，船舶自身在运动，与固定目标或运动目标做相对运动。因此，航海雷达须自动输入船舶自身准确的航速和航向。船舶上通常配备1台X波段和1台S波段雷达。

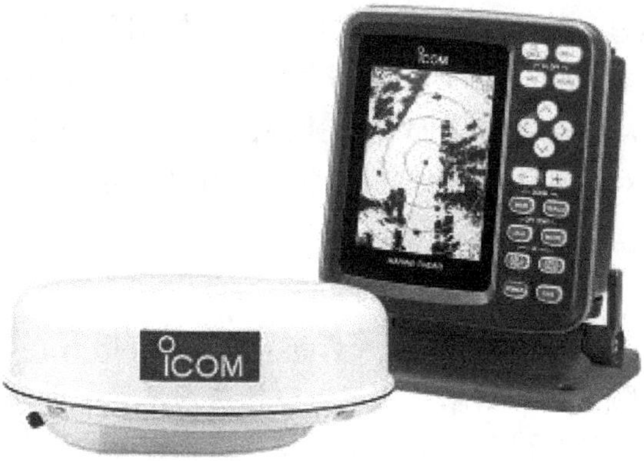

图 12-5　FR-1937 型船舶航海图雷达

图 12-6　船舶自动识别系统

（二）船舶自动识别系统

AIS是船舶自动识别系统（automatic identification system，ATS）的简称（图12-6），由岸基（基站）设施和船载设备共同组成，是一种集网络技术、现代通信技术、计算机技术、电子信息显示技术为一体的数字助航系统和设备。

船舶AIS系统由舰船飞机之敌我识别器发展而来。AIS与船舶交通管理系统（VTS）有着密不可分的联系。VTS主要应用于港口等重点水域船舶管理，存在使用范围的局限性，无法满足海上船舶间的信息交互。AIS诞生于20世纪90年代，是工作在VHF频段的新型船舶和岸基广播系统。船舶AIS发射机可以配合GPS将载体位置、船速、改变航向率及航向等船舶动态结合船名、呼号、吃水及危险货物等船舶静态资料由甚高频（VHF）频道向附近水域船舶及岸台广播，在无需船员干预的情况下连续、自动地发射信息。当周围船舶使用适当的标绘系统显示时，通过从目标船发射的位置信息可以计算两船会遇的最近点和到达最近点的时间，船载AIS可快速、自动、准确地提供有关碰撞危险的信息，使邻近船舶及岸台能及时掌握附近海面所有船舶的动静态资讯，得以立刻互相通话协调，采取必要的避让行动，对船舶安全有很大帮助。

（三）海事卫星

海事卫星通信系统由海事卫星、地面站、终端组成（图12-7）。岸站是卫星通信的地面中转站；船站就是海上用户站，设置在航行的油船、客轮、商船和海上浮动平台上。船站的天线均装有稳定平台和跟踪机构，使船只在起伏和倾斜时天线能始终指向卫星。海上船舶可根据需求由船站将通信信号发射给地球静止卫星轨道上的海事卫星，经卫星转发给岸站，岸站再通过与之连接的地面通信网络或国际卫星通信网络，实现与世界各地陆地用户的相互通信(图 12-8)。海事卫星除广泛用于电话、电报、电传和数据传输业务外，还兼有救援和导航业务。这个系统把船只航向、速度和位置等数据随时传送给岸站，并存贮在岸站控制中心的计算机里。船只一旦在海上遇难或船上发生紧急事件，岸站就可迅速确定船只所在海域的具体位置并及时组织营救。这个系统也能为海上船只导航。

图 12-7　海事卫星

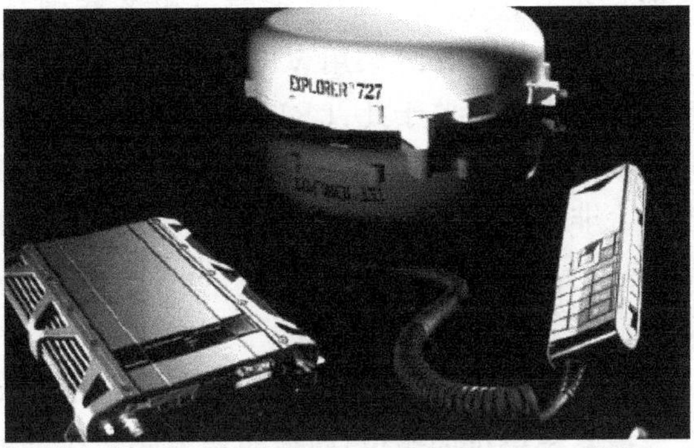

图 12-8　海事卫星接收装置

海事卫星使用 DAMA 系统。它利用有限的 34 MHz 带宽频率资源，为全世界提供了将近 15 万只通信终端的服务业务，是唯一成功的商用 DAMA 同步卫星通信系统。

(四) 船舶交通管理系统

VTS 是船舶交通管理系统(vessel traffic services，VTS)的简称。VTS 由主管机关实施，用于提高船舶交通安全和效率及保护环境的服务(图 12-9)。在 VTS 覆盖水域内，这种服务应能与交通相互作用并对交通形势变化做出反应。VTS 最初主要解决船舶安全、迅速地进出港口和通过河川、狭水道。1948 年，英国道格拉斯港采用船用雷达建立了世界上第一个用于港口监视的雷达，解决了能见度不足的条件下水上通航的管理问题。1970 年以来，在水运发达国家出现了以计算机为中心的更复杂、更完善的船舶交通管理系统，它由若干子系统构成。

图 12-9　船舶交通管理系统

图 12-10　黑匣子

这些子系统包括 VHF 通信子系统、雷达子系统、综合雷达数据处理子系统、信息传输子系统、管理信息子系统、VHF 测向子系统、CCTV 监测子系统、信息记录子系统、水文气象子系统，以及通航信号子系统和扩音广播子系统等。目前，VTS 的优越性逐渐被人们所发现，在全世界已建成并运行的 VTS 有 500 多个。

（五）远程识别与跟踪系统

LRIT 是远程识别与跟踪系统（long range identification and tracking system，LRIT ）的简称。在 VTS 基础上如何将信息服务范围延伸至海上呢？针对这一使用需求人们建立了 AlS 系统。由于 AIS 采用 VHF 频段，受体制限制作用范围有限，难以满足用户对远程船舶监控管理的需求。鉴于此，LRIT 应运而生。LRIT 主要用途有：一是加强海上保安，包括船舶的保安和沿岸国、港口国的保安；二是安全，为海上搜寻救助提供信息支持；三是环境保护，为调查海上非法排放、溢油事故等提供信息支持，

二、航迹自动标绘仪

航迹自动标绘仪（track autoplotter），简称航迹仪，其功能是在舰船航行的过程中，根据综合导航系统提供的舰位信息、陀螺罗经提供的航向信息、计程仪提供的航速信息，在海图上自动、实时地绘制出舰船航行的航迹。早期的航迹仪为机电式的笔绘仪，即将罗经、计程仪给出的航向、航速信息通过机电解算装置（模拟计算器）进行解算得到舰船沿东西方向及南北方向的速度分量，然后通过比例尺变换为海图上的相对速度，以此去驱动 X 和 Y 两个方向的电机，通过减速装置带动绘笔在海图上绘出舰船运动的航迹。机电式笔绘仪的出现，使海图绘制质量有所提高，出错率下降，同时也将海图作业人员从繁重的工作中解放出来。目前航迹仪已发展为电子显示型和硬拷贝型两种系列化产品，现大多使用的为电子显示型航迹仪和平面光线投影式航迹仪。至此，航迹仪从结构到功能都发生了极大的改观，已从单一化绘制航迹发展为多功能绘图系统。

三、航行数据记录仪

航行数据记录仪（voyage data recorder，VDR）就是通常所说的船用黑匣子（图 12-10）。其主要功能为记录船舶航行中各项数据参数，是发生事故后的原因调查和分析的船舶专用设备。黑匣子为橙红色，主要是为了颜色醒目，便于寻找；外壳坚实，有定位信标，可以在事故发生后自动发射出特定频率，以便搜寻者寻找。

第四节　海洋环境测量设备

海军舰船活动海域广、航行时间长，常常需要远洋作战和全球游弋，受海洋气象影响巨大。舰船活动海域的水文气象状况每时每刻都作用于舰船船体上，对舰船的航行安全及军事活动构成明显的影响。台风、寒潮、温带气旋等多种灾害性天气对舰艇的航行安全构成较大的威胁和挑战。对于高技术武器装备而言，目前尚没有完全摆脱气象条件的影响和制约，云、雾、大风、雷暴和强降雨等因素不仅严重影响高技术武器装备作战能力的发挥，有时甚至会使其完全

丧失作战能力。所以,气象测量仪器、设备、器材和系统对海军航海和气象导航保障十分重要。

一、气象导航的基本概念

(一) 气象导航的定义

气象导航(weather routing)是根据大洋气候资料,准确的长期、中期、短期天气和海况预报,结合船舶性能和装载特点,为船舶选择最佳路线,并在航行中利用不断更新的天气和海况预报修正航线,指导航行,以达到在时间最短和损失最小的情况下完成航行的航海技术。气象科学的发展,特别是通信技术、空间技术、海洋开发和计算机技术的发展,为气象资料的搜集和综合分析创造了有利条件,为航海服务的气象导航已形成一门专门的学科。

历来的航海家都要根据长期航海积累的经验来选择航行的季节和航线,为了航行的安全性和快速性,选择晴好的天气,避开风暴、雪、雾等恶劣气候。气象导航创立于 20 世纪 50 年代初,美国海军提出了气象航线的概念(weather routes)。气象航线即气象导航所推荐的航线,它充分考虑了航线上未来的各种天气过程,使船舶可以及时避开危险航行区域并充分利用有利的天气海况条件,又称为最佳航线(optimum track ship routing,OTSR)。美国海军在理论方法上对气象航线进行了研究和实践验证,建立了气象导航机构。之后,英国、荷兰、日本、新加坡、澳大利亚、德国等国也建立了同样的机构。

(二) 气象导航的种类

海洋船舶气象导航可分为两种方式:一种是目前船舶普遍采用的岸上气象导航,另一种是船舶自行气象导航。

1. 岸上气象导航

岸上气象导航(简称岸导),是指船舶在出海航行前,船长向气象导航机构提出气象导航申请,并向气象导航服务部门提供船舶的操纵特性、货物的装载情况、航行目的要求。气象导航机构根据气象的分析、预测及船舶的特性,选择一条最佳的航线,并提供航行前方的天气和海浪预报。船舶出航后,气象导航机构随时跟踪在航船舶,标出船舶的航速、航向和位置,测定实际航迹偏离计划航线的距离,并分析、预测航行海区及航行前方海区的海洋天气、海浪情况,及时提出修正计划航线的建议,不断引导船舶避开各种不利的航行海况,使其安全、经济地到达航行目的地。

这种导航方式的优点在于,岸导机构拥有大量、比较全面的各类资料,有大容量、高速的计算机系统进行最佳航线设计和跟踪导航,更主要的是它拥有充分的时间进行最佳航线的分析和选择。但是岸导也有其不足之处。由于岸导机构远离现场,有时无法准确、及时地掌握接导船舶周围的大气、海况和当时状态下的船舶操纵能力,尤其是在天气、海况发生突变的情况下,得不到及时的通信联系和指导,可能会导致导航失败。另外,岸导的推荐航线也不可能绝对无误,即使准确率相当高,也不可能取代船长的现场指挥。

2. 船舶自行气象导航

船舶自行气象导航(简称自导)是船长根据船上先进的无线电传真机所收到的在航地区现时和预测的天气分布图、天气形势预报、海浪预报、水温预报、冰情预报和卫星云图等海洋气候信息资料,画出天气图和航行图,分析、研究天气形势和海况来选择航线,并随时调整航向、航速。

自导具有以下主要优点：一是自导具有灵活主动性，因船长熟悉本船各种性能，并能亲自分析天气形势和现场情况，能够充分发挥船长灵活指挥航行的主动权，在任何时候不失主动性，并不受限制；二是自导无须支付导航费用和导航中的通信费用，减少船舶开支；三是即使船舶接受岸导服务，自导也可帮助船长充分理解岸导航线示意图，从而积极与其配合，弥补岸导不足之处，互相取长补短，使航行达到最佳效果。

随着海洋和环境预报准确率的不断提高，自导将是一种值得推广的导航方法。

3. 岸船结合气象导航

为了充分发挥岸导和自导两者的优势，克服、弥补各自的不足，国内外都提出了岸船结合实施气象导航的设想方案，如美国 Ocean Routes 公司的船舶气象自导系统(ORION)。其主要内容是岸导机构为船长提供初始推荐航线和中期天气、海况预报，最后由船长选定航线；或者为船长提供第一阶段航线，即从进入公海始至 48 小时这一段航线，以及不断提供气象、海洋方面的预报资料，以后的航线设计由船长完成。这就要求船长充分理解岸导航线意图并最大限度地参考。由于大部分选择航线的工作由船长来完成，要求船上添加一定的设备来支持这一工作系统。岸船结合是未来气象导航的发展方向。

二、海洋水文气象要素观测设备

海洋水文资料十分丰富，主要包括表层平均海流、表层最多流、表层最大流，风浪、风浪周期，涌浪、涌浪周期，海水温度及水平分布，海水盐度分布，水色、透明度分布，海浪、潮流、海流、洋流、温盐密、声学、海冰等。

(一) 水文要素观测设备

水文测量装置是为航行中的舰船提供详细的水文信息的仪器。水文测量装置目前所涉范围极其庞杂，主要有波浪测量仪器、潮汐测量仪器、海流测量仪器、海水温盐测量仪器、海洋深度测量仪器、海冰测量仪器、水色及透明度测量仪器等众多海洋水文测量仪器。舰船根据实际的需要搭配组合安装所需要的测量仪器。

1. 深层水温测量

深层水温的测定，主要采用常规的颠倒温度计、深度温度计、自容式温盐深仪(如 STD、CTD(图 12-11))、电子温深仪(EBT)、投弃式温深仪(XBT)等，可以直接从这些仪器上测得垂直断面上各个水层的海水温度。

图 12-11　海水温盐测量(CTD)仪器

2. 海水盐度的观测

(1) 电导率测定法：海水的电导率随海水温度、压力、盐度的改变而改变，而在相同的温度、压力下，相同离子组成的海水的电导率仅与盐度有关，据此测定海水盐度的方法称为电导率测定法。

(2) 光学测定法：根据不同盐度和温度的海水折射率不同，利用光的折射原理测定海水盐度的方法。测量仪器有阿贝折射仪、多棱镜差式折射仪、现场折射仪等。

(3) 比重测定法:依据国际海水状态方程,根据测得海水温度、密度和深度反算出海水盐度。测量仪器有比重计,但精度不高。

(4) 声学测定法:根据声速与海水盐度、温度和压力的关系,利用声速仪测得声速,并测出海水温度和深度来反算盐度,精度不高。

上述方法以电导率测定法为主要方法,其他方法在有些场合可作为辅助方法。目前,现场盐度测量仪器有现场盐度计、多要素剖面仪(可测海水盐度、温度、深度、溶解氧、电导率 pH、浊度等要素)、CTD 系统等。

3. 海水声速的观测

(1) 间接声速测量。

由于海水声速是水温、盐度和压力的函数,因而可以根据测得的水温、盐度和压力数据,用特定的计算公式确定海水声速,这种方法称为间接声速测量。目前,已有较多描述有关参数和海水声速关系的经验公式,工程中应用较多的是威尔逊公式[见第十一章公式(11-3)]。目前采用的温、盐、深测量装置,基本能够满足声速计算的精度要求。

(2) 直接声速测量。

凡通过测量声速在某一固定距离上传播的时间或相位,从而直接计算海水声速的方法均属于直接声速测量的范围。具体的声速测量仪所依据的原理有脉冲时间法、干涉法、相位法和脉冲循环法等。目前应用最广的声速测量仪是脉冲循环法声速仪、多参数声速剖面仪等。

4. 海流的观测

针对海流的测流方式主要有锚碇、走航和跟踪浮标等。浅海测流主要采用锚碇方式,深海区域则以走航或跟踪浮标方式为主。海流的测定方法可以分为间接法和直接法两种。间接法是根据海水的温度和盐度,求出海水的密度,然后推算出海流。一般只在大洋海流的计算中加以应用。直接法是使用各种测流仪器(海流计,如图 12-12 所示)直接观测海流。一般分为表层海流观测和表层以下各层海流观测两类。对于表层以下的各层海流,多数情况下是利用安置在船上的旋桨式、直读式、电传式等海流计进行短时间的点式观测。

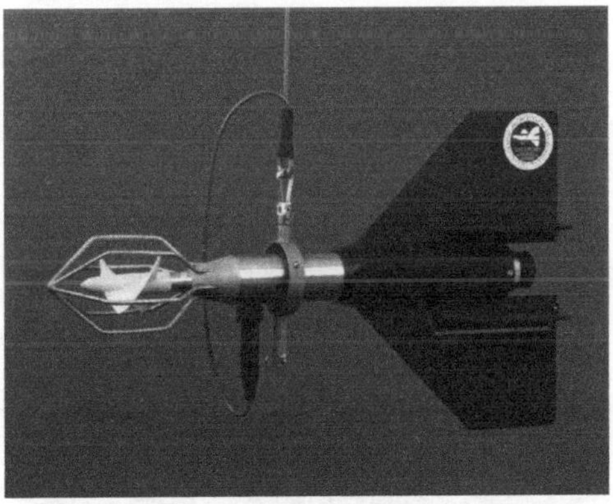

图 12-12　海流计

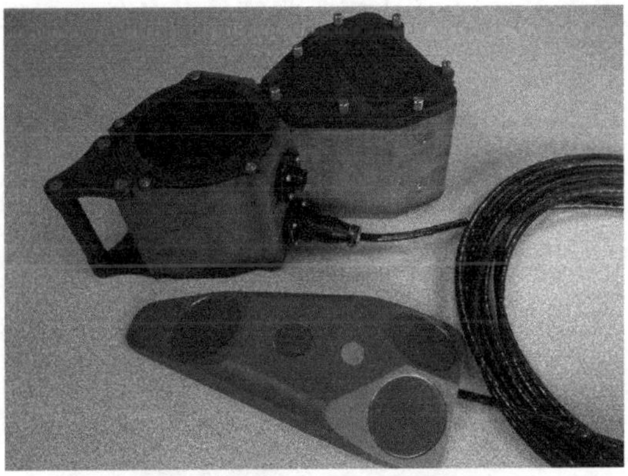

图 12-13　多普勒波浪测量仪

4. 海浪的观测

实际中的波浪观测主要是针对风浪和涌浪的观测。具体观测内容除了波向、周期和波高三个要素以外,有时还需观测波浪的宽度、传播速度等。波浪观测的具体方式主要是:在岸上建立海洋观测站，选择视野附近具有足够水深（大于 1/2 波长）和面积的开阔海域，在水下设置系有绳索的测波浮筒，利用观测站内的光学望远镜测波仪进行固定式观测。该方式具有简单方便、经济实用、观测数据种类多、资料全等优点，不足之处是观测区域和观测空间受到很大的限制，特别是不能观测深水区和大洋区的波浪，另外，观测站周围的地形情况对观测数据的影响较大。目前有许多种类的电子测波仪（图 12-13），用于岸边、深水区或大洋区域等不同环境下观测波浪，如美国生产的用于水下或大洋海域观测波高的 WG-100 型测波仪等。这些电子测波仪往往在适用范围（包括观测要素种类和观测海域、水深）上有所限制。

5. 海冰的测量

目前，国内外海冰监测与厚度测量技术主要包括目测法，即采用目视视觉观测海冰。仰视声呐技术是冰厚观测的经典方法，有潜艇声呐剖面测量和泊系仰视声呐两种主要形式。

（二）海洋气象要素的观测

表征和反映大气状态的物理量与现象的基本因素称为气象要素，包括气温、气压、湿度、风速、风向、能见度等物理量，也包括云、降水和雷暴等天气现象。气象要素随时间和空间而变化，是海上气象观测的基本项目。气象要素观测数据是军事气象保障的基础资料。传统上认为，天气是短时间内的大气运动及其现象的特征，它一般包含 7 个基本要素，即气温、气压、湿度、云、降水、能见度和风。

舰船常用的气象测量仪器有风速风向仪、气象仪、气象传真机以及温度计、湿度计、气压计等（图 12-14）。这些气象装置通过各种不同的途径和方法来获取舰船周围的各种尽可能详细的气象信息。

1. 海面能见度的观测

测量大气能见度一般可用目测的方法，也可以使用大气透射仪、激光能见度自动测量仪等测量仪器测量（图 12-15）。大气透射仪是通过光束透过两固定点之间的大气柱直接测量气柱透射率，以此来推算能见度的值，这种方法要求光束通过足够长的大气柱，测量的可靠性受光源及其他硬件系统工作稳定性的影响，一般只适用于中等以下能见度的观测，而在雨、雾等低能见度天气，会因水汽吸收等复杂条件造成较大误差。

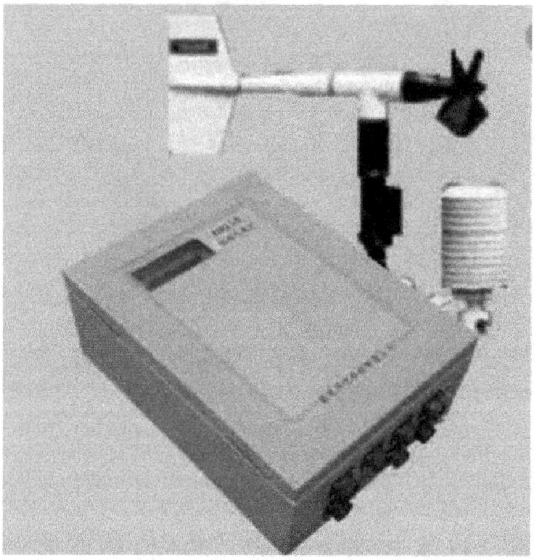

图 12-14　气象仪

图 12-15　船舶能见度仪

2. 风的观测

风的观测包括风向和风速两项，通常用仪器测定。船舶气象仪和手持风速表是舰艇上常用的测风仪器。

船舶气象仪由风速感应器、风向感应器、湿度感应器和指示器等组成。风速风向仪可以实时测量风速风向，为舰船航行和武器系统提供气象参数，常见的有风杯式和旋桨式风速计，此外还有利用被加热物体的散热率与风速相关原理制成的热线风速计和利用声波传播速度受风速影响原理制成的超声波风速表（图 12-16、12-17）等。

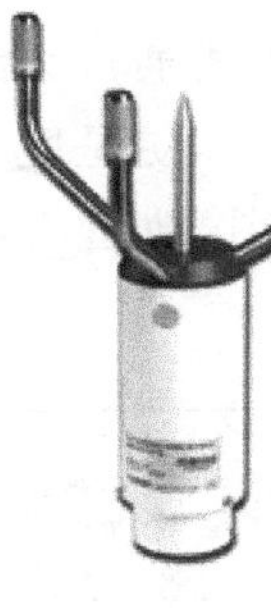

图 12-16　芬兰 Vaisala 公司的超声风传感器

图 12-17　芬兰 Vaisala 公司的气象要素传感器

3. 气压的观测

舰船上多用空盒气压表进行气压的观测。空盒气压表是利用金属空盒的弹性变形与大气压相平衡的原理制成的。从空盒气压表直接读取的气压数值，必须经过刻度订正、温度订正、补充订正和高度订正后才是观测点的海平面气压。

4. 气温和湿度的观测

舰船上观测气温和湿度的仪器有干湿球温度表和船舶气象仪。船舶气象仪湿度部分的工作原理和干湿球温度表相同，也是两支相同的温度表，其中一支是干球，一支是湿球，只是温度表的感应部分不同。船舶气象仪是用电阻作为感应元件，通过平衡电桥指出温度。

5. 气象传真机

气象传真机（weather facsimile receiver）是一种传送气象云图和其他气象图表用的传真机，又称天气图传真机，用于气象、军事、航空、航海等部门传送和复制气象图等。它可以定时接收海事局、气象局发送来的气象云图等气象信息，便于舰船人员对大面积海域气象信息的掌握，弥补舰船自身气象测量装置探测范围较小的缺点。舰船人员能够根据云图有效地预测、躲避强烈的海上气候现象，为航行的安全提供必要的保证，并能为舰载机和导弹等武器系统的导航提供气象信息。气象传真有两种传输方式，利用短波（3～30 MHz）的气象无线传真广播和利用有线或无线电路的点对点气象传输广播。气象传真广播为单向传输方式，大多数的气象传真机只用于接收，传送的幅面比一版报纸还要大，但对分辨率的要求不像对报纸传真机那样高（图 12-18）。

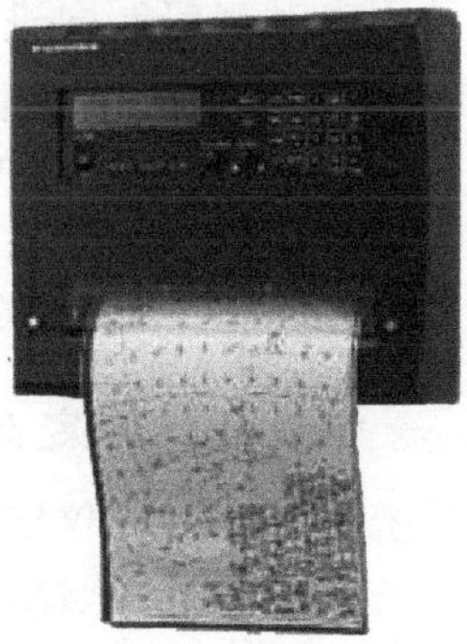

图 12-18　气象传真机

6. 天气预报资料

天气预报提供信息的资料主要是天气图、卫星云图、气象传真图和气象公报等气象资料，其中天气图和气象传真图尤为重要。

(1) 天气图：填有各地同时刻气象记录并经过绘制分析，能反映一定地区范围内天气情况的专用图称为天气图，主要包括地面天气图、空中天气图和辅助图。

(2) 卫星云图：指经过传真台、站专门分析处理以后获得的有关云的卫星图像。因为它能对云系的组织、结构和形态等特征提供大量的信息，所以借助于一般天气预报理论，仍然可以为缺乏气象观测资料的地区(如大洋当中)的天气预报工作提供较大帮助(图 12-19)。

(3) 传真气象图：是将各种气象情报以天气图表或文字叙述的形式通过无线电发射系统和接受系统进行传递的一种技术。它是气象情报传递的重要手段之一，更是舰船在海洋中航行时获取气象情报的主要手段，主要包括地面分析图、高空天气分析图、地面预告图、海况图 4 种类型。(图 12-20)

图 12-19　卫星云图

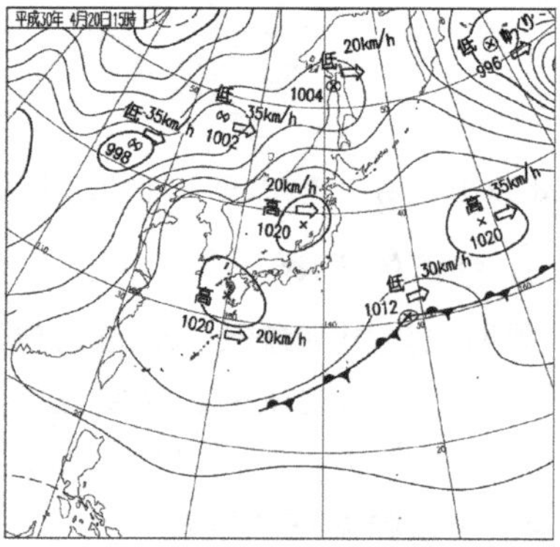

图 12-20　传真气象图

第五节　自动操舵仪

自动操舵仪(automatic control pilot, ACP)是船舶的一种重要的导航装备，简称自动舵，是一种用来对舰船航向进行自动调节的装置，使舰船自动保持在给定的航向上航行。它能够自动地、高精度地保持或改变舰船的航向，能够减小速度损失以缩短航行时间，从而节约燃料以延长舰船的作战半径，因此对远航的舰船具有更重要的意义。

一、自动舵的基本概念

(一) 自动舵的定义

传统的自动操舵仪定义如下：舰船自动操舵仪，简称自动舵，是一种用来对舰船航向进行自动调节的装置。它对罗经传送来的舰船实际航向，操作人员设置的给定(期望)航向及舵角进行计算，并给出控制信号控制舵机适当地转舵，使舰船自动保持在给定的航向上航行。

目前新型船舶自动操舵仪的定义如下：舰船自动操舵仪是一种用来对舰船航向和位置进

行自动调节的装置。它利用各种导航设备传送来的舰船运动信息，通过一定的控制算法给出控制信号，控制舵机适当地转舵，进而使舰船按需要的航行计划航行，如自动保持在给定的航向上航行，自动沿着设定的航线航行等。

两种定义的区别在于，操舵仪接收的信息不同，操舵仪的控制目标不一样。

（二）自动舵的种类

自动舵自 20 世纪 20 年代初期问世以来，发展很快。它的发展大致经历了 4 个阶段，产生了 4 代自动舵。

1. 第一代自动舵

20 世纪 20 年代，美国的 Sperry 和德国的 Ansuchz 公司在陀螺罗经研制工作上取得实质进展后，分别独立地研制出机械式的自动舵，它的出现是一个里程碑，使人们看到了在船舶操纵方面摆脱体力劳动实现自动控制的希望。

早期自动舵以机械结构为基础，仅能对航向进行初步控制，目前将这种控制方式称为“比例(P)控制”，即自动舵舵角的偏转大小和船舶偏航角成比例。实际工作中，用陀螺罗经实时航向信号与设定航向比较，然后将二者的差值输入控制器，由控制器输出并驱动舵轮伺服机构。但“比例控制”用于惯性很大的船舶效果不理想，原因是这种控制方法会使船舶在设定的航向两边来回摆动，结果转舵装置过度磨损，而且燃料消耗要高出许多，这些问题限制了它的使用，只能用于低精度的航向保持控制。直到 1949 年，席夫(Schiff)等人提出了速率控制的概念，即速率控制与偏航角的微分成正比，偏舵角不仅与偏航角有关，还与偏航速率有关，目前将其称为“比例和微分(PD)控制”。微分控制概念的引入提高了自动操舵时航向的准确性。

2. 第二代自动舵

20 世纪 50 年代，随着电子学和伺服机构理论的发展，自动舵的研制开始了一个新的阶段。伺服机构理论的发展，提供了设计更为复杂的操舵控制器的可能性；而电子学的发展，得以利用电子器件代替机械传动构件，为实现复杂的控制提供了技术手段。由此，集控制技术和电子器件的发展成果于一体、更加复杂的第二代自动舵问世了，这就是著名的 PID 舵。

PID 舵比第一代自动舵有了长足的进步，这种自动舵工作可靠性能稳定，结构紧凑，性能良好，在 1980 年以前，几乎所有海船上的自动舵都采有 PID 控制。其主要缺点是缺乏对船舶所处的变化着的工作条件及环境的应变能力，因而操舵频繁，操舵幅度大，能耗显著。

3. 第三代自动舵

在 20 世纪 50 年代和 60 年代，上述 PID 的缺点并不明显，从航运业剧烈竞争的 70 年代起，问题就显得日益突出，促使人们去研究新的操舵装置。60 年代和 70 年代，在研究避碰系统的基础上，出现了以计算机控制为中心的综合导航系统，将导航定位、避碰估计以及最佳操舵综合在以电子计算机为中心的控制系统之中。综合导航系统提高了船舶航行的自动化程度，相应地，对操舵机构提出了更高的要求。人们希望在获得最佳操舵和经济效益的同时，具备自适应能力，改善控制品质，提高船舶安全程度。第三代自动舵即自适应舵。

20 世纪 70 年代，不仅有着发展自适应操舵仪的客观要求，而且也具备了研制自适应操舵仪的技术手段。随着现代控制理论的发展，最佳操舵和自适应控制理论日益完善，为研制新型自适应自动舵提供了理论基础。由于计算机技术的突飞猛进，为发展新型自动舵提供了有效的计算、数据处理及控制工具。正是基于这种客观的需要和实现的可能,国外逐步形成了基于现代控制理论、采用计算机或微处理机、发展具有自适应能力和能够实现最佳操舵的新型自动操舵仪的研究方向,瑞典等北欧国家的一大批科技人员纷纷将自适应舵从实验室装到实船。

4. 第四代自动舵

自适应舵在提高控制精度、减少能源消耗方面取得了一定的成绩,但物理实现成本高,参数调整难度大,特别是因船舶的非线性、不确定性,控制效果难以保证,有时甚至影响系统的稳定性。尽管存在这些困难,熟练的舵手运用他们的操舵经验和智慧,能有效地控制船舶,为此,从 80 年代开始,人们就开始寻找类似于人工操舵的方法,这种自动舵就是第四代的智能舵。智能舵一般采用的控制方法有专家系统、模糊控制和神经网络控制等。

二、自动舵的基本原理

(一) 基本工作原理

20 世纪 80 年代以前,船舶上安装的自动舵一般只能进行航向控制,它可以把船舶控制在事先给定的航向上航行。航向自动舵系统基本工作原理如图 12-21 所示。

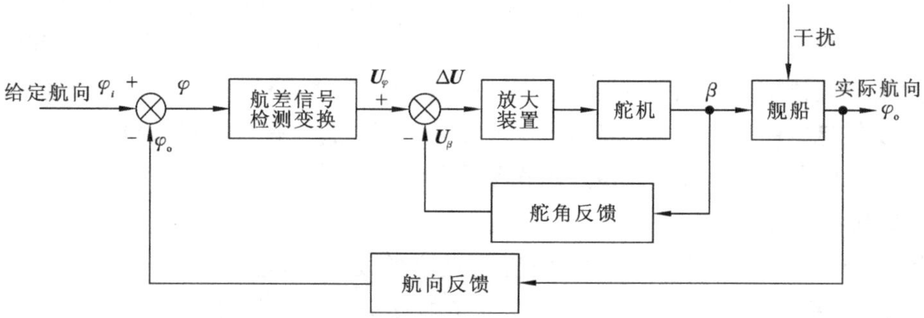

图 12-21 航向自动舵系统基本工作原理

随着 GPS 等先进导航设备在船舶上装备,人们开始设计精确的航迹控制自动舵,这种自动舵能把船舶控制在给定的计划航线上,将航迹自动舵和综合导航系统紧密配合起来,由综合导航系统预订航行计划(航行路线),由自动操舵仪进行精确的航迹控制,从而构成了一个自动航行系统,用于控制舰船按预定的航线航行。由于它与避碰雷达、GPS、罗兰 C、计程仪等导航装备组合,通过微计算机进行智能综合控制,因而大大提高了舰船的航行自动化水平和航行安全。这是现代控制理论与计算机技术相结合的产物,是航向舵变为航迹舵的飞跃。

航迹自动舵系统基本工作原理如图 12-22 所示。

(二) 主要控制方法

以下分述自动舵的三类控制方法,即 P-I-D 控制、自适应控制和智能控制。

1. P-I-D 控制

(1) 比例控制(P)。

比例控制将船舶的航向偏差直接作为操舵设备的修正信号,其控制方程为

$$\beta = K_1 \varphi \tag{12-1}$$

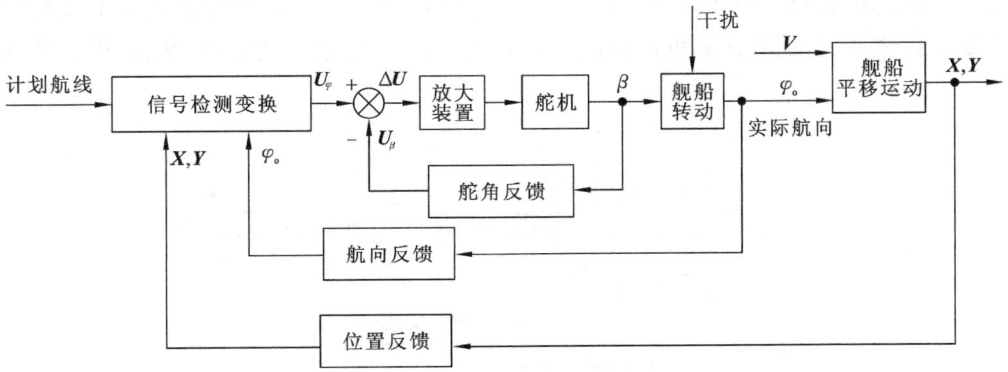

图 12-22 航迹自动舵系统基本工作原理

其中，β 为舵角信号；φ 为航向偏差信号；K_1 为比例系数，通过人工不断整定来适应载重和环境变化。

舰船自动舵之所以称为自动操舵仪，是因为该自动舵在使用时具有这样一种功能：当舰船偏离航向时，由于 $|U_\varphi|>|U_\beta|$，$U_{ab}>0$，舰船自动转舵；当舰船返航（回航）时，由于 $|U_\varphi|<|U_\beta|$，$U_{ab}<0$，舰船自动回舵；当 $|U_\varphi|=|U_\beta|$，$U_{ab}=0$，舰船停舵。为了避免振荡，K 应取较小值。

(2) 微分控制(D)。

对于静水面、低速航行的船舶，这种比例控制的效果基本令人满意，但对于复杂海况下的船舶，比例控制不再适用，更为先进的控制系统应包含航向偏差的导数项，它的形式为

$$\beta=K_1\varphi+K_2\frac{\mathrm{d}\varphi}{\mathrm{d}t} \tag{12-2}$$

其中，K_1 为比例系数；K_2 为微分系数舵角。这种控制称为比例-微分(P-D)控制。这种舵角控制规律不仅和偏航角成正比，而且与偏航角的变化率有关。

由于系统中加入了与偏航速度有关的控制作用，舵角能反映偏航变化的快慢及方向，即在舰船偏航时，依靠微分预测控制作用，加快打舵的速度，增大舵角，以迅速阻止偏航角加大，迫使舰船回航。

在舰船回航时，依靠微分预测控制作用，产生一个稳舵角，即产生一个起制动作用的转船力矩，以阻止回航时由于舰船惯性而冲过半数给定航向。

适当调节微分量的大小，可使舰船迅速稳定在给定航向上。

总之，由于系统中加入了微分控制作用，加大了系统阻尼，增加了航向控制系统的稳定裕度，这就有可能选择较大的开环增益，提高航向精度。

微分作用的加入不难实现，当微分作用调节得当时，自动舵的性能可得到明显改善，因此，大多数的自动舵都采用了微分控制。

(3) 积分控制(I)。

当存在由横向风引起的下风或上风力矩干扰时，为保持航向不变，应再加上航向偏差的积分项，这时方程式变为

$$\beta=K_1\varphi+K_2\frac{\mathrm{d}\varphi}{\mathrm{d}t}+K_3\int_0^t\varphi\mathrm{d}t \tag{12-3}$$

其中，K_1 为比例系数；K_2 为微分系数；K_3 为积分系数。这种控制时舵角的大小不仅和偏航角的大小及变化率有关，而且还和偏航角的积分有关，图 12-23 所示为比例-积分-微分舵结构控制框图。

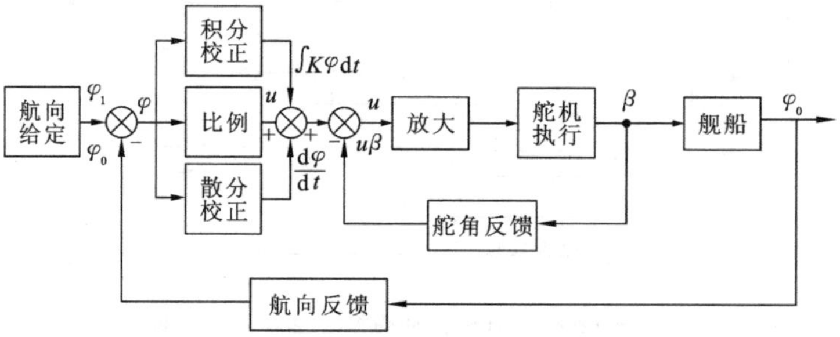

(a) 结构控制框图

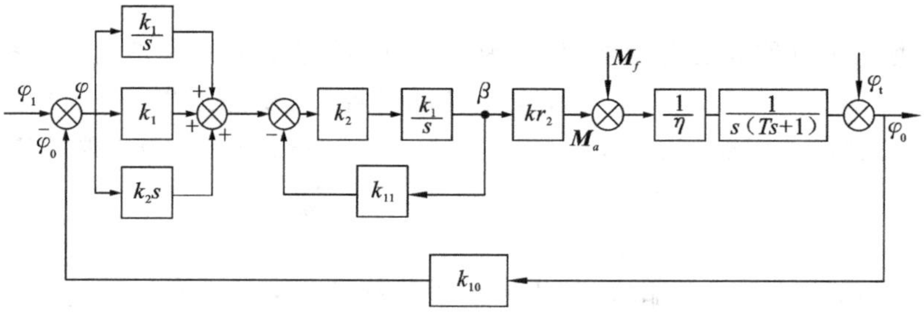

(b) 数学模型

图 12-23　比例-积分-微分舵结构控制框图

这种控制时的作用：由于加入了积分控制作用，主要克服常值干扰力矩 $\boldsymbol{M}_f=\text{const}$ 引起的偏航角 φ，消除航向稳态误差。积分控制实际上就是对航差信号校正，使舰船在偏航角为零的情况下仍能保持一定的压舵角，以产生一个转船力矩 ***Ma*** 来抵消不对称的持续干扰力矩对舰船航向的影响。

所谓常值干扰力矩，即指舰船左右舷吃水不对称、两个螺旋桨的转速不相等、风流的影响等。这些干扰的共同特点是：对舰船的作用力矩的方向不变。

常值干扰力矩又可分为两种类型：一种是恒定的；另一种是方向不变，但其大小却不断地变化的，这种干扰不一定是连续的，但是持续不断的，可视为分断的恒值干扰作用。

加入积分项可能降低舵的响应速度，这会使船舶反应迟钝，为抵消这种影响，可再加入一个加速度项，即

$$\beta=K_1\varphi+K_2\frac{d\varphi}{dt}+K_3\int_0^t\varphi dt+K_4\frac{d^2\varphi}{dt^2} \tag{12-4}$$

整定好这些比例、微分、积分等控制参数，就能得到较好的操纵性能。

对海浪高频干扰，P-I-D 控制过于敏感，为避免高频干扰引起的频繁操舵，常采用“死区”非线性天气调节，但死区会导致控制系统的低频特性恶化，产生持续的周期性偏航，降低航行精度，加大能量消耗。

此外，当舰船的动态特性（速度、载重、水深、外形等）或外界条件（风、浪、流等）变化时，控制参数需连续地进行人工整定。控制器采用不合适的控制参数将导致控制效果较差，如操舵幅度大、操舵频繁等，而且人工整定参数很麻烦。为此，人们提出了自适应控制方法。

2. 自适应控制

任何自适应系统都应能连续地自动辨识（整定）P-I-D 算法的控制参数，以适应船舶和环境条件的动态特性。目前在船舶操纵控制中提出的方法主要有自适应 P-I-D 设计法、随机自适应法、模型参考法、基于条件代价函数的自校正法、最小方差自校正法、线性二次高斯法、变结构法等。这些自适应控制方法都有各自的优缺点，自适应控制还处于不断的发展过程中。

3. 智能控制

对于有限维、线性和时不变的控制过程，传统控制方法是非常有效的。如果这样的系统是充分已知的，那么就能采用线性分析法来描述、建模和处理它们。然而，实际的船舶系统却具有不确定性、非线性、非稳定性和复杂性，很难为其建立精确的模型方程，甚至不能进行直接的表示和分析。我们知道，舵手凭借其对所遇情况的处理经验和智能理解可以跨越这些障碍，有效地控制船舶航行。因此，人们很自然地开始寻找类似于人工操作的智能控制方法。

智能控制虽然已经有 20 多年的发展历史，但仍处于开创性研究阶段，至多可以说进入了初期发展阶段。目前，国内外智能控制研究的方向和内容主要有智能控制的基础理论和方法研究、智能控制系统结构研究、基于知识系统的专家控制、基于模糊系统和神经网络的智能控制、基于信息论和进化论（遗传算法）的学习控制、基于学习及适应性的智能控制等。

控制方法都有各自的优缺点，因此近年来自动舵的控制正向集成型方向发展，以利于相互取长补短，如 P-I-D 与模糊控制结合、P-I-D 与神经控制结合、模糊控制与神经控制结合、模糊控制与遗传算法结合、神经控制与遗传算法结合等。

（三）主要操舵方式

1. 简单操舵

在这种操舵方式中，舵叶的转动和停止，均需由操舵人员操纵。如需使舵叶左偏转 5°舵角，必须先操纵舵机，使之转舵，当舵叶转到左舵 5°时，需再次操纵舵机，使之停舵。例如，人工操纵的小船需要舵角复示器。如果实现航向控制，需要实时观测罗经航向和舵角复示器。

2. 随动操舵

操舵人员给出舵令，舵机在舵角随动系统的控制下，转至给定舵角后自动停转。为了控制舰船的航向，操舵人员还须凭经验不断修改舵角，需看舵角指令刻度。如果实现航向控制，还需要看罗经航向。

3. 自动操舵

在这种操舵方式中，操舵人员只需给出某一航向指令，舵机便能在航向随动系统的作用下，自动调节舵角的大小，使舰船保持在规定的航向上航行。如果实现航向控制，只需要输入指令航向（图 12-24）。

上述 1、2 两种操舵方式是以人作为检测反馈环节并由人完成一定的控制功能的非航向自动控制系统；而第 3 种操舵方式，在操舵人员给出某一航向指令后，操舵系统无须人的参与，能自动地使舰船保持在给定航向上航行，这是自动舵的主要工作方式。自动舵不但能以自动操

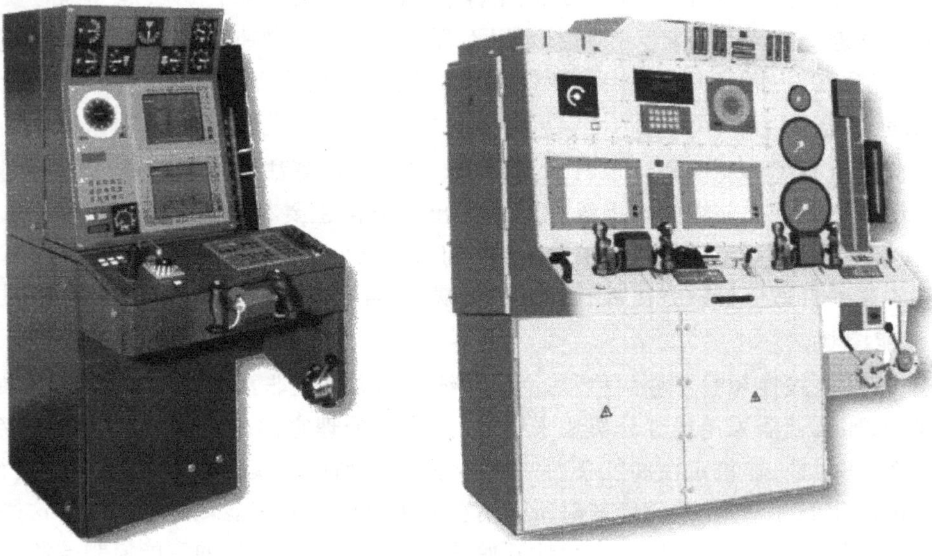

图 12-24　雷声安修斯自动操舵仪器

舵方式工作,而且一般都具有随动操舵和简单操舵的功能。

第六节　综合舰桥系统

一、综合舰桥系统的概念

综合舰桥系统(integrated bridge system,IBS)是由 20 世纪 70 年代初期的综合导航系统(integrated navigation system,INS)发展演变而来的船舶自动航行系统。40 多年来,随着计算机、现代控制、信息处理、通信导航等技术的发展,以综合导航系统为基础,结合了雷达、电子海图、AIS、自动舵等各种导航和船舶操纵设备,构成了具有综合导航、船舶控制、自动避碰、综合信息显示、通信和航行管理控制等多种功能完善的综合舰桥系统。它是一种海上导航、通信、雷达、航行控制、监控为一体的集成系统。在提高船舶航行自动化程度、保障船舶航行安全、提高船舶营运效益等方面,IBS 发挥了重要作用(图 12-25)。

为了保障船舶航线安全,根据国际上有关规定,舰桥上必须装备多种航海仪器。近几年,随着 SOLAS 公约的修订,舰桥又新增设了 AIS 和 VDR 等设备。这些设备独立、分散,各种导航信息缺乏有效整合,需要驾驶员根据设备信息做出综合判断,在紧急情况下会给驾驶员带来很大压力,甚至造成判断错误。为减轻驾驶员负担,避免不必要的判断失误,要求航海仪器提供的信息必须清晰、准确、完整。因此,就必须集中合理布置舰桥设备,特别是在功能上对各种导航设备进行综合、集成和优化。

随着船舶数量、吨位、航速的迅速增加,船舶航行安全提出了更高要求,如要求船舶在全球、全天候以及各种复杂的气象水文条件下安全可靠的航行;要求船舶降低燃油消耗按最经济的航线精确航行;要求船舶提高自动化程度,减员增效等等。

图 12-25 美国 Sperry 公司 IBS 系统

为了满足航运市场的需要，航海仪器生产厂家和研究机构开始研制具有多功能的综合舰桥系统。虽然目前 IBS 并非 SOLAS 公约强制安装的设备，但近几年来，IMO、IEC 等国际组织相机对 IBS 的性能标准提出要求，各个船级社对不同级别船舶配备的 IBS 也有规定要求。

二、综合舰桥的发展

从世界上第一台 IBS 的诞生到今天，IBS 已广泛应用。经过近 30 多年的发展，各国已推出了第三代、第四代 IBS。

综合舰桥系统的功能也已经从以信息组合为主干，发展涵盖到航海功能、平台控制、舰艇状态监测、设备管理、通信控制、智能决策、维修诊断、黑匣子等多个方面。系统组成智能化、电子信息数字化、测试手段现代化、操作培训傻瓜化和维修维护模块化成为未来智能化舰艇综合舰桥系统(intelligent IBS，I^2BS)发展的主要特点。

(1) 20 世纪 60 年代末至 70 年代初出现的具有导航功能的导航系统。

IBS 的雏形发展始于 20 世纪 60 年代末，在传统雷达的基础上，出现了可以在雷达荧光屏上标绘计划航线和导航避险线功能的雷达。这种雷达可以通过数字接口将定位信息输入到雷达上，通过视频编程处理器将计划航线和导航避险线等输入到雷达，使得传统雷达的导航功能更加完善。较早提出综合导航概念的是挪威的 Norcontrol 公司，该公司在 1969 年开发成功命名为数据舰桥系统(data bridge)的综合导航系统。该系统主要由数据定位(data position)、数据雷达(data radar)、数据航行(data sailing)和数据操舵(data pilot)4 个子系统组成。它实际上是一种以避碰和导航为主的综合系统。

(2) 20 世纪 70 年代中至 80 年代初出现的具有综合信息显示和自动保持航迹功能的 IBS。

进入 20 世纪 70 年代，为克服燃油短缺局面，航运界采取了减员增效和大力推行经济航线的措施。70 年代后期，随着自适应自动舵的研制成功，所谓“未来船”和“快速船”等现代化船舶对船舶的综合驾驶控制提出了更高的要求。这一期间船舶舰桥综合控制功能不断扩大，自动化程度明显提高，完善了 IBS 的基本思想和配置，出现了各种品牌的综合舰桥系统。1975

年挪威 Norcontrol 公司开发了 DB2 型数据舰桥，80 年代初又研制出 DB4 和 DB7 型数据舰桥。同期，美国 Sperry 公司生产了自己的 IBS，苏联生产了“清风-1”型 IBS，德国 ATLAS 公司生产了 NACOS-20 IBS。德国的一个“未来船”项目促使产生了第一个自适应航迹保持自动舵，这个系统有一个航行信息显示器（nautical information display）也就是我们现在所说的综合信息控制台，舰桥可以通过它一目了然地掌握船舶的所有计划航线和实际航行信息。这个阶段的 IBS 发展的标志主要是增加了航行计划和航迹保持自动舵功能，基本上可以实现船舶的自动航行。

（3）20 世纪 80 年代至 90 年代初出现的雷达图像与电子海图信息融合的 IBS。

这一阶段的 IBS 在功能上进一步完善，挪威 Norcontrol 公司推出了 DB-2000，英国 Racal-Decca 公司推出了 Miran 3000、4000、5000 IBS，德国 ATLAS 公司推出了 NACOS-25 等 IBS。这一阶段的 IBS 主要是在原有功能的基础上增加了电子海图信息与显示系统（ECDIS）。这种 IBS 可以将雷达视频或雷达跟踪目标叠加到电子海图上，在 ECDIS 上为驾驶员集成各种航行综合信息，显示全面交通态势，实现航路执行。这个阶段 IBS 的突出特点是通过计算机局域网实现了各子系统间的数据传送，具备了导航、控制、航路执行、管理、通信和综合显示等功能。

（4）具有现代航海信息综合处理和监督航行安全功能的 IBS。

20 世纪 90 年代末期，随着现代控制理论、卫星技术、网络通信技术、信息处理技术的广泛应用，各种信息化、智能化的新型航海仪器不断出现，舰桥出现了航海信息多元化的趋势。驾驶员疲于应付各种不同航海仪器的多种航行信息，以及关于同一对象来自于不同信息源的信息。这就是要求 IBS 应当具备航海信息的综合处理能力，给驾驶员提供可信的、有效的、完善的高精度航行信息。各种航海信息的综合处理与信息融合是这一阶段 IBS 的显著特征，如通过信息综合处理，实现了定位、导航、避碰、自动驾驶、航行管理、通信、消防、救生、模拟训练、警报等众多功能，自动控制舰桥和机舱多种设备，完成对船舶的信息化和智能化管理。随着国际上对海上人命安全和环境保护的重视，监控船舶设备正常工作和监督驾驶员在舰桥的适任状态尤为重要。2002 年 5 月 20 日，IMO 颁布了 MSC128（75）舰桥值班警报系统（bridge navigational watch systems，BNWAS）性能标准。标准要求对由于驾驶行为不当和对因值班驾驶员（OOW）的不适任而可能导致海上事故的状态，向船长或高级船员或全船逐级发出警报。虽然该标准并未强制执行，但一些船级社则要求 IBS 必须配备 BNWAS。

目前，世界较大的航海仪器生产厂家都具备了 IBS 的生产能力，如美国 Northrop Grumman 下属的 Sperry Marine 公司、美国 Raytheon 公司、英国 Kelvin Hughes 公司、英国 Transas 公司、德国 STN-ATLAS 公司、挪威 Norcontrol 公司、挪威 Kongsberg AS 公司、意大利 Con-silium Selesmar 公司、日本 JRC 公司、日本 TOKIMEC INC 公司、日本 FURUNO 公司等。

尽管不同生产厂家各种型号的 IBS 的结构和组成各不相同，IBS 的各子系统划分方法也不同，但其基本原理均是通过电气组合和机械组合，将船舶内外的众多设备和系统组合在一起，不仅实现设备集合，更重要的是实现功能综合和信息综合处理，将各种导航信息集中在一个多功能工作台上，实现舰桥综合控制，如图 12-26 所示。

目前，虽然 IBS 不像罗经、雷达、全球海上遇险与安全系统（global mantime diseress and safty，GMDSS）、AIS、VDR 等是 SOLAS 公约强制安装的船用设备或系统，但它是船舶自动化

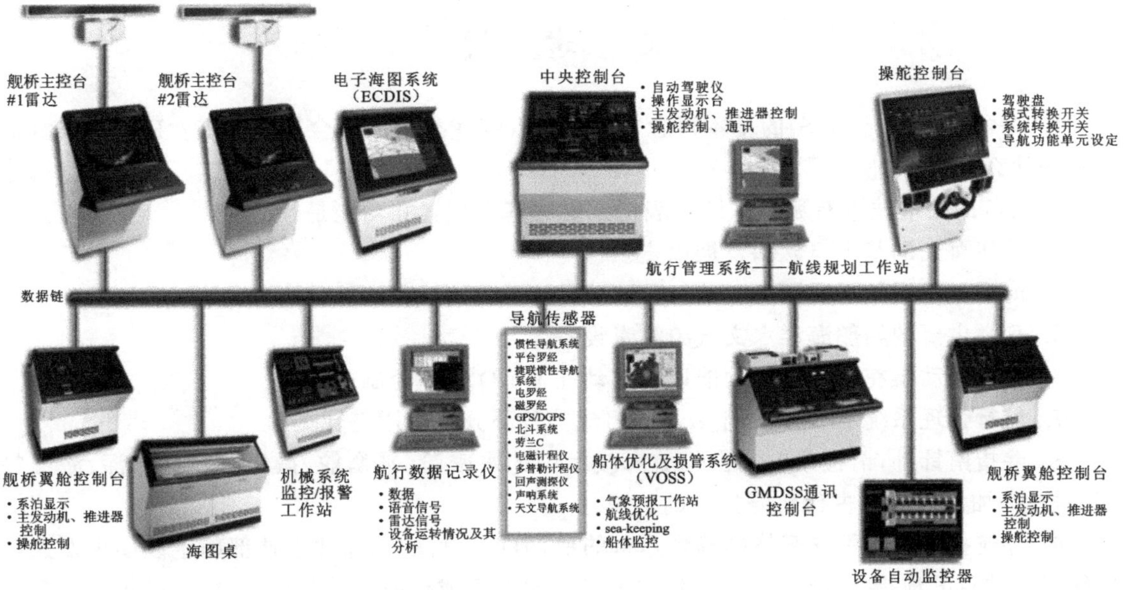

图 12-26　综合舰桥系统

的发展方向。IBS 投入使用后，实船试验表明：一方面，船舶航迹偏差和航程增加率减小，节省了航行时间及燃油消耗，大大提高了经济效益；另一方面，IBS 在最大限度上减轻了驾驶员的工作负担，能够最大限度地保证船舶的航行安全。

今后 IBS 的发展将从传统的以数据采集和处理为主转向以决策和控制为主，进一步注重对基于网络技术的 IBS 信息处理技术、航行专家系统、最佳航线设计、航行综合控制、人体工程学和人机交互界面等方面的研究。IBS 经过 40 多年的发展，技术不断创新，功能日趋完善。在硬件组合上由接口连接向网络连接方向发展；在人机交互界面上采用远程控制多页面显示技术，实现雷达图像、ECDIS、综合信息显示等任意切换；在对船舶舵机的控制上采用现代控制理论等新技术的数据自动舵；在航行信息综合处理上使用现代滤波技术，对航行数据进行最佳综合处理，保障船舶航行安全；在船舶综合控制方面，把综合导航系统与主机遥控、辅机遥控、通信等有机地组合起来，向船舶综合控制信息化和智能化方向发展；在操作上更为便捷、人机交互界面更加标准化、人性化。IBS 已经成为集导航、监控、管理、显示于一体的只能化、网络化的综合航行管理系统。

由于综合舰桥系统的特点和优点，使它成为 20 世纪 90 年代最富活力的船舶自动化发展技术，也是 21 世纪舰船技术的发展趋势。美国的 IBM 综合导航系统和日本的 IHI 数据桥系统都是十分典型的综合舰桥系统。1997 年，美海军在“约克敦”号巡洋舰上成功测试了以综合舰桥系统为中心的灵巧舰综合信息管理系统，已于 2006 年开始对 65 艘 DDG-51“阿利 · 伯克”级驱逐舰进行现代化升级改装，并在舰队全面推广。美军已将精确综合导航定位技术列为其优先发展的军事技术。在高技术条件下，将更加广泛的战区海洋信息纳入到综合导航系统以提高舰艇导航系统性能，已经成为各国海军导航发展的必然趋势。

思考题

1. 综合导航系统(INS)的基本概念是什么？有哪些类型的综合导航系统？INS与IBS的关系是什么？

2. IBS的关键技术有哪些？综合舰桥系统的基本配置和功能是什么？

3. 简述海图的基本概念和发展简史。

4. 海图上常用什么投影？

5. 列举主要的船舶海洋水文气象测量设备。

6. 简述自动操舵仪的主要功能以及自动舵P-I-D三种控制的作用。

7. 航行管理系统(VMS)由什么部分组成？各部分的作用是什么？

8. 除指南针外，请检索中国古代航海技术中的水密舱、平衡舵、操纵、硬帆、测深、海图等多种技术，加深对中国古代航海技术的认识。

9. 导航技术用于引导载体准确到达目的地，但这一目的地通常由外部确定。如果发送给导航系统的目的地指令是错误的，即使导航准确也会造成任务失败。由此，能否拓展思考和理解科学技术手段和价值观意识形态之间的相互关系。再联系俄罗斯总统普京的名言："没有忠诚，能力一钱不值"，结合自己实际进行思考。

10. 数学公式是最简洁的科技语言，经过全书的学习，你能否总结出关于导航最重要的公式有哪些？通过这些公式，你是否已经建立了较好的导航原理体系。

参考文献

边少峰，纪兵，李厚朴，2016. 卫星导航基础概论[M]. 2 版. 北京：测绘出版社.

卞鸿巍，李安，覃万君，等，2010. 现代信息融合技术在组合导航中的应用[M]. 北京：国际工业出版社.

陈久金，张晓昌，2008. 中国天文大发现[M]. 山东：山东画报出版社.

陈军，黄静华，2016. 卫星导航定位与抗干扰技术[M]. 北京：电子工业出版社.

陈信雄，2009. 航天测量船气象保障技术[M]. 北京：国防工业出版社.

陈永冰，钟斌，2007. 惯性导航原理[M]. 北京：国防工业出版社.

德米特里耶夫 C П，科列索夫 H B，奥西波夫 A B，2010. 导航系统的信息可靠性、检测与诊断[M]. 杨亚非，朱蕾，吴磊，译. 北京：国防工业出版社.

丁衡高，贺晓霞，高钟毓，2013. 主用惯性技术验证广义相对论——2013 年新版[M]. 北京：清华大学出版社.

富力，王玲玲，2017. 简明导航系统教程[M]. 北京：电子工业出版社.

付梦印，等，2017. 陆用惯性导航技术[M]. 北京：科学出版社.

高伟，奔粤阳，李倩，2014. 捷联惯性导航系统初始对准技术[M]. 北京：国防工业出版社.

高永琪，黄文玲，2015. 鱼雷导航与控制技术[M]. 北京：兵器工业出版社.

高钟毓，2004. 静电陀螺仪技术[M]. 北京：清华大学出版社.

胡小平，2013. 水下地磁导航技术[M]. 北京：国防工业出版社.

黄丁发，张勤，张小红，等，2015. 卫星导航定位原理[M]. 武汉：武汉大学出版社.

姜义成，2011. 无线电定位原理与应用[M]. 北京：电子工业出版社.

李跃，2008. 导航与定位——信息化战争的北斗星[M]. 北京：国防工业出版社.

李约瑟，2006. 中国古代科学思想史[M]. 南昌：江西人民出版社.

廖永岩，2007. 地球科学原理[M]. 北京：海军出版社.

凌志刚，等，2016. 无人机景象匹配辅助导航技术[M]. 陕西：西北工业大学出版社.

刘伯胜，雷家煜，2011. 水声学原理[M]. 哈尔滨：哈尔滨大学出版社.

刘海颖，等，2013. 卫星导航原理与应用[M]. 北京：国防工业出版社.

刘基余，2003. GPS 卫星导航定位原理与方法[M]. 北京：科学出版社.

刘洁瑜，徐军辉，熊陶，2016. 导弹惯性导航技术[M]，北京：国防工业出版社.

刘徐德，1994. 地形辅助导航系统技术[M]. 北京：电子工业出版社.

刘颖，曹聚亮，吴美平，2016. 无人机地磁辅助定位及组合导航技术研究[M]. 北京：国防工业出版社.

马特维耶夫 B B，拉斯波波夫 B，2017. 捷联式惯性导航系统设计原理[M]. 贾福利，陶冶，等，译. 北京：国防工业出版社.

倪育德，等，2015 . 导航原理与系统[M]. 北京：清华大学出版社.

佩洛夫 A И，哈里索夫 B H，2016. 格洛纳斯卫星导航系统原理[M]. 4 版. 刘忆宁，焦文海，张晓磊，等，译. 北京：国防工业出版社.

钱维宏，2004. 天气学[M]. 北京：北京大学出版社.

秦永元，2006. 惯性导航[M]，北京：科学出版社.

饶瑞中，2017. 现代大气光学[M]. 北京：科学出版社.

施浒立，孙希延，李志刚，2009. 转发式卫星导航原理[M]，北京：科学出版社.

苏中，等，2010. 惯性技术[M]. 北京：国防工业出版社.

孙伟，2014. 旋转调制型捷联惯性导航系统[M]. 北京，测绘出版社.

王宏力，陆敬辉，催祥祥，2015. 大视场星敏感器星光制导技术及应用[M]. 北京：国防工业出版社.
王惠南，2003. GPS 导航原理与应用[M]. 北京：科学出版社.
王秋滢，2017. 船用调制型惯性导航及其组合导航技术[M]. 北京：国防工业出版社.
王新龙，2013. 惯性导航基础[M]. 西安：西北工业大学出版社.
王新龙，李亚峰，纪新春，2015. 组合导航技术[M]. 北京：北京航空航天大学出版社.
汪新文，2007. 地球科学概论[M]. 北京：地质出版社.
魏计林，李晋红，等，2015. 光信息大气传输理论与检测技术[M]. 北京：科学出版社.
乌戈尔·卡亚索，2017. 磁力计辅助的惯性导航系统[M]. 卢建华，等，译. 北京：国防工业出版社.
吴德伟，2015. 导航原理[M]. 北京：电子工业出版社.
吴苗，等，2015. 无线电导航原理与信号接收技术[M]. 北京：国防工业出版社.
吴志添，胡小平，吴美平，2017. 面向水下地磁导航的地磁测量误差补偿方法研究[M]. 北京：国防工业出版社.
邢飞，等，2017. APS CMOS 星敏感器系统原理及实现方法[M]. 北京：国防工业出版社.
许江宁，等，2009. 陀螺原理及应用[M]. 北京：国防工业出版社.
徐绍铨，张华海，等，1998. GPS 测量原理与应用[M]. 武汉：武汉测绘科技大学出版社.
杨俊，单庆晓，2013. 卫星授时原理与应用[M]. 北京：国防工业出版社.
杨日杰，高学强，韩建辉，2008. 现代水声对抗技术与应用[M]. 北京：国防工业出版社.
杨晓东，等，2014. 舰船半解析式惯性导航原理及应用[M]. 北京：国防工业出版社.
杨晓东，赵琳，2009. 舰船导航概论[M]北京：科学出版社.
姚铮，陆明泉，2016. 新一代卫星导航系统信号设计原理与实现技术[M]. 北京：电子工业出版社.
袁赣南，等，2009. 导航定位系统工程[M]. 哈尔滨：哈尔滨工程大学出版社.
袁建平，等，2009. 卫星导航原理与应用[M]. 北京：中国宇航出版社.
袁书明，等，2013. 新型陀螺仪技术[M]. 北京：国防工业出版社.
袁书明，杨晓东，程建华，2013. 导航系统应用数学分析方法[M]. 北京：国防工业出版社.
臧和发，裴承山，2012. 直升机多普勒导航雷达原理[M]. 北京：北京航空航天大学出版社.
张桂才，2008. 光纤陀螺原理与技术[M]. 北京：国防工业出版社.
张国良，曾静，2008. 组合导航原理与技术[M]. 西安：西安交通大学出版社.
张慧娟，2014. 从司南到北斗导航[M]. 上海：上海科学普及出版社.
张伟，2009. 航空气象装备[M]. 北京：航空工业出版社.
张伟，2017. 深空探测天文导航原理与方法[M]. 北京：科学出版社.
张晓明，2016. 地磁导航理论与实践[M]. 北京：国防工业出版社.
赵桂玲，2014. 光学陀螺捷联惯性导航系统标定技术[M]. 北京：测绘出版社.
赵红梅，2017. 超宽带室内定位系统应用与技术[M]. 北京：电子工业出版社.
赵琳，程建华，赵玉新，2011. 船舶导航定位系统[M]. 哈尔滨：哈尔滨工程大学出版社.
赵琳，丁继成，马雪飞，2011. 卫星导航原理与应用[M]. 西安：西北工业大学出版社.
赵琳，杨晓东，程建华，2015. 现代舰船导航系统[M]. 北京：国防工业出版社.
章燕申，2009. 高精度导航系统[M]. 北京：中国宇航出版社.
章燕申，任晓明，2010. 光学陀螺系统与关键器件[M]，北京：国防工业出版社.
章燕申，等，2017. 光电子学和光学陀螺仪[M]. 北京：清华大学出版社.
郑加柱，等，2016. GPS 测量原理及应用[M]. 北京：科学出版社.
郑梓祯，等，2006. 船用惯性导航系统海上试验[M]. 北京：国防工业出版社.
周永余，许江宁，2006. 舰船导航系统[M]. 北京：国防工业出版社.
BRITTING K R，2017. 惯性导航系统分析[M]. 王国臣，李倩，高伟，译. 北京：国防工业出版社.

GROVES P D,2015. GNSS与惯性及多传感器组合导航系统原理[M]. 北京:国防工业出版社.

GLEASON S,GEBRE-EGZIABHER D,2011. GNSS应用与方法[M]. 北京:电子工业出版社.

GREWAL M S,WEILL L R,ANDREWS A P,2011. GPS惯性导航组合[M]. 2版. 陈军,易翔,等,译. 北京:电子工业出版社.

KAPLAN E D,HEGARTY C J. GPS原理与应用[M]. 2版. 寇艳红,译. 北京:电子工业出版社,2014.

LEFEVRE H C,2002. 光纤陀螺仪[M],北京:国防工业出版社.

GILLARD D,HEIM P K,2002. U. S. Navy Progress in Electronic Navigation[C]. Oceans:1038-1041 vol. 2.

GREER R A,1993. The Navigation Sensor System Interface Project[J]. Journal of Navigation,105(46):238-244.

GROGAN G,BORTHEN R,et al,2010. Performing Detailed Design Reviews of a U. S. Navy Surface Combatant within an Integrated Data Environment[J]. Journal of Ship Production,(1):66-75.

MURPHY S P,2004. AnIntegrated Approach to U. S. Navy Shipboard Navigation[C]. Oceans:802-806 Vol. 2.

PETTUS W R,et al,1998. Formulating anImproved Integrated Navigation Solution for U. S. Navy Surface Ships[C]. Position Location and Navigation Symposium,IEEE:339-343.

SHAW P T,PETTUS W,2000. AnIntegrated Approach to Electronic Navigation[C]. Oceans:299-308 vol. 1.

SHAW P T,PETTUS W,2001. IntegratedElectronic Navigation[J]. Sea Technology,42(3).

SHAW P T,PEASLEE S,FERGUSON M O,2004. Integrated andDistributed Position Navigation and Timing (PNT) Data in Shipboard Environments[C]. Oceans '04. Mtts/ieee Techno-Ocean:796-801 Vol. 2.

附录　重要符号列表

附表 1　矩　　阵

符号	含义
$\boldsymbol{C}$	坐标转换矩阵
$\boldsymbol{C}$	协方差矩阵
$\boldsymbol{F}$	系统矩阵
$\boldsymbol{H}$	测量矩阵
$\boldsymbol{P}$	误差协方差矩阵
$\boldsymbol{Q}$	系统噪声协方差矩阵

附表 2　向　　量

符号	含义
$\boldsymbol{a}$	加速度
$\boldsymbol{b}$	零偏误差
$\boldsymbol{f}$	比力
$\boldsymbol{g}$	重力加速度
$\boldsymbol{h}$	测量函数
$\boldsymbol{m}$	磁通密度
$\boldsymbol{m}$	测量值的个数
$\boldsymbol{r}$	笛卡儿坐标位置
$\boldsymbol{u}$	单位向量和视线单位向量
$\boldsymbol{v}$	速度
$\boldsymbol{w}$	白噪声源向量
$\boldsymbol{w}_{\mathrm{m}}$	测量噪声向量
$\boldsymbol{w}_{\mathrm{s}}$	系统噪声向量
$\boldsymbol{x}$	状态向量
$\boldsymbol{z}$	测量向量
$\boldsymbol{\alpha}$	姿态增量
$\Delta\boldsymbol{r}$	位移
$\boldsymbol{\psi}$	欧拉角(滚动、俯仰、偏航)
$\boldsymbol{\omega}$	角速率

附表 3 标 量

符号	含义
a_f	卫星钟标定系数
b	零偏误差
c	自由空间后光纤中的光速
D	精度因子
Dev	自差
e	地球椭球偏心率
f	频率
f	扁率
h	大地高度
L	大地纬度
m	测量向量维数
m	测量的数量
m	发射机的个数
N	采样个数
N	高斯分布采样
N	整周模糊度
n	状态向量维数
p	压力
p	假设概率
r	几何距离
R_{N}	卯酉圈曲率半径
R_{M}	子午圈曲率半径
R_{P}	地球极半径
R_0	地球赤道半径
t	时间
t_{sa}	信号到达时间
t_{st}	信号发送时间
Var	磁差
ω	白噪声源
x	笛卡儿位置或一般向量的第一个分量
y	笛卡儿位置或一般向量的第二个分量
z	笛卡儿位置或一般向量的第三个分量
β	位置到赤道面投影的幅值
γ	磁倾角
Δf	多普勒频移

续表

符号	含义
Δr	运动的距离
ΔC	罗经差
ΔG	陀螺差
δt	时间增量
δt_{c}	时钟偏移
$\delta \rho_{c}$	由时钟偏移导致的距离误差
θ	俯仰角
θ_{nu}	卫星视线向量仰角
λ	经度
λ_{ca}	载波波长
ρ	伪距
σ	标准差或误差标准差
τ	相关时间
τ	传播时间
ϕ	滚动角
ϕ	相位
φ	偏航或方位角
ω	角频率

附表 4　上　下　标

符号	含义
a	加速度计
a	用户天线体坐标系
b	体坐标系或者 INS 体坐标系
ca	载波或载波相位
cf	载波频率
D	多普勒测量
E	东向分量
e	地心地固坐标系
f	特征坐标系
g	地理坐标系
G	格网坐标系
GNSS	卫星导航测量量
h	高程
INS	INS 测量量

续表

符号	含义
i	一般索引
i	地心惯性坐标系
l	天线
m	磁强计
N	北向分量
n	当地导航坐标系
P	位置
p	平面坐标系
r	伪距率
r	接收机或参考天线体坐标系
r	参考体坐标系
S	地球椭球面上的一个点
s	卫星体坐标系
T	矩阵转置
t	发射器或发射器体坐标系
t	切平面坐标系
u	用户接收机
U	天向分量
ω	游移方位坐标系
α	一般体坐标系
β	一般参考坐标系
γ	一般投影坐标系